DUMONT'S HANDBUCH

AROMATHERAPIE
MASSAGE – YOGA

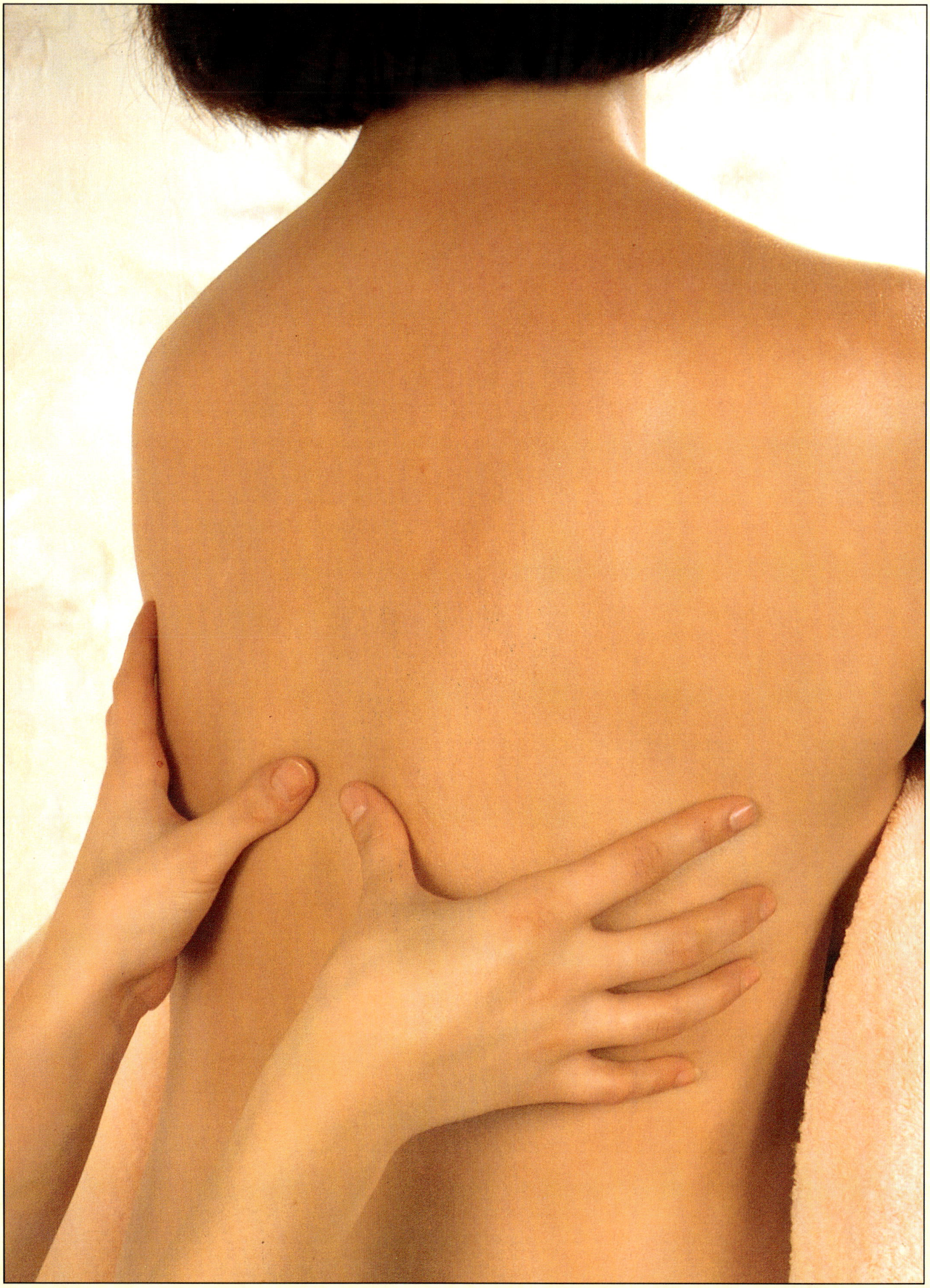

DUMONT'S HANDBUCH

AROMATHERAPIE MASSAGE – YOGA

Ein praktischer Ratgeber
zur Anwendung natürlicher
Entspannungstechniken und
sanfter Heilmethoden

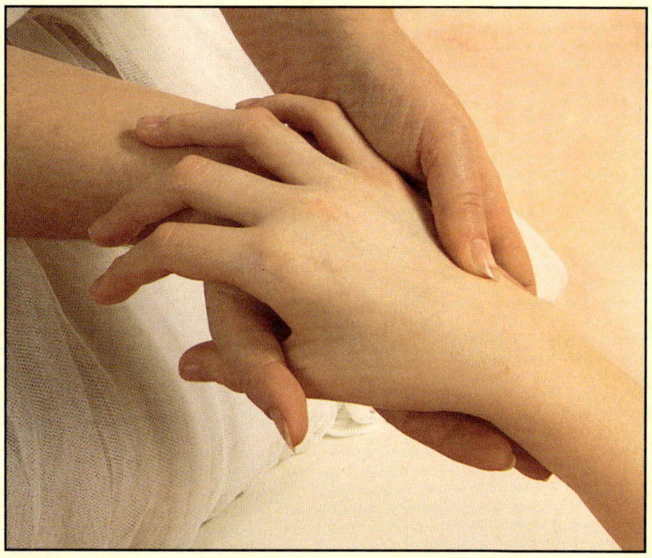

Carole McGilvery, Jimi Reed,
Mira Mehta und Silva Mehta

Fotografien:
Sue Atkinson

DUMONT BUCHVERLAG KÖLN

Die Deutsche Bibliothek – CIP-Einheitsaufnahme

MacGilvery, Carole:
DuMont's Handbuch Aromatherapie – Massage – Yoga : ein praktischer Ratgeber zur Anwendung natürlicher Entspannungstechniken und sanfter Heilmethoden / Carole McGilvery ; Jimi Reed ; Mira Mehta. Aus dem Engl. von Franca Fritz und Heinrich Koop. – Köln : DuMont, 1994
Einheitssacht.: The encyclopedia of aromatherapy, massage and yoga <dt.>
ISBN 3-7701-3365-X
NE: Reed, Jimi:; Mehta, Mira:

Aus dem Englischen von Franca Fritz und Heinrich Koop

Satz: Rasch, Bramsche
Printed in Hongkong
ISBN 3-7701-3365-X

Alle in diesem Buch enthaltenen Angaben, Daten, Ergebnisse etc. wurden von den Autorinnen nach bestem Wissen erstellt und von ihnen und dem Verlag mit größtmöglicher Sorgfalt überprüft. Gleichwohl sind inhaltliche Fehler nicht vollständig auszuschließen. Daher erfolgen die Angaben etc. ohne jegliche Verpflichtung oder Garantie des Verlags oder der Autorinnen. Beide übernehmen keine Verantwortung und Haftung für etwaige inhaltliche Unrichtigkeiten.

FOTONACHWEIS

The Bridgeman Art Library: S. 8 oben und unten
Picturepoint Ltd: S. 9, 10, 11
French Picture Library: S. 11, kleines Bild unten
The Ancient Art and Architecture Collection: S. 11, kleines Bild oben, 100, 101
Gerry Clist Photography: 172, 173
Alle übrigen Fotos: Sue Atkinson

INHALT

AROMATHERAPIE

Seit Jahrtausenden schätzt man die ätherischen Öle aromatischer Pflanzen wegen ihrer gesundheitsfördernden Eigenschaften und ihres berauschenden Duftes. Entdecken Sie die alte Kunst der Aromatherapie, die im Laufe der Jahrhunderte immer weiter verbessert wurde. Lernen Sie die heilende Kraft ätherischer Öle in Kombination mit einer entspannenden und stärkenden Massage kennen, bei der Geruchs- und Tastsinn gleichermaßen stimuliert werden. Nutzen Sie die wohltuenden Eigenschaften dieser Öle zur Behandlung von Krankheiten, zur Förderung der Gesundheit und zur Verbesserung Ihres Allgemeinbefindens. Diese wertvollen, flüchtigen Essenzen sind ein Geschenk der Natur für Körper und Seele und steigern Ihre Vitalität und Lebensfreude.

Eine alte Kunst

Schon seit über 6000 Jahren weiß der Mensch nicht nur den angenehmen Duft, sondern auch die heilende, reinigende, schützende oder wohltuende Wirkung natürlicher Pflanzenöle zu schätzen. Ihre geheimnisvollen Kräfte und das Wissen vergangener Kulturen können uns helfen, zu einem Gleichgewicht zurückzufinden, das in der heutigen Zeit verloren zu sein scheint. Streß, Umweltverschmutzung, eine ungesunde Ernährung sowie ein hektischer Lebensstil – all diese Faktoren wirken sich nachteilig auf Körper und Geist aus. Die Kunst der Aromatherapie nutzt die reinen Essenzen aromatischer Pflanzen, Blumen und Harze, um auf die stärksten aller Sinne – Geruchs- und Tastsinn – einzuwirken und die Harmonie von Körper und Geist wiederherzustellen.

Das Geheimnis der Öle

Die Ursprünge der Aromatherapie lassen sich durch die religiösen, medizinischen und sozialen Praktiken aller großen Kulturen zurückverfolgen. Man nimmt an, daß um 4500 v. Chr. in China zum ersten Male die außergewöhnlichen Kräfte von Pflanzen entdeckt wurden. Dennoch gelten die Ägypter als die ersten, die sich die Eigenschaften aromatischer Essenzen zunutze machten. Aus Hieroglyphen und Zeichnungen wissen wir, daß den Göttern aromatisch präparierte Opfergaben dargebracht wurden. Darüber hinaus waren es vor allem die antiseptischen und antibakteriellen Eigenschaften von Duftölen und Harzen, die sich ideal zur Einbalsamierung von Leichnamen eigneten, die so für das Leben nach dem Tode vorbereitet wurden. Die Entdeckung außerordentlich gut erhaltener, etwa 5000 Jahre alter Mumien spricht für die große Kunstfertigkeit der Priester, die für die Mumifizierung verantwortlich waren.

Um etwa 3000 v. Chr. benutzten die Priester ätherische Öle nicht mehr nur bei religiösen Zeremonien und bei Salbungsriten. Sie erkannten den Wert der Essenzen auch für die Gesundheit und entwickelten sich zu Heilkundigen ihrer Zeit, die »magische« Arzneien und Tränke mischten und verordneten. Im Laufe der Zeit wurde der Gebrauch ätherischer Öle in allen Gesellschaftsschichten üblich. Kosmetika und Parfüms waren weit verbreitet.

Dank Hippokrates wissen wir, daß auch die Griechen über einige Kenntnisse der therapeutischen Anwendungsmöglichkeiten ätherischer Öle verfügten und sie vor allem zur Beruhigung oder Anregung einsetzten. Die Römer verwendeten ebenfalls aromatische Substanzen bei vielen religiösen Ritualen und Zeremonien, und ätherische Öle trugen erheblich zu einem neuen Körperbewußtsein und zur steigenden Beliebtheit von Bädern und Massagen bei. Doch mit dem Untergang des Römischen Reiches gerieten die ätherischen Öle und ihre Verwendungsmöglichkeiten in Vergessenheit.

In anderen Kulturen dagegen lebte das Wissen um ihre Geheimnisse weiter. Um 1000 n. Chr. gelang dem arabischen Gelehrten Avicenna die erste Destillation von Rosenöl. Die

Links: Die Verwendung von Parfüm war bei den Griechen und Römern weit verbreitet. Diese Römerin (ca. 350 n. Chr.) hält ein kleines Gefäß mit aromatischen Substanzen in der Hand.

Rechts: Grab des Senedjem, Ägypten. Die Salbenkegel auf den Köpfen schmolzen in der Hitze und sollten Haare und Körper salben und parfümieren.

Die Form dieses Parfümöl-Gefäßes aus Milet ist dem Aussehen einer Sirene nachempfunden und stammt aus dem Jahr 525 v. Chr., als Milet zu den bedeutendsten ionischen Seehäfen zählte.

arabische Welt wurde zum Mittelpunkt der Parfümherstellung: Man importierte Rohstoffe aus Ägypten, Indien, Tibet und China und exportierte die fertigen Produkte in alle Welt.

Mit den Kreuzrittern gelangte im 12. Jahrhundert die Kunst der Parfümherstellung wieder nach Europa. Einige Dokumente belegen, daß aromatische Substanzen zum Schutz gegen die Pest eingesetzt wurden, und die niedrigere Todesrate unter Parfümherstellern läßt den Schluß zu, daß diese Maßnahmen ihre Wirkung nicht verfehlten. Das 15. Jahrhundert war das Zeitalter der großen europäischen Parfümeure, deren Produkte hauptsächlich gegen unangenehme Körpergerüche und zur Abwehr von Krankheiten eingesetzt wurden. Im 17. Jahrhundert lernte man auch die aphrodisische Wirkung aromatischer Substanzen zu schätzen, und dank der Arbeit großer Kräuterheilkundiger wie etwa Culpeper wurden schließlich auch ihre Heilkräfte neu entdeckt, die heute die Grundlage der modernen Aromatherapie bilden.

Die Wiederentdeckung der Aromatherapie

Der Begriff »Aromatherapie« wurde 1928 von dem französischen Chemiker René-Maurice Gattefossé eingeführt, um damit auf die therapeutische Wirkung aromatischer Pflanzenessenzen zu verweisen. Der französische Arzt Jean Valnet führte Gattefossés Forschungen fort und nutzte die erstaunlichen regenerativen und antiseptischen Eigenschaften der Essenzen bei der Behandlung verwundeter Soldaten im Zweiten Weltkrieg.

Marguerite Maury war die erste, die in ihrem Buch »The Secret of Life and Youth« (Das Geheimnis von Jugend und Schönheit) auf die Möglichkeiten der Aromatherapie für die Schönheits- und Gesundheitspflege hinwies. Von ihr stammen auch die ersten Aromatherapie-Massagetechniken.

Heute erfreut sich die Aromatherapie weltweit eines großen Interesses, und auch die moderne Forschung setzt sich mehr und mehr mit den wissenschaftlichen Grundlagen ätherischer Öle auseinander, deren Eigenschaften und Verwendungsmöglichkeiten schon seit mehreren Jahrtausenden immer wieder neu entdeckt und weiterentwickelt wurden.

ÄTHERISCHE ÖLE

Der wichtigste Bestandteil jeder Aromatherapie ist die Verwendung reiner ätherischer Öle. Diese Öle unterscheiden sich erheblich von den schweren Ölen, die wir zum Kochen verwenden; es handelt sich um konzentrierte Essenzen, die nicht nur sehr viel leichter als Wasser, sondern auch leicht entzündlich sind. Da sich diese Öle sehr schnell verflüchtigen, mischt man sie mit anderen Ingredienzien, um ihre Wirkung zu erhalten. Aufgrund ihrer hohen Konzentration werden ätherische Öle tropfenweise dosiert.

ESSENZ

Bei einer Essenz handelt es sich um eine natürliche Substanz: das »lebendige« Element einer Pflanze, das isoliert und erhalten wird. Aus diesem Grunde dürfen Blüten und Blätter nur zu einem bestimmten Zeitpunkt gepflückt werden, da das Öl sonst eine mindere Qualität aufweist. In der Aromatherapie finden ausschließlich reine Essenzen Verwendung, so daß die therapeutischen Eigenschaften ihre volle Wirkung entfalten können.

Ätherische Öle gewinnt man aus einer Reihe von Pflanzenteilen – Blütenblättern, Blättern, Samen, Nußkernen, Rinde, Stengeln, Blütenköpfen sowie Baumharzen und -säften. Neben der Verwendung für die Herstellung von Parfüms wegen ihrer sinnlichen Duftnoten, eignen sie sich auch für Bäder, als Bestandteile von Körperlotionen oder für die zahlreichen anderen Anwendungen, die in diesem Buch ausführlich beschrieben werden.

Aufgrund ihrer Molekularstruktur können ätherische Öle in die Haut eindringen und bleiben nicht wie andere Öle nur auf der Hautoberfläche. Die bereits seit Jahrhunderten für ihre Heilkräfte bekannten Öle sind heute ein wichtiger Bestandteil alternativer Heilmethoden, die bei der Behandlung fast aller Schmerzen und Beschwerden Linderung schenken können und ein wirksames Mittel gegen die Belastungen und Anspannungen als Folge des modernen Lebens darstellen.

WIRKUNGSWEISE

Ätherische Öle bestehen aus winzigen Molekülen, die sich leicht in Alkohol, Emulsionsmitteln und vor allem in Fetten lösen lassen. Auf diese Weise können sie problemlos in die Haut eindringen, sich mit dem Fettgewebe des Körpers verbinden und dadurch ihre Wirkung entfalten.

Diese hochgradig flüchtigen Essenzen gelangen auch über die Millionen von Sinneszellen, die in den Nasengängen liegen (das Riechepithel), in den Körper ein. Diese senden ihre Informationen direkt zum Gehirn und beeinflussen die gefühlsmäßigen Reaktionen, indem sie auf das limbische System einwirken, das auch die wichtigsten Körperfunktionen steuert. Auf diese Weise können ätherische Öle sowohl auf das physische als auch das psychische Wohlbefinden eines Menschen einwirken.

Jedes dieser Öle besitzt eine ganz bestimmte chemische Zusammensetzung, die Duft, Farbe, Evaporation und natürlich auch die Wirkung definiert. Daher verfügt jedes Öl über eine einzigartige Kombination wohltuender Kräfte.

EXTRAKTIONSMETHODEN

Destillation

Die Ägypter lagerten ihre Rohmaterialien in großen Ton- oder Alabastergefäßen, die sie mit Wasser auffüllten und erhitzten. Der aufsteigende Dampf wurde durch ein Baumwolltuch über dem Gefäßhals gefiltert, das sich auf diese

Großes Bild: Ein Lavendelfeld in Drome, Südfrankreich. Französischer Lavendel ergibt eines der besten Lavendelöle, fruchtiger und süßer als englisches Lavendelöl, das sich durch seine Kampfernote auszeichnet. Zur Herstellung von neun Kilogramm ätherischem Öl benötigt man etwa eine Tonne Lavendelblüten.

Kleines Bild oben: Parfümherstellung auf einem ägyptischen Relief aus dem 4. Jahrhundert v. Chr. Ein großes Alabastergefäß wird mit Blüten, Kräutern und Wasser gefüllt und dann erhitzt. Der aufsteigende aromatische Dampf sättigt ein über die Öffnung gespanntes Baumwolltuch.

Kleines Bild unten: In der Arbeit des Parfümeurs vereinigen sich Wissenschaft und Kunst. Aus Hunderten ätherischer Öle entsteht unter seinen Händen ein zarter neuer Duft.

Weise mit ätherischen Ölen vollsog. Anschließend preßte man das Tuch aus und fing die ätherischen Öle in einem Sammelbehälter auf. Auch bei der heutigen Wasserdampfdestillation bedient man sich dieses Prinzips: In einer komplizierten Destillieranlage wird Dampf mit hohem Druck über die Blüten und Blätter geleitet, so daß die enthaltenen ätherischen Öle verdampfen. Danach führt man den Dampf durch ein Kühlsystem, wodurch das Öl kondensiert und so vom Wasser getrennt wird.

Mazeration
Bei der Mazeration weicht man Blüten in heißem Öl ein, bis die Öldrüsen und -zellen aufbrechen und ihre Duftstoffe an das heiße Öl abgeben. Dann reinigt man das Öl und extrahiert die aromatischen Substanzen.

Enfleurage
Mit dieser Methode werden besonders zarte und schwer zu gewinnende Pflanzenessenzen wie Jasmin-, Neroli- oder Rosenöl extrahiert. Dabei zerdrückt man die Blüten oder Blütenblätter zwischen zwei Glasplatten, die in einem Holzrahmen liegen und zuvor mit tierischem Fett bestrichen wurden. Auf diese Weise wird das Fett mit ätherischen Substanzen gesättigt.

Pressen
Bei dieser einfachen Methode werden die ätherischen Öle aus der Rinde oder Schale reifer Früchte (etwa Orangen oder Zitronen) in einen Schwamm gepreßt.

Qualitätskontrolle

Die geernteten Blüten und Pflanzen werden in der Regel so schnell wie möglich verarbeitet und gelagert, um ihre Frische zu erhalten. Der Charakter eines Öls ist in hohem Maße abhängig vom Klima, der Bodenbeschaffenheit und der Höhenlage der Spenderpflanze. So ist beispielsweise französisches Lavendelöl berühmt für sein volles Aroma, dessen Qualität aber – wie beim Wein – von Jahr zu Jahr schwanken kann.

Am besten kaufen Sie ausschließlich reine ätherische Öle, da synthetisch hergestellte oder verdünnte Öle sich anders auf den Körper auswirken und viele ihrer wohltuenden Eigenschaften verloren haben. Ein gutes Qualitätsöl mag zwar teurer sein, aber die Investition lohnt sich auf jeden Fall.

DIE VERWENDUNG ÄTHERISCHER ÖLE

Sie können in ihnen baden, Ihre Haut damit pflegen, Ihren ganzen Körper einreiben oder einfach in ihrem herrlichen Duft schwelgen: Aufgrund ihrer Vielseitigkeit gehören aromatische Öle zu den schönsten Geschenken der Natur. Da diese Öle die aktiven Substanzen einer Pflanze in stark konzentrierter und hochwirksamer Form enthalten, sollten Sie sehr sorgfältig damit umgehen und sie niemals unverdünnt auf die Haut auftragen. Aber es gibt eine ganze Reihe von Möglichkeiten, sich den Duft und die heilende Wirkung dieser Essenzen zunutze zu machen – wobei nur die wenigsten Anwendungen zusätzliches Zubehör erfordern.

Inhalation
Das Inhalieren von Dämpfen ist eine ausgezeichnete Methode zur Behandlung von Erkältungen oder anderer Erkrankungen der Atemwege; die sich aber nicht für Asthmatiker eignet. Geben Sie 6–12 Tropfen Öl in eine Schale mit kochendheißem Wasser. Dann legen Sie ein Handtuch über den Kopf und atmen tief ein. Auf diese Weise können Sie auch Ihre Gesichtshaut gründlich reinigen.

Therapeutische Massage
Eine klassische Behandlungsmethode der Aromatherapie, bei der mit Hilfe einer Lymphdrainagenmassage und ätherischen Ölen die Zirkulation von Blut und Lymphen angeregt werden soll, so daß der natürliche Heilungsprozeß des Körpers unterstützt wird.

Für eine Massage benötigen Sie eine Lösung von 1–3 Prozent ätherischen Ölen in pflanzlichem Öl.

Duftlampen
Diese attraktiven Schalen werden häufig auch als Aromalampen bezeichnet und sind sehr einfach zu benutzen: Füllen Sie die obere Porzellanschale mit Wasser, und geben Sie ein paar Tropfen ätherisches Öl hinein. Die Kerze in der unteren Hälfte erwärmt das Wasser, so daß sich der natürliche Duft des Öls im ganzen Raum ausbreiten kann.

Stellen Sie Ihre Duftlampe am besten auf einen Teller, niemals auf eine Plastikunterlage. Je nach Größe des Raumes genügen 3–6 Tropfen Öl.

Dekorative Duftlampen für ätherische Öle.

Im Handel sind auch batteriebetriebene Duftzerstäuber erhältlich, bei denen Luft durch ölimprägnierte Tücher geblasen wird, die Sie je nach Wunsch austauschen können.

Bäder
Geben Sie je nach Wunsch 5–10 Tropfen ätherisches Öl in handwarmes Badewasser. Dann schließen Sie die Tür, so daß die Dämpfe nicht entweichen können, und baden maximal 15 Minuten. Menschen mit empfindlicher Haut sollten das ätherische Öl vorher in einer Trägersubstanz aus Pflanzenöl (Mandel-, Aprikosen- oder Pfirsichkernöl) verdünnen. Schlecht gelöste ätherische Öle können in einer Kunststoffbadewanne dauerhafte Ränder hinterlassen: Reinigen Sie die Badewanne also sofort nach dem Bad.

Fußbad
Erfrischen Sie Ihre müden Füße mit 4–5 Tropfen Pfefferminz-, Rosmarin- und Thymianöl, die Sie in eine große Schüssel mit heißem Wasser geben. Lavendelöl beruhigt die Füße.

Handbad
Pflegen Sie Ihre gereizte, rissige Haut, indem Sie Ihre Hände vor einer Maniküre in einer Schüssel mit warmem (nicht heißem) Wasser baden, in das Sie 3–4 Tropfen Patschuli- oder Beinwellöl gegeben haben.

Duschbad
Nach dem Einseifen sollten Sie sich gründlich abduschen, dann einen feuchten Schwamm in eine Ölmischung Ihrer Wahl tauchen, ihn leicht ausdrücken und den ganzen Körper damit abreiben, während Sie weiter unter dem warmen Duschstrahl stehen.

Sauna
Geben Sie 3 Tropfen Eukalyptus- oder Kiefernnadelöl auf 500 ml Wasser, und verwenden Sie die Mischung als Aufguß in der Sauna. Beide Öle zeichnen sich durch ihre hervorragende reinigende und entgiftende Wirkung aus.

Whirlpool
Entspannen Sie sich im warmen Wasser, das Sie mit 10–15 Tropfen Sandelholz-, Geranium- oder Ylang-Ylang-Öl versehen, oder lassen Sie sich von der stimulierenden Wirkung von Kiefernnadel-, Rosmarin- und Neroliöl umsprudeln.

Raumspray
Mischen Sie 10 Tropfen ätherisches Öl mit 7 Eßlöffeln Wasser, und fügen Sie wahlweise einen Eßlöffel Wodka oder reinen Alkohol als Konservierungsmittel hinzu. Die Mixtur sorgfältig vermischen und in den Duftzerstäuber füllen.

Bettgeflüster
Parfümieren Sie Ihr Kopfkissen mit 2–3 Tropfen ätherischen Öls. Verwenden Sie am besten ein beruhigendes Öl zum Entspannen oder bei Schlafstörungen ein schlafförderndes Öl. Sie können nach Bedarf aber auch mit einem aphrodisischen Öl wie etwa Ylang-Ylang-Öl oder Rosen- bzw. Jasminöl (den teuersten ätherischen Ölen) eine extravagante Atmosphäre erzeugen.

Parfüm
Die besten Parfüms bestehen traditionell aus einer Mischung reiner ätherischer Öle, hauptsächlich aus Blütenextrakten, obwohl heutzutage immer häufiger auch synthetische Duftstoffe verwendet werden, vor allem bei der Herstellung preiswerter Parfüms. Die Arbeit des Parfümeurs erfordert viel Erfahrung und Wissen und läßt sich zu Hause nur schwer nachvollziehen. Falls Sie aber ein Lieblingsöl haben oder eine Mischung verschiedener Duftstoffe bevorzugen, können Sie sie für ein Körperöl (dreiprozentige Lösung) verwenden oder als hochkonzentriertes Parfümöl (25 Prozent) hinter die Ohren, in die Kniekehlen oder auf Handgelenke und Schläfen tupfen.

Pomander
Hängen Sie ein poröses, mit ätherischem Öl gefülltes und mit einem Korken verschlossenes Tongefäß in Ihren Kleiderschrank. Der unglasierte Ton saugt das Öl auf und setzt dessen Duft langsam wieder frei. Wählen Sie Ihren Lieblingsduft, oder probieren Sie einmal Melissen- oder Bergamotteöl. Zedernholzöl kann zur Mottenabwehr eingesetzt werden.

Potpourri
Ein »verblaßtes« Potpourri können Sie mit einigen Tropfen eines geeigneten blumigen oder würzigen ätherischen Öls wieder auffrischen – oder stellen Sie einfach Ihr eigenes Potpourri her.

Taschentücher
Sehr praktisch für unterwegs: Geben Sie 3–4 Tropfen ätherisches Öl auf ein Taschentuch, das Sie zum Inhalieren verwenden. Auf diese Weise lassen sich Kopfschmerzen und Schnupfenbeschwerden lindern.

Schuhschrank
Verleihen Sie Ihrem Schuhschrank mit einigen Tropfen Zitronengrasöl einen frischen Duft. In den Schuhen entfalten zwei Tropfen Kiefernnadel- oder Petersilienöl eine deodorierende Wirkung.

Von oben nach unten: Parfümfläschchen, Potpourri und Öllampe.

Luftbefeuchter
Sie können entweder einige Tropfen Ihres Lieblingsöls in den Wasserbehälter eines elektrischen Luftbefeuchters geben oder eine kleine Schale Wasser mit 5 Tropfen ätherischem Öl auf den Heizkörper stellen.

Lampenringe
Mit Hilfe eines Lampenrings läßt sich die Abwärme einer Glühbirne nutzen, um einen Raum zu parfümieren: Die Duftringe aus Porzellan oder Aluminium werden einfach auf die Glühbirne aufgesetzt und mit einigen Tropfen ätherischem Öl gefüllt. Die aufsteigende Wärme der Glühbirne sorgt anschließend für eine langsame Verdunstung des Öls.

Kaminfeuer
Besprenkeln Sie doch einmal etwa eine Stunde vor dem Anzünden des Kaminfeuers mehrere Holzscheite mit einigen Tropfen Zypressen-, Zedern-, Kiefernnadel- oder Sandelholzöl. Das Kaminfeuer wird Ihren Lieblingsduft im ganzen Raum verteilen.

Duftkerzen
Mit ätherischen Ölen parfümierte Wachskerzen sind fast überall im Handel erhältlich; Sie können aber auch einige Tropfen ätherisches Öl in eine Öllampe geben und damit die gleiche Wirkung erzielen.

Kompressen
Tauchen Sie ein sauberes Baumwolltuch (z. B. ein Taschentuch oder ein kleines Handtuch) in eine Mischung aus 160 ml warmem Wasser und 5–10 Tropfen ätherischem Öl. Das Tuch gut ausdrücken, auf die betroffene Körperstelle legen, mit einem weiteren Tuch abdecken und vollständig auskühlen lassen. Auf diese Weise lassen sich Verstauchungen, Prellungen, Kopfschmerzen (das Tuch auf die Stirn legen) und Hitzewallungen behandeln.

Körper- und Gesichtsöle
Diese Öle eignen sich hervorragend für die tägliche Körper- und Gesichtspflege. Für das Gesicht sollten Sie eine einprozentige Mischung aus ätherischem Öl und Trägersubstanz verwenden, für die Körperpflege eine dreiprozentige Mischung.

KOMBINATION VERSCHIEDENER ÖLE UND AUFBEWAHRUNG

Grundlage jeder Aromatherapie sind die ätherischen Öle, die alle ihre ganz spezielle Duftnote und besonderen Eigenschaften besitzen. Die Kunst, eine harmonische Kombination verschiedener Öle herzustellen, verbindet die Fähigkeiten des Parfümeurs mit dem Wissen und der Erfahrung des Apothekers; denn obwohl manche Essenzen einen ähnlichen Duft oder vergleichbare Eigenschaften aufweisen, lassen sie sich nicht unbedingt auch gut miteinander mischen. Eine Essenz kann die andere überlagern. Weihrauch- und Ingweröl – beides Essenzen mit berauschenden Duftnoten – ergeben zusammen eine unangenehme, überwältigende Duftmischung, während Lavendel- und Rosmarinöl sehr schön zueinander passen. Verwenden Sie höchstens drei verschiedene ätherische Öle in einer Mischung, damit die individuellen Eigenschaften der Essenzen nicht beeinträchtigt werden.

Legen Sie sich eine Reihe verschieden großer Behälter und Flaschen für die Aufbewahrung der fertig gemischten Öle zu. Trichter und Pipetten gewährleisten eine genaue Dosierung und verhindern, daß Öl daneben läuft oder verschüttet wird.

DIE KUNST DES KOMBINIERENS

Bei ätherischen Ölen handelt es sich um sehr flüchtige Essenzen, die mit Sorgfalt gemischt und aufbewahrt und nur sparsam verwendet werden sollten. Verschüttetes Öl kann das gesamte Zimmer mit einem penetranten Duft erfüllen und sich auf das Wohlbefinden von Kindern und Haustieren auswirken.

Die eigentliche Kraft aromatischer Substanzen entfaltet sich nur bei einer subtilen Verwendung. Daher sollten Sie niemals direkt an einer Flasche mit ätherischem Öl schnuppern, sondern nur einen Tropfen Öl auf eine Glasplatte geben und wie ein Weinkenner den Duft prüfen und möglicherweise einige Anmerkungen notieren.

Mischen

Als Trägersubstanz und zum Verdünnen der hochkonzentrierten ätherischen Öle, die nur tropfenweise verwendet werden sollten, dienen verschiedene pflanzliche Öle. Sie verhindern, daß die flüchtigen Essenzen zu schnell verdunsten, lassen sich gut und gleichmäßig auf die Haut auftragen und garantieren das schnelle Einziehen der therapeutischen Wirkstoffe.

Füllen Sie zunächst eine ausreichende Menge Trägeröl in eine Glas-, Porzellan- oder Aluminiumflasche, und geben Sie dann die entsprechende Menge ätherischen Öls mit Hilfe einer Pipette hinzu, damit Sie nicht versehentlich zuviel hinzugießen. Das Ganze sorgfältig schütteln und die Flasche mit einem Etikett versehen.

Falls Sie etwas Öl verschütten sollten, wischen Sie es umgehend mit einem Papiertuch auf, und entsorgen Sie es außer Haus, um zu verhindern, daß sich der Geruch allzu aufdringlich in den Räumen verteilt.

Aufbewahrung

Ätherische Öle lassen sich am besten in dunklen Glasflaschen aufbewahren, die mit einem Korken oder Stöpsel sorgfältig verschlossen werden müssen. Stellen Sie die Flaschen aufrecht an einen dunklen, kühlen Ort und außerhalb der Reichweite von Kindern. Bewahren Sie Ihre ätherischen Öle jedoch niemals in Kunststoffflaschen auf. Bei sorgfältiger Lagerung halten sich ätherische Öle etwa ein Jahr. Zitrusöle sollten Sie schon vor Ablauf eines Jahres verbrauchen.

TRÄGERÖLE

Als Trägeröle dienen im allgemeinen aus Nüssen oder Samen gewonnene Öle, die jeweils unterschiedliche Eigenschaften besitzen. Zu den besten Trägersubstanzen gehört Mandelöl, da es geruchlos ist, keine Allergien auslöst und deshalb sogar für die Babymassage verwendet werden darf. Walnußöl wirkt sich harmonisierend auf das Nervensystem aus; Sesamöl eignet sich hervorragend zur Behandlung von Schwangerschaftsstreifen, während Aprikosenkern-, Pfirsichkern- und Nachtkerzenöl die Zellregeneration anregen. Darüber hinaus lindern Nachtkerzen- und Walnußöl Menstruationsbeschwerden und prämenstruelle Spannungen. Weizenkeimöl verzögert die Oxidation, so daß sich eine Mischung mit diesem Öl länger hält.

Alle diese Öle sind sehr nährstoffreich und eignen sich hervorragend für trockene und empfindliche Haut. Achten Sie beim Kauf der Trägersubstanz darauf, daß es sich um reine, nicht chemisch behandelte (am besten kaltgepreßte) Öle handelt.

Aromatische Substanzen

Seit Jahrhunderten schätzt man die wundheilenden Eigenschaften und betörenden Duftnoten aromatischer Öle, die aus Blüten, Früchten, Blättern, Rinden, Harzen und Wurzeln gewonnen werden. In der modernen Lebensmittel- und Kosmetikindustrie, aber auch in der pharmazeutischen und in der Parfümindustrie finden Hunderte dieser ätherischen Öle Verwendung. Die Aromatherapie kommt zwar mit einer kleineren Auswahl aus, aber die Vielzahl der Duftnoten und Anwendungsmöglichkeiten sind dennoch beeindruckend.

Dieses Kapitel bietet sowohl Anfängern als auch Kennern interessante Informationen über die 35 beliebtesten, vielseitigsten und unkompliziertesten Öle. Lernen Sie den individuellen Charakter, die Herkunft und die therapeutischen Eigenschaften dieser ätherischen Öle kennen, und entdecken Sie Ihre Lieblingsnoten. Lavendel-, Geranium- und Rosmarinöl sind sehr vielseitig und eignen sich als Basisessenzen für jede Ölsammlung. Aber auch das teure Rosenöl lohnt die hohen Ausgaben, wenn Sie die gesamte Bandbreite der Aromatherapie und alle positiven Eigenschaften kennenlernen wollen.

Basilikum

Ocimum basilicum

Herkunft: Schon die Griechen schätzten den aromatischen Duft des Basilikumöls und verwendeten es für Bäder und Körpermassagen. Den Ägyptern diente diese aromatische Essenz als Opfergabe für die Götter und – in Kombination mit Myrrhe- und Weihrauchessenzen – zur Einbalsamierung. Und in Indien glaubt man, daß diese den Hindu-Gottheiten Krishna und Vishnu geweihte Substanz der Seele Schutz schenkt.

Beschreibung: Die Basilikumpflanze stammt ursprünglich aus Afrika und von den Seychellen und gilt in Europa als beliebtes Küchenkraut, das bis zu 90 cm groß wird und kleine weiße Blüten trägt. Das ätherische Öl destilliert man aus den Blättern der Pflanze; es zeichnet sich durch einen hellen, gelbgrünen Farbton und eine süßlich-frische Note aus.

Therapeutische Wirkung: Basilikumöl eignet sich hervorragend zur Nervenstärkung und lindert Erschöpfungszustände, nervöse Anspannungen und Depressionen. Darüber hinaus hilft es bei Bronchitis, Erkältungen, Fieber, Gicht, Verdauungsstörungen und sogar bei schmerzhaften Schlangenbissen.

Anwendungen: Inhalation, Bäder und Massagen. Basilikumöl besitzt sowohl wärmende als auch kühlende Eigenschaften und wirkt im Bad oder als Körperöl stärkend und belebend – ein ausgezeichnetes Mittel gegen schlaffe Haut und zur Anregung des Kreislaufs. In Kombination mit anderen ätherischen Ölen wie etwa Thymianöl entfaltet es seine hervorragende antiseptische Wirkung.

Gegenanzeigen: Bei einer Überdosierung wirkt Basilikumöl stark sedativ (beruhigend). Nicht während der Schwangerschaft verwenden.

Lorbeer

Laurus nobilis

Herkunft: Die römischen Caesaren trugen Kränze aus Lorbeerblättern nicht nur als Zeichen des Wohlstands, sondern auch zur Vertreibung böser Geister, während die Griechen die Blätter wegen ihrer schlaffördernden Wirkung und nach Banketten zur Erfrischung des Atems kauten.

Beschreibung: Die glänzenden, lederartigen Blätter des hübschen, immergrünen Lorbeerbaums mit seinen gelbgrünen Blütenbüscheln sind ein beliebtes Küchengewürz. Das würzige Lorbeeröl wird aus den Blättern gewonnen und besitzt eine gelbbraune Färbung.

Therapeutische Wirkung: Lorbeeröl dient als Antiseptikum für die Atemwege und hilft bei Bronchitis, Erkältungen und Grippe; es fördert die Verdauung und einen gesunden Schlaf, lindert rheumatische Schmerzen und Beschwerden und gilt als allgemeines Stärkungsmittel.

Anwendungen: Inhalation, Bäder und Massagen. Aufgrund seiner stimmungshebenden Wirkung wird Lorbeeröl in vielen Parfüms und exotischen Badeessenzen verwendet.

Benzoe

Styrax benzoin

Herkunft: In Ostasien war das Harz des Benzoebaums einer der wichtigsten Bestandteile, mit denen böse Geister vertrieben werden sollten. Benzoetinktur ist eine hochwirksame Substanz, die in der Parfümindustrie als Fixateur Verwendung findet.

Beschreibung: Der Benzoebaum wird in Borneo, Java, Malaysia, Sumatra und Thailand angepflanzt. Benzoeharz bildet sich nach einem tiefen Einschnitt in die Baumrinde, wodurch der Baumsaft langsam herausfließt und zu einer grünlichen Gummimasse mit dunkelroten Streifen härtet. Diese Streifen enthalten den konzentrierten Anteil an Aromastoffen. Das Gummi wird zu Harz weiterverarbeitet und hat einen köstlichen, vanilleähnlichen Duft.

Therapeutische Wirkung: Dank seiner wärmenden, entspannenden Heilkräfte eignet sich Benzoeöl nicht nur für die Behandlung von Harnweginfektionen, sondern auch bei Atemwegsbeschwerden wie Bronchitis, Husten und Erkältungen. Außerdem schenkt es Linderung bei Hautproblemen und Gicht.

Anwendungen: Inhalation, Massagen und in Hustenmitteln. Dieses Öl wirkt stark belebend und kann als einfache Tinktur und als Mischpräparat verwendet werden. Die einfache Tinktur ist von geringerer Toxizität und empfiehlt sich besonders für die Behandlung von Hautleiden.

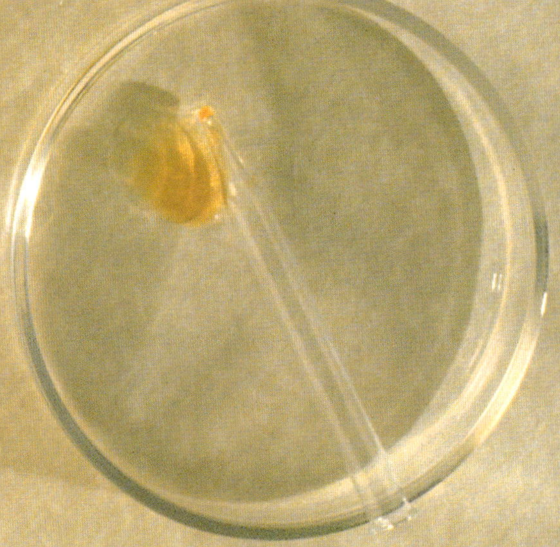

Bergamotte

Citrus aurantium ssp. bergamia

Herkunft: Die Heilkräfte der aus Marokko stammenden Zitruspflanze wurden erst erkannt, als sie auch in Italien heimisch geworden war.

Beschreibung: Die Bergamotte ist eine Unterart der Pomeranze, und ihr ätherisches Öl wird – wie bei fast allen Zitrusgewächsen – aus der frischen Schale gepreßt. Bergamotteöl besitzt eine smaragdgrüne Farbe und erinnert im Duft an Zitronenöl, mit einer etwas würzigeren Note. Dieser Duftstoff wird auch zum Aromatisieren von Earl-Grey-Tee verwendet.

Therapeutische Wirkung: Bergamotteöl wirkt stark stimmungshebend und belebend. Seine antiseptischen Eigenschaften haben sich bei der Behandlung von Mundhöhlen- und Hautinfektionen sowie Halsentzündungen bewährt. Außerdem ist es leicht fiebersenkend und hilft bei Bronchitis und Verdauungsstörungen.

Anwendungen: Das Öl der Bergamotte läßt sich ausgezeichnet mit vielen anderen ätherischen Ölen kombinieren und wird als Kopfnote für zahlreiche Parfüms sehr geschätzt. Bergamotteöl stellt zusammen mit Neroli- und Lavendelöl eines der wichtigsten Bestandteile von Kölnisch Wasser dar. Als Massageöl entfaltet es – je nach verwendetem Trägeröl – eine beruhigende oder stimulierende Wirkung.

Gegenanzeigen: In Konzentrationen von über einem Prozent kann Bergamotteöl Hautirritationen verursachen. Da es die Lichtempfindlichkeit erhöht und die Melaninproduktion anregt, findet es in manchen Bräunungspräparaten Verwendung. Dennoch sollten Sie es niemals Ihren selbstgemischten Sonnenschutzmitteln beifügen.

Zeder

Juniperus virginiana

Herkunft: Neben Sandelholzöl diente auch das Öl der Zeder den Ägyptern bei der Einbalsamierung der Toten. Wegen seiner antiseptischen Wirkung wurde Zedernöl als wichtiger Bestandteil zahlreicher Kosmetikartikel geschätzt. Ursprünglich wurde das ätherische Öl aus dem Holz der Libanon-Zeder *(Cedrus libani)* gewonnen. Doch ihr Holz ist in der Möbelindustrie sehr begehrt, so daß man heute auf das Holz der Virginischen oder Roten Zeder zurückgreift.

Beschreibung: Diese Zedernbäume werden in Nordafrika und in den Vereinigten Staaten wegen ihres hochgeschätzten, duftenden Holzes angepflanzt. Das klare ätherische Öl von sirupartiger Konsistenz gewinnt man mit Hilfe der Wasserdampfdestillation aus Holzabfällen.

Therapeutische Wirkung: Zedernholzöl wird gerne zur Behandlung von Hautproblemen wie Akne, krankhaftem Haarausfall, Schuppen sowie bei Ekzemen und bei Atemwegserkrankungen wie Bronchitis und Schnupfen eingesetzt. Hilft auch bei Harnweginfektionen.

Anwendungen: Inhalation und Massagen. Zedernholzöl läßt sich gut mit Zypressen-, Wacholder- und Rosenöl kombinieren.

Gegenanzeigen: In hoher Konzentration kann es zu Hautirritationen führen.

Kamille

Anthemis nobilis

Herkunft: Den Ägyptern war die Kamille heilig, und sie weihten sie dem Sonnengott. Diese Pflanze fand aber nicht nur in rituellen Zeremonien Verwendung, sondern diente auch zur Behandlung von Fieber- und nervösen Anfällen.

Beschreibung: Die verschiedenen Kamillearten sind in ganz Europa sowie in Nordafrika heimisch und wachsen vielerorts wild. Die Pflanze besitzt feine, fiederteilige Blätter, weiße Zungen- und gelbe Röhrenblüten, aus denen das hellblaue ätherische Öl gewonnen wird. Mit seinem apfelähnlichen Duft paßt es gut zu Rosen-, Geranium- und Lavendelöl.

Therapeutische Wirkung: Kamillenöl ist bekannt für seine entzündungshemmenden und beruhigenden Eigenschaften und eignet sich hervorragend zur Behandlung zahlreicher Kinderkrankheiten (bei Kindern und Erwachsenen). Darüber hinaus hilft es bei Allergien, Blutarmut, Brandwunden, Dermatitis (Hautentzündung), Durchfall, Fieber, Verdauungsstörungen, Schlaflosigkeit, Menstruationsproblemen und Klimakteriumsbeschwerden, Rheumatismus, Zahnschmerzen, Magengeschwüren sowie Ohrenschmerzen.

Anwendungen: Zur Herstellung von Kräutertees sind nur einige Kamillenarten geeignet. Das ätherische Kamillenöl läßt sich jedoch aufgrund seiner anti-allergenen Wirkung in Körper-, Bade- und Haarpflegeprodukten einsetzen. Kinder sollte man nur mit verdünntem Öl behandeln.

Zimt

Cinnamomum zeylanicum

Herkunft: Bei den Chinesen galt ein medizinisches Präparat oder eine Heilbehandlung erst dann als vollständig und wirksam, wenn auch Zimt darin Verwendung fand. Zimt ist eines der ältesten Gewürze, das schon die Ägypter, Griechen und Römer schätzten und das sogar im Alten Testament erwähnt wird.

Beschreibung: Der Zimtbaum ist in Süd- und Südostasien sowie in China heimisch und hat ein charakteristisches, scharfwürziges Aroma. Aus den gepflückten Zweigen und Blättern wird ein süßliches, pikantes und zugleich bitteraromatisches Öl destilliert, das eine dunkelgelbe bis bräunliche Tönung aufweist. Die warme, würzige Essenz findet in vielen Parfüms als Basisnote Verwendung.

Therapeutische Wirkung: Zimtöl eignet sich gut zur Behandlung von Erschöpfungszuständen und Depressionen; es stärkt das Atemwegs- und Verdauungssystem und gilt als besonders hilfreich bei Husten, Erkältungen, Grippe, Magenschmerzen und Durchfall. Zimtöl besitzt darüber hinaus eine aphrodisische Wirkung.

Anwendungen: Inhalation und Massagen. In einer Duftlampe verhindert Zimt die Ausbreitung von Grippeviren. Sie können aber auch ein Potpourri mit Zimtstangen oder Zimtöl auffrischen, während Zimtölkompressen oder Massagen mit dieser aromatischen Substanz Muskelkrämpfe lindern.

Gegenanzeigen: Nur in sehr geringen Konzentrationen oder unter professioneller Anleitung eines Aromatherapeuten verwenden.

Beinwell

Symphtum officinale

Herkunft: Der Kräuterheilkundige Nicholas Culpeper schrieb in seinen medizinischen Abhandlungen im 17. Jahrhundert, daß dieses Kraut »denjenigen hilft, die Blut spucken oder Blut im Urin haben«. Die Beinwellwurzel wurde in Wein oder Wasser gekocht, und man trank den Extrakt zur Behandlung von inneren Leiden, inneren Verletzungen und Lungengeschwüren sowie zur Stabilisierung des Blutkreislaufs.

Beschreibung: Dieses wildwachsende, etwa 90 cm hohe Kraut mit seinen blaßlilafarbenen Blüten findet man in der Nähe von Flußläufen oder in anderen Feuchtgebieten. Seine großen, borstigen Blätter können bei Berührung Hautirritationen hervorrufen. Für Kräuteraufgüsse werden sowohl die Blätter als auch die Wurzeln verwendet, während man das ätherische Öl aus den Blättern und Stengeln gewinnt.

Therapeutische Wirkung: Da Beinwellöl Allantoin enthält – einen zellregenerativen Wirkstoff – eignet es sich besonders für die Behandlung von Wunden und Hautleiden wie Ekzemen, Schuppenflechten und Fußpilz. Darüber hinaus hilft es bei Muskelfaserrissen, Schwangerschaftsstreifen sowie Menstruations- und Klimakteriumsbeschwerden.

Anwendungen: Massagen und Kompressen.

Zypresse

Cupressus sempervirens

Herkunft: Die Ägypter schmückten ihre Steinsärge mit Zypressenholz und schätzten sein Öl wegen seiner Heilkräfte. In Frankreich gehört die Zypresse zur traditionellen Friedhofsbepflanzung.

Beschreibung: Dieser hohe, kegelförmige und immergrüne Baum stammt ursprünglich aus dem östlichen Mittelmeerraum, erfreut sich aber mittlerweile in allen mediterranen Ländern – insbesondere in Süd-Frankreich und Algerien – großer Beliebtheit. Das ätherische Öl wird aus den Blättern, Zweigen und Zapfen destilliert; es besitzt eine klare, hellgelbe oder grünliche Färbung und einen erfrischenden, würzigen Duft, der ein wenig an Kiefernnadeln erinnert.

Therapeutische Wirkung: Aufgrund seiner adstringierenden und krampflösenden Eigenschaften findet Zypressenöl bei der Behandlung von Kreislaufproblemen, Erkältungen, Husten, Grippe, Hämorrhoiden, Menstruations- und Klimakteriumsbeschwerden, Krampfadern sowie Keuchhusten Verwendung. Bei nervösen Anspannungen wirkt es beruhigend.

Anwendungen: Inhalation, Bäder und Massagen. Rheumatische Beschwerden und Schwellungen lassen sich durch Kompressen mit Zypressenöl lindern, während es als Badezusatz die gesamte Muskulatur strafft. Dank seiner adstringierenden Wirkung eignet es sich auch als Zutat in einem Gesichtswasser für fettige Haut.

Gegenanzeigen: Nicht bei Bluthochdruck verwenden.

Eukalyptus

Eucalyptus globulus

Herkunft: Der zu den höchsten Baumarten gehörende Eukalyptus stammt ursprünglich aus Australien, wurde später aber auch in Tasmanien, China, Brasilien sowie in den Vereinigten Staaten und den mediterranen Ländern heimisch. Es gibt etwa 200 verschiedene Eukalyptusarten, deren Heilkräfte von den Aborigines wohl zuerst entdeckt wurden.

Beschreibung: Die frischen, silber-blaugrünen Blätter liefern große Mengen des hellgelben Öls, das ein kühlendes, kampferähnliches Aroma besitzt und zu den vielseitigsten Wirksubstanzen der Aromatherapie zählt.

Therapeutische Wirkung: Der wichtigste Bestandteil des Eukalyptusöls ist das antiseptische Cineol, das sich aufgrund seiner entzündungshemmenden Eigenschaften als besonders wirkungsvoll bei Asthma, Bronchitis, Grippe, Nebenhöhlenentzündungen, Hautentzündungen, Rheumatismus und anderen Entzündungen erwiesen hat. Daneben wirkt Eukalyptusöl fiebersenkend und harntreibend.

Anwendungen: Inhalation, Bäder und Massagen. Dieses ätherische Öl besitzt angenehm kühlende Eigenschaften, senkt das Fieber und hilft bei rheumatischen Beschwerden und Muskelschmerzen. Man findet es in zahlreichen Erkältungs- und Hustenmedikamenten sowie Einreibemitteln. Als Badezusatz lindert es Blasenentzündungen, während einige Tropfen Eukalyptusöl auf ein Taschentuch gegeben für einen klaren Kopf sorgen.

Fenchel

Foeniculum vulgare

Herkunft: Den Griechen und Römern galt der besonders aromatische Fenchelsamen als stärkeverleihendes Mittel, das gleichzeitig böse Geister vertrieb, Flöhe tötete und einen angenehmen Atem schenkte.

Beschreibung: Diese hübsche winterharte Pflanze wächst häufig in Meeresnähe und besitzt ein zartes, leuchtendgrünes, fiederschnittiges Blattwerk und kräftiggelbe Blütenbüschel, die auf Bienen große Anziehungskraft ausüben. Die frischen Blätter eignen sich besonders für Fischgerichte, während der an Anis erinnernde Duft des Fenchelsamens bei der Herstellung von Lakritz Verwendung findet und zur Herstellung des ähnlich duftenden, süßlichen Fenchelöls zerstoßen wird.

Therapeutische Wirkung: Fenchelöl hat sich aufgrund seiner harntreibenden und leicht abführenden Wirkung als sehr effektiv bei der Behandlung von Koliken, Verstopfung, Verdauungsstörungen, Nierensteinen, Klimakteriumsbeschwerden, Übelkeit und Fettleibigkeit erwiesen. Außerdem steigert es den Milchfluß stillender Mütter.

Anwendungen: Massagen. Das süßduftende Öl dient hauptsächlich zum Aromatisieren von Medikamenten gegen Blähungen und Verdauungsstörungen. Darüber hinaus kann es in Kräutertee verwendet werden.

Weihrauch

Boswellia thurifera

Herkunft: Weihrauch und Myrrhe zählten zu den ersten Baumharzen, die die Ägypter bei rituellen Zeremonien zur Vertreibung böser Geister und in Krankenzimmern zur Reinigung der Luft verbrannten. Neben Edelsteinen galten sie als sehr kostbare Gaben, die sogar die Heiligen Drei Könige bei der Geburt Jesus Christus als Geschenk überreichten. Das Harz stammt von einem kleinen, in Arabien, Afrika und China heimischen Baum und gelangte erst gegen Ende des 17. Jahrhunderts nach Europa.

Beschreibung: Das Harz wird durch einen tiefen Einschnitt in die Baumrinde gewonnen, wobei der Baumsaft in tropfenförmigen Kugeln austritt und an der Luft härtet. Die ätherische Essenz ist würzig, mit einer leichten Kampfernote, erhält aber in Kombination mit Myrrhe einen zitrusartigen Duft.

Therapeutische Wirkung: Weihrauch hebt die Stimmung und fördert die Konzentration. Darüber hinaus eignet sich Weihrauch als schleimlösendes Mittel bei der Behandlung von Bronchitis, Husten, Erkältungen und Kehlkopfentzündungen und gilt als probates Hautschutzmittel, das die Haut jung hält und sogar Falten glätten soll.

Anwendungen: Inhalation, Bäder und Massagen. Bei Erkältungskrankheiten inhalieren oder zur Entspannung als Badezusatz verwenden. Als Bestandteil eines Massageöls schenkt es Wärme und Ruhe. Wird häufig mit Myrrhe kombiniert, aber es paßt auch sehr gut zu Basilikum- und Sandelholzöl.

Geranie

Pelargonium odorantissimum

Herkunft: Die Pelargonie – fälschlicherweise auch als Geranie bezeichnet – stammt aus Afrika und gelangte erst um 1690 nach Europa. Im Altertum galt sie als Heilmittel gegen Tumore und Verbrennungen.

Beschreibung: Diese in ganz Europa verbreitete Pflanze wird bis zu 60 cm groß und weist Hunderte von Unterarten auf, die wegen ihrer schönen Blüten geschätzt werden. Aber nur die Zitronenpelargonie, deren Blätter beim Zerreiben einen zitronenartigen Duft verströmen, läßt sich für die Herstellung des süßlichen, gelbgrünlichen ätherischen Geraniumöls verwenden.

Therapeutische Wirkung: Geraniumöl besitzt die ungewöhnliche Eigenschaft, zugleich beruhigend und stimmungshebend zu wirken. Daher ist es bei der Behandlung von nervösen Anspannungen und Depressionen von unschätzbarem Wert. Außerdem hilft es bei Kreislaufproblemen und Hautleiden, insbesondere bei Wunden.

Anwendungen: Alle Anwendungsbereiche. Wegen seines süßen, frischen und blumigen Duftes findet das Geraniumöl nicht nur in zahlreichen Parfüms Verwendung, sondern wird auch zur therapeutischen Massage eingesetzt. Aber seine entspannende und zugleich erfrischende Wirkung kommt auch bei der Inhalation gut zur Geltung. Geraniumöl läßt sich mit den meisten anderen ätherischen Ölen hervorragend kombinieren.

Ysop

Hyssopus officinalis

Herkunft: Die Alchimisten des Altertums verwendeten die zu Pulver zerriebenen Blätter und Wurzeln des Ysop als Abführmittel und mischten die Substanz zur Bekämpfung von Wurmkrankheiten in Salben, die über den Bauch verteilt wurden. Zur inneren Anwendung vermischte man geringe Mengen Ysoppulver mit etwas Honig zur Regeneration der Darmflora oder mit zerstoßenen Feigen, um den Stuhlgang zu lösen.

Beschreibung: Diese kleine winterharte Pflanze besitzt lange Stengel mit länglichen Blättern und blauen Blüten, aus denen man das ätherische Öl gewinnt, das in vielen Parfüms und Likören Verwendung findet.

Therapeutische Wirkung: Ysopöl hilft bei Erkrankungen der Herzkranzgefäße, und da es zugleich anregend und beruhigend wirkt, kann es sowohl gegen zu hohen als auch gegen zu niedrigen Blutdruck verwendet werden. Aber auch bei Atemwegserkrankungen wie Bronchitis, Husten und Erkältungen sowie bei Hautproblemen entfaltet es seine heilende Wirkung.

Anwendungen: Inhalation und Massagen. Häufig wird Ysopöl auch in Hustenmitteln zur Behandlung von Bronchialleiden eingesetzt.

Gegenanzeigen: Nur in extrem geringer Dosis und nicht während der Schwangerschaft verwenden.

Jasmin

Jasminum officinale

Herkunft: Jasmin stand bereits vor Jahrhunderten bei den Arabern, Indern und Chinesen hoch im Kurs und wurde auf vielfältige Weise genutzt, zum Beispiel zum Parfümieren des Körpers und der Räume sowie als Bestandteil aromatischer Kräutertees. Im 16. Jahrhundert gelangte es über Persien nach Europa.

Beschreibung: Die zarten weißen Blüten der Jasminart *Jasminum grandiflorum*, die aus Ostindien und Ägypten stammt und in Südfrankreich, Spanien, Algerien, Marokko, Indien und Ägypten angebaut wird, liefern einen honigsüßen, blumigen Duft mit einer fruchtigen Hintergrundnote. Das dunkelrote Öl wird mit Hilfe der Enfleurage gewonnen; es zeichnet sich durch einen intensiven, blumigen, warmen und exotischen Duft aus und gehört neben Rosenöl zu den wichtigsten und teuersten Substanzen bei der Parfümherstellung.

Therapeutische Wirkung: Jasminöl hebt die Stimmung und mildert nervöse Spannungen und Depressionen. Es hat eine aphrodisische Wirkung. Außerdem lindert Jasminöl Menstruationsschmerzen und Krämpfe und beruhigt entzündete oder gereizte Haut.

Anwendungen: Bei Inhalationen, Bädern und Massagen können sich seine wärmenden und entspannenden Eigenschaften gut entfalten. Darüber hinaus eignet es sich als Bestandteil zauberhafter Parfüms und erzeugt einen angenehmen Raumduft.

Wacholder

Juniperus communis

Herkunft: Der in Nordamerika, Asien, Afrika und Europa angepflanzte kleine Strauch mit seinen aromatischen Blättern und Beeren wurde nicht nur während religiöser Zeremonien verbrannt, sondern auch als Lufterfrischer und als Schutz vor der Pest verwendet.

Beschreibung: Dieser immergrüne Strauch besitzt dicke Zweige, nadelförmige Blätter sowie gelbe Blüten, aus denen die kleinen, lilablauen Beeren entstehen. Beeren und Blätter verströmen einen intensiven aromatischen Duft, der an Kiefernnadeln erinnert; Wacholderöl wird jedoch nur aus den Beeren destilliert und weist eine hellgelbe Tönung auf.

Therapeutische Wirkung: Wacholderöl eignet sich besonders zur Bekämpfung von Harnweginfekten, Blasenentzündungen und Wassersucht, da es harntreibend und antiseptisch wirkt. Aber auch Akne, Koliken, Husten, Dermatitis, Ekzeme, Blähungen, Rheumatismus und Hautgeschwüre sprechen gut auf eine Behandlung mit dieser ätherischen Substanz an.

Anwendungen: Inhalation, Bäder und Massagen. Wacholderöl wirkt sehr stimulierend und eignet sich hervorragend – genau wie Zypressen- und Kiefernnadelöl – als erfrischendes Badeöl. Als Zusatz in einem Massageöl regt es den Kreislauf an.

Lavendel

Lavendula officinalis

Herkunft: Der Name Lavendel leitet sich vom lateinischen *lavare* – waschen – ab. Diese Pflanze zählte zu den beliebtesten Aromaspendern der täglichen Badezeremonien der Römer. Römer wie Griechen verbrannten Lavendelzweige auch, um die Luft in einem Raum zu reinigen und sich so vor der Pest zu schützen. Durch die Römer gelangte Lavendel auch nach Mittel- und Nordeuropa.

Beschreibung: Dieser Halbstrauch mit seinen holzigen Zweigen und linealischen Blättern verfügt über lange Blütenähren mit lilablauen Blüten. Nach dem Schneiden wird die Pflanze getrocknet und das ätherische Öl mit Hilfe der Wasserdampfdestillation gewonnen. Es ist entweder klar oder hellgelb und hat ein intensives Aroma.

Therapeutische Wirkung: Aufgrund seiner gleichermaßen beruhigenden und belebenden Wirkung eignet sich Lavendelöl hervorragend bei Störungen des Nervensystems und zur Wiederherstellung des emotionalen Gleichgewichts. Auch Migräneanfälle lassen sich mit diesem ätherischen Öl lindern. Darüber hinaus helfen seine antiseptischen Eigenschaften bei der Behandlung von zahlreichen Hautproblemen, Lungeninfektionen, Verdauungsstörungen und Harnwegentzündungen.

Anwendungen: Inhalation, Bäder, Raumspray, Massagen und die meisten anderen Anwendungsmöglichkeiten. Bei Kopfschmerzen und Migräne können kalte Lavendel-Kompressen helfen, oder Sie geben einige Tropfen des ätherischen Öls in einen Topf mit kochendem Wasser und inhalieren die Dämpfe. Ein warmer Umschlag lindert nervöse Erschöpfungszustände, und ein Lavendelbad am späten Abend schenkt eine angenehme Nachtruhe.

Zitrone

Citrus limonum

Herkunft: Seefahrer vergangener Jahrhunderte nahmen auf großen Fahrten einen Vorrat frischer Zitronen mit, die vor der gefürchteten Krankheit Skorbut schützen und das Trinkwasser auf dem Schiff reinigen sollten. Wegen der adstringierenden und antiseptischen Eigenschaften der Zitrone, behandelte man mit ihr Schnittwunden, Verletzungen und Insektenstiche.

Beschreibung: Der Zitronenbaum mit seinen rosaweißen Blüten und leuchtendgelben Früchten wird in fast allen Mittelmeerländern, einschließlich Israel und einigen afrikanischen Staaten, sowie in Brasilien, Argentinien und in den Vereinigten Staaten angepflanzt. Das aus der Zitronenschale gepreßte, hellgelbe Öl schätzt man bei der Parfümherstellung wegen seines intensiven, zitronenfrischen Aromas. Nicht sorgfältig gelagertes Zitronenöl wird trüb und verdirbt im Laufe der Zeit.

Therapeutische Wirkung: Zitronenöl ist ein starkes Antiseptikum, das sich wegen seiner adstringierenden Wirkung bei der Behandlung von Furunkeln und Warzen als sehr effektiv erwiesen hat. Außerdem ist es blutdruck- und fiebersenkend und lindert Erkältungen sowie Verdauungsstörungen und Gallensteinschmerzen.

Anwendungen: Inhalation, Bäder und Massagen. Zitronenöl ist wie die meisten Zitrusöle ein hervorragendes »Reinigungsmittel« für Leib und Seele, das sich als Hautpflegepräparat für fettige Haut besonders anbietet. Einige Tropfen dieser aromatischen Substanz in einer Duftlampe helfen gegen Erkältungen und halten Insekten fern.

Zitronengras

Cymbopogon citratus

Herkunft: Dieses süß duftende Gras wurde in Indien, Indonesien, Zaire, im Kongo und auf den Seychellen hauptsächlich zum Würzen der Speisen verwendet. Inzwischen weiß man, daß sein Hauptbestandteil, das Citral, ein starkes, reinigendes Antiseptikum ist, mit dem man auch Kleidung und Schuhe deodorieren kann. Die getrockneten Grashalme wurden zur Belebung der Sinne verbrannt.

Beschreibung: Zitronengras ist eine langstielige, grasähnliche Tropenpflanze. Das mit Hilfe der Wasserdampfdestillation aus den frischen oder teilgetrockneten Gräsern gewonnene Zitronengrasöl besitzt einen erfrischenden, zitronenähnlichen Duft, weshalb man es in vielen preiswerten Zitronenseifen, Parfüms und Reinigungsmitteln als kostengünstigen Ersatz für Zitronenöl verwendet.

Therapeutische Wirkung: Dank seiner antibakteriellen Wirkung hilft Zitronengrasöl bei Hautproblemen, Halsentzündungen sowie Atemwegserkrankungen, und es lindert Kopfschmerzen.

Anwendungen: Inhalation und Massagen. Gerade Sportler wissen das kühlende und deodorierende Zitronengrasöl wegen seines erfrischenden Dufts zu schätzen. Bei Massagen und Inhalationen stärkt es das Herz und fördert die Verdauung. Und nicht zuletzt schützt diese aromatische Substanz auch vor lästigen Insekten.

Majoran

Origanum marjorana

Herkunft: Die Griechen verwendeten Majoran für ihre Parfüms, als Küchenkraut, medizinisches Antidot sowie als Entschlackungsmittel für den gesamten Körper.

Beschreibung: Diese beliebte, winterharte Pflanze ist eines der klassischen Küchenkräuter, das man überall auf der Welt findet. Das bernsteinfarbene ätherische Öl wird mit Hilfe der Wasserdampfdestillation aus den frischen und getrockneten Blättern und Blütenspitzen gewonnen und ist wegen seines milden Duftes ein viel verwendeter Bestandteil zahlreicher Herrenparfüms.

Therapeutische Wirkung: Da Majoranöl wärmend und krampflösend wirkt, eignet es sich besonders zur Behandlung des Nervensystems. Es hilft bei nervösen Anspannungen und Schlaflosigkeit und schafft Linderung bei Arthritis, Asthma, Bronchitis, Kreislaufstörungen, Verstopfung, Kopfschmerzen, Menstruationsproblemen, Muskelverspannungen und Rheumatismus.

Anwendungen: Inhalation und Massagen. Majoranöl läßt sich gut mit Bergamotte-, Lavendel- und Rosmarinöl kombinieren. In Bädern und Körperölen wirkt es entspannend, während die Essenz in einem Dampfbad, oder sanft über Nebenhöhlen und Schläfen gestrichen, Erkältungsbeschwerden mildert.

Gegenanzeigen: Nicht in den ersten Schwangerschaftsmonaten verwenden. Nur in geringer Dosierung einsetzen, da Majoranöl nicht nur eine betäubende sondern darüber hinaus eine dämpfende Wirkung auf die Libido haben kann.

Zitronenmelisse

Melissa officinalis

Herkunft: Schon die Griechen und Araber kannten und schätzten die Heilkräfte der Zitronenmelisse, und im 16. Jahrhundert lobte sie der Schweizer Arzt Paracelsus als »Lebenselixier«.

Beschreibung: Die hauptsächlich in Europa heimische Zitronenmelisse, die man mancherorts auch nur Melisse nennt, wird auch in Nordamerika angepflanzt. Diese winterharte Staude gehört wie die Minze zur Familie der Lippenblütler. Das aus den Blättern destillierte, aromatische Öl erinnert an den Duft von Zitronen.

Therapeutische Wirkung: Melissenöl ist bekannt für seine stimmungshebende und zugleich beruhigende Wirkung und eignet sich wegen seiner belebenden, krampflösenden Eigenschaften zur Bekämpfung von Allergien, Erkältungen, Durchfall, Hypertonie (erhöhter Blutdruck), Menstruationsproblemen, Migräne und streßbedingten Kopfschmerzen, Übelkeit sowie Herzrasen.

Anwendungen: Inhalation, Bäder und Massagen. Das ätherische Öl senkt den Blutdruck und lindert Spannungen. Geben Sie 6 Tropfen ins warme Badewasser: Die Melissenessenz beruhigt den Körper, während sie gleichzeitig die Seele aufmuntert.

Myrrhe

Commiphora myrrha

Herkunft: Bei den Ägyptern und Griechen galt die Myrrhe als kostbare Gabe, die bei der Verehrung der Götter, in rituellen Zeremonien, Kosmetikartikeln, Parfüms und Kräuteranwendungen eine wichtige Rolle spielte. Darüber hinaus verwendeten die Ägypter Myrrhe und Weihrauch bei der Einbalsamierung der Toten und zu Reinigungszwecken.

Beschreibung: Dieser kleine, fast strauchartige Baum ist in Arabien, Somalia, Äthiopien und verschiedenen nordafrikanischen Ländern heimisch. Obwohl auch die Blätter aromatisch duften, wird das zähflüssige, gelbe, ätherische Öl aus dem Baumharz gewonnen. Es verströmt ein warmes, leicht würziges, süßes Aroma.

Therapeutische Wirkung: Die entzündungshemmende und schleimlösende Wirkung des Myrrheöls lindert Bronchitis, Schnupfen, Husten sowie Erkältungen und hilft bei Verdauungsstörungen, Mundhöhlen- und Halsentzündungen und Hauterkrankungen.

Anwendungen: Inhalation und Massagen. Myrrheöl wird sowohl in der pharmazeutischen Industrie als auch bei der Parfümherstellung verwendet und läßt sich in der Aromatherapie wegen seines kühlenden Effektes gut mit Kampfer- und Lavendelöl kombinieren.

Neroli

Citrus aurantium

Herkunft: Vermutlich entdeckten die Römer als erste die Heilkräfte dieser Orangenart. Um 1680 verwendete Anna Maria Orsini, Prinzessin von Nerola, das ätherische Öl zum Parfümieren ihres Badewassers und ihrer Handschuhe und führte es dadurch in die höchsten italienischen Kreise ein.

Beschreibung: Neroliöl wird vielfach auch als Orangenblütenöl bezeichnet, man gewinnt es aus den weißen Blüten der Pomeranze, die in China beheimatet ist, mittlerweile aber auch in Ägypten, Marokko, Algerien, Italien, Südfrankreich und in den Vereinigten Staaten angepflanzt wird. Das hellgelbe Öl ist sehr teuer, da man zur Herstellung von einem Kilogramm Neroliöl etwa eine Tonne Orangenblüten benötigt. Die Blüten werden beim ersten Öffnen gepflückt und anschließend destilliert. Das hochwirksame, wunderbar stimmungshebende, blumige Aroma des ätherischen Öls erinnert an Lilien und ist ein wichtiger Bestandteil des echten Kölnisch Wasser.

Therapeutische Wirkung: Neroliöl gilt als hervorragendes Antidepressivum, das zugleich beruhigt; es eignet sich daher für die Behandlung von nervösen Anspannungen, Herzklopfen und Schlaflosigkeit. Außerdem lindert es Dermatitis, trockene und gespannte Haut sowie prämenstruelle und Klimakteriumsbeschwerden.

Anwendungen: Inhalation, Bäder und Massagen. Als Badezusatz oder Körperöl mildert es prämenstruelle Beschwerden und regt den gesamten Kreislauf an. Sie können sich aber auch einfach an seinem herrlichen Duft erfreuen.

Orange

Citrus aurantium (Pomeranze)
Citrus sinensis (Orange)

Herkunft: Die Heimat des Orangenbaums ist China, wo man den zarten Duft von Orangen- und Pomeranzenöl schon vor Jahrhunderten für kosmetische, medizinische und kulinarische Zwecke zu schätzen wußte.

Beschreibung: Die einander sehr ähnlichen Orangen- und Pomeranzenöle werden mit Hilfe der Kaltpressung aus den frischen Orangenschalen gewonnen (die Orangenblüten ergeben das Neroliöl) und besitzen eine gelbe bis braune Färbung. Ihr anregender Duft verleiht vielen Parfüms eine frische, belebende Note.

Therapeutische Wirkung: Aufgrund seiner erfrischenden und zugleich beruhigenden Wirkung eignet sich das ätherische Öl besonders für die Behandlung von nervösen Anspannungen und Depressionen. Es stimuliert das Verdauungssystem und regt den Stuhlgang an. Dank seiner antiseptischen Eigenschaften hilft diese aromatische Substanz auch bei Mundhöhlenentzündungen.

Anwendungen: Bäder und Massagen. Die ätherischen Öle sind reich an Vitamin C und werden sowohl in der Lebensmittel- als auch in der Kosmetikindustrie für Badzusätze, Körperöle und für Schokoladen-Orangen-Konfekt verwendet.

Petersilie

Petroselinum sativum

Herkunft: Um die Petersilie ranken sich viele Sagen und Volkserzählungen. Im Mittelalter glaubte man, daß diese Pflanze nur in einem Garten wachse, dessen Besitzer oder Besitzerin »rechtschaffen« sei. Außerdem sollte gekaute Petersilie den Teufel fernhalten und – was man später herausfand – Mundgeruch beseitigen.

Beschreibung: Die aus Kleinasien stammende Petersilie ist mittlerweile überall auf der Welt heimisch; man schätzt ihre kulinarischen Eigenschaften ebenso wie ihre Heilkraft. Die reifen Petersiliensamen liefern die höchsten Ölerträge, aber auch die Blätter werden destilliert. Der würzig-aromatische Duft des Petersilienöls findet in vielen Kräuterparfüms und Kosmetikartikeln Verwendung.

Therapeutische Wirkung: Das ätherische Öl ist stark harntreibend und bietet sich daher zur Behandlung von Nieren- und Harnweginfektionen sowie bei Wassersucht an. Dank seines hohen Gehaltes an Vitamin A (das auch für gesunde Haare, Haut, Zähne und Augen unerläßlich ist) kann es zur Verbesserung der Blut- und Leberwerte beitragen und bei Menstruations- und Klimakteriumsbeschwerden Linderung schenken.

Anwendungen: Massagen. Petersilienöl läßt sich gut mit Fenchelöl kombinieren, um mit Hilfe einer Körpermassage gegen krankhafte Wasseransammlungen im Gewebe vorzugehen. Mischt man es mit Zitronen- und Rosmarinöl, kann es bei der Ausschwemmung von in Leber und Nieren vorhandenen Giftstoffen mitwirken. Darüber hinaus eignet sich Petersilienöl zur allgemeinen Beruhigung des Nervensystems.

PATSCHULI

Pogostemon patchouli

Herkunft: In Indien zählte Patschuliöl neben Rosen-, Jasmin-, Sandelholz- und Basilikumöl zu den beliebtesten aromatischen Substanzen, mit denen man auch Schals und Tücher beträufelte. Patschuliöl wird darüber hinaus eine aphrodisische Wirkung nachgesagt.

Beschreibung: Das ätherische Öl wird aus den getrockneten und fermentierten Blättern der Patschulipflanze, eines kleinen Halbstrauchs, gewonnen und verströmt einen intensiven, holzigen, süßlich-würzigen Duft. Die Qualität verbessert sich, wenn das Öl reifen kann, das auch als Fixativ in Parfüms Verwendung findet.

Therapeutische Wirkung: Patschuliöl eignet sich aufgrund seiner adstringierenden Wirkung zur Behandlung von Kopfhaut- und anderen Hautproblemen, einschließlich Schuppen, Akne, Ekzemen, Narben und kleinen Hautverletzungen. Bei Depressionen und nervösen Anspannungen hebt es die Stimmung.

Anwendungen: Inhalation, Bäder und Massagen. Kleine Mengen Patschuliöl besitzen eine anregende Wirkung, während es in größeren Dosierungen stark beruhigt. Viele schätzen diese aromatische Substanz als Parfüm.

PFEFFERMINZE

Mentha piperita

Herkunft: Den Ägyptern diente dieses aromatische Kraut mit seinem hohen Mentholgehalt zum Würzen von Wein und Nahrungsmitteln. Nicholas Culpeper schrieb im 17. Jahrhundert, die Pfefferminze sei das beste Heilkraut bei »Magenbeschwerden wie Darmwinden und Erbrechen, gegen die es nur wenige Heilmittel von größerer Wirksamkeit gibt«.

Beschreibung: Die Blätter der Pfefferminze sind kürzer und breiter als die der Grünen Minze. Sie besitzt lange, lilafarbene Blütenähren und hat sich mittlerweile über den gesamten Erdball verbreitet. Das fast farblose Pfefferminzöl wird aus der gesamten, zuvor teilgetrockneten Pflanze destilliert und zeichnet sich durch einen intensiven, erfrischenden Duft aus.

Therapeutische Wirkung: Pfefferminzöl eignet sich hervorragend bei Verdauungsstörungen, Blutstauungen und Hautproblemen. Aber auch bei der Behandlung von Erkältungen, Grippe, Blähungen, Kopfschmerzen, Übelkeit, Zahnschmerzen und Sonnenbrand kann es helfen.

Anwendungen: Inhalation, Bäder und Massagen. Einige Tropfen Pfefferminzöl, auf ein Taschentuch gegeben, können bei Kopfschmerzen und den ersten Anzeichen von See- oder Reisekrankheit helfen, da es erfrischt und belebt. Aufgrund seiner kühlenden Eigenschaften eignet es sich für ein erfrischendes Gesichtswasser oder ein erquickendes Bad nach einem heißen Sommertag. Als Fußbad lindert Pfefferminzöl müde Füße, als Kompresse hilft es gegen plötzliche Hitzewallungen.

Gegenanzeigen: Da Pfefferminzöl Hautirritationen verursachen kann, sollten Sie es bei der Behandlung von Hautproblemen höchstens in einprozentiger Dosierung verwenden.

Kiefer

Pinus sylvestris

Herkunft: In Skandinavien gehört Kiefernnadelöl aufgrund seiner erfrischenden und antiseptischen Wirkung traditionell zum Sauna- oder Dampfbadbetrieb.

Beschreibung: Die verschiedenen Arten dieses Nadelbaumes wachsen überall in Europa, Nordamerika und Rußland. Aus dem Kernholz der Bäume wird zwar auch ein Kiefernöl gewonnen, aber die besten ätherischen Öle liefern die Kiefernnadeln. Dieses Kiefernnadelöl besitzt einen frischen Duft mit einer harzigholzigen Hintergrundnote.

Therapeutische Wirkung: Kiefernnadelöl bietet sich besonders zur Behandlung von Atemwegsinfektionen, Bronchitis, Schnupfen, Erkältungen und Nebenhöhlenentzündungen an. Es hilft aber auch bei Blasen- und Gelenkentzündungen oder schmerzender Muskulatur.

Anwendungen: Inhalation, Bäder und Massagen. Kiefernnadelöl verleiht nicht nur vielen Haushaltsprodukten und einigen Herrenparfüms einen frischen, holzigen Duft, sondern dient auch der Kosmetik- und der pharmazeutischen Industrie zum Parfümieren von Salben, Peeling-Produkten, Seifen und Badeölen. Darüber hinaus kann das ätherische Öl als antiseptisches Deodorant oder in der Sauna oder im Whirlpool verwendet werden.

Rose

Rosa centifolia, Rosa damascena

Herkunft: Schon die Römer schätzten den wunderbaren Duft der Rose. Sie bedienten sich dieser Pflanze bei der Herstellung von Girlanden, duftenden Bändern und Parfüms.

Beschreibung: Die Damaszener-Rose wird hauptsächlich in Bulgarien angepflanzt, wo man die Rosenblüten im Morgengrauen pflückt und innerhalb von 24 Stunden zu gelbbraunem Rosenöl destilliert. Da man für die Herstellung von einem Kilogramm Rosenöl etwa 5 Tonnen Rosenblüten benötigt, gehört dieses ätherische Öl zu den teuersten Essenzen der Welt. Auch die Zentifolien liefern ein herrlich duftendes Öl und werden in Frankreich, Algerien, Marokko und Ägypten angepflanzt.

Therapeutische Wirkung: Rosenöl besitzt eine aphrodisische und stimmungshebende Wirkung; es belebt, kräftigt und schenkt Linderung bei Kreislaufproblemen, Verstopfung, Kopfschmerzen, geistigen Ermüdungszuständen, Menstruations- und Klimakteriumsbeschwerden sowie bei Hautleiden.

Anwendungen: Bäder und Massagen. Da sich dieses ätherische Öl durch seine äußerst geringe Toxizität auszeichnet, eignet es sich besonders zur Behandlung von trockener Haut. Sie können es aber auch zum Parfümieren Ihres Potpourris, der Bettwäsche und sogar der Unterwäsche verwenden (geben Sie ein paar Tropfen Rosenöl in das letzte Spülwasser).

Rosmarin

Rosmarinus officinalis

Herkunft: Bereits die Ägypter schätzten die Heilkräfte von Rosmarin, aber auch bei den Griechen und Römern erfreute sich diese Pflanze großer Beliebtheit. Während großer Pestepidemien verbrannte man Rosmarin an allen öffentlichen Plätzen und trug es wegen seiner antiseptischen Wirkung als Kette um den Hals.

Beschreibung: Dieser kleine, immergrüne Halbstrauch wird etwa 90 cm groß und besitzt graugrüne Blätter und hellblaue oder weißliche Blüten, aus denen man das klare ätherische Öl gewinnt. Rosmarinöl zeichnet sich durch ein intensives und holziges Aroma aus.

Therapeutische Wirkung: Rosmarinöl regt den Kreislauf an, ist gut für das Gedächtnis und hilft bei Haarausfall, Bronchitis, Brandwunden, Erkältungen, Schuppen, Durchfall, Blähungen, Kopfschmerzen und Fettleibigkeit.

Anwendungen: Inhalation, Bäder und Massagen. Bei Kopfschmerzen und Ermüdungszuständen bietet es sich an, einige Tropfen in ein Taschentuch zu geben und das Öl zu inhalieren. Eine Massage mit Rosmarinöl stimuliert das Lymphsystem.

Gegenanzeigen: Nur in geringen Konzentrationen verwenden, da eine Überdosis Rosmarinöl epileptische Anfälle und Krämpfe verursachen kann. Nicht in den ersten Schwangerschaftsmonaten und bei zu hohem Blutdruck anwenden.

Salbei

Salvia officinalis, Salvia sclarea (Muskatellersalbei)

Herkunft: Dieses heilige Kraut setzten die Ägypter bei der Behandlung von unfruchtbaren Frauen ein. Die Chinesen schätzen die medizinischen Heilkräfte des Salbeis seit Jahrhunderten.

Beschreibung: Bei den zahlreichen Sorten des Salbeis handelt es sich um kleine, strauchartige Kräuterpflanzen mit rauhen, runzligen Blättern. Das ätherische Öl wird aus den getrockneten Blättern destilliert und verströmt einen intensiven, frischwürzigen Duft mit einer kampferartigen Hintergrundnote.

Therapeutische Wirkung: Salbeiöl eignet sich wegen seiner belebenden Wirkung zur Behandlung von Menstruationsbeschwerden, hilft aber auch gegen Arthritis, bakterielle Infektionen und Halsentzündungen.

Muskatellersalbei *(Salvia sclarea)* ist aufgrund seiner beruhigenden und zugleich euphorisch stimmenden Wirkung ebenfalls sehr beliebt und wird gerne zur Behandlung von Schlaflosigkeit, nervösen Anspannungen und Depressionen sowie bei Menstruations- und Klimakteriumsbeschwerden verwendet.

Anwendungen: Bäder und Massagen. Ein Salbeibad lindert Muskelschmerzen und die negativen Auswirkungen von langanhaltendem Streß.

Gegenanzeigen: Salbeiöl kann in hoher Dosierung Körper und Geist zu stark stimulieren und sollte von Epileptikern gemieden werden. Salbei- und Muskatellersalbeiöl sollte während der ersten Schwangerschaftsmonate nicht verwendet werden.

Sandelholz

Santalum album

Herkunft: In China, Indien und Ägypten diente der Sandelholzbaum nicht nur zur Herstellung von Parfüms und Kosmetikartikeln, sondern war auch bei Tischlern sehr beliebt. In Indien wurden sogar zahlreiche Tempel aus dem herrlich duftenden Holz errichtet. Die Gläubigen salbten ihren Körper mit Sandelholz-, Rosen-, Jasmin- und Narzissenöl.

Beschreibung: Der immergrüne Sandelholzbaum ist in Indonesien, Südostasien und Ostindien heimisch und erreicht eine Höhe von bis zu acht Metern. Das sirupartige, wohlriechende Öl wird mit Hilfe der Wasserdampfdestillation aus dem grobgehackten und zu Pulver verarbeiteten Holz gewonnen und besitzt einen intensiven, warmen, holzigen Duft. In Parfüms dient es als Fixativ und verleiht zahlreichen kostbaren Duftessenzen eine klassische, lange nachklingende Basisnote.

Therapeutische Wirkung: Die beruhigenden Eigenschaften des Sandelholzöls eignen sich gut zur Behandlung von Depressionen, innerer Unruhe und Angespanntheit. Darüber hinaus wirkt diese aromatische Substanz schleim- und krampflösend und hilft bei Bronchitis, Husten, Übelkeit, Blasenentzündungen und Hautproblemen. Außerdem schreibt man ihm eine aphrodisische Wirkung zu.

Anwendungen: Inhalation und Massagen. Trockene Haut erhält durch warme Sandelholzöl-Kompressen wieder mehr Spannkraft. Es harmoniert sehr schön mit Neroli- und Rosenöl und kann als Massageöl seine beruhigenden Eigenschaften voll entfalten.

Teebaum

Melaleuca alternifolia

Herkunft: Bereits vor Jahrhunderten entdeckten die Aborigines Australiens die antiseptischen Eigenschaften des Teebaums und verwandten ihn zur Behandlung der verschiedensten bakteriellen Infektionen und Pilzerkrankungen, von Scherpilzflechte bis hin zu Fußpilz. Außerdem galt der Teebaum als Antidot bei giftigen Schlangenbissen.

Beschreibung: Der Teebaum mit seinen weißen, herabhängenden Blüten an langen Blütenähren ist in Australien und Tasmanien heimisch. Das hellgrüne ätherische Öl wird aus den Zweigen und den aromatisch duftenden Blättern gewonnen und verströmt ein kampferartiges, stark an Eukalyptus erinnerndes Aroma.

Therapeutische Wirkung: Aufgrund seiner hervorragenden desinfizierenden und antiseptischen Eigenschaften bietet sich das Teebaumöl besonders zur Behandlung von Hautleiden an wie Fußpilz, Brandwunden, Herpes, Mundhöhlenentzündungen, Soor und Warzen. Außerdem lindert es die Folgen von Atemwegserkrankungen.

Anwendungen: Inhalation und Bäder. Teilweise dient Teebaumöl zum Abtöten der Flöhe von Haustieren, es wird aber häufiger als Zusatz für deodorierende und antiseptische Fußbäder eingesetzt. Sie können auch Herpesbläschen mit etwas Öl betupfen. Bei Kehlkopfentzündungen und Bronchitis sollten Sie inhalieren. Entzündungen in der Mundhöhle lassen sich mit einem Teebaum-Mundwasser behandeln. (Einige Tropfen Öl in Wasser verdünnen. Nicht schlucken!)

Thymian

Thymus vulgaris

Herkunft: Den Ägyptern diente das ätherische Öl der Thymianpflanze als wichtiger Bestandteil der beim Einbalsamieren verwandten Flüssigkeiten. Die Griechen tranken nach reichhaltigen Banketten einen Kräutertee aus Thymianblättern, um die Verdauung anzuregen. Nicholas Culpeper beschrieb diese Pflanze als lungenstärkend und gutes Heilmittel bei Kurzatmigkeit.

Beschreibung: Diese weitverbreitete, wildwachsende Kräuterpflanze besitzt dunkelgrüne Blätter, holzige Stengel und kleine rosafarbene Blüten. Thymian wird im gesamten Mittelmeerraum, einschließlich Algerien und Ägypten, als Küchenkraut und für pharmazeutische Zwecke angepflanzt. Das ätherische Öl gewinnt man mit Hilfe der Wasserdampfdestillation aus sämtlichen Pflanzenteilen des blühenden Krauts, und es besitzt einen stechenden, süßlichen, kräuterartigen Duft.

Therapeutische Wirkung: Thymianöl hilft bei geistigen Erschöpfungszuständen und nervösen Anspannungen; viel häufiger wird es jedoch als natürliches Antiseptikum bei Husten und Atemwegsinfektionen eingesetzt. Es lindert rheumatische Beschwerden und Hautprobleme wie Entzündungen und Schwellungen.

Anwendungen: Bäder und Massagen. Als Badezusatz strafft und belebt es die ermüdete Muskulatur.

Ylang-Ylang

Cananga odorata

Herkunft: Die aus dem tropischen Ylang-Ylang-Baum gewonnenen Essenzen dienten zunächst zur Behandlung von Malaria-Erkrankungen, Insektenbissen und -stichen und zur Bekämpfung von Infektionen. Man schätzte seine antiseptischen Heilkräfte, verwendete Ylang-Ylang aber auch als Aphrodisiakum und als Tonikum für das Nervensystem. Außerdem vermischte man die Blüten mit Kokosöl, um Körper und Haar zu parfümieren und pflegen.

Beschreibung: Der in Indonesien und auf den Philippinen heimische Ylang-Ylang-Baum erreicht eine Höhe von zehn Metern. Seine gelben Blüten werden im Morgengrauen gepflückt und mit Hilfe der Wasserdampfdestillation verarbeitet. Das ätherische Öl besitzt ein betäubendes, blumig-süßes, jasminartiges Aroma, das vielen Parfüms eine warme Note verleiht.

Therapeutische Wirkung: Ylang-Ylang-Öl wirkt (in geringen Mengen) entspannend und empfiehlt sich für die Behandlung von nervösen Anspannungen, Depressionen, Schlaflosigkeit und mangelnder Libido. Außerdem kann es den Blutdruck senken und bei Hautproblemen Linderung schenken.

Anwendungen: Bäder und Massagen. Als Badezusatz oder Massageöl mildert es alle Folgen von Streß, und sein langanhaltender Duft findet in vielen Gesichts- und Hautpflegemitteln sowie in Potpourris und Pomandern Verwendung. Ylang-Ylang-Öl läßt sich gut mit Bergamotte-, Zitronenmelissen-, Sandelholz- und Jasminöl kombinieren.

ÖLE ZUR BEHANDLUNG VON ALLGEMEINBESCHWERDEN

Zeichenerklärung:

E Entspannendes Öl
S Stimulierendes Öl
B Belebendes Öl

Einige ätherische Öle besitzen mehr als eine dieser Eigenschaften und sind in der Lage, sowohl das körperliche Wohlbefinden als auch das emotionale Gleichgewicht wiederherzustellen.

VORSICHT

Bei dieser Tabelle handelt es sich nur um eine allgemeine Richtlinie. Hartnäckige Probleme sollten von einem erfahrenen Aromatherapeuten behandelt werden. Bei chronischen Erkrankungen empfiehlt es sich, einen praktischen Arzt aufzusuchen.

Kombinieren Sie höchstens drei ätherische Öle zur Behandlung der aufgeführten Beschwerden, da sich die Wirkung der Kombinationen nur schlecht voraussagen läßt. Das angegebene Verhältnis von ätherischem Öl zu Trägersubstanz sollte nicht verändert werden.

Die folgenden Öle dürfen nicht während der Schwangerschaft verwendet werden:

Lorbeer * Basilikum * Muskatellersalbei * Beinwell * Fenchel * Ysop * Wacholder * Majoran * Zitronenmelisse * Myrrhe * Rosmarin * Salbei * Thymian

		Akne	Nervöse Anspannungen	Arthritis	Fußpilz	Blutdruck: Hoch	Niedrig	Körpergeruch	Bronchitis	Cellulitis	Erkältungen
Basilikum	E, B		❀						❀		❀
Lorbeer	E			❀				❀	❀		
Benzoe	S			❀				❀	❀		❀
Bergamotte	E, B	❀	❀								
Zeder	E	❀							❀		
Kamille	E	❀	❀	❀							
Zimt	E						❀				❀
Beinwell	E				❀						
Zypresse	E		❀					❀		❀	
Eukalyptus	S	❀		❀					❀		❀
Fenchel	S										
Weihrauch	E										❀
Pelargonie	E, B		❀								❀
Ysop	E, S					❀	❀		❀		❀
Jasmin	E		❀								
Wacholder	E, B	❀	❀							❀	
Lavendel	E, B	❀	❀	❀	❀	❀		❀	❀		❀
Zitrone	S	❀				❀					❀
Zitronengras	S	❀			❀			❀			
Majoran	E		❀	❀		❀			❀		
Zitronenmelisse	E, B		❀			❀					
Myrrhe	S								❀		❀
Neroli	E		❀					❀			
Orange	B		❀			❀					
Petersilie	S										
Patschuli	E	❀	❀		❀					❀	
Pfefferminze	S						❀	❀	❀		
Kiefer	S			❀				❀	❀		❀
Rose	E		❀	❀							
Rosmarin	S						❀			❀	❀
Salbei	S		❀	❀			❀		❀		
Muskatellersalbei	E, S		❀			❀					
Sandelholz	E	❀	❀						❀		
Teebaum	S				❀				❀		❀
Thymian	S		❀						❀		
Ylang-Ylang	E		❀			❀					

Wassersucht									❀				❀			❀	❀								❀			❀		❀	❀					
Warzen																	❀	❀									❀							❀		
Krampfadern									❀							❀		❀	❀								❀			❀						
Reisekrankheit																	❀																			
Halsentzündung				❀						❀		❀	❀				❀	❀	❀			❀									❀	❀	❀	❀		
Streß						❀							❀				❀			❀	❀						❀						❀			
Nasennebenhöhlenentzündung										❀							❀						❀					❀								
Sexuelle Probleme					❀		❀						❀		❀											❀			❀			❀	❀			❀
Rheumatismus		❀				❀			❀	❀						❀	❀	❀		❀			❀					❀		❀					❀	
Prämenstruelle Beschwerden	❀					❀			❀				❀			❀	❀				❀		❀						❀	❀	❀	❀	❀		❀	
Korpulenz									❀		❀															❀				❀	❀				❀	
Übelkeit	❀										❀						❀				❀						❀		❀				❀			
Muskelverspannungen							❀	❀	❀	❀							❀			❀								❀		❀	❀					
Geistige Erschöpfung	❀															❀					❀							❀		❀	❀	❀			❀	
Schmerzhafte Periode						❀		❀	❀						❀	❀				❀	❀								❀			❀				
Unregelmäßige Periode						❀										❀	❀				❀								❀	❀	❀	❀				
Menstruationsprobleme (allgemein)	❀					❀								❀		❀	❀				❀								❀	❀		❀			❀	
Klimakteriumsbeschwerden						❀		❀	❀		❀		❀				❀	❀			❀		❀	❀					❀		❀	❀				
Schlaflosigkeit					❀	❀			❀			❀		❀			❀			❀			❀						❀			❀	❀			
Grippe	❀						❀		❀	❀				❀														❀						❀		
Verdauungsstörungen	❀					❀										❀	❀	❀	❀	❀	❀	❀		❀			❀			❀						
Hormonelle Störungen						❀							❀								❀			❀												
Kopfschmerzen	❀					❀				❀							❀		❀	❀	❀						❀			❀						
Heuschnupfen						❀				❀											❀								❀							
Hämorrhoiden									❀													❀					❀						❀			
Blähungen				❀		❀					❀			❀		❀	❀	❀									❀			❀		❀			❀	
Schwindelanfälle	❀					❀											❀										❀			❀						
Ekzeme					❀	❀		❀	❀				❀	❀	❀	❀						❀				❀							❀			
Durchfall						❀	❀		❀	❀			❀			❀	❀	❀			❀	❀					❀									
Depressionen	❀			❀		❀			❀				❀		❀		❀		❀				❀	❀		❀			❀	❀	❀	❀	❀			❀
Schuppen					❀								❀			❀	❀	❀								❀				❀			❀	❀		
Blasenentzündung			❀	❀					❀	❀						❀									❀			❀			❀		❀			
Verstopfung						❀					❀									❀				❀					❀	❀						

Massage mit ätherischen Ölen

Eine Aromatherapie-Massage mit ätherischen Ölen zielt in ihrer Wirkung vor allem auf das Nervensystem des Menschen.

Die ganzheitlich ausgerichtete Aromatherapie beabsichtigt, das lebenserhaltende Immunsystem des Körpers zu kräftigen und ein emotionales Gleichgewicht herzustellen. Man spricht in diesem Zusammenhang häufig von der »sinnlichen Wissenschaft«, da die Aromatherapie Geruchs- und Tastsinn anspricht. Mit der Aromatherapie-Massage lassen sich Körper und Geist besser entspannen oder anregen als mit anderen Massagetechniken: Die hochwirksamen ätherischen Öle dringen über die Haut in den Körper und werden darüber hinaus während der Massage inhaliert.

Vorbereitungen

Jede Massage ist entspannend, aber mit Hilfe einiger weniger Hilfsmittel läßt sich eine besondere Stimmung schaffen, die die Wirkung der Massage erhöht.

Ein Aromatherapeut besitzt sicherlich eine Massagebank. Sie können zu Hause aber auch den Fußboden mit Kissen auslegen oder einen Futon verwenden (ein gewöhnliches Bett ist meist zu weich). Legen Sie ein großes Baumwolltuch auf den Fußboden oder die Unterlage und darüber ein Badehandtuch. Außerdem benötigen Sie ein Kopfkissen, ein großes Badetuch für den Körper und eine warme Decke oder eine Wärmflasche für die Füße.

Entspannungshilfen

Eine beruhigende Atmosphäre sorgt für zusätzliche Entspannung. Zu diesem Zweck sollten Sie eine Duftlampe mit einem entspannenden Öl im Raum aufstellen und für geeignete Hintergrundmusik sorgen: Am besten eignet sich Instrumentalmusik, da Stimmen den Fluß der Gedanken stören können.

Das Zimmer sollte gut geheizt sein, denn nachdem die Öle sanft einmassiert wurden, entspannt sich der Körper und kühlt ab, auch wenn sich die Haut noch warm anfühlt. Es ist wichtig, daß Ihr Partner bequem und warm liegt; die nicht massierten Körperbereiche sollten abgedeckt werden, damit der Körper nicht auskühlt. Eine weitere wichtige Voraussetzung für eine angenehme Massage ist ein gutes Vertrauensverhältnis zwischen Masseur und Massiertem.

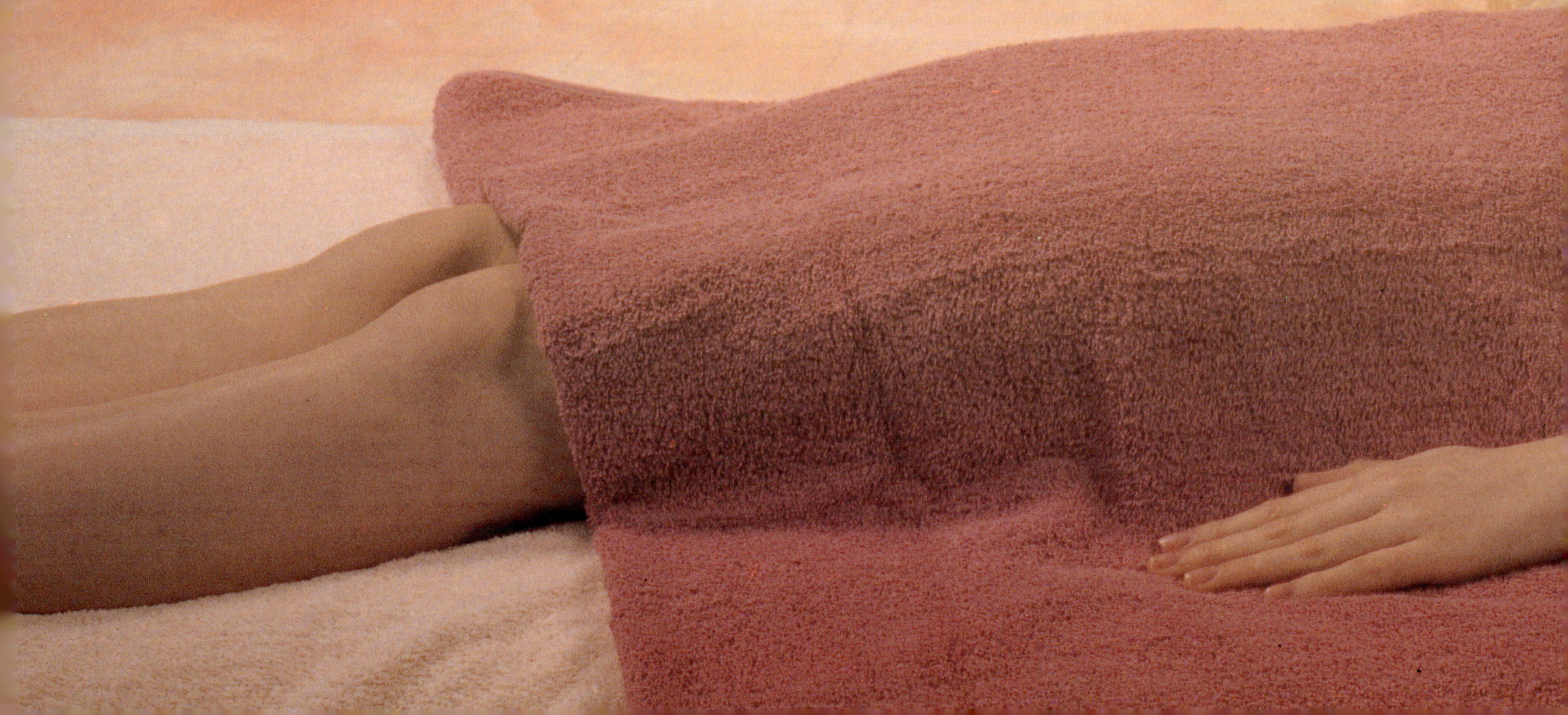

Wählen Sie einen Raum, in den man sich entspannt zurückziehen kann. Dann schließen Sie Fenster und Vorhänge, schalten die Heizung ein und dämpfen das Licht. Bei der Aromatherapie ist es besonders wichtig, daß Sie nicht von Alltagsgeräuschen wie Fernsehen, Telefon oder Straßenverkehr gestört werden.

DIE BEHANDLUNG

Eine vollständige Aromatherapie-Massage dauert etwa eine Stunde. Erkundigen Sie sich vor der Massage nach körperlichen Schmerzen und Beschwerden, insbesondere Rückenverletzungen oder frischen Operationsnarben und über die emotionale Verfassung des Massageempfängers.

MASSEUR

- Lesen Sie die Anleitung zu den verschiedenen Massageschritten mehrmals durch, um mit dem Ablauf der Massage vertraut zu werden. Sicherlich wollen Sie nicht während einer Sitzung im Buch nachschlagen müssen.
- Testen Sie die verschiedenen Massagebewegungen an Ihrem eigenen Körper. So entwickeln Sie ein Gefühl dafür, wie sich die Griffe auf der Haut anfühlen und welchen Druck Sie dabei ausüben sollten.
- Die Massagebewegungen sollten langsam und sanft ausgeführt werden, so daß sich Ihr Partner entspannt und verhärtete Muskeln gelockert werden.
- Achten Sie darauf, daß die einzelnen Massagegriffe und -bewegungen fließend ineinander übergehen. Falls Sie einen Schritt ausgelassen haben oder zu einer »falschen« Körperstelle übergegangen sind, ist das aber kein Grund zur Beunruhigung. Beenden Sie zunächst den einmal begonnenen Massageschritt, bevor Sie den versäumten nachholen – oder ihn einfach auslassen, was empfehlenswerter wäre, als den Fluß der Massage zu unterbrechen.
- Wenn Sie jemanden massieren, sollten Sie selbst ebenfalls entspannt sein und sich wohlfühlen, da Sie sonst Ihre eigenen Spannungen auf Ihren Partner übertragen und nicht wirkungsvoll massieren können.
- Versuchen Sie, ständig Körperkontakt zu Ihrem Partner zu halten. Selbst wenn Sie eine andere Position einnehmen, sollten Sie eine Hand auf dem Körper des Massageempfängers liegen lassen.
- Wenn Sie verschiedene Körperbereiche massieren, empfiehlt es sich, die momentan nicht behandelten Körperstellen mit einem großen Handtuch oder einer Decke zu bedecken. Durch die sich darunter entwickelnde

DAS RICHTIGE ÄTHERISCHE ÖL

Ein erfahrener Aromatherapeut beginnt niemals sofort mit der Massage. Für eine wirklich effektive Behandlung muß er zunächst die körperliche und emotionale Verfassung des Massageempfängers ermitteln und herausfinden, ob er auf bestimmte Probleme gezielt eingehen muß. Handelt es sich um ein körperliches Problem? Oder um ein emotionales? Oder vielleicht um eine Kombination? Dem erfahrenen Aromatherapeuten stehen bei der Behandlung zahlreicher Probleme und Leiden zwar eine Vielzahl von Ölen zur Verfügung, er mischt oder setzt sie aber erst dann ein, wenn er die genauen Bedürfnisse seines Partners kennt und seine Behandlung darauf ausrichten kann.

Das Mischen der ätherischen Öle erfordert viel Erfahrung. Aber es gibt einige einfache Rezepte, die sich auch zu Hause zur Behandlung bestimmter Probleme wie Muskelverspannungen, Kopfschmerzen und stressbedingter Erschöpfungssymptome verwenden lassen. Da ätherische Öle eine starke Wirkung ausüben können, sollten Sie eher zuwenig als zuviel Öl verwenden und im Zweifelsfall die Massage zunächst mit einer Trägersubstanz wie Mandelöl beginnen und erst später zwei bis drei Tropfen eines einzigen ätherischen Öls hinzufügen. Lavendel-, Rosmarin- und Geraniumöl sind vielseitig verwendbare Öle. Kamillenöl können Sie bei besonders empfindlicher Haut einsetzen.

DAS AUFTRAGEN DES ÖLS

Bewahren Sie das Öl in einem Spender oder in einer Schale auf, damit Sie sich während der Massage nicht mit einem Verschluß herumärgern müssen. Das Gefäß sollte aber abgedeckt werden, da ätherische Öle sehr flüchtig sind und schnell verdunsten.

- **Wärmen Sie Ihre Hände sorgfältig, bevor Sie etwas Öl auftragen.**
- **Einige Aromatherapeuten empfehlen, das kalte Öl vor dem Auftrag auf den Körper in den Händen etwas anzuwärmen. Andere Experten raten davon ab, da auf diese Weise die Evaporationsgeschwindigkeit der ätherischen Öle beschleunigt wird und das Öl sich so eher auf den Masseur als auf den Massageempfänger auswirkt.**
- **Falls Sie einen stark behaarten Körperteil massieren oder die Haut Ihres Partners besonders trocken ist, sollten Sie entsprechend mehr Öl auftragen.**
- **Massieren Sie leicht und mit Gefühl. Denken Sie daran, daß Ihre Hände ein wichtiges Kommunikationsmittel sind.**

Wärme kann der Körper die ätherischen Öle leichter aufnehmen.

- Falls die Rückenmuskulatur Ihres Partners in irgendeiner Form angespannt wirkt, legen Sie ihm in Rückenlage ein Kissen unter die Knie und in Bauchlage ein Kissen unter das Becken.
- Tragen Sie beim Massieren weite, bequeme Kleidung, damit Sie in Ihren Bewegungen nicht behindert werden.
- Falls Sie etwas Öl auf Ihre Kleidung verschütten, sollten Sie es, um Flecken zu vermeiden, sofort mit einem Taschentuch abtupfen und anschließend die Kleidung in warmem Seifenwasser ausspülen.
- Verzichten Sie während der Massage auf Gespräche, da sich nur so eine völlige Entspannung einstellt. Sie können statt dessen leise Musik spielen. Bitten Sie Ihren Partner unbedingt, Ihnen mitzuteilen, ob ihm ein bestimmter Massageschritt mißfällt oder er sich nicht wohlfühlt.
- Machen Sie den Massageempfänger mit den folgenden Grundlagen und Hinweisen vertraut.

MASSAGEEMPFÄNGER

Vor der Massage

- Waschen oder duschen (nicht zu heiß!) Sie sich vor der Massage. Verzichten Sie auf heiße Bäder, da das Öl sonst direkt in die Haut eindringt.
- Verwenden Sie vor der Massage weder ein Deodorant noch andere Körperpflegemittel, da diese die Wirkung der Öle beeinträchtigen.
- Verzichten Sie auf ausgedehnte Mahlzeiten kurz vor der Behandlung, weil sich Ihr Körper sonst nicht entspannen kann.
- Trinken Sie vor der Massage keinen Alkohol.
- Sagen Sie eine Massage ab, wenn Sie erkältet sind oder Fieber haben. Warten Sie, bis das Schlimmste überstanden ist, und lassen Sie dann Ihr körperliches Gleichgewicht durch eine Aromatherapie-Massage wiederherstellen.

Nach der Massage

- Trinken Sie nach der Behandlung ein Glas stilles oder kohlensäurearmes Mineralwasser.
- Bleiben Sie mindestens noch fünf Minuten ruhig liegen, bevor Sie aufstehen.
- In den ersten zwölf Stunden nach der Massage sollten Sie weder baden noch duschen, damit die Öle vollständig von der Haut aufgenommen werden und ihre Aufgabe, den Körper zu entschlacken und zu entgiften, erfüllen können.
- Trinken Sie während des restlichen Tages viel Wasser, um das Ausscheiden der Giftstoffe über die Nieren zu unterstützen.
- Verzichten Sie mindestens zwölf Stunden nach der Massage auf Alkohol.

MASSAGETECHNIKEN

Wählen Sie den speziellen Bedürfnissen Ihres Partners entsprechende Öle, und geben Sie 10–15 Tropfen dieser Öle auf vier Eßlöffel Trägersubstanz.

Zu Beginn der Massage sollte Ihr Partner in Bauchlage liegen; der Rücken bleibt frei, der Rest des Körpers wird mit einem Handtuch oder einer Decke zugedeckt.

KÖRPERKONTAKT HERSTELLEN

Lassen Sie sich einige Minuten Zeit, um sich und Ihren Partner auf die Massage einzustimmen. Konzentrieren Sie sich ganz auf die Massage, machen Sie Ihren Geist frei von den Einflüssen der Außenwelt, und widmen Sie sich ganz der Aufgabe, die vor Ihnen liegt.

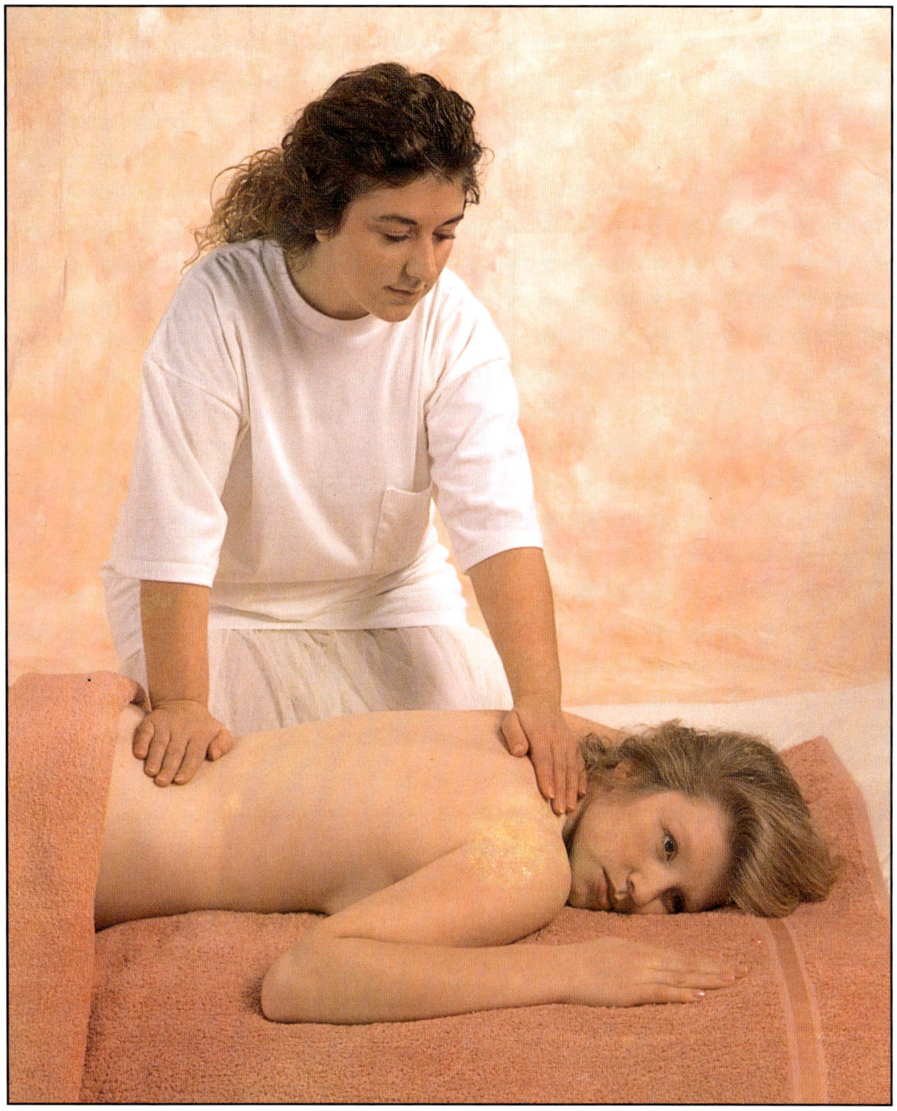

VORSICHT

Die Aromatherapie ist ganzheitlich ausgerichtet, und obwohl sich mit dieser sanften Heilmethode allgemeine Beschwerden, Streß und emotionale Stimmungsschwankungen hervorragend bekämpfen lassen, ist sie kein Ersatz für eine konventionelle medizinische Behandlung. Bei hartnäckigen Symptomen sollten Sie unbedingt einen praktischen Arzt aufsuchen.

In keinem Fall sollten mit der Aromatherapie behandelt werden:

- Krebs
- Nervenleiden
- Herzleiden
- Asthma im fortgeschrittenen Stadium
- Patienten kurz nach einer Operation
- schwere Krampfadern
- extremer Bluthochdruck
- Epilepsie

Öle, die während der Schwangerschaft nicht angewandt werden dürfen, sind im Kapitel *Aromatherapie und Schwangerschaft* aufgeführt.

Links: Wenn sich Ihr Partner in der Bauchlage befindet, legen Sie eine Hand leicht in den Nacken (auf das Hinterhauptsbein), Ihre andere Hand auf den unteren Rückenbereich (auf das Kreuzbein). Diese Position halten Sie etwa 20 Sekunden lang, während Sie sich auf die Massage innerlich vorbereiten. Diese Übung wird ohne Öl ausgeführt.

BEINMASSAGE

EFFLEURAGE (BERUHIGENDES STREICHEN)

Bei der Effleurage handelt es sich um sanfte, gleitende Bewegungen, mit denen man die Haut glättet und das Öl verteilt. Dabei sollten Sie immer in Richtung des Herzens massieren, da die Effleurage den Kreislauf, den Lymphfluß und die Muskelfunktionen stimuliert. Diese Technik wird auch zwischen den verschiedenen Massagegriffen angewandt, um einen kontinuierlichen Ablauf der Massage zu gewährleisten und neue Körperflächen mit Öl vorzubereiten.

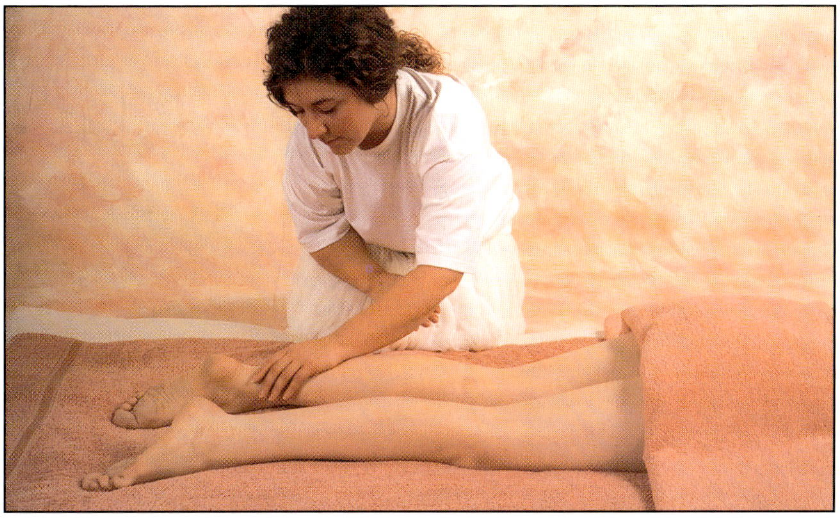

1 *Knien Sie sich neben Ihren Partner. Legen Sie eine Hand auf die Ferse, und streichen Sie mit einer gleitenden Bewegung über das Bein bis hinauf zum Gesäß und um den Oberschenkel herum.*

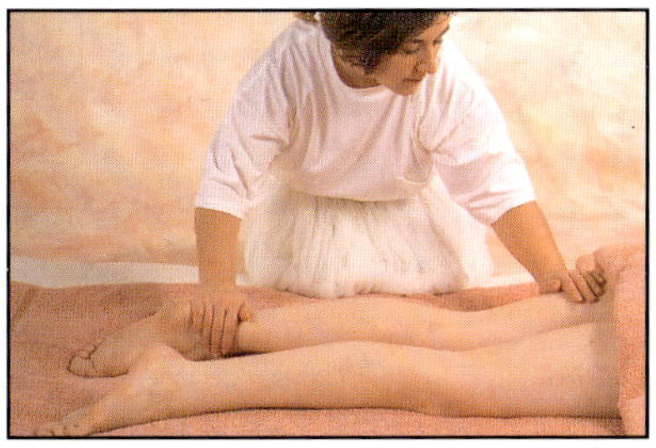

2 *Wenn die erste Hand den Oberschenkel erreicht hat, legen Sie die andere Hand auf die Ferse und streichen mit einer gleitenden Bewegung hinauf bis zur Kniekehle.*

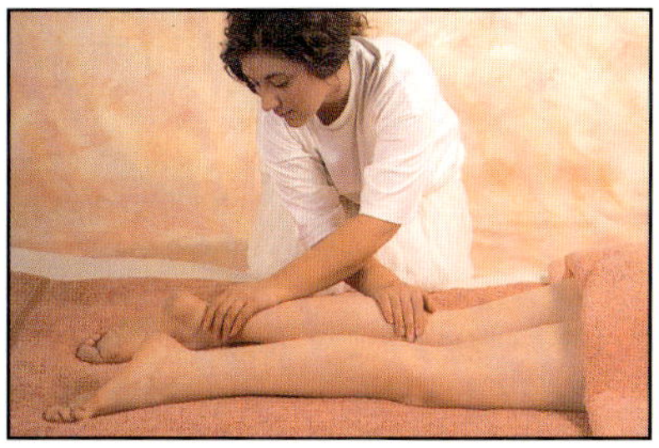

3 *Sobald die zweite Hand in der Kniekehle liegt, greifen Sie mit der ersten Hand wieder an die Ferse und streichen erneut hinauf bis zum Oberschenkel.*

Wiederholen Sie diese Abfolge sechs- oder siebenmal, und achten Sie dabei auf gleichmäßige und fließende Bewegungen. Dann wiederholen Sie alle Griffe am anderen Bein.

FUSSGELENK-MASSAGE

Die Fußgelenke stellen ein wichtiges Energiezentrum dar. Die folgenden Griffe lindern Gefäßstauungen.

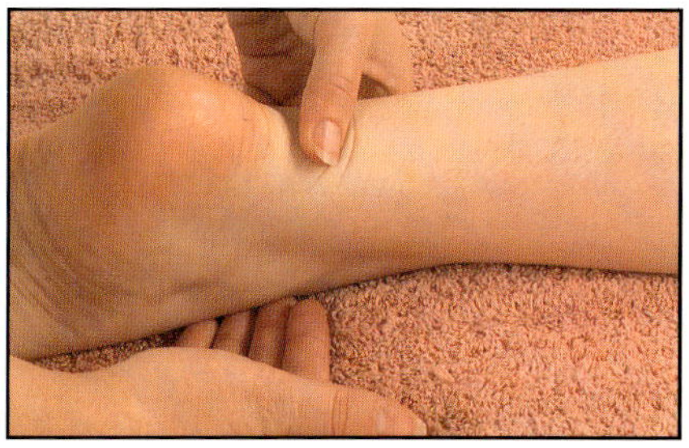

1 *Setzen Sie sich zu Füßen Ihres Partners, und umgreifen Sie ein Gelenk sanft mit beiden Händen. Dabei ruhen die Daumen auf der Achillessehne.*

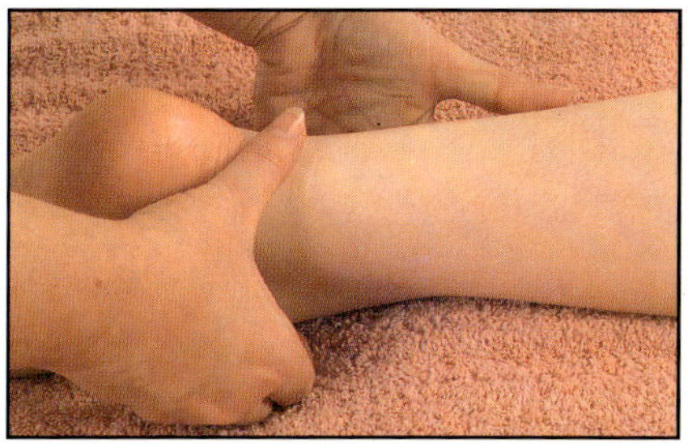

2 *Während die anderen Finger ruhig liegen, streichen Sie mit den Daumen mit sanftem Druck nach oben und außen.*

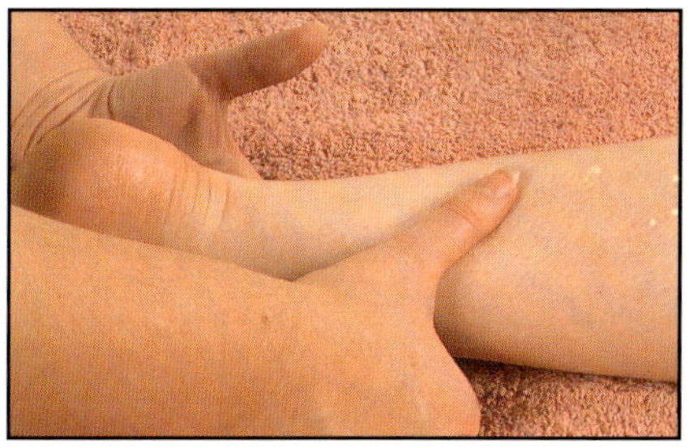

3 *Diese Bewegung sollten Sie etwa 30 Sekunden lang abwechselnd ausführen.*

STREICHEN

Diese Massagetechnik stimuliert die Lymphgefäße und den Kreislauf, eignet sich aber nicht bei Menschen mit starken Krampfadern.

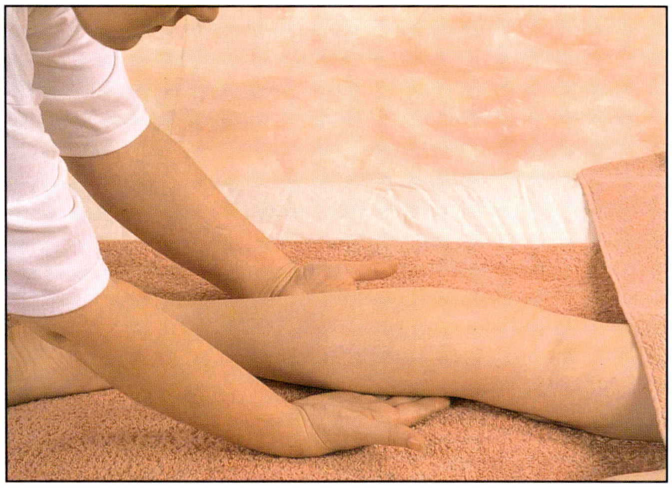

1 Setzen Sie sich zu Füßen Ihres Partners, und lassen Sie die Daumen mit sanftem Druck vom Knöchel zur Kniekehle gleiten.

2 Dann führen Sie die Hände langsam zu den Knöcheln zurück, wobei Sie an beiden Seiten des Wadenmuskels entlangstreichen. Achten Sie darauf, dabei nicht zu ziehen.

Wiederholen Sie diese Bewegungsabfolge fünf- oder sechsmal.

KNETEN

Knien Sie sich neben das Bein. Das Kneten eignet sich besonders zur Lockerung von verspannter Muskulatur.

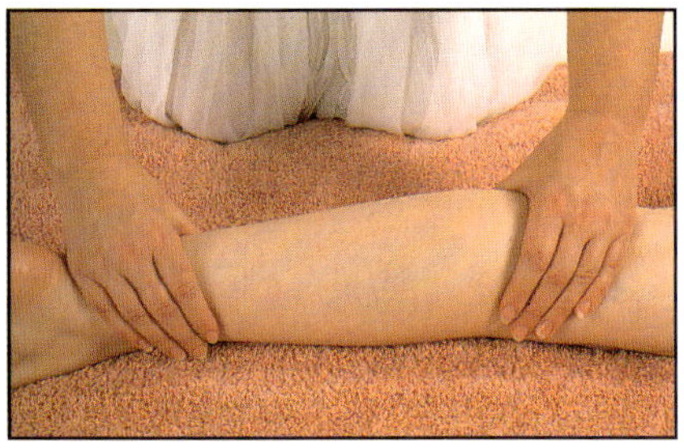

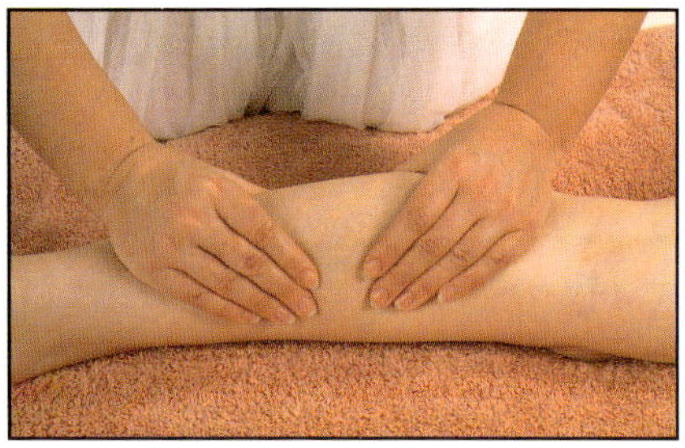

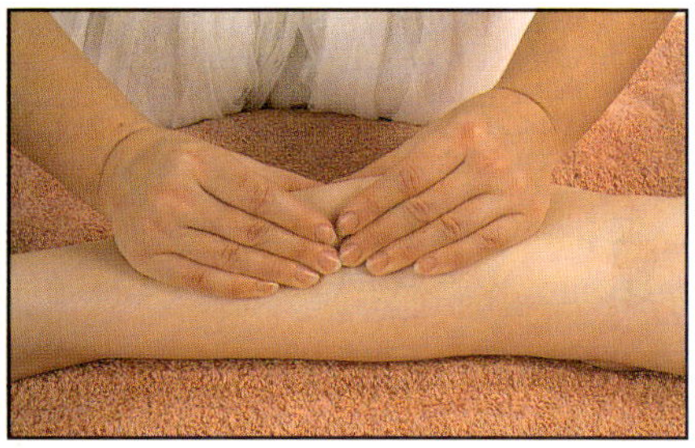

1 Legen Sie Ihre Hände sanft auf die Wade, eine Hand kurz oberhalb des Fußgelenks, die andere unterhalb der Kniekehle.

2 Dann fassen Sie den Wadenmuskel fest mit beiden Händen und ziehen den Muskel leicht nach oben.

3 Nun kneten Sie diesen Bereich, indem Sie Ihre Finger und Daumen zusammendrücken.

Führen Sie diese Behandlung etwa 30 Sekunden lang durch.

WRINGEN

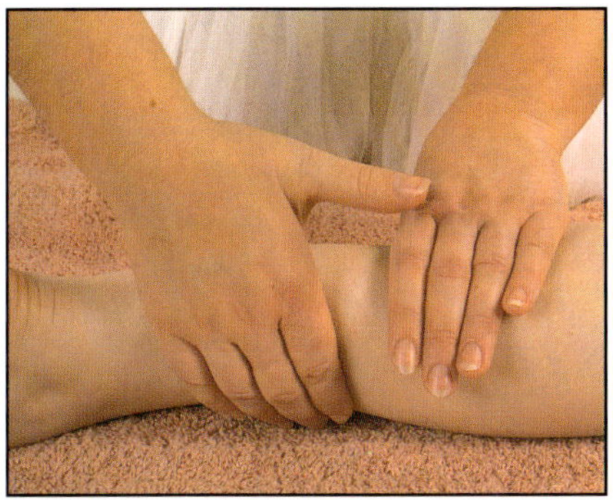

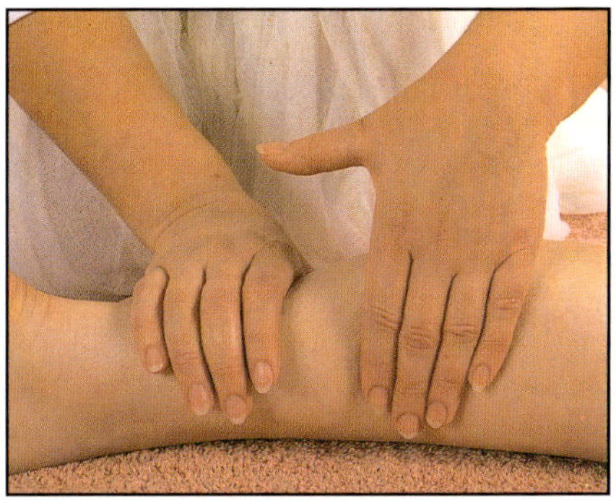

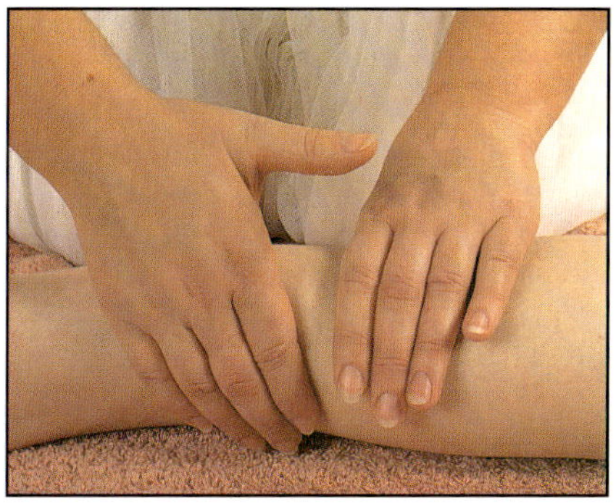

1 Legen Sie Ihre Hände kurz oberhalb des Fußgelenks auf die Wade. Dann lassen Sie Ihre Hände sanft aneinander vorbeigleiten, so daß der Handballen der einen Hand den Muskel wegschiebt, während die andere Hand ihn heranzieht.

2 Dabei sollte der Daumen der ziehenden Hand abgespreizt werden, damit die Hände einander nicht behindern.

3 Indem Sie die Hände abwechselnd ziehen und schieben, wringen Sie die ganze Wade systematisch durch. Der Druck sollte jedoch nicht zu fest ausgeübt werden.

Abschließend sollte jede Wade mit Hilfe der Streichtechnik noch einmal vom Fußgelenk bis zur Kniekehle massiert werden.

KNIEMASSAGE MIT DEM DAUMEN

Für die Kniekehle wendet man dieselbe Technik an wie für die Fußgelenke. Diese Massage regt den Kreislauf an und eignet sich daher besonders für alle, die unter kalten Füßen leiden.

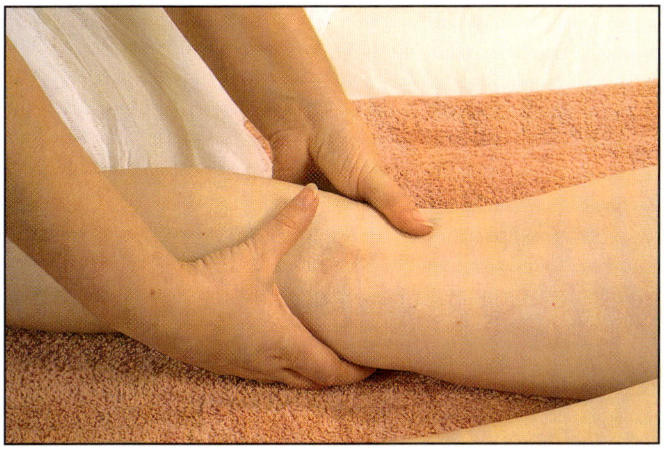

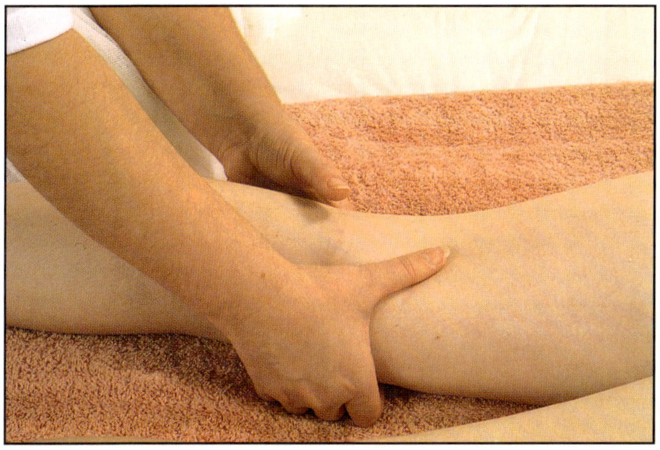

1 Umfassen Sie mit Ihren Händen sanft ein Knie, und legen Sie die Daumen in die Kniekehle.

2 Mit derselben Daumenbewegung wie bei der Fußgelenkmassage streichen Sie nun auf- und auswärts über die gesamte Breite der Kniekehle, wobei die Daumen einander rhythmisch abwechseln.

STREICHEN

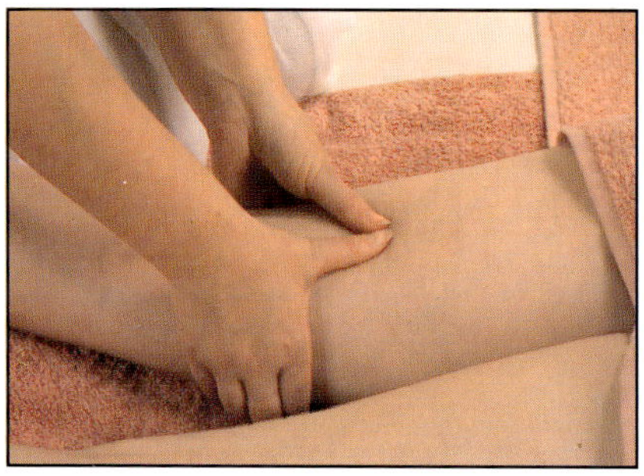

Lassen Sie die Daumen mit leichtem Druck von der Kniekehle aus über den Oberschenkel gleiten.

WRINGEN

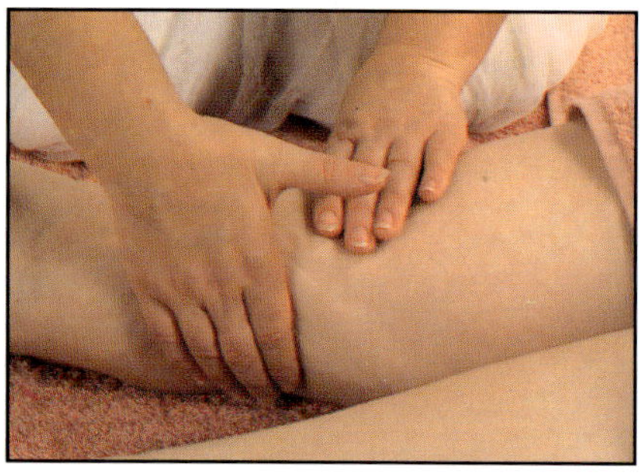

Mit derselben Technik, die Sie bereits an der Wade praktiziert haben, wringen Sie nun den Oberschenkel.

OBERSCHENKELMASSAGE

Diese mit den Knöcheln ausgeführte Massagetechnik fördert den Abbau von Cellulitis und regt die Blutzirkulation an.

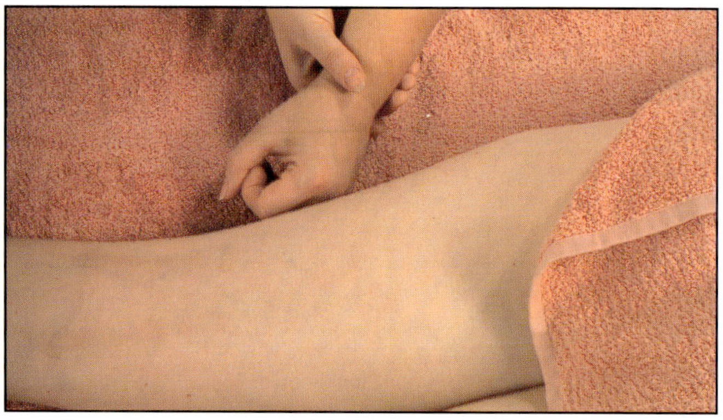

1 *Die stützende Hand umschließt das Handgelenk der ausführenden Hand fest. Die so stabilisierte Hand wird zur Faust geballt und kurz über dem Knie auf den seitlichen Oberschenkel gelegt.*

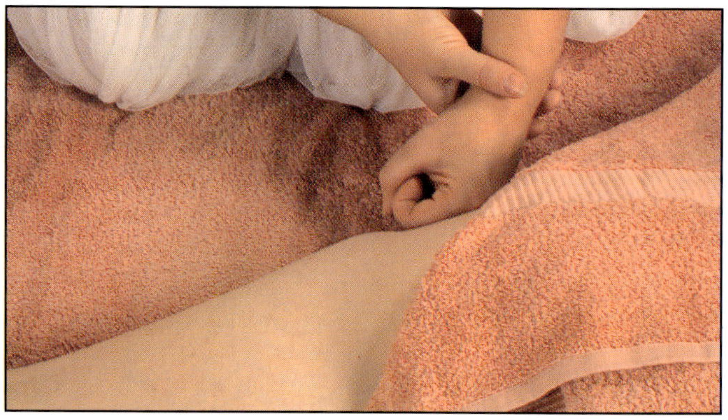

2 *Ziehen Sie die Faust langsam über den Oberschenkel bis hin zum Hüftknochen. Dabei ist kein starker Druck notwendig – sanftes Pressen genügt.*

Wiederholen Sie diese Bewegungsabfolge fünf- bis sechsmal, so daß der gesamte Oberschenkel massiert wird.

Zum Schluß der Beinmassage wiederholen Sie die einleitenden Effleurage-Bewegungen und massieren mit der gleichen Abfolge anschließend das zweite Bein.

Bevor Sie sich dem nächsten Körperbereich zuwenden, bedecken Sie die Beine mit einem Handtuch und legen gegebenenfalls eine zusätzliche Decke oder eine Wärmflasche über die Füße.

RÜCKENMASSAGE

Der Rücken trägt einen Großteil der Belastung. Die folgenden Entspannungsgriffe gehören zu den beliebtesten im Ablauf einer Massage. Aber arbeiten Sie nicht mit zu starkem Druck, und achten Sie auf großflächige, fließende Bewegungen.

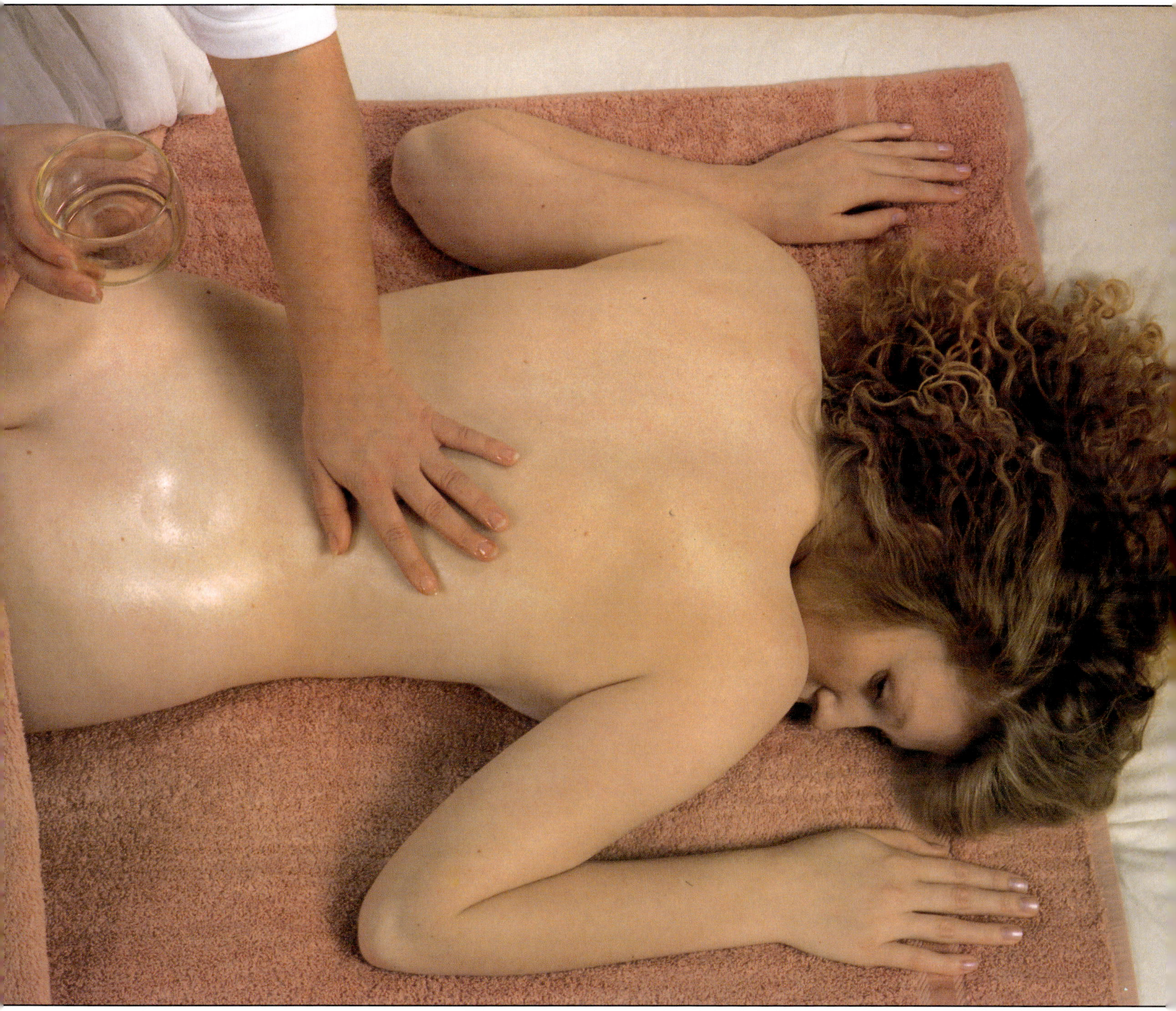

Knien Sie sich seitlich neben Ihren Partner, und verteilen Sie das Öl mit großen Aufwärtsbewegungen gleichmäßig über den Rücken, der Richtung des Lymphflusses folgend.

DIE ACHT

Diese Technik lockert das Gewebe des gesamten Rückens, stimuliert den Blut- und Lymphfluß und baut Spannungen ab.

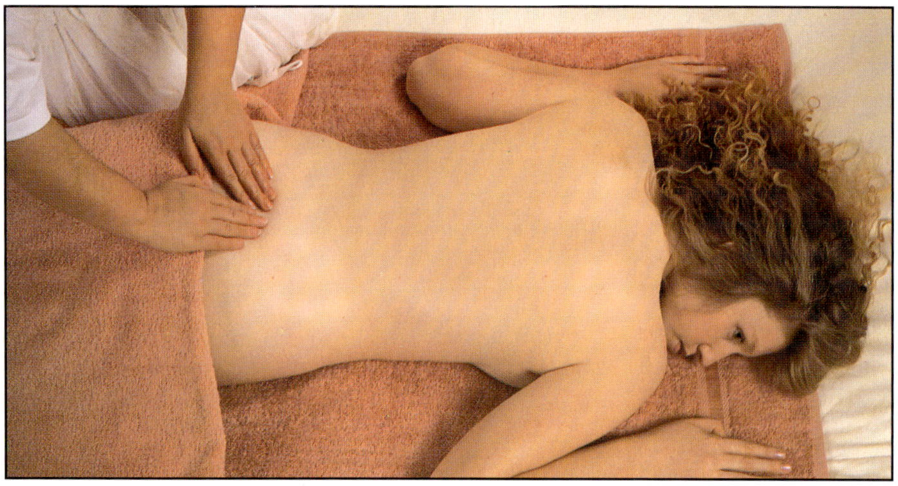

Sie sollten etwa auf Höhe des Gesäßes knien, so daß Sie sich in Ihre Bewegungen hineinlegen und auch die Schultern ohne Anstrengung erreichen können.

1 *Diese ausladende Streichbewegung beginnen Sie mit beiden Händen im unteren Rückenbereich, direkt am unteren Ende der Wirbelsäule; die Finger zeigen dabei in Richtung des Kopfes.*

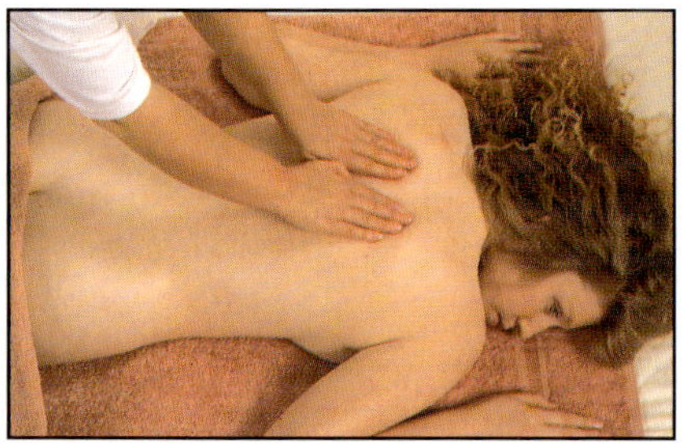

2 *Gleiten Sie mit beiden Händen die Wirbelsäule entlang bis zum Nackenansatz.*

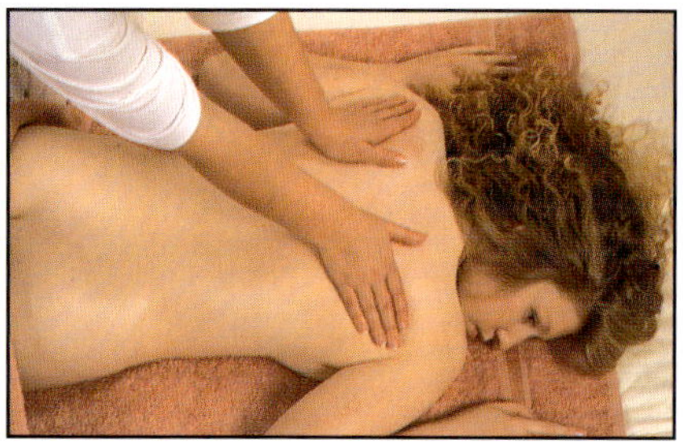

3 *Dann streichen Sie mit den Händen über die Schultern und führen sie in einem Halbkreis zur Wirbelsäule zurück.*

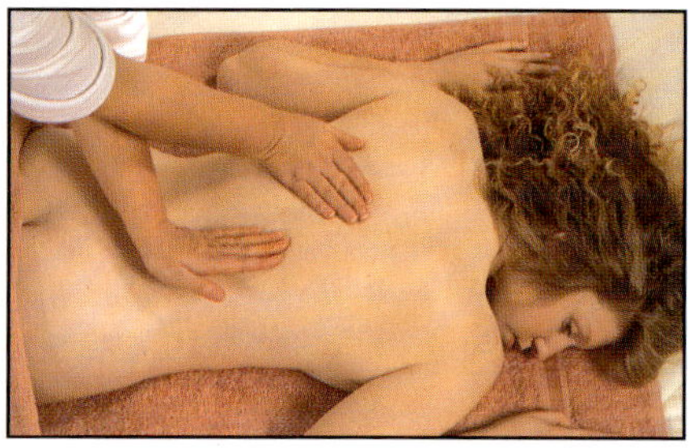

4 *Hier kreuzen sich die Hände, wobei der rechte Arm über den linken geführt wird. Die Streichbewegung sollten Sie dabei nicht unterbrechen.*

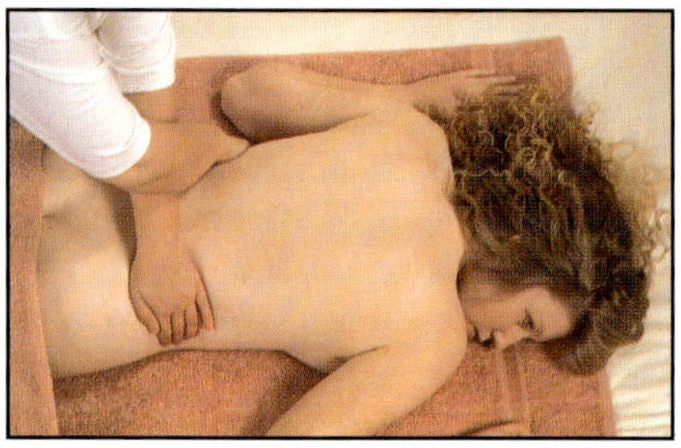

5 *Nun umfassen Sie mit gekreuzten Armen die Taille.*

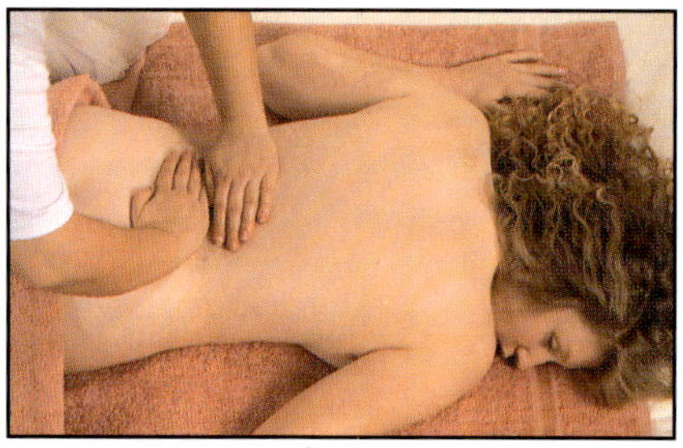

6 *Dann greifen Sie fest in die Taille und lockern diesen Griff langsam, während die Handflächen wieder zur Mitte des unteren Rückens zurückkehren und aneinander vorbeigleiten.*

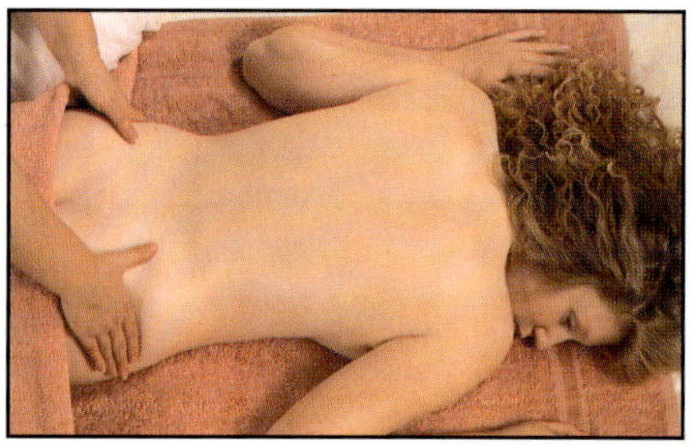

7 *Setzen Sie diese Bewegung fort, indem Sie mit den Handflächen über die Hüften streichen und zum Ausgangspunkt zurückkehren; auf diese Weise beenden Sie die Acht.*

Wiederholen Sie diesen Ablauf sechsmal, und achten Sie dabei auf großflächige, fließende Bewegungen.

FEDERN

Mit dieser Technik bearbeiten Sie die Nerven entlang der Wirbelsäule und verteilen die Gewebeflüssigkeit, die sich infolge von Anspannungen im Rückenbereich ansammelt. Dadurch erzielen Sie eine wunderbar entspannende Wirkung.

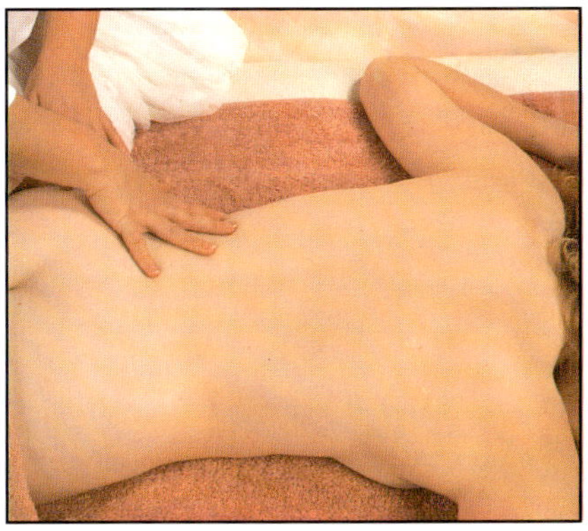

1 Legen Sie eine Hand auf den unteren Rücken in die Nähe der unteren Wirbelsäule. Dabei sollten die Finger weit gespreizt sein, wobei der Zeigefinger Richtung Wirbelsäule zeigt.

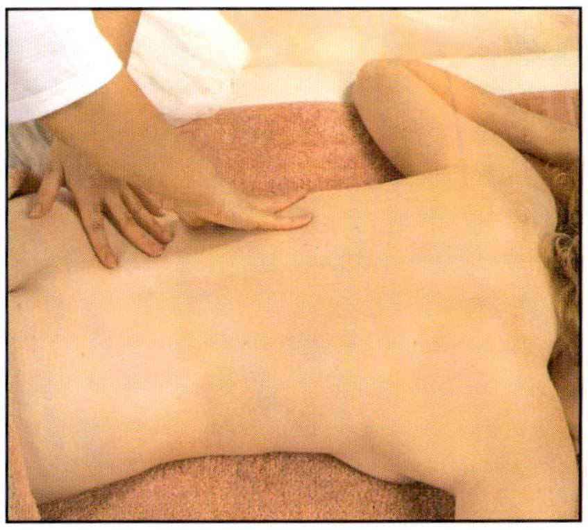

2 Streichen Sie mit der Hand fächerförmig nach oben und nach außen. Die zweite Hand folgt der ersten, sobald die Bewegung abgeschlossen ist. Massieren Sie auf diese Weise die gesamte linke Rückenhälfte entlang der Wirbelsäule.

Wiederholen Sie diesen Bewegungsablauf vier- bis fünfmal, und gehen Sie dann zur anderen Rückenseite über.

SCHULTERMASSAGE

Vor einer Aromatherapie-Massage sollte eventuell aufgetragenes Deodorant abgewaschen werden. Bei der Schultermassage ist dies besonders wichtig, da sie die Lymphgefäße in Richtung der Achsel-Lymphknoten in den Achselhöhlen stimuliert. Mit dieser Technik werden auch die Schultern gelockert und Verspannungen gelöst.

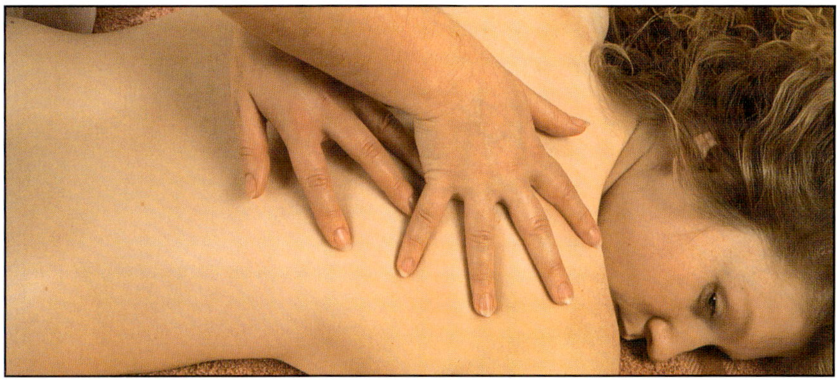

1 Legen Sie eine Hand auf den Ansatz des Schulterblattes (Scapula). Dabei sollten die Finger gespreizt sein und die zweite Hand der Bewegung der ersten folgen können.

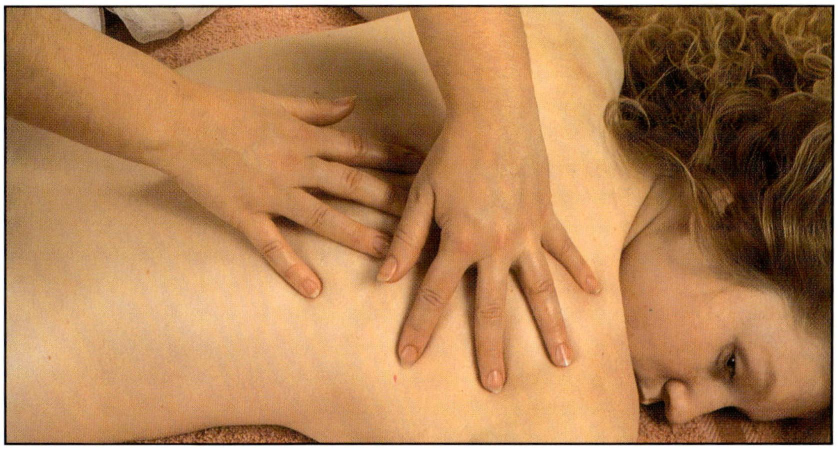

2 In einer weichen, federnden Bewegung streichen Sie nun nach oben und außen. Die zweite Hand folgt der ersten. Auf diese Weise massieren Sie das Schulterblatt bis hin zur Schulter und den Achselhöhlen.

Wiederholen Sie den Bewegungsablauf viermal, und gehen Sie dann zur anderen Schulter über.

UNTERARMDRUCK

Knien Sie sich neben Ihren Partner, dessen Kopf in die jeweils andere Richtung weisen sollte.

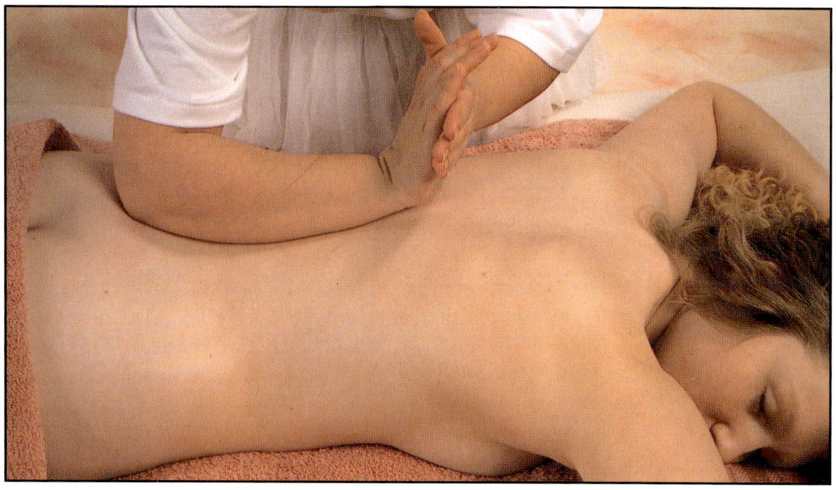

1 Legen Sie Ihren rechten Unterarm links neben die Wirbelsäule, wobei sich Ihr Ellbogen direkt über dem Gesäß befinden sollte. Dann umgreifen Sie mit der freien Hand ihre Massagehand.

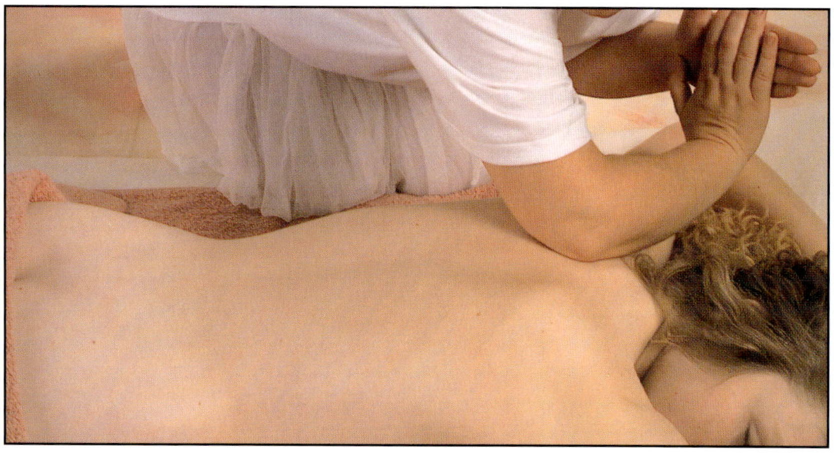

2 Nun gleiten Sie mit der Elle (Ulna) Ihres Unterarms vom unteren Ende des Rückens bis hinauf zur Oberseite der Schulter.

Dann heben Sie den Arm vorsichtig ab und wiederholen den Bewegungsablauf zweimal.

Nun kann Ihr Partner den Kopf auf die andere Seite legen, und Sie massieren mit dem anderen Unterarm die rechte Rückenhälfte.

ZIEHEN

Knien Sie sich neben den Rücken Ihres Partners.

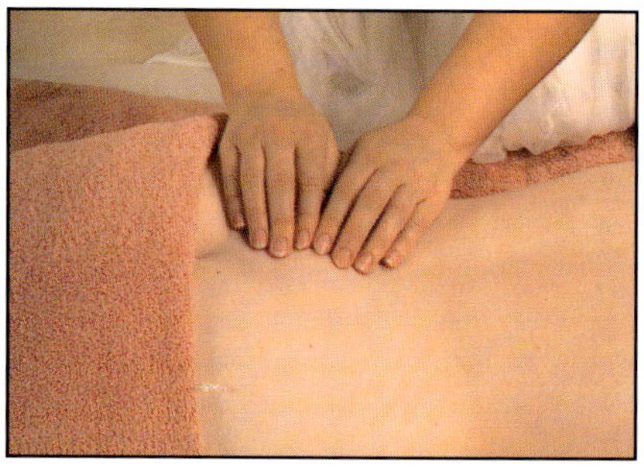

1 Legen Sie Ihre Fingerspitzen auf Höhe des Steißbeins neben die Wirbelsäule. Die Hände sollten geschlossen und die Handflächen etwas angehoben sein.

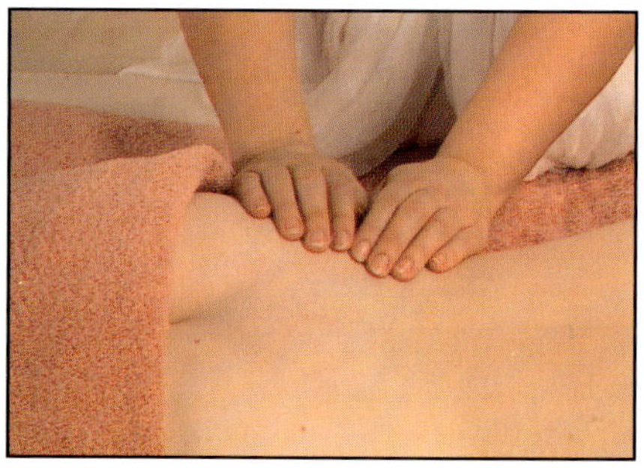

2 Nun ziehen Sie mit geschlossenen Fingern das Gewebe von der Wirbelsäule zu sich hin.

Mit Hilfe dieser Massagetechnik bearbeiten Sie den gesamten Rücken bis zum Nackenansatz, wobei die letzte Bewegung quer über die Schultern zu den Achsel-Lymphknoten führen sollte.

Wiederholen Sie diese Massage auf der anderen Seite der Wirbelsäule. Dabei können Sie entweder Ihre Position verändern und sich auf der anderen Seite niederknien, oder aus unveränderter Position mit einer streichenden Bewegung von der Wirbelsäule wegführend massieren.

NACKENMASSAGE

Diese sanfte Petrissage baut Spannungen ab und verteilt das Fettgewebe, das sich in dieser empfindlichen Körperregion gerne ansammelt.

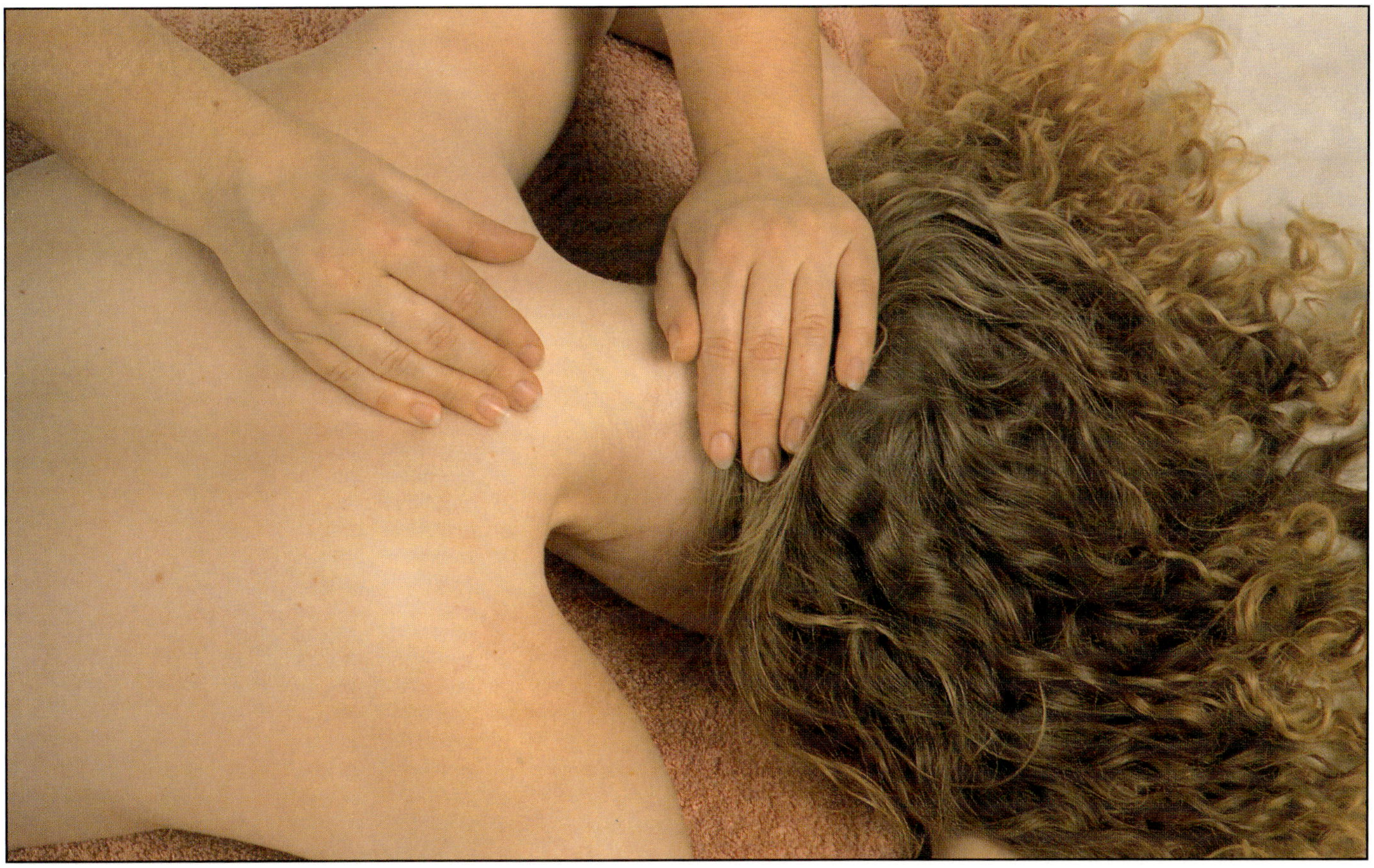

Ihr Partner sollte mit der Stirn auf den Händen ruhen, so daß Sie den Nackenansatz gut erreichen können. Streichen Sie zunächst alle Haare aus dem Nacken.

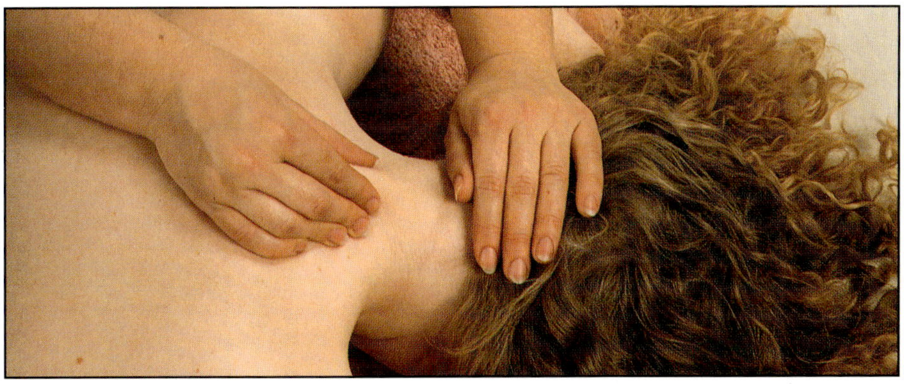

Dann legen Sie eine Hand sanft auf den Schädelansatz und kneten mit der anderen Hand die Muskulatur im Nackenansatz (am Hinterhauptsbein). Dabei sollten die Muskeln zwischen Daumen und Fingern gerollt werden.

VORDERSEITE

Helfen Sie Ihrem Partner, sich umzudrehen, und vergewissern Sie sich, daß er bequem liegt. Unterstützen Sie gegebenenfalls Kniekehlen oder Nacken mit Kissen oder zusammengerollten Handtüchern. Dann bedecken Sie den Körper Ihres Partners bis zum Hals mit einem großen Handtuch oder einer Decke, damit er nicht auskühlt.

WIRBELSÄULENSTRETCHING

Diese Technik hilft nicht bei Menschen mit ernsthaften Rückenbeschwerden, sondern ist nur zur Lockerung und Entspannung der Muskeln gedacht.

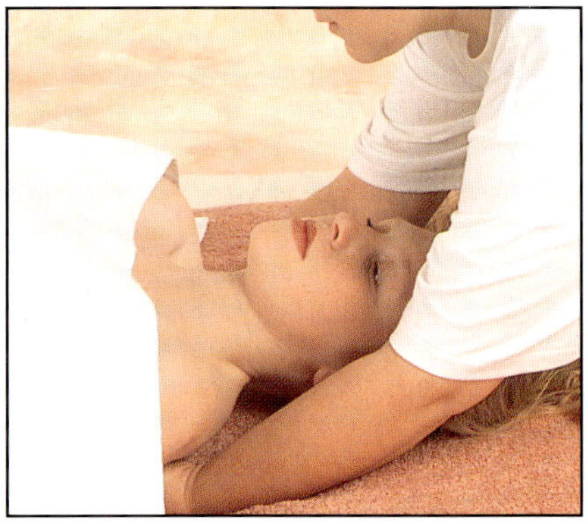

1 *Knien Sie sich hinter den Kopf Ihres Partners, und legen Sie Ihre Hände neben seinen Hals. Dabei sollten Ihre Handflächen nach oben zeigen und der Mittelfinger zum Kinn weisen.*

2 *Schieben Sie Ihre Hände unter den Rücken, genau zwischen die Schulterblätter, so daß die Mittelfinger auf beiden Seiten der Wirbelsäule Druck ausüben können.*

3 *Heben Sie den Rumpf leicht an, so daß sich der Brustkorb von der Unterlage löst. Dabei sollten die Mittelfinger nach wie vor Druck ausüben.*

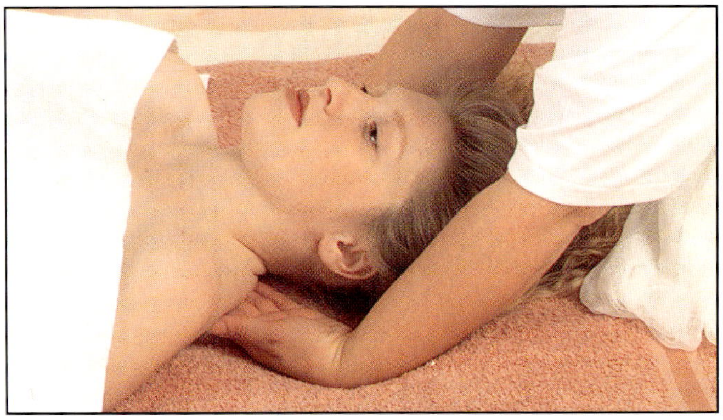

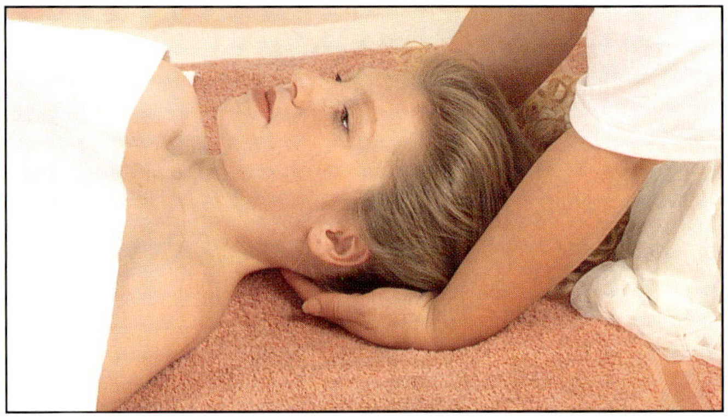

4 *Nun ziehen Sie Ihre Finger entlang der Wirbelsäule langsam zum Nacken hoch. Dort halten Sie den Druck zwei Sekunden lang. Wiederholen Sie diesen Bewegungsablauf dreimal.*

5 *Zum Schluß wiegen Sie den Kopf sanft in beiden Händen.*

DAS GESICHT

Diese Massage stimuliert die Blutzirkulation. Die Beschaffenheit der Haut wird sich mit jeder Behandlung verbessern.

Knien Sie am Kopf Ihres Partners, und bereiten Sie das Gesicht mit einem einfachen Gesichtsreiniger auf die Massage vor. Dann verteilen Sie etwas Gesichtsöl mit fließenden Bewegungen über Gesicht, Hals und Nacken.

VORSICHT

Da ätherische Öle auch verdünnt eine sehr starke Wirkung besitzen, sollten Sie sie nicht im Bereich der Augen auftragen. Falls dennoch etwas Öl in die Augen gerät, verdünnen Sie es mit einigen Tropfen Mandelöl. Aber waschen Sie die Augen niemals mit Wasser aus!

STIRNMASSAGE

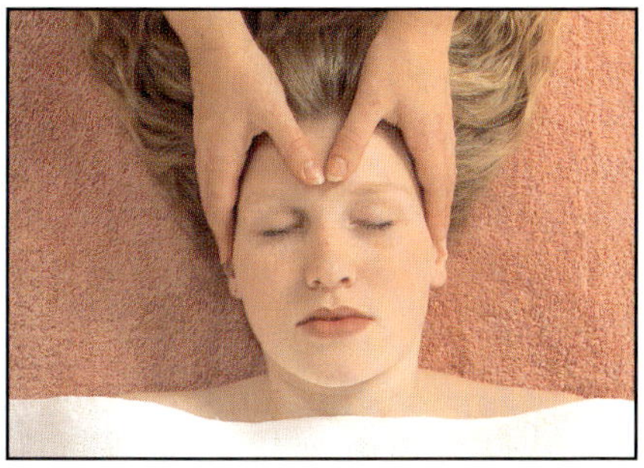

1 *Legen Sie beide Daumen auf die Mitte der Stirn, direkt oberhalb der Augenbrauen, wobei die Handflächen den Kopf seitlich stützen. Diese Massage sollte sehr leicht und sanft ausgeführt werden, da die Gesichtshaut äußerst empfindlich ist.*

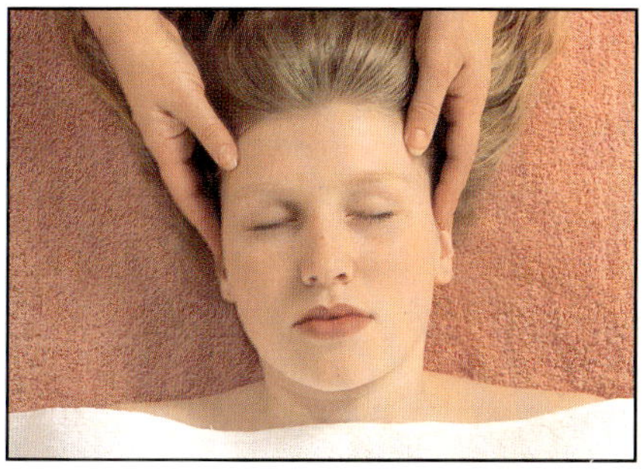

2 *Nun streichen Sie mit den Daumen langsam zu den Schläfen bis hin zu den Ohren. Wiederholen Sie diese Bewegung mehrmals, wobei Sie den Ausgangspunkt der Daumen jeweils ein kleines Stück zur Haarlinie hin verlagern.*

WANGENMASSAGE

Diese Massagetechnik stimuliert die Lymphzirkulation im Gesicht, verbessert das Hautbild, befreit die Nebenhöhlen und baut Spannungen ab.

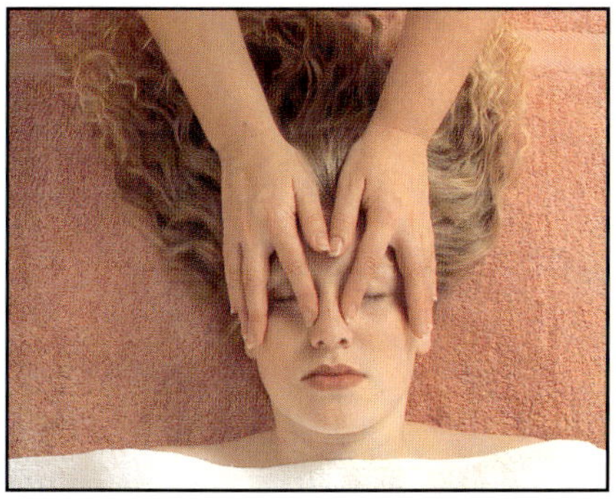

1 *Legen Sie die Zeigefinger auf die Nasenflügel, und halten Sie sie dort etwa fünf Sekunden lang.*

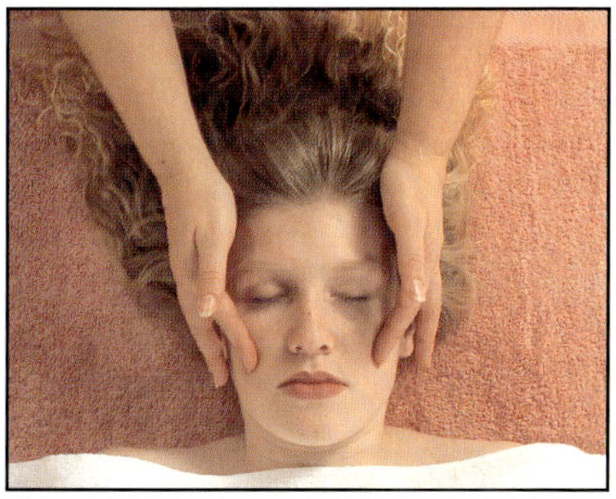

2 *Gleiten Sie mit den Fingern sanft nach unten und nach außen zu den Ohren. Anschließend beginnen Sie wieder bei den Nasenflügeln und streichen in einer etwas engeren Kurve zum Unterkiefer unterhalb der Ohren.*

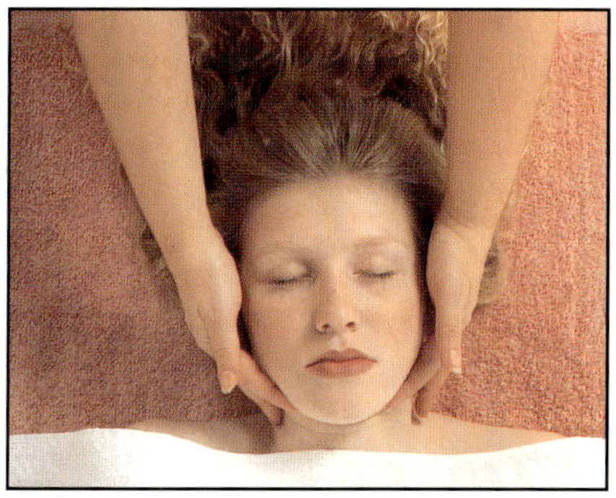

3 *Wiederholen Sie diese Bewegung mit immer kleineren Kurven, bis schließlich ihre Finger um den Mund bis zu den Seiten des Kinns streichen.*

KINNMASSAGE

Diese Technik strafft nicht nur die Haut über dem Unterkiefer, sondern stimuliert auch die Energiezentren für Magen und Dünndarm.

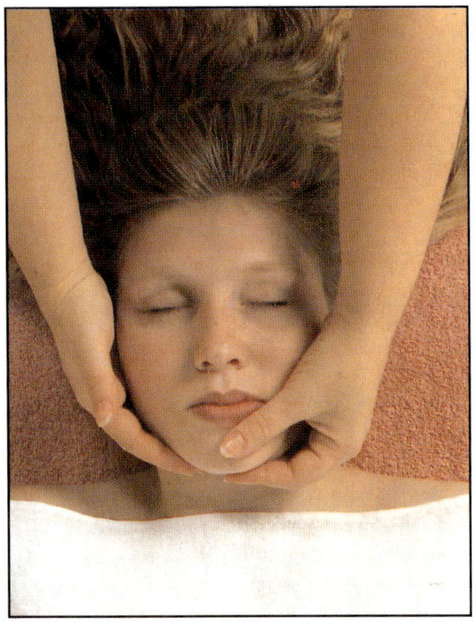

1 *Legen Sie die Daumen auf das Kinn, so daß der Unterkiefer in Ihren Fingern ruht.*

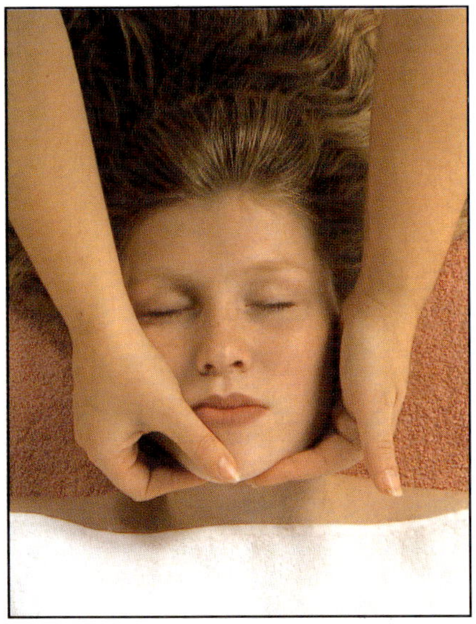

2 *Streichen Sie abwechselnd mit den Daumen nach unten und außen. Wiederholen Sie diese sanfte Massage sechs- oder siebenmal mit jedem Daumen.*

HALSMASSAGE

Mit dieser sanften Technik wird die Muskulatur gestrafft und die Durchblutung des Halses gefördert.

1, 2 *Oben und rechts: Verteilen Sie mit der flachen Hand etwas Gesichtsöl auf den Hals, den Schlüsselbeinbereich und die Schultern. Dann streichen Sie in einer fließenden Bewegung sanft mit der Hand vom Ohr zur Schulter.*

3 *Wiederholen Sie diese Bewegung, und massieren Sie nun in Richtung der Halsmitte, und zwar vom Kinn bis zum Brustbein; danach streichen Sie vom anderen Ohr bis zur Schulter.*

Wiederholen Sie den gesamten Bewegungsablauf dreimal.

SCHULTER-MASSAGE

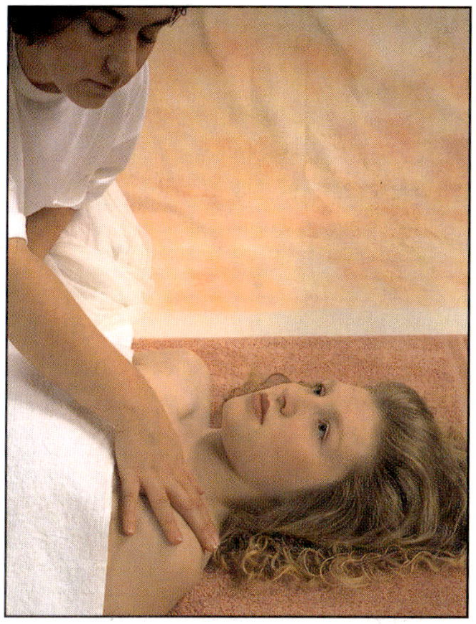

1 *Spreizen Sie die Finger, und streichen Sie mit der Handfläche vom Brustbein bis zur Schulter.*

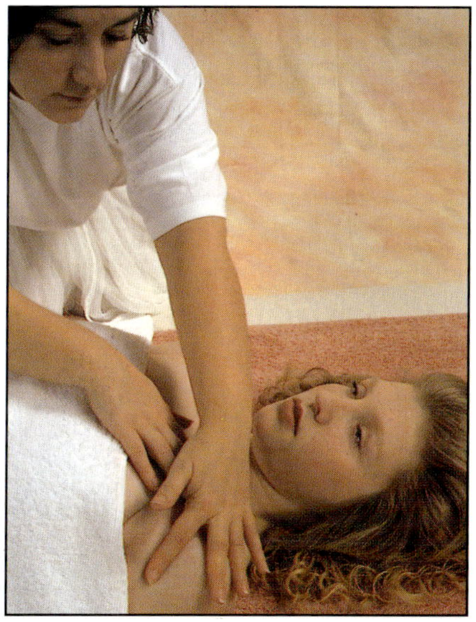

2 *Die zweite Hand folgt der Bewegung der ersten, so daß der Lymphfluß zu den Achsel-Lymphknoten angeregt wird.*

Wiederholen Sie den Bewegungsablauf zweimal, und wenden Sie sich dann der anderen Schulter zu.

RUMPFMASSAGE

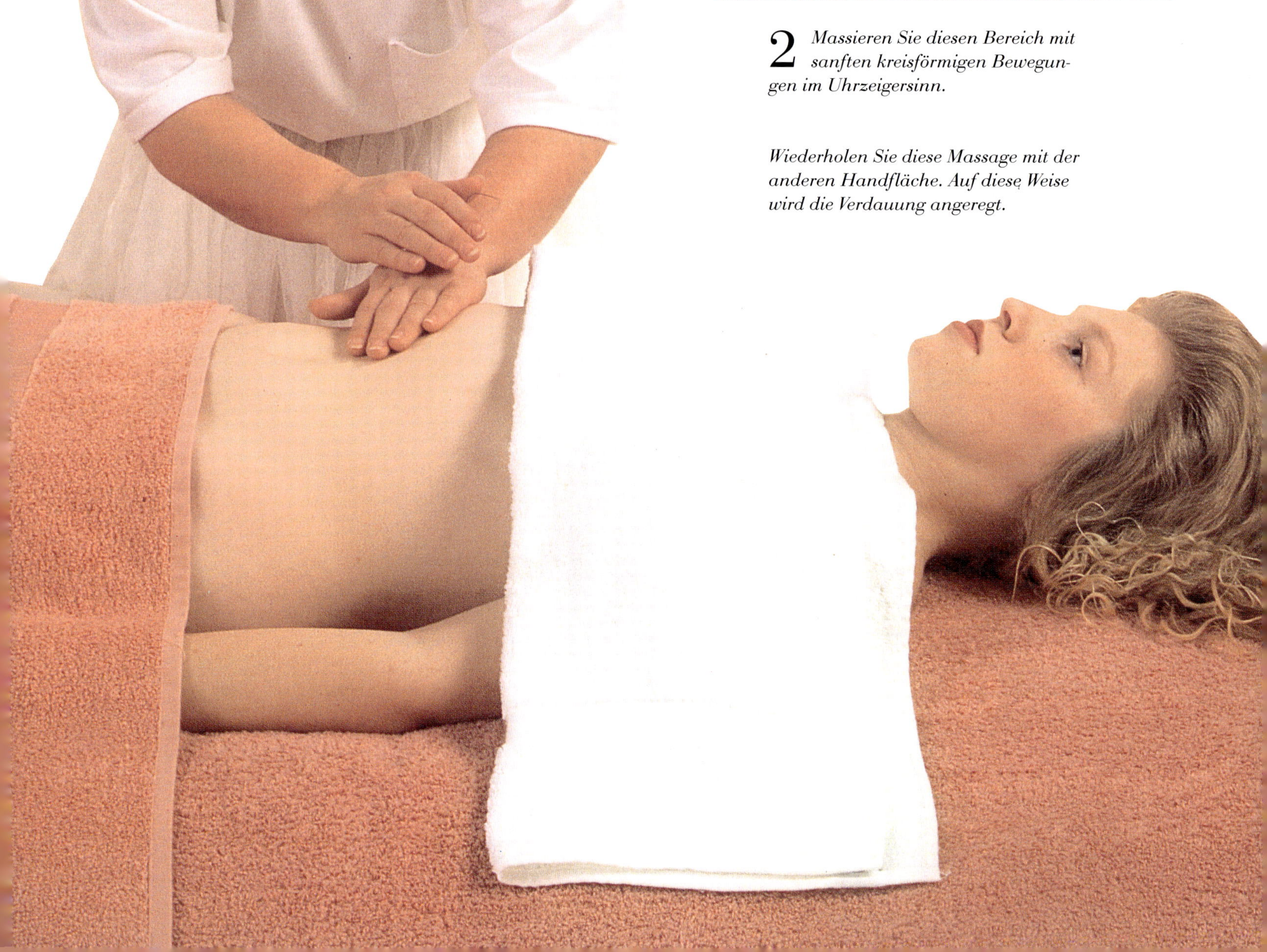

BAUCH

1 Links: Verteilen Sie etwas Öl gleichmäßig über den Bauch. Dann legen Sie eine Hand auf die Magengrube.

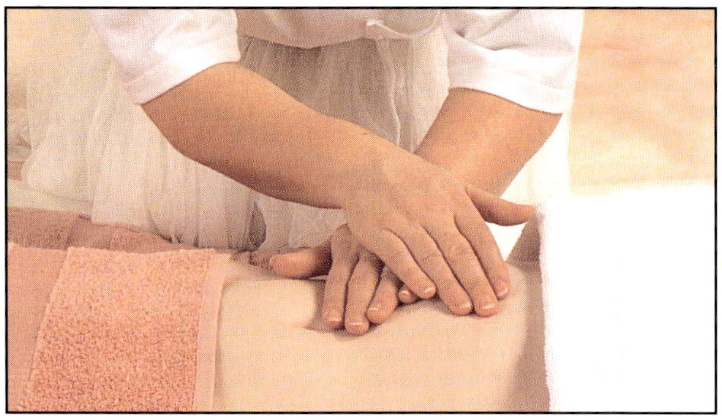

2 Massieren Sie diesen Bereich mit sanften kreisförmigen Bewegungen im Uhrzeigersinn.

Wiederholen Sie diese Massage mit der anderen Handfläche. Auf diese Weise wird die Verdauung angeregt.

Brustkorbmassage

Diese Massage regt den Lymphfluß im Magen- und Milzbereich an.

1 Legen Sie zunächst eine Handkante unterhalb der Rippen auf den Bauch, und streichen Sie mit einer sanften Bewegung über die linke Körperseite entlang der Rippen zur Taille.

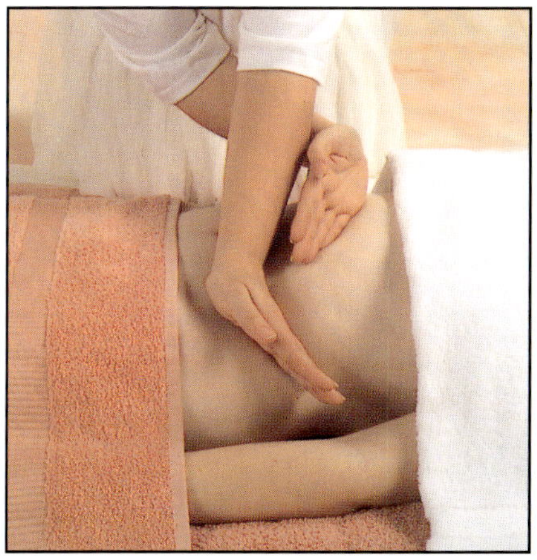

2 Sobald die erste Hand die Taille erreicht hat, folgt die zweite Hand der Bewegung der ersten.

Wiederholen Sie den gesamten Bewegungsablauf mit beiden Händen sechsmal. Dann begeben Sie sich auf die andere Seite Ihres Partners und massieren seine rechte Körperseite.

Taille

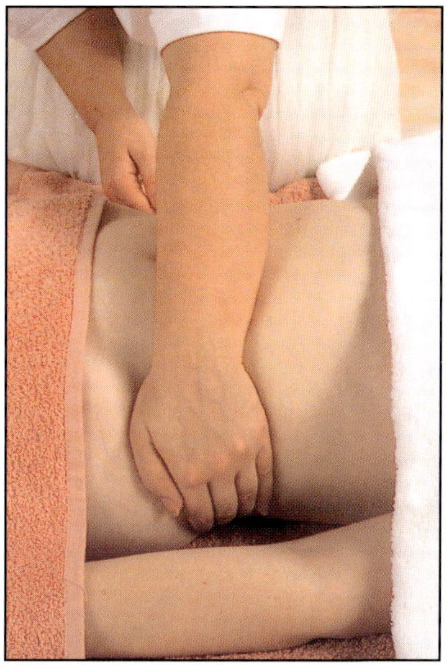

1 Greifen Sie über den Körper Ihres Partners hinweg, und umfassen Sie die linke Taille fest mit einer Hand. Verstärken Sie Ihren Griff, indem Sie Ihre Hände übereinanderlegen.

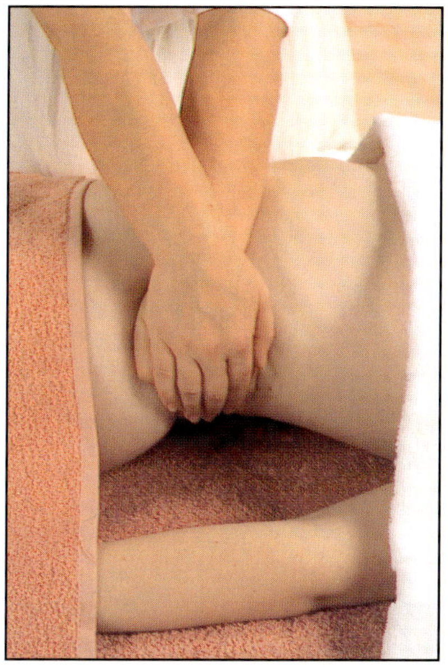

2 Nun ziehen Sie das Gewebe der Taille zu sich hin, wobei der gesamte Körper Ihres Partners leicht angehoben wird. Dann lösen Sie diesen Griff langsam, während Sie mit den Händen sanft über die Hüftknochen streichen.

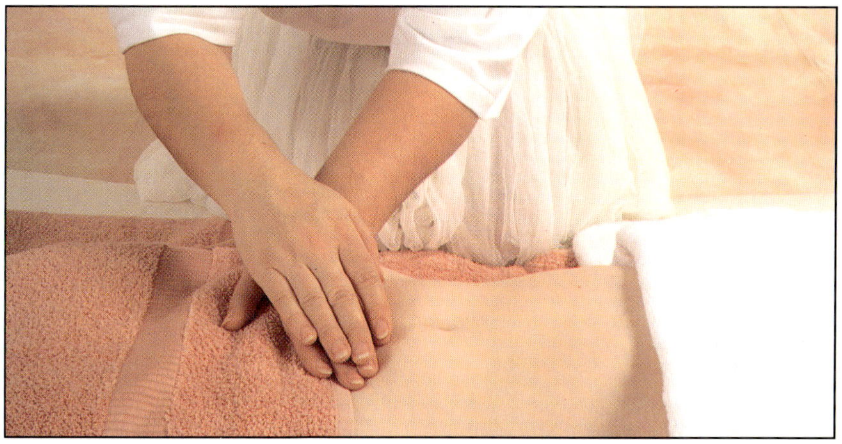

3 Abschließend streichen Sie mit den Händen um das Becken, so daß der Lymphfluß in Richtung der Lymphknoten in der Leistengegend stimuliert wird. Achten Sie jedoch darauf, daß Sie die Haut dieses äußerst empfindlichen Körperbereichs mit der gebotenen Vorsicht behandeln. Der sanfte Druck sollte gleichmäßig und über die gesamte Handfläche verteilt werden. Diese Massagetechnik eignet sich besonders für Frauen mit starken Menstruationsproblemen.

Wiederholen Sie den gesamten Bewegungsablauf fünf- bis sechsmal, und wenden Sie sich dann von der anderen Seite der rechten Taille zu.

Vorderseite der Beine

Effleurage

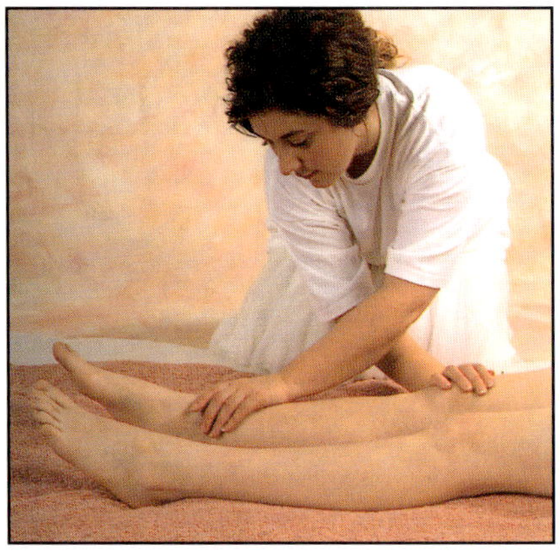

Geben Sie mit Hilfe der Effleurage-Technik etwas Öl auf beide Beine, wobei Sie sich vom Fußgelenk zum Knie vorarbeiten (siehe Beinmassage*).*

Wiederholen Sie die Effleurage-Bewegungen mehrmals, damit das Öl gleichmäßig verteilt wird.

Beinstretching

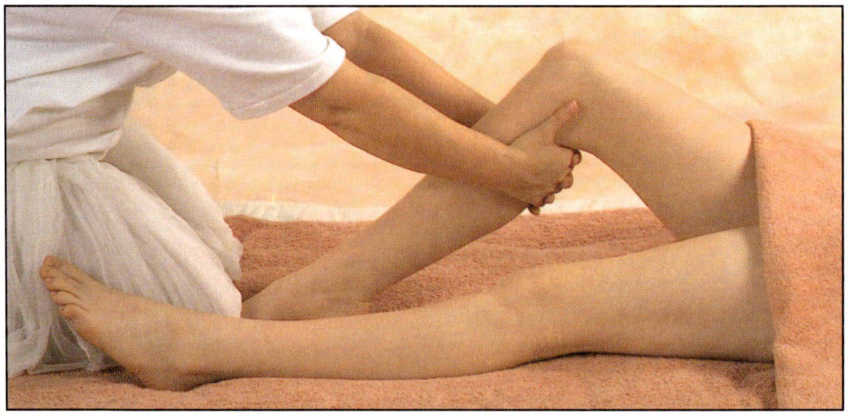

Umgreifen Sie das Bein am Knie und am Fußknöchel, und stellen Sie es auf, so daß es eine Linie mit der Schulter bildet.

Nun greifen Sie mit beiden Händen in die Kniekehle, bitten Ihren Partner, tief einzuatmen und ziehen den Wadenmuskel auf sich zu.

Zählen Sie langsam bis drei. Wenn Ihr Partner ausatmet, lassen Sie den Wadenmuskel los.

Wiederholen Sie diese Prozedur dreimal. Dann legen Sie das Bein auf das Handtuch zurück und wenden sich dem anderen Bein zu.

Arme und Hände

Effleurage

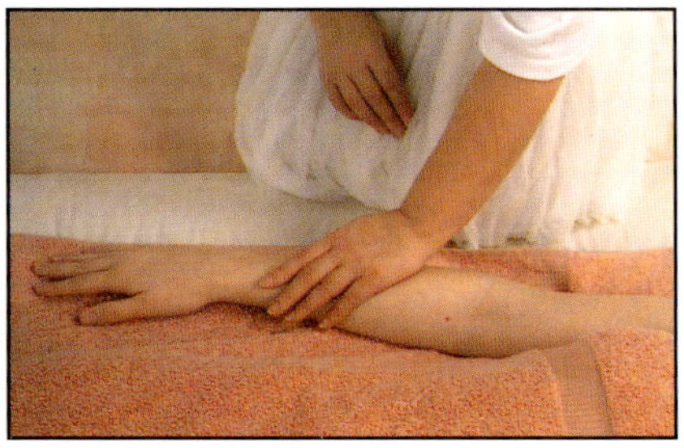

1 *Knien Sie sich neben Ihren Partner, und spreizen Sie dessen Arme ein wenig vom Körper ab. Dann verteilen Sie etwas Öl über die Haut, indem Sie in einer fließenden Bewegung vom Handgelenk bis zur Schulter und um das Schultergelenk herum streichen.*

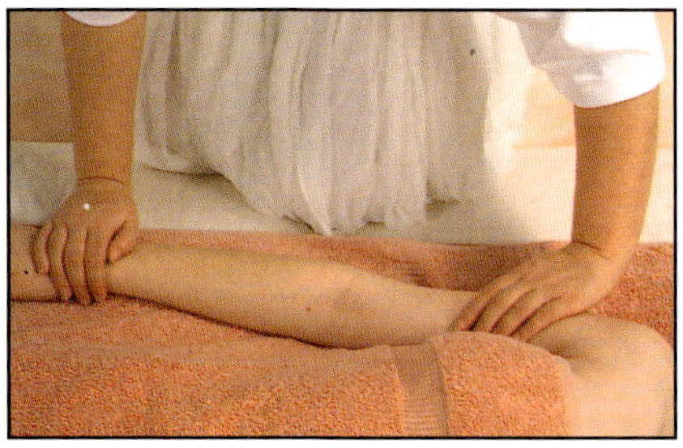

2 *Sobald die erste Hand das Schultergelenk erreicht hat, streichen Sie mit der zweiten vom Handgelenk bis zum Ellbogengelenk.*

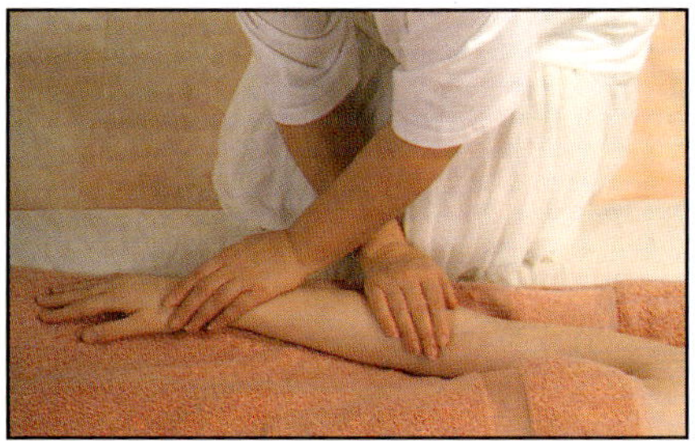

3 *Die erste Hand greift über die andere hinweg, sobald diese den Ellbogen erreicht, und streicht wieder vom Handgelenk zur Schulter.*

Wiederholen Sie diesen Bewegungsablauf sechs- bis siebenmal.

Nach der Effleurage können Sie die Arminnenseiten vom Handgelenk bis zum Ellbogen mit der gleichen Technik wie bei der Beinmassage bearbeiten. Doch bevor Sie sich dem zweiten Arm widmen, sollten Sie zunächst noch die Hand des ersten Arms massieren.

HANDMASSAGE

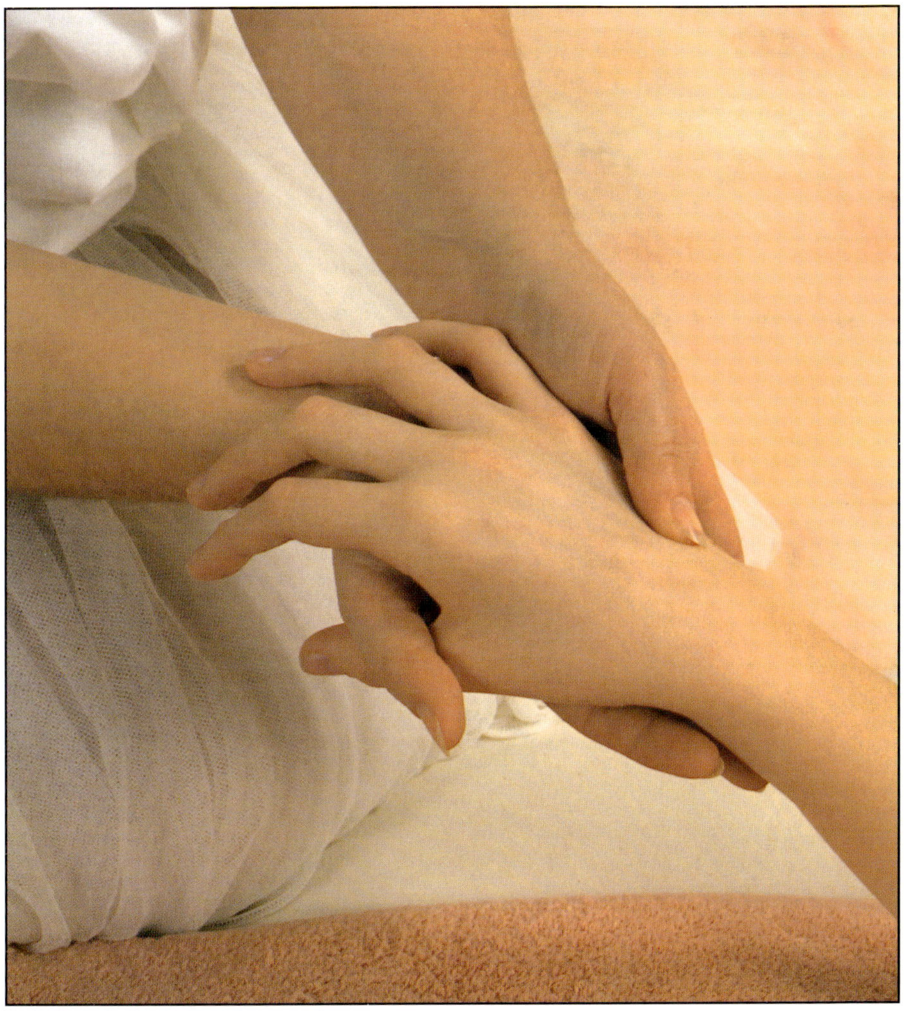

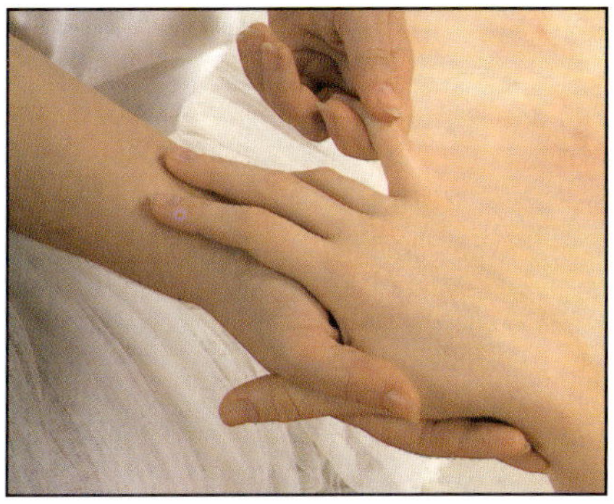

2 Nun bearbeiten Sie die einzelnen Finger von den Gelenken bis zur Fingerspitze, indem Sie die Gliedmaßen sanft zwischen Daumen und Zeigefinger massieren. Zum Schluß ziehen Sie die Finger vorsichtig zu sich hin, um sie ein wenig zu dehnen.

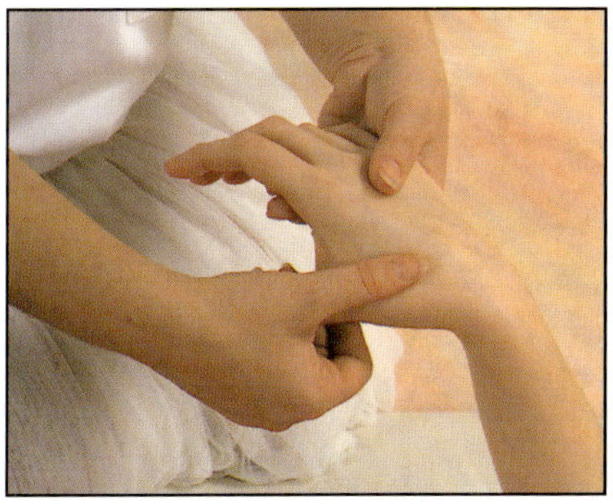

1 Halten Sie die Hand Ihres Partners mit der Handfläche nach unten in Ihrer Hand. Dann streichen Sie mit sanften Daumenbewegungen von den Fingerknöcheln bis zum Handgelenk.

3 Wenn alle Finger massiert sind, können Sie sich dem Daumen widmen.

Wiederholen Sie diese Prozedur an der anderen Hand.

Nun beenden Sie die Aromatherapie-Massage: Decken Sie Ihren Partner gut zu; vergewissern Sie sich, daß er sich wohlfühlt und nicht friert, und lassen Sie ihn noch mindestens fünf Minuten ruhen (bis zu 15 Minuten). Danach sollten Sie Ihrem Partner beim Aufrichten helfen und ihm ein Glas Wasser reichen.

AROMATHERAPIE UND SCHWANGERSCHAFT

Die Schwangerschaft kann zur schönsten und erfüllendsten Zeit im Leben einer Frau gehören. Zu wissen, daß man ein menschliches Lebewesen in sich trägt und zur Welt bringen wird, schenkt ein wunderbares Gefühl von Zufriedenheit und Vorfreude. Allerdings ist die Schwangerschaft auch eine Zeit großer körperlicher und emotionaler Veränderungen; mit der Anwendung ätherischer Öle und mit einer ausgewogenen Ernährung, reichlich Bewegung sowie genügend Ruhephasen können jedoch die Belastungen der Schwangerschaft und die Geburtsschmerzen gelindert und eine schnelle Erholung nach der Entbindung gefördert werden.

ALLGEMEINBESCHWERDEN

Starke Hormonschwankungen und physische Veränderungen können eine Reihe körperlicher Beschwerden mit sich bringen, von denen sich die meisten jedoch mit der Aromatherapie und einigen einfachen Hilfsmitteln lindern lassen.

Rückenschmerzen

Da der untere Rückenbereich während der Schwangerschaft die größte Last tragen muß, trägt eine kräftige Massage dieser Körpergegend zum allgemeinen Wohlbefinden bei. Mischen Sie für eine Massage je vier Tropfen Lavendel- und Sandelholzöl mit zwei Eßlöffeln Trägersubstanz, oder geben Sie sechs Tropfen Lavendelöl in ein entspannendes Bad, das ebenfalls die Schmerzen mildert.

Morgendliche Übelkeit

Essen Sie viele kleine Portionen über den ganzen Tag verteilt, und verzichten Sie möglichst auf Fastfood oder schwerverdauliche Mahlzeiten am Abend. Wählen Sie statt dessen viel frisches Gemüse und Obst, das frei von Konservierungsstoffen und chemischen Zusätzen ist. Außerdem sollten Sie sich hin und wieder einen Kräutertee gönnen – zum Beispiel Kamillen-, Pfefferminz- oder Orangenblütentee –, der die Verdauung anregt.

Sodbrennen

Vermeiden Sie schwerverdauliche Mahlzeiten, insbesondere mächtige, stark gewürzte Speisen. Falls dennoch Sodbrennen auftritt, hilft ein Pfefferminztee; Linderung erzielen Sie aber auch mit einer leichten Massage im Bereich des Solarplexus (in Höhe der Magengrube) mit einer Mischung aus je zwei Tropfen Zitronen- und Pfefferminzöl und einem Eßlöffel Trägersubstanz.

Verwöhnen Sie sich mit dem luxuriösen und entspannenden Duft der Rose: Mit Rosenöl parfümierte Gesichts- und Körperöle halten Sie auch in schwierigen Phasen der Schwangerschaft bei guter Laune.

Schmerzende Brüste

Die während der Schwangerschaft anschwellenden Brüste benötigen besonders viel Pflege. Massieren Sie sie sanft mit einem Massageöl aus je drei Tropfen Rosen- und Orangenöl und einem Eßlöffel Mandelöl. Stark angeschwollenen Brüsten schenkt eine kühle Kompresse aus Rosenwasser Linderung, die während einer nachmittäglichen Ruhepause aufgelegt wird. Durch das Stillen beanspruchte, wunde Brustwarzen lassen sich hervorragend mit reinem Mandelöl behandeln; verzichten Sie aber während dieser Zeit auf die Anwendung ätherischer Öle im Brustbereich, da Ihr Baby sie beim Stillen aufnehmen könnte.

Verstopfung

Achten Sie auf eine ausgewogene, ballaststoffreiche Ernährung mit frischen Lebensmitteln, und trinken Sie viel stilles oder kohlensäurearmes Mineralwasser. Auch nervöse Anspannungen können sich negativ auf die Verdauung auswirken: Nehmen Sie ein entspannendes Bad mit drei Tropfen Lavendel- und vier Tropfen Rosenöl als Badezusatz. Darüber hinaus empfiehlt es sich, Ihren Bauch und das Kreuz mit einer Mischung aus vier Tropfen Kamillen- oder Orangenöl und einem Eßlöffel Trägersubstanz zu massieren.

Schlafstörungen

Wenn sich das Baby in den letzten Schwangerschaftsmonaten viel bewegt und sich andere kleine Beschwerden einstellen, findet man nachts häufig nur schwer Schlaf. Ein Bad mit Neroli- und Rosenöl entspannt angenehm, und einige Tropfen Ylang-Ylang-Öl haben eine beruhigende Wirkung – verwenden Sie aber insgesamt höchstens acht Tropfen ätherisches Öl. Besonders schlaffördernd sind auch zwei Tropfen Rosen- oder Lavendelöl auf dem Rand des Kissenbezugs.

Schwangerschaftsstreifen
Wenn Haut und Körper nach der Geburt wieder ihren ursprünglichen Zustand einnehmen, können – infolge der starken Hautdehnung – sogenannte Schwangerschaftsstreifen, eine Schädigung der elastischen Fasern, zurückbleiben. Dagegen hilft eine tägliche Massage des Hüft- und Bauchbereichs, um die Haut weich und geschmeidig zu halten. Geben Sie dazu fünf Tropfen Lavendelöl auf einen Eßlöffel Jojoba-, Weizenkeim- oder Nachtkerzenöl. Beginnen Sie mit dieser Behandlung etwa im fünften Monat. Auch nach der Geburt empfiehlt sich diese Massage, bis Sie Ihr ursprüngliches Gewicht wieder erreicht haben.

Geschwollene Füße
Ein kühles bis lauwarmes Fußbad mit ätherischen Ölen läßt die Schwellungen zurückgehen. Geben Sie entweder je zwei Tropfen Benzoe-, Rosen- und Orangenöl direkt in das Wasser, oder vermischen Sie die ätherischen Öle zuvor mit einem Eßlöffel Trägersubstanz, zum Beispiel Sesamöl. Anschließend sollten Sie die Füße auf einem Kissen hochlegen.

Krampfadern
Während der Schwangerschaft ist die Blutversorgung der Beine meist etwas verlangsamt, was zu einer Weitung der Venen führt. Linderung schenkt eine sanfte Massage mit je zwei Tropfen Zypressen-, Zitronengras- und Lavendelöl und zwei Eßlöffeln Aprikosenkernöl. Bereits hervorstehende Krampfadern lassen sich gut mit Geraniumöl behandeln, da es die Blutzirkulation anregt. Allerdings sollte es während der Schwangerschaft nur in stark verdünnter Form angewandt werden. Sie können entweder vier Tropfen Geraniumöl in ein Bad geben oder die Beine mit Hilfe sanfter, zum Herzen führender Streichbewegungen mit einer Mischung aus vier Tropfen ätherischem Öl und einem Eßlöffel Trägersubstanz massieren. Bearbeiten Sie aber nicht die eigentlichen Krampfadern, und üben Sie nicht zu viel Druck bei der Massage aus.

VORSICHT

Die folgenden Öle sollten während der Schwangerschaft (insbesondere in den ersten fünf Monaten) wegen ihrer stark harntreibenden oder sogar menstruationsauslösenden Wirkung nicht verwendet werden:

Lorbeeröl * Basilikumöl * Muskatellersalbeiöl * Beinwellöl * Fenchelöl * Ysopöl * Wacholderöl * Majoranöl * Melissenöl * Myrrheöl * Rosmarinöl * Thymianöl * Salbeiöl

Darüber hinaus sollten Sie während der Schwangerschaft bei allen ätherischen Ölen jeweils nur die Hälfte der im allgemeinen empfohlenen Mengen nehmen und darauf achten, daß es sich tatsächlich um naturreine ätherische Öle handelt. Verdünnte oder synthetisch hergestellte Öle haben manchmal nicht vorhersehbare Nebenwirkungen.

Falls Sie bereits eine Fehlgeburt hatten, sollten Sie während der ersten Schwangerschaftsmonate sicherheitshalber auch auf Kamillen- und Lavendelöl verzichten, obwohl es sich bei diesen Essenzen eigentlich um hervorragende »Schwangerschaftsöle« handelt.

Die folgenden ätherischen Öle dürfen ausschließlich von einem erfahrenen Aromatherapeuten eingesetzt und während der Schwangerschaft *generell nicht* verwendet werden, da sie toxische Eigenschaften besitzen und eine Fehl- oder Frühgeburt auslösen können:

Oreganoöl * Poleiminzöl * Johanniskrautöl * Rainfarnöl * Wermutöl

Wehen

Mit einigen Tropfen Lavendelöl in einer Duftlampe läßt sich im Kreißsaal oder Entbindungsraum eine angenehm entspannende Atmosphäre schaffen. Während des fortgeschrittenen Geburtsvorganges schenken Ihnen Rosen-, Neroli- oder Ylang-Ylang-Öl zusätzliche Kraft. Außerdem kann jedes dieser ätherischen Öle als Zusatz für ein Massageöl dienen, das – im unteren Rückenbereich aufgetragen – gegen die schmerzhaften Wehen hilft.

Nach der Geburt

Um den dritten oder vierten Tag nach der Geburt stellt sich häufig der sogenannte »Baby-Blues« ein, eine leicht depressive Phase. Ein Bad mit Jasmin- und Ylang-Ylang-Öl steigert das Wohlbefinden, während ein Körperöl mit Kamillen-, Geranium- und Orangenöl (5 Tropfen ätherisches Öl auf zwei Eßlöffel Mandelöl) dazu beiträgt, den Hormonhaushalt auszubalancieren.

Empfohlene Öle während der Schwangerschaft
*Kamillenöl * Geraniumöl* (nur in sehr geringer Konzentration) * *Lavendelöl * Zitronenöl * Neroliöl * Orangenöl * Rosenöl * Sandelholzöl*

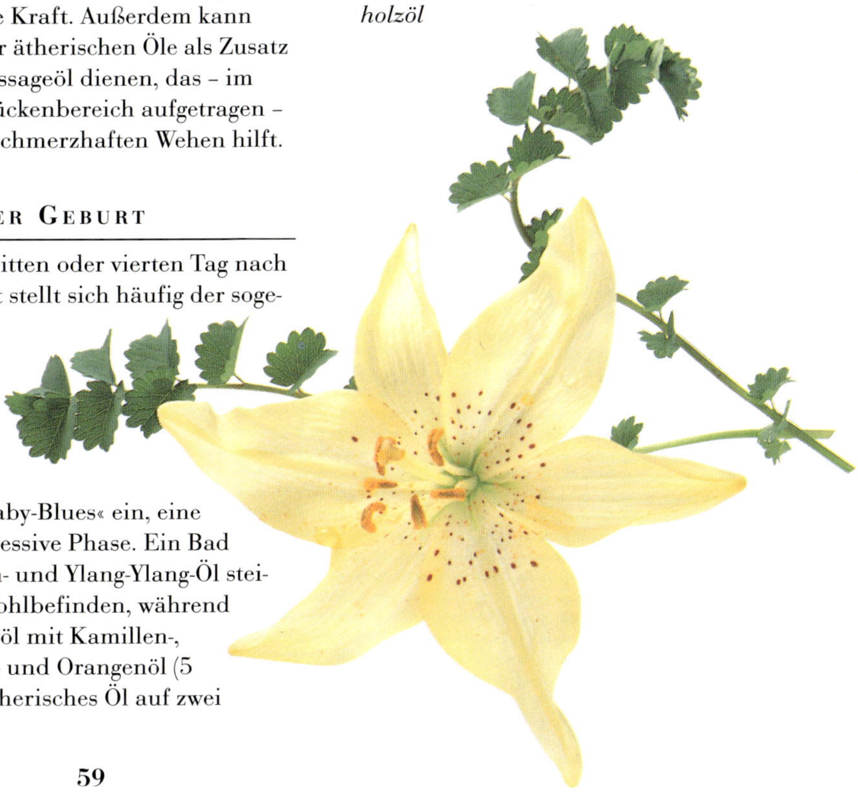

SCHWANGERSCHAFTSMASSAGE

Diese einfachen Massagetechniken können die Belastungen und kleinen Unannehmlichkeiten einer Schwangerschaft lindern, wobei die Rückenmassage gerade während der Wehen besonders hilfreich ist. Für die Schwangerschaftsmassage werden die Griffe der herkömmlichen Aromatherapie-Massage ein wenig abgewandelt, um dem körperlichen Befinden der Schwangeren entgegenzukommen.

- Informieren Sie sich noch einmal auf den vorhergehenden Seiten, welche ätherischen Öle sich für die Schwangerschaftsmassage eignen und welche man vermeiden sollte.
- Geben Sie die ätherischen Öle in einer geringeren Konzentration zur Trägersubstanz: 0,5–1 Prozent wäre ideal.
- Die Massagegriffe sollten mit weniger Druck und sanfter als bei der herkömmlichen Aromatherapie-Massage ausgeführt werden.
- Die vorgeschlagenen Massageschritte lassen sich durch eine zusätzliche Gesichts- und eine sanfte Brustmassage ergänzen.
- Bei der Schwangerschaftsmassage ist das Einhalten der Ruhephase nach der Behandlung von besonderer Bedeutung.

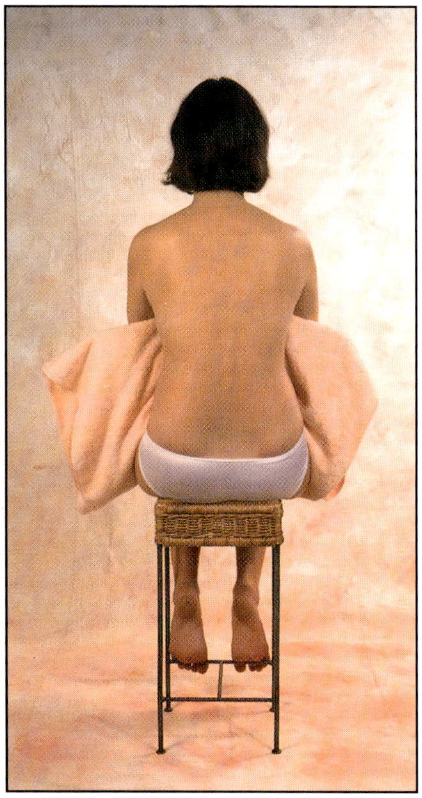

DER RÜCKEN

Ab dem vierten Schwangerschaftsmonat wird die Bauchlage zunehmend unangenehmer. Daher sollten Sie sich hinter Ihre sitzende Partnerin stellen und ihr ein mit einem Handtuch umhülltes Kissen oder eine Stuhllehne anbieten, damit sie sich nach vorne abstützen kann.

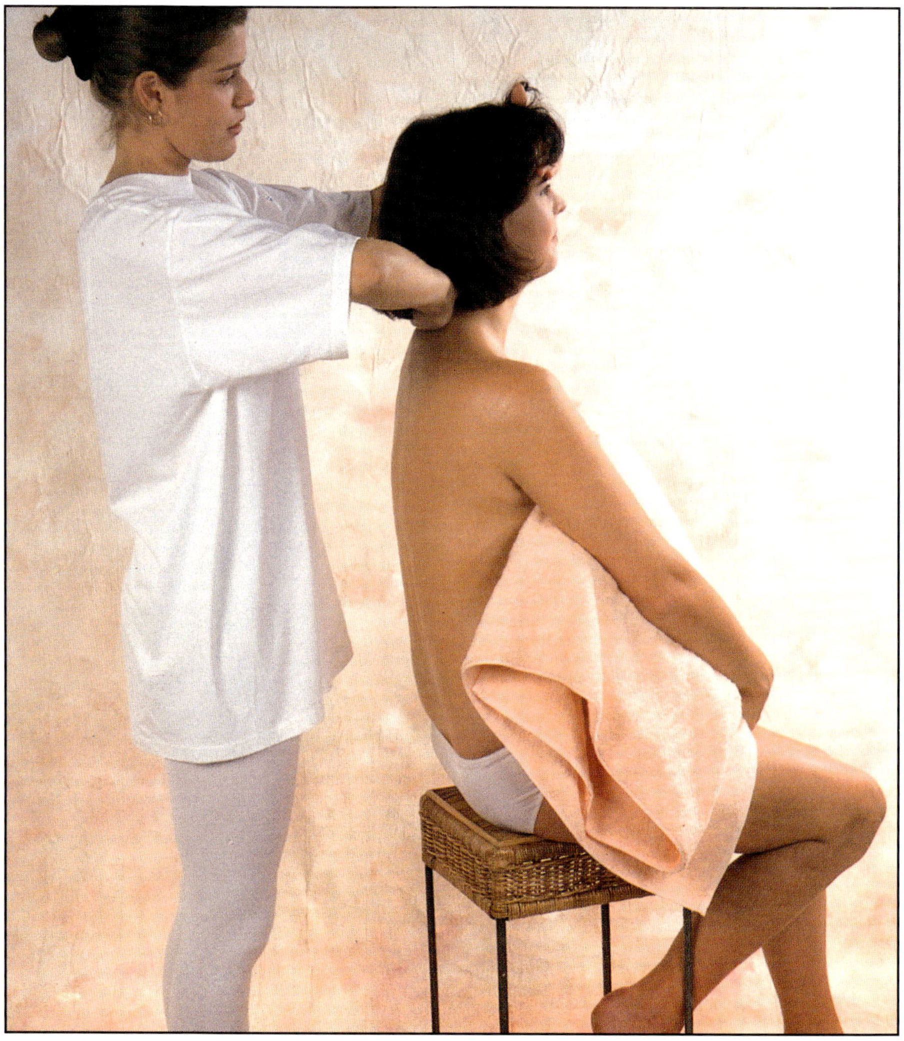

1 *Achten Sie darauf, daß Ihre Partnerin bequem sitzt. Dann legen Sie Ihre linke Hand auf die Stirn und Ihre rechte Hand quer über den Nacken. Verbleiben Sie in dieser Haltung ein paar Sekunden, bevor Sie mit der eigentlichen Massage beginnen.*

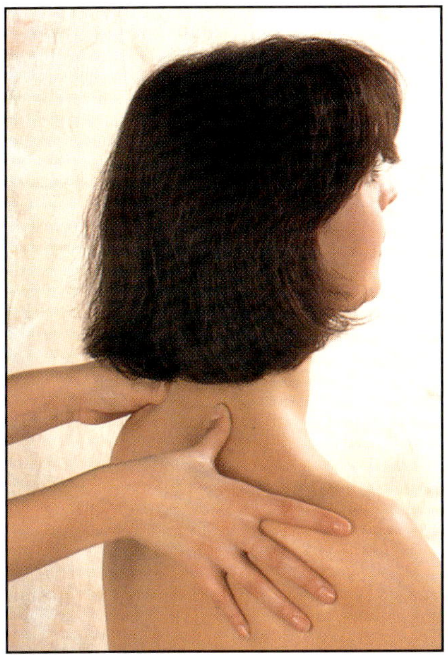

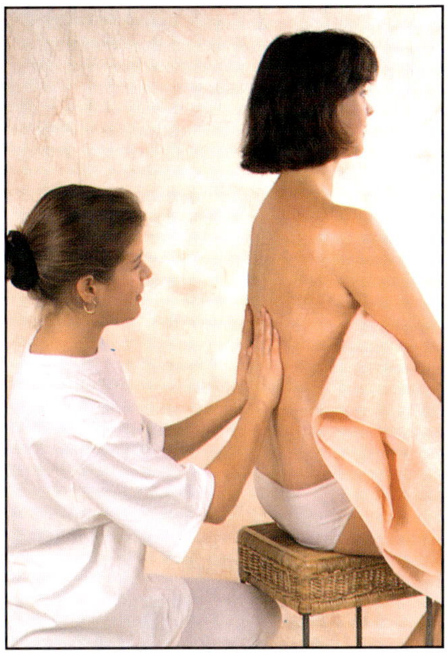

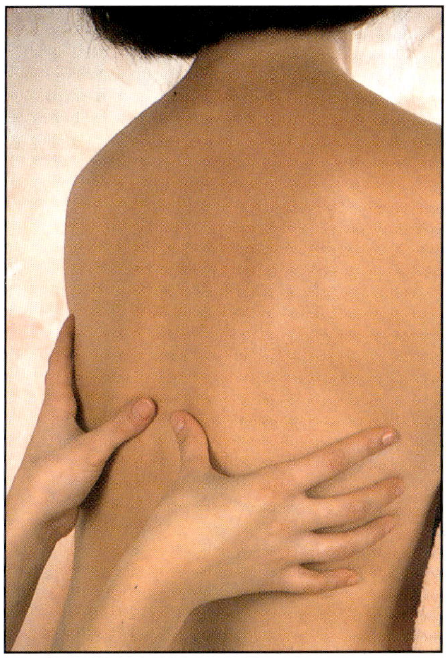

2 *Geben Sie etwas Öl auf Ihre Finger, und massieren Sie den gesamten Nacken- und Schulterbereich vorsichtig mit sanftem Druck, der hauptsächlich von den Daumen ausgehen sollte. Auf diese Weise werden die Spannungen gelöst, die sich durch das Gewicht der vergrößerten Brüste bilden.*

3 *Verteilen Sie das Öl gleichmäßig über den Rücken, und beginnen Sie mit der Effleurage-Technik, einer sanften, gleitenden Bewegung mit beiden Händen, die vom unteren Rückenbereich die Wirbelsäule entlang über die Schultern führt. Wiederholen Sie die Streichbewegungen mehrmals, um einen eigenen Rhythmus zu finden und Ihre Partnerin zu entspannen.*

4 *Nun arbeiten Sie sich mit den Daumen auf beiden Seiten der Wirbelsäule vom unteren Rückenbereich zum Nacken vor, so daß die angestaute Gewebeflüssigkeit entlang der Spinalnerven abfließen kann. Wiederholen Sie diesen Schritt viermal, bevor Sie die Massageübung mit einer großflächigen, beruhigenden Streichbewegung über den gesamten Rücken abschließen.*

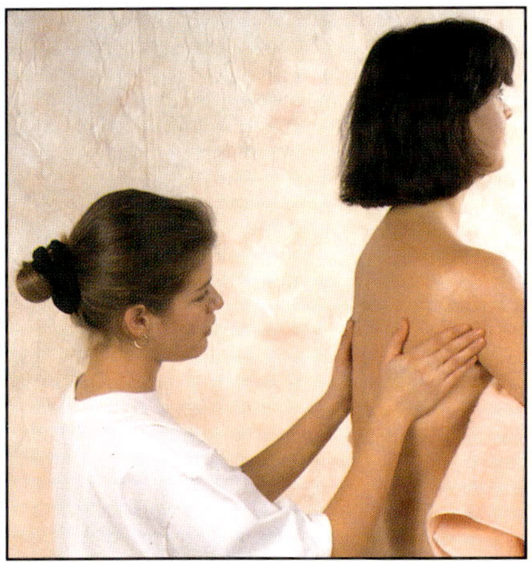

5 *Setzen Sie in der Rückenmitte an, und massieren Sie die gesamte Breite des Rückens mit leichten, nach oben und auswärts führenden Effleurage-Bewegungen. Wiederholen Sie diese Bewegungsabfolge mehrmals, bis Ihre Partnerin völlig entspannt ist. Diese Technik stimuliert die Blutzirkulation und wirkt beruhigend auf die Nervenenden.*

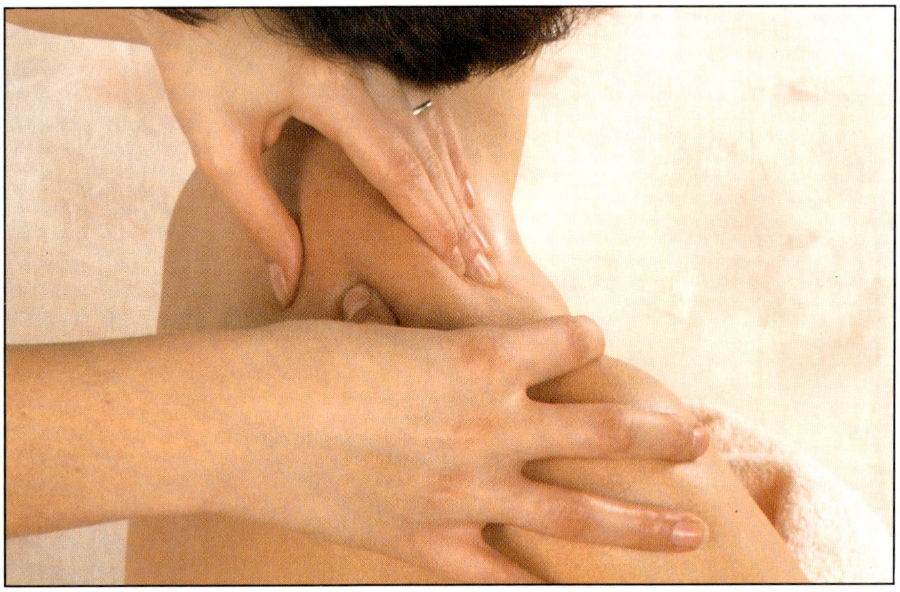

6 *Als nächstes wird die seitliche Nackenmuskulatur mit beiden Händen zuerst sanft heruntergedrückt und dann vorsichtig angehoben, wobei Sie die Muskeln behutsam mit den Daumen rollen. Auf diese Weise arbeiten Sie sich vom Nacken bis zur Schulter vor und wenden sich dann dem anderen Nacken- und Schulterbereich zu. Wenn man diese Technik langsam und rhythmisch durchführt, wirkt sie ausgesprochen entspannend.*

DER BAUCH

Bei einer schwangeren Frau können in der Rückenlage durch das Gewicht der Gebärmutter wichtige Blutgefäße abgeschnürt werden. Daher sollten Sie den Rücken, den Nacken, die Kniekehlen und je nach Wunsch weitere Körperstellen Ihrer Partnerin mit Kissen, Polstern oder zusammengerollten Handtüchern ausreichend abstützen, damit sie sich wohlfühlt und bequem liegt.

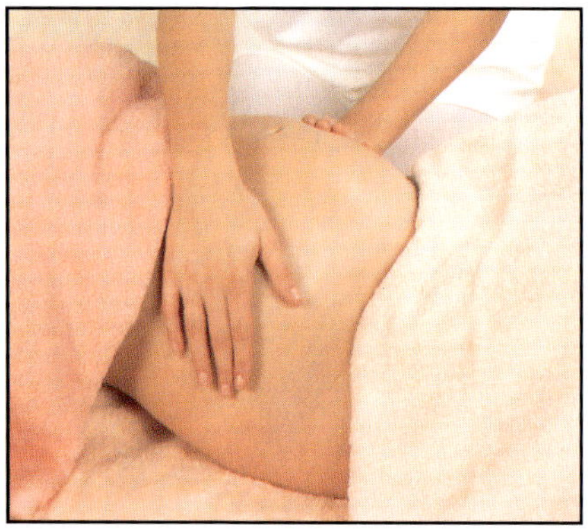

1 *Unten: Auf den ersten Blick mag es wenig ratsam erscheinen, den Bauch während der Schwangerschaft zu massieren. Wenn Sie aber sanft und behutsam vorgehen, gefährdet diese Massage weder Mutter noch Kind, sondern ist für beide sehr entspannend. Eine sanfte Massage des gesamten Bauchs wirkt beruhigend und lindert das angespannte, aufgeblähte Gefühl, das viele Frauen während der Schwangerschaft empfinden. Verteilen Sie vorsichtig etwas Öl über den Bauch, um Haut und Gewebe zu pflegen und Schwangerschaftsstreifen zu verhindern.*

2 *Dann streichen Sie mit den Handflächen in einer sanften, gleitenden Bewegung von beiden Taillenseiten bis zum Nabel. Wiederholen Sie diese Bewegung mehrmals, bis Sie den gesamten Bauch sanft massiert und beruhigt haben.*

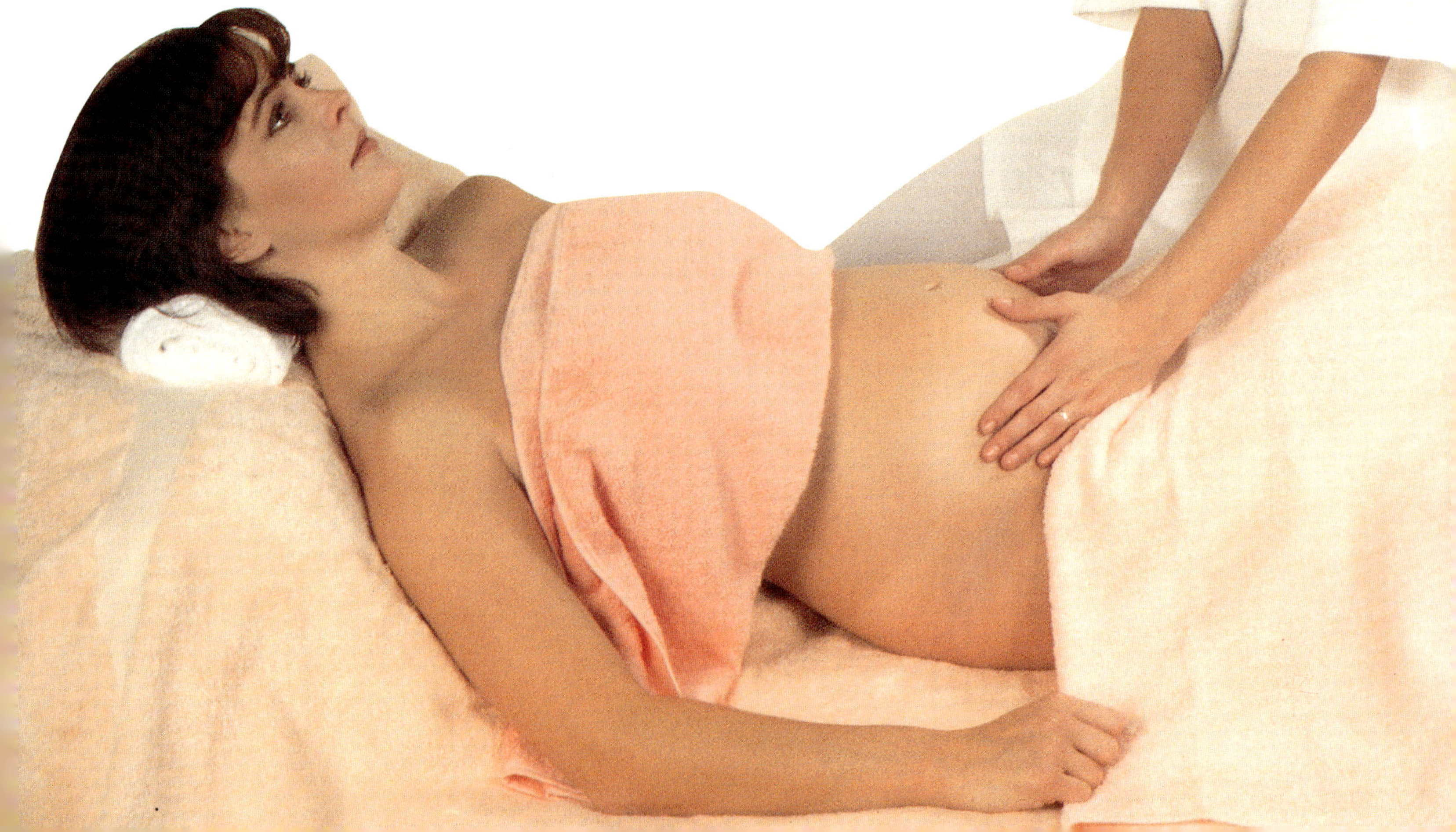

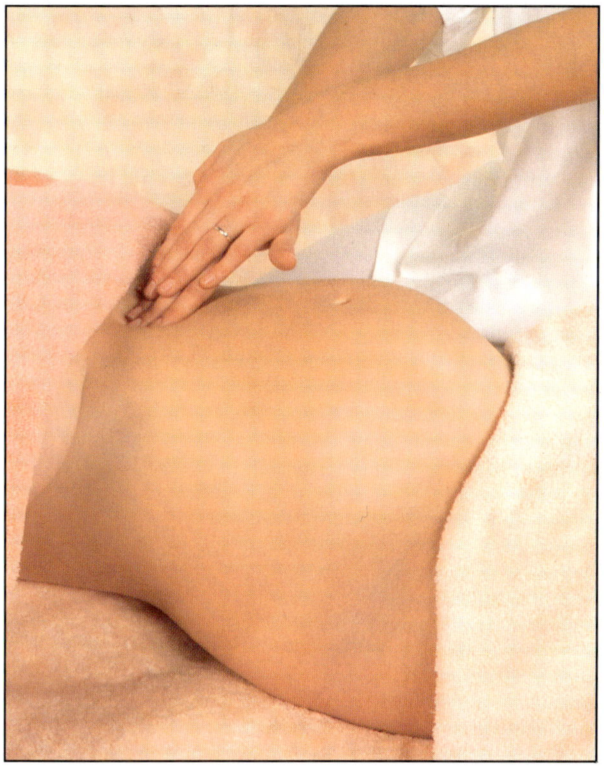

3 *Nun massieren Sie den Bauch etwa eine Minute mit sanften kreisförmigen Bewegungen im Uhrzeigersinn. Anschließend legen Sie die Fingerspitzen Ihrer linken Hand leicht auf den oberen Bereich des Solarplexus. Die rechte Hand ruht auf der linken. Lassen Sie zur Entspannung beide Hände einen Moment lang so liegen.*

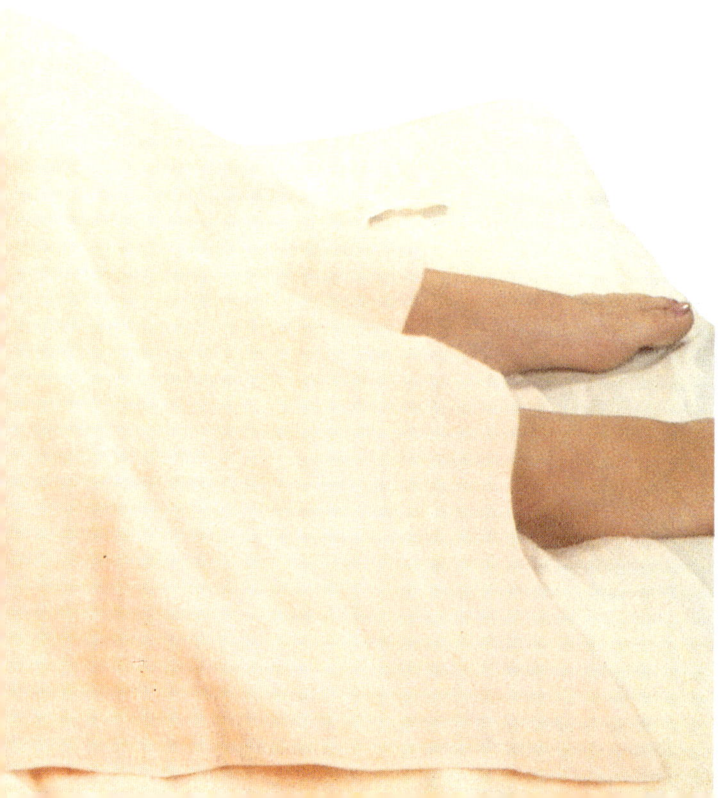

DIE BEINE

Vergewissern Sie sich, daß Ihre Partnerin bequem liegt. Unterstützen Sie die Kniekehlen mit Kissen.

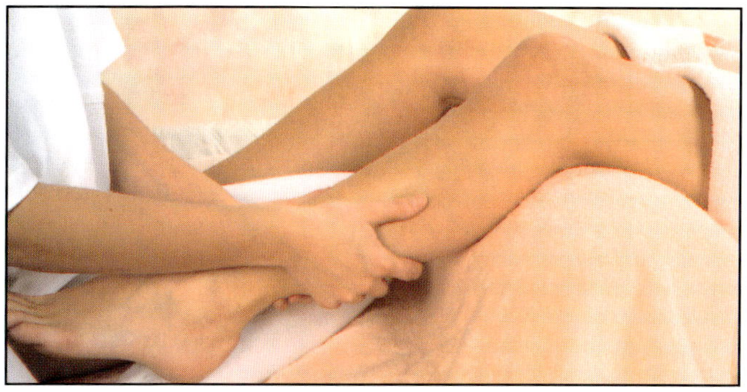

Beginnen Sie die Beinmassage mit einer sanften Effleurage-Bewegung, wobei Sie vorsichtig vom Fußgelenk über das Schienbein zum Knie und um die Wade gleiten sollten. Mit dieser Technik lassen sich Schwellungen, Krampfadern und Verkrampfungen lindern. Vermeiden Sie kräftige Massagegriffe, und umgehen Sie alle Reflexzonenpunkte der Füße, wobei ein sanftes Streichen der Fußknöchel nicht schaden kann.

ABSCHLUSS DER MASSAGE

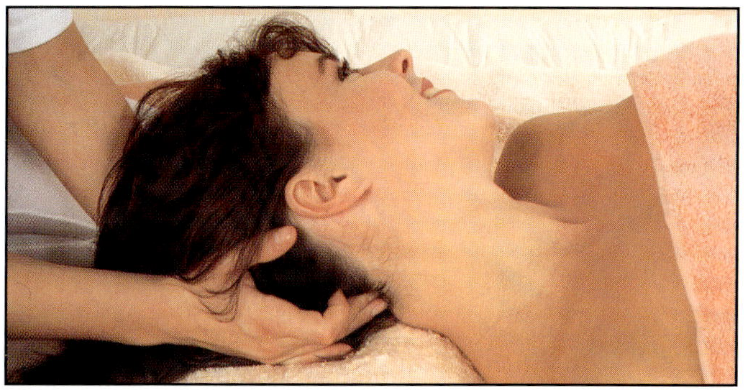

Legen Sie beide Hände in den Nacken Ihrer Partnerin, und massieren Sie den Schädelansatz (Cranium) mit den Fingerspitzen und leichten, kreisförmigen, zur Schädeldecke gerichteten Bewegungen, um Verspannungen zu lösen.

Beenden Sie die Massage, indem Sie Ihrer Partnerin das Haar aus dem Nacken und der Stirn streichen und alle negative Energie abfließen lassen. Nach einer Ruhephase von etwa 15 Minuten sollten Sie ihr vorsichtig und langsam aufhelfen.

Schönheitspflege

Schönheitspflege beginnt mit der Pflege der Haut. Die Aromatherapie kann Ihnen dabei auf unterschiedliche Weise helfen. Da ätherische Öle hervorragend in die Haut einziehen, gelten sie als ausgesprochen gute Feuchtigkeitsspender, und dank der Vielzahl an positiven Eigenschaften findet sich für jeden Hauttyp und Hautzustand auch das richtige Öl. Rosmarinöl regt beispielsweise die Durchblutung an, während Thymianöl die Zellregenerierung fördert. Aber ätherische Öle stimulieren nicht nur das Lymphsystem, wodurch das Gewebe entschlackt und müde Haut bekämpft wird, sie können auch als Teil der täglichen Gesichtspflege und zur Behandlung bestimmter Hautprobleme wie zum Beispiel Akne eingesetzt werden.

Nährstoffe für die Haut

Die Haut muß sowohl von innen als auch von außen genährt und gepflegt werden. Eine gesunde Ernährung hält zwar den Körper in Form, aber eine schöne Haut benötigt zusätzlich und permanent wertvolle Vitamine und Mineralien. Daher sollten Sie Dosengerichte und zu lange oder zu stark weiterverarbeitete Lebensmittel, Koffein, Alkohol, Nikotin, UV-Strahlung und kohlenmonoxydbelastete Luft in jedem Fall meiden. Die Auswirkungen der einzelnen Faktoren können sich summieren und die Haut angreifen. Sie sollten sich und Ihrer Haut von Zeit zu Zeit eine Ruhephase gönnen.

Hauttypen

Wählen Sie ein Ihrem Hauttyp entsprechendes Öl, und stellen Sie Ihre eigenen Gesichtsreiniger, Gesichtswasser, Masken und feuchtigkeitsspendenden Gesichtsöle her. Bedenken Sie, daß die Hautbeschaffenheit sehr variieren kann: im Winter ist die Haut trockener als im Sommer (oder genau umgekehrt), oder sie neigt in der Zeit kurz vor der Periode aufgrund erhöhter Talgproduktion zu Mitessern und Pusteln. Außerdem kann sich Ihr Hauttyp in den Jahren zwischen der Pubertät und der Menopause (Klimakterium) mehrmals verändern. Daher sollten Sie die verwendeten Gesichtsöle genau unter die Lupe nehmen, ob sie auch wirklich noch zu Ihrem jetzigen Hauttyp passen.

Einmal im Monat sollten Sie Ihren Ernährungsplan durch einen Obst- und Gemüsetag ergänzen. Das regt die Entschlackung an und schenkt dem Körper neuen Schwung.

Nur wenige Menschen besitzen eine sogenannte »normale Haut«, und selbst in diesen seltenen Ausnahmen neigt die Haut hin und wieder dazu, auszutrocknen oder zuviel Fett zu produzieren. Die in Klammern gesetzten Buchstaben deuten an, für welchen Hauttyp sich das jeweilige ätherische Öl außerdem noch eignet:
T = Trockene Haut; E = Empfindliche Haut; F = Fettige Haut; A = Alle Hauttypen.

Öle für normale Haut
Kamillenöl (T, E) * Fenchelöl (F) * Geraniumöl (A) * Lavendelöl (A) * Zitronenöl (F) * Patschuliöl (T) * Rosenöl (T, E) * Sandelholzöl (T, E)

Öle für trockene Haut
Kamillenöl * Geraniumöl * Lavendelöl * Ysopöl * Rosenöl * Patschuliöl * Sandelholzöl * Ylang-Ylang-Öl

Öle für empfindliche Haut
Kamillenöl * Lavendelöl * Neroliöl * Rosenöl * Sandelholzöl

Öle für fettige Haut
Bergamotteöl * Zedernholzöl * Zypressenöl * Lavendelöl * Zitronenöl * Geraniumöl * Wacholderöl * Weihrauchöl * Salbeiöl

Mischhaut zeichnet sich durch eine T-förmige fettige Zone aus, die von der Stirn über die Nase und einen Teil der Wangen reicht, während die Haut des restlichen Gesichts normal oder sogar trocken ist. Für diesen Hauttyp verwenden Sie am besten ein für fettige Haut geeignetes Öl für die fettigen Gesichtsbereiche sowie ein für normale Haut geeignetes Öl für die restliche Haut.

Gesichtsreiniger

Wählen Sie ein Ihrem Hauttyp entsprechendes ätherisches Öl, und mischen Sie es unter einen handelsüblichen, unparfümierten Gesichtsreiniger, ein Waschsyndet oder eine Reinigungsmilch. So können die Substanzen ihre natürliche Wirkung entfalten und das Gleichgewicht der Haut wiederherstellen.

Gesichtsdampfbad

Ein hautberuhigendes Dampfbad erzielen Sie mit fünf Tropfen Kamillenöl. Lavendel-, Pfefferminz-, Thymian- oder Rosmarindampfbäder regen an. Beinwell- oder Fenchelöl unterstützen den Heilungsprozeß der Haut.

Gesichtswasser

Ätherische Öle eignen sich hervorragend für ein sanftes Gesichtswasser, das die Haut strafft und belebt. Bei

Rechts: Für ein Gesichtsdampfbad gießen Sie kochendes Wasser in eine Schüssel und fügen dann die ätherischen Öle hinzu, deren Dampf Sie unter einem Handtuch etwa fünf Minuten einwirken lassen sollten.

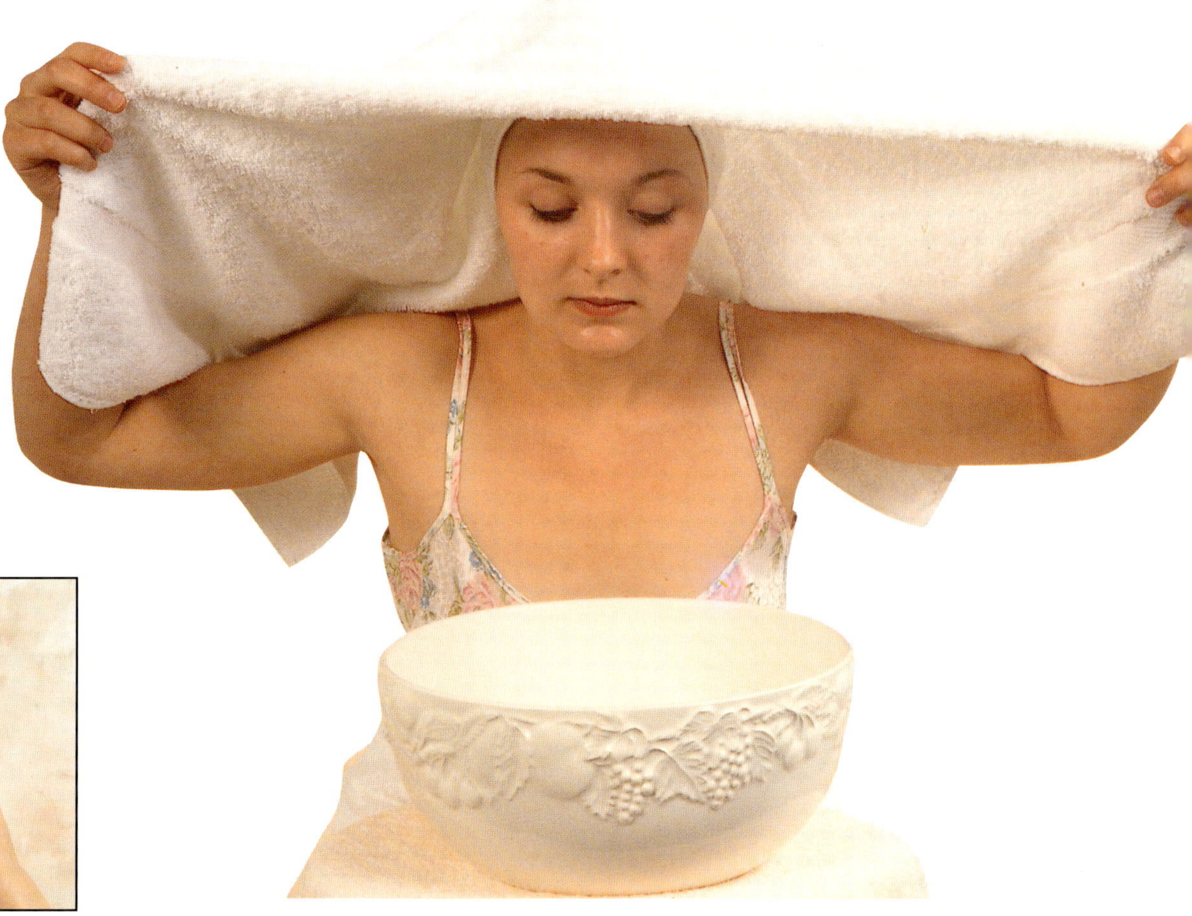

Unten: Reinigen Sie das Gesicht, und achten Sie dabei besonders auf die fettigen Hautpartien.

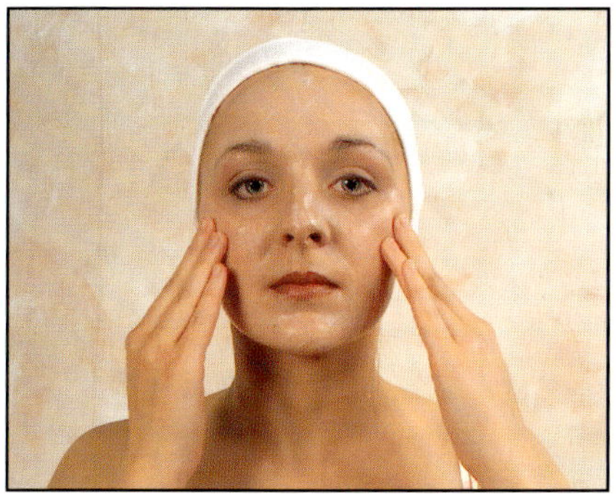

normaler oder trockener und empfindlicher Haut sollten Sie Rosenwasser, bei fettiger Haut einen Zaubernußextrakt als Grundlage für ein solches erfrischendes Tonikum verwenden. Sie können das Gesichtswasser entweder mit einem Wattebausch auftragen oder es direkt auf die Gesichtshaut sprühen.

Auch Kräutertees ergeben ein ausgezeichnetes Gesichtswasser. Übergießen Sie Kamillenblüten, Ringelblumen, Hagebutten oder Nesseln mit kochendem Wasser, und lassen Sie die Kräuter ein paar Minuten ziehen (Sie können auch Kräuterteebeutel verwenden). Dann geben Sie zwei Tropfen Orangen- oder Lavendelöl hinzu und warten, bis der Aufguß vollständig abgekühlt ist. Fettige Haut läßt sich gut mit Wacholder- oder Zitronengrasöl pflegen, während Rosen- oder Sandelholzöl trockener Haut sehr gut bekommen.

Gesichtsöle

Gut durchblutete und feuchtigkeitsspeichernde Haut ist glatt und geschmeidig, sieht gesund aus und altert nicht so schnell. Junge Haut benötigt nur wenig zusätzliche Pflege, während ältere Haut eine spezielle Behandlung zur Versorgung mit ausreichenden Nährstoffen verlangt. Die meisten Feuchtigkeitsspender liegen nur auf der Haut auf und glätten sie nur oberflächlich, während die ätherischen Öle aufgrund ihrer winzigen Molekularstruktur von der Oberfläche bis in die unteren Hautschichten vordringen (wo die Zellregeneration stattfindet). Wenn man diese Essenzen mit der vorgeschriebenen Menge Trägersubstanz vermischt, verstopfen sie auch nicht die Poren, sondern werden direkt von der Haut aufgenommen.

Geben Sie sechs Tropfen ätherisches Öl (dem jeweiligen Hauttyp entsprechend und höchstens drei verschiedene Sorten) auf zwei Eßlöffel Trägersubstanz.

Masken

Sowohl Tonerde als auch Hafermehl eignen sich hervorragend als Grundlage für jede Gesichtsmaske. Bei der sogenannten Walk-, Fuller- oder Bleicherde handelt es sich um ein natürliches Tonpulver, das mit heißem Wasser zu einer Paste angerührt werden kann. Wenn die Mischung abgekühlt ist, fügen Sie etwas Joghurt hinzu – dadurch läßt sich die Paste glatter auftragen. Auch das Hafermehl läßt sich mit heißem Wasser zu einer Paste anrühren, die ebenfalls vollständig abkühlen sollte. Dann geben Sie pro Tasse Paste 15 Tropfen eines Ihrem Hauttyp entsprechenden ätherischen Öls hinzu. Verteilen Sie die Maske auf Ihrem Gesicht, und lassen Sie sie ein wenig antrocknen. Spülen Sie sie mit viel klarem Wasser gründlich ab. Mit Hilfe eines zusätzlichen Eßlöffels Nachtkerzenöl können Sie eine besonders feuchtigkeitsspendende Maske für trockene und empfindliche Haut anfertigen. Die Augenpartie sollten Sie immer freilassen.

Augenlider

Während die Gesichtsmaske einzieht, können Sie ein wenig entspannen und zwei in Rosenwasser getauchte Wattebäusche auf die Augenlider legen – zwei Gurkenscheiben erfüllen den gleichen Zweck.

AKNE

Ätherische Öle eignen sich aufgrund ihrer antibakteriellen und entzündungshemmenden Wirkung hervorragend zur Behandlung von fettiger, zu Akne neigender Haut.

Der häufigste Fehler, den viele Menschen dieses Hauttyps begehen, besteht darin, die fettige Haut übereifrig zu reinigen und abzurubbeln, da auf diese Weise die Talgdrüsen zusätzlich angeregt werden und noch mehr Talg produzieren. Wenn Sie unter starker Akne mit vielen Pickeln und Pusteln leiden, sollten Sie auf ausgedehnte Gesichtsdampfbäder verzichten, durch die sich der schlechte Zustand der Haut auch auf andere Hautpartien übertragen könnte. Verwenden Sie statt dessen eine Maske, oder wählen Sie einen Gesichtsreiniger sowie einen Feuchtigkeitsspender für empfindliche Haut, und geben Sie zwei Tropfen stimulierendes und antiseptisches Wacholderöl hinzu. Einmal pro Woche sollte die Haut gründlich mit einer Tonerdenmaske gereinigt werden, die Sie mit einigen Tropfen Wacholderöl (heilend, beruhigend und straffend) oder Eukalyptusöl (entzündungshemmend, antiseptisch, antibiotisch) anreichern. Nehmen Sie viel Vitamin E zu sich, dessen Heilkräfte der Haut sehr zugute kommen.

BESENREISER

Diese feinen, roten, spinnwebartigen Äderchen breiten sich häufig im Bereich der Wangen aus. Es handelt sich dabei um erweiterte Kapillargefäße, von denen hauptsächlich Menschen mit empfindlicher und zarter Haut betroffen sind. Dieser Zustand verschlimmert sich meist durch heiße oder kalte Luft, Alkohol und Koffein. Besenreiser lassen sich zu Hause am besten dadurch behandeln, daß die Haut vor einem erhöhten Feuchtigkeitsverlust geschützt wird. Pflegen Sie sie mit ätherischen Ölen – Petersilien-, Geranium-, Kamillen-, Rosmarin- oder Zypressenöl – in einer nährstofffreichen Trägersubstanz.

HERPESBLÄSCHEN

Diese auch Fieberbläschen genannten Pusteln auf der Lippe oder im Mundbereich werden durch eine Infektion mit dem Herpes-simplex-Virus verursacht. Normalerweise ruht der Virus in den Nervenzellen, er kann jedoch durch eine einfache Erkältung oder Grippe aktiviert werden. Hartnäckige Fieberbläschen sollte man unbedingt medizinisch behandeln lassen, aber bei den ersten Symptomen hilft häufig ein Betupfen der betroffenen Stelle mit unverdünntem Teebaumöl.

PICKEL

Falls Sie nur gelegentlich unter Pickeln leiden, sollten Sie die betroffenen Stellen mit einer Mischung aus je einem Tropfen Neroli-, Zitronen- und Lavendelöl und einem Teelöffel (5 ml) Trägersubstanz behandeln. Ein einzelner Pickel sollte mit einem Wattebausch oder einem Wattestäbchen und einem Tropfen unverdünntem Sandelholzöl betupft werden.

GESICHTSMASSAGE

Die Gesichtsmassage unterstützt nicht nur die Aufnahme der Öle und Cremes, sie schenkt Ihrer Haut auch einen guten Start in den neuen Tag.

1 *Geben Sie etwas Gesichtsöl für Ihren Hauttyp auf die Handflächen, und verteilen Sie es vorsichtig im gesamten Gesicht. Der Bereich um die Augen sollte frei bleiben.*

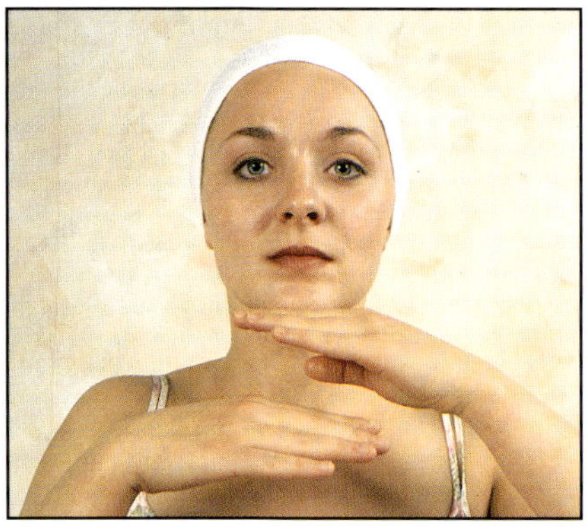

2 *Nun beklopfen Sie mit den Handrücken vorsichtig die Haut am Rand des Unterkiefers und den Bereich unter dem Kinn. Dadurch werden die Hautzellen angeregt.*

3 *Mit kleinen, kreisförmigen Bewegungen der Daumen massieren Sie anschließend den Kinnbereich, um die Haut zu straffen und die Durchblutung zu fördern*

4 Formen Sie den Mund zu einem O, massieren Sie die Mundwinkel, und streichen Sie kleine Fältchen glatt.

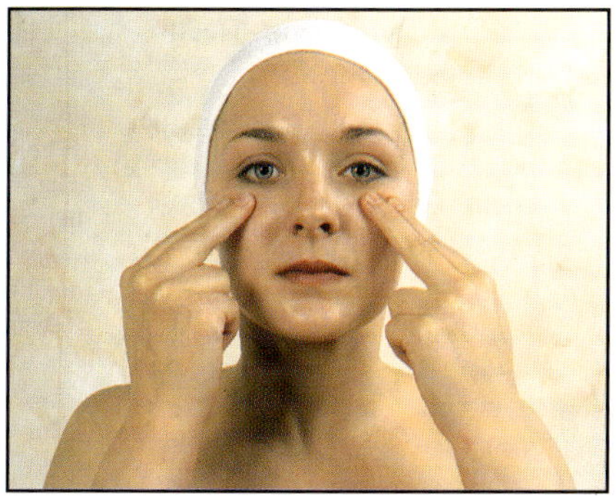

5 Dann pressen Sie Ihre Fingerspitzen auf die Wangenknochen und massieren den gesamten Bereich bis hin zu den Schläfen, um die Ausscheidung von Giftstoffen anzuregen.

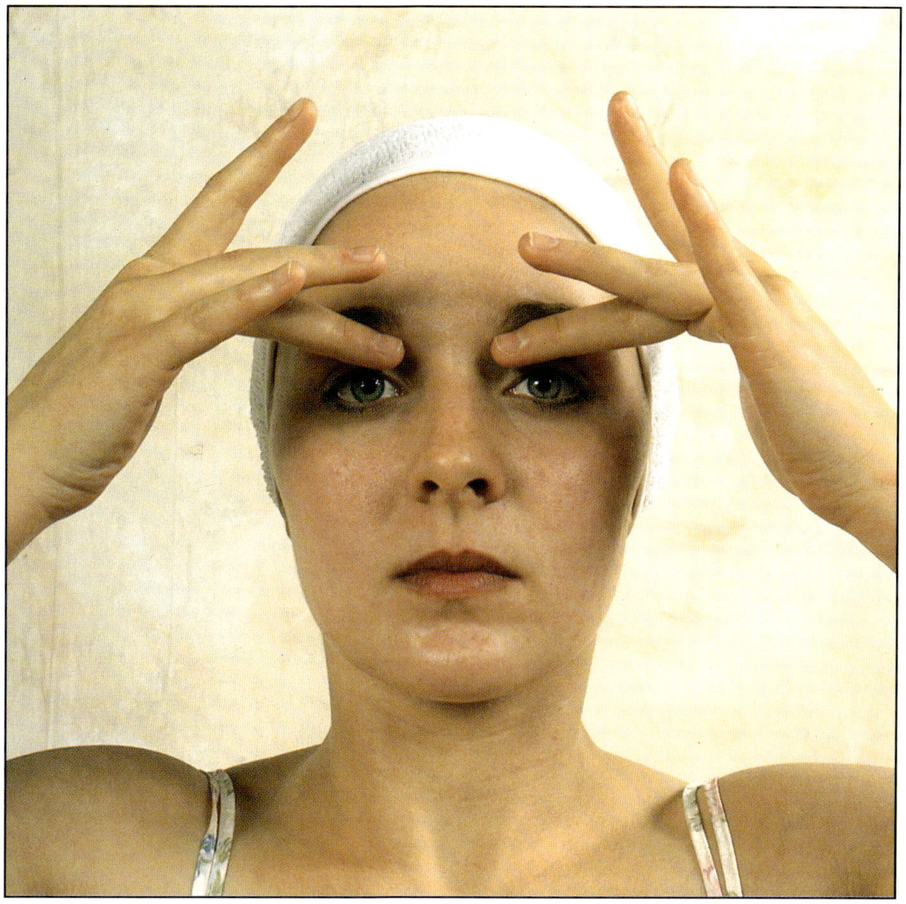

6 Pressen Sie Ihre Mittelfinger etwa fünf Sekunden auf die beiden Punkte oberhalb des Nasenrückens, direkt unter den Augenbrauen. Dann streichen Sie den Bereich der Augenbrauen von innen nach außen bis hin zu den Schläfen glatt.

7 Drücken Sie jeweils Zeige- und Mittelfinger fest auf die Schläfen und massieren Sie mit kleinen, nach hinten gerichteten Kreisbewegungen.

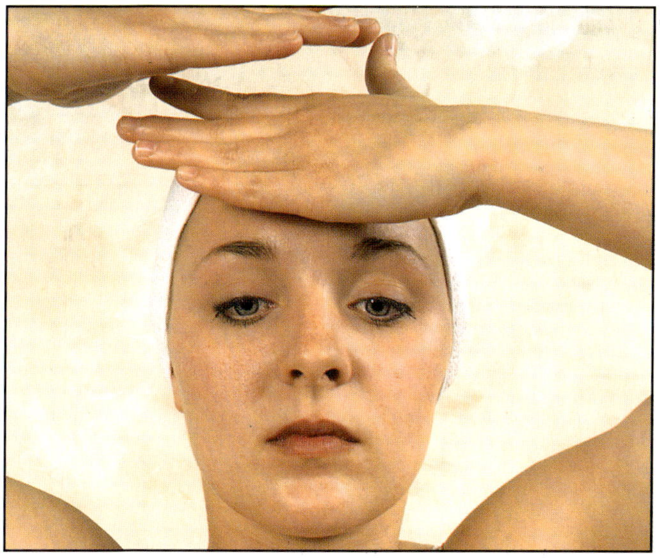

8 Streichen Sie mit den Handflächen von der Stirn bis zum Haaransatz und glätten Sie feine Fältchen.

GESUNDES HAAR

Das Haar bestimmt nicht nur Ihr äußeres Erscheinungsbild, es ist auch ein Spiegelbild Ihres Gesundheitszustandes. Psychische und physische Probleme zeigen sich schnell durch einen Mangel an Spannkraft oder Glanz.

Gesundes Haar entsteht nur bei sorgfältiger Pflege und durch eine ausgewogene Ernährung, so daß es von außen wie von innen gleichermaßen gut versorgt wird.

MASSAGEÖLE FÜR DIE KOPFHAUT

Trockenes Haar fühlt sich rauh an, wirkt sehr dick und trocknet bei der Anwendung von Lockenstäben und beheizten Lockenwicklern sofort zusätzlich aus. Verzichten Sie auf chemische Haarfärbemittel und Dauerwellen. Verwenden Sie bevorzugt Shampoos und Pflegespülungen mit Jojoba- und Mandelöl. Eine Behandlung mit angewärmtem Öl erleichtert die Aufnahme der ätherischen Öle und pflegt das Haar zusätzlich. Wenn Sie das warme Öl in die Kopfhaut einmassiert haben, wickeln Sie die Haare in ein warmes Handtuch, und lassen Sie das Öl etwa eine halbe Stunde einwirken.

Öle für trockenes Haar
Rosenöl * Sandelholzöl * Ylang-Ylang-Öl * Lavendelöl * Geraniumöl

Fettiges Haar wirkt glatt und es fehlt ihm an Fülle. Überhitzte Räume und diverse Umweltbelastungen verschlimmern diesen Zustand zusätzlich. Fettige Haare können aber auch auf einem hormonellen Ungleichgewicht beruhen. Überprüfen Sie Ihre Ernährung, und vermeiden Sie stark entfettende, aggressive Haarwaschmittel. Alle Bürsten und Kämme sollten einmal pro Woche gründlich gereinigt werden. Verwenden Sie nur Plastikbürsten, da Naturborsten die Talgproduktion der Kopfhaut zusätzlich stimulieren. Wählen Sie eine leichte Pflegespülung, damit sich die Haare besser kämmen lassen, und gönnen Sie sich regelmäßig eine Kopfhautmassage, um die Talgproduktion der Talgdrüsen zu regulieren.

Öle für fettiges Haar
Basilikumöl * Eukalyptusöl * Zedernholzöl * Kamillenöl * Zitronengrasöl * Zypressenöl * Salbeiöl * Rosmarinöl

Normales Haar glänzt schön und besitzt viel Fülle und Spannkraft. Eine gelegentliche Kopfhautbehandlung mit warmem Öl erhält sein gesundes und schönes Aussehen.

Öle für normales Haar
Geraniumöl * Lavendelöl * Zitronengrasöl * Rosmarinöl

Mischhaar hat trockene oder normale Haarspitzen und einen fettigen Haaransatz. Vermeiden Sie heiße Anwendungen im Kopfhautbereich, und lassen Sie die Spitzen regelmäßig nachschneiden. Außerdem sollten Sie die Kopfhaut mit einem Öl für fettige Haare pflegen, das Sie aber nicht bis zu den Spitzen verteilen sollten.

Herstellung von Haarölen
Trägersubstanz: Zur Wahl stehen Mandel-, Aprikosenkern-, Avocado-, Jojoba-, Nachtkerzen- oder Sonnenblumenöl.

Ätherische Öle: Für eine Kopfhautanwendung können Sie bis zu drei verschiedene ätherische Öle verwenden. Geben Sie je fünf Tropfen der Essenzen auf zwei Eßlöffel Trägersubstanz (bei sehr langen Haaren benötigen Sie etwas mehr Öl) in ein Gefäß, das Sie in eine Schüssel mit kochendem Wasser stellen. Anschließend massieren Sie das so erwärmte Öl in die Kopfhaut ein, umwickeln die Haare mit einem warmen Handtuch und spülen das Öl nach 15 Minuten Einwirkungszeit mit einem Shampoo wieder aus.

HAARPROBLEME

Schuppen
Es gibt zwei Arten von Schuppen: trockene und die häufigeren fettigen Schuppen. Schuppen sind nicht ansteckend! Beide Schuppenarten lassen sich mit ätherischen Ölen behandeln. Außerdem sollten Sie ein spezielles Schuppenshampoo und eine Pflegespülung verwenden und die Kopfhaut mit einem entsprechenden Öl sanft massieren. Wählen Sie ein Massageöl, das Patschuli- und Teebaumöl enthält. Bei trockener, juckender Kopfhaut empfiehlt sich eine Behandlung mit Zedernholz- und Lavendelöl.

Graues Haar
Graues Haar benötigt zusätzliche Pflege, besonders wenn es chemisch behandelt oder gefärbt wurde. Verwenden Sie ein Haaröl für trockenes Haar, und geben Sie Kamillenöl zum Aufhellen bzw. Salbeiöl zum Nachdunkeln hinzu.

Haarausfall
Starker Haarausfall ist meist auf eine Hormonstörung, Streß oder nervöse Anspannungen zurückzuführen. Daher sollten Sie zunächst lernen, sich richtig zu entspannen. Ungewöhnlicher (kreisrunder) Haarausfall sollte von einem Trichologen, einem Facharzt für Haarkrankheiten, begutachtet werden.

KOPFHAUTMASSAGE

Diese Massagetechnik pflegt das Haar, stimuliert die Kopfhaut und baut Spannungen ab. Sie können sich entweder selbst massieren oder sich massieren lassen. Letztere Methode empfiehlt sich insbesondere bei sehr langen Haaren, und sie wirkt auch entspannender.

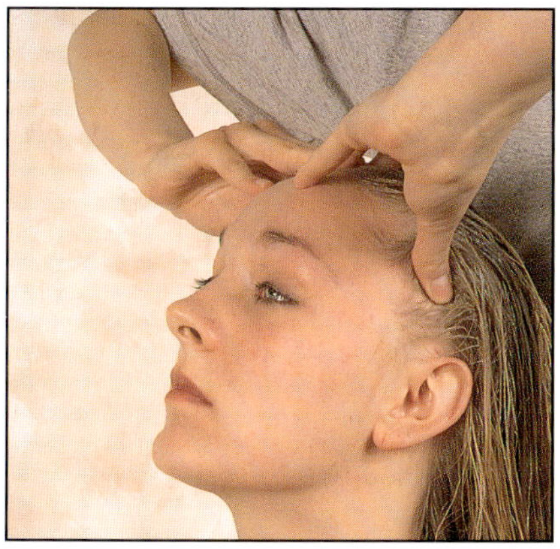

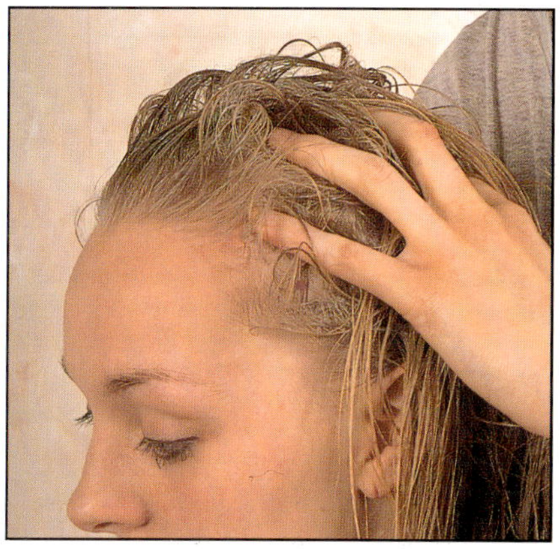

1 *Waschen Sie das Haar, und wickeln Sie es in ein warmes Handtuch, um überschüssige Feuchtigkeit aufzusaugen. Dann kämmen Sie es mit einem Kamm mit breiten Zinken, legen den Kopf zurück und geben etwas Öl auf den Haaransatz. Das Öl wird nun mit gespreizten Fingern von der Stirnmitte aus einmassiert, wobei die Daumen auf den Schläfen liegen.*

2 *Gleiten Sie mit den gut »geölten« Fingern vom Haaransatz über die Kopfhaut bis zu den Spitzen. Tauchen Sie die Fingerspitzen in das Öl, und massieren Sie die nächste Haarsträhne, so daß das Öl im ganzen Haar verteilt wird.*

3 *Massieren Sie die Kopfhaut sanft mit den Fingerspitzen (nicht mit den Fingernägeln). Dabei sollten Sie die Kopfhaut vorsichtig über die Schädeldecke hin und her gleiten lassen. Konzentrieren Sie sich jeweils auf einen Bereich, und umfassen Sie den Kopf mit beiden Händen.*

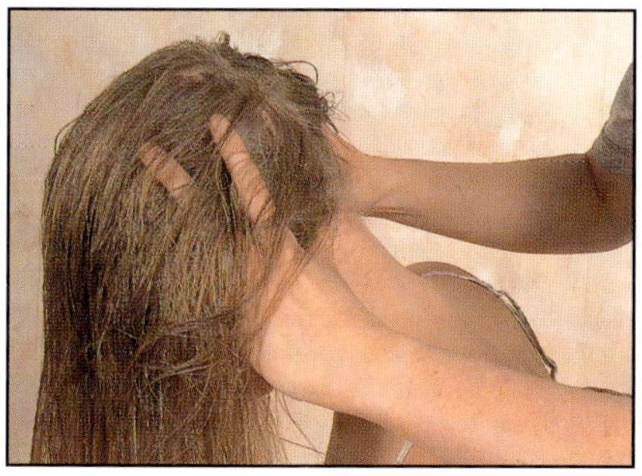

4 *Die Kopfhautmassage beginnt an der Stirn, führt dann über den Haaransatz, die Schläfen und die Kopfmitte bis zum Nacken und folgt auf diese Weise dem natürlichen Blutverlauf. Falls die Kopfhaut besonders verspannt scheint, konzentrieren Sie sich auf die Bereiche, in denen sich die Kopfhaut überhaupt nicht bewegen läßt. Abschließend massieren Sie die Kopfhaut am Schädelansatz in Richtung Kopfmitte, um Verspannungen zu lösen.*

5 *Verteilen Sie nun das überschüssige Öl gleichmäßig im gesamten Haar – von den Haarwurzeln bis zu den Spitzen –, und lassen Sie es mindestens 15 Minuten unter einem warmen Handtuch einwirken, bevor Sie die Haare mit einem Shampoo gründlich auswaschen.*

DAS DUFTBAD

Die entspannenden und heilenden Kräfte von Wasser und Massageölen wurden schon von den alten Griechen und Römern entdeckt und genutzt, bei denen sich das Bad zu einem täglich stattfindenden Ritual entwickelte.

Ein Bad mit ätherischen Ölen gehört zu den einfachsten und wirkungsvollsten Anwendungsmethoden der Aromatherapie. Je nach Temperatur des Wassers und der Wahl des Badeöls kann seine Wirkung stimulierend oder entspannend sein. Bei einem Duftbad entfalten sich die therapeutischen Eigenschaften der ätherischen Öle auf zwei Ebenen: Zum einen nimmt der Körper sie über die Haut auf, so daß sie wie ein Feuchtigkeitsspender für die tiefer gelegene Lederhaut wirken und direkt in den Blutkreislauf eindringen, zum anderen werden die aromatischen Düfte inhaliert, das Gehirn angeregt und so das allgemeine Wohlbefinden gesteigert. Ein Duftbad kann den Körper entgiften und bei Problemen wie Cellulitis, Gelenksteifheit, Allgemeinbeschwerden, Erkältungen oder Kopfschmerzen helfen. Darüber hinaus strafft und pflegt es die Haut und baut Spannungen und Angstgefühle ab.

DAS BAD

Badedauer und Badetemperatur sind von größter Wichtigkeit: Ein kühleres Bad regt an, wogegen wärmeres Wasser entspannender wirkt. Allerdings ist zu heißes Badewasser gefährlich, denn es weitet die Blutgefäße und Kapillaren, so daß sich der Herzschlag erhöht. Daher sollten Menschen mit Krampfadern, Hämorrhoiden und Bluthochdruck sowie Schwangere zu heißes Wasser vermeiden. Als Badedauer empfiehlt sich ein Zeitraum von 15–20 Minuten; danach schwellen die Hautzellen durch das Wasser an. Geben Sie die ätherischen Öle erst ins Wasser, wenn die Wanne schon beinahe gefüllt ist, da sie andernfalls zu schnell verdunsten.

BADEÖLE

Mit den richtigen ätherischen Ölen kann ein Duftbad aromatisch und therapeutisch wirken. Die Öle dringen leicht in die Haut ein und verströmen gleichzeitig ihren wunderbaren Kräuter- oder Blütenduft. Wenn Sie einige Tropfen Öl ins Badewasser geben, verteilt es sich in einem feinen Film über die Wasseroberfläche und verdunstet, wobei es sein volles Aroma entfaltet. Falls Sie das Öl mehr über den Körper aufnehmen wollen, sollten Sie es vor dem Baden zunächst mit einer Trägersubstanz wie Mandelöl, Aprikosenkernöl, Jojoba- oder Nachtkerzenöl vermischen (diese pflegenden Trägeröle sind sogar ohne aromatische Öle in der Lage, die Haut zu versorgen und zu verjüngen).

Mischen Sie ein Badeöl aus einer Kombination von bis zu drei ätherischen Ölen – jeweils fünf Tropfen – und einem Eßlöffel hautpflegenden Trägeröls. Dabei sollten Sie jedoch nur Öle wählen, die ähnliche oder einander ergänzende Wirkstoffe besitzen und sich nicht gegenseitig aufheben.

DAS ENTSPANNUNGSBAD

Wenn Sie sich nach einem anstrengenden Tag entspannen oder auf eine ruhige Nacht vorbereiten wollen, sollten Sie Ihr Bad entsprechend vorbereiten: Sorgen Sie für möglichst gedämpftes Licht, oder benutzen Sie eine Augenmaske, und zünden Sie ein paar Duftkerzen an. Pflanzen sorgen für eine sauerstoffreiche Luft. Dann legen Sie Ihren Kopf auf ein Badekopfkissen, schließen die Augen und atmen tief ein. Konzentrieren Sie sich auf Ihre Atmung, befreien Sie Ihren Geist, und lassen Sie den Streß und die Anspannung von sich ableiten. Nach 15–20 Minuten sollten Sie sich langsam erheben und sich in ein großes, warmes Badetuch einwickeln.

Entspannende Öle
Basilikumöl * Bergamotteöl * Zedernholzöl * Kamillenöl * Weihrauchöl * Ysopöl * Wacholderöl * Lavendelöl * Majoranöl * Melissenöl * Neroliöl * Patschuliöl * Rosenöl * Salbeiöl * Sandelholzöl * Ylang-Ylang-Öl

Obwohl diese Öle hauptsächlich beruhigend wirken, können einige von ihnen – vor allem Lavendelöl und Bergamotteöl – auch den Blutkreislauf und das Lymphsystem anregen.

DAS ANREGENDE BAD

Ein solches Bad eignet sich besonders, um morgens fit zu werden oder um sich abends frisch zu machen, wenn man ausgehen möchte. Lassen Sie ein relativ kühles Bad ein, und reiben Sie sich mit einem rauhen Waschlappen ab, um die Blutzirkulation anzuregen. Nach dem Bad sollten Sie sich so kalt wie möglich abwaschen: Stellen Sie sich dazu unter eine kühle Dusche, oder kühlen Sie Ihr Bad durch die Zugabe von kaltem Wasser immer weiter ab.

Nach dem Verlassen der Badewanne sollten Sie sich entweder mit einem Handtuch trockenschlagen, bis die Haut prickelt, oder sich kräftig trockenreiben.

Anregende Öle
Zypressenöl * Eukalyptusöl * Fenchelöl * Geraniumöl * Wacholderöl * Lavendelöl * Zitronenöl * Zitronengrasöl * Pfefferminzöl * Kiefernnadelöl * Rosmarinöl * Thymianöl

HEILBÄDER

Öle gegen Dermatitis
Kamillenöl * Ysopöl * Lavendelöl
Öle gegen Ekzeme
Kamillenöl * Geraniumöl * Ysopöl * Wacholderöl * Rosmarinöl * Myrrheöl
Öle gegen Schuppenflechte
Bergamotteöl * Kamillenöl * Lavendelöl
Öle gegen Arthritis/Rheumatismus
Kamillenöl * Eukalyptusöl * Wacholderöl * Lavendelöl * Rosmarinöl * Thymianöl

DUSCHBÄDER UND KALTE GÜSSE

Die belebenden Wasserstrahlen eines Duschbads sind eine Wohltat für den Kreislauf; doch auch hier müssen Sie nicht auf die wohltuende Wirkung ätherischer Öle verzichten. In den kalten Wintermonaten wird die menschliche Haut gern etwas müde, das Abrubbeln der Haut unterstützt die Zellregeneration und ermöglicht eine raschere Absorption von Feuchtigkeitsspendern. Eine Dusche ist der ideale Platz, um sich mit einem Waschhandschuh, einem Lufa-Schwamm und nassem Salz oder einer Rubbelcreme die abgestorbenen Hautpartikel abzurubbeln und die Haut zu glätten. Da ein trockener Waschhandschuh oder Schwamm für die meisten Hauttypen zu grob ist, sollte man ihn erst in warmem Wasser einweichen. Problemzonen wie Hüfte oder Oberschenkel lassen sich am besten pflegen, indem man dort mit einer weichen Babybürste und sanfter Massage die Blutzirkulation anregt. Nach der Dusche sollten Waschhandschuhe und Bürsten immer ausgewaschen und aufgehängt werden, um für die nächste Behandlung sauber und trocken zu sein.

Sie können auch unter der Dusche ätherische Öle verwenden: Benutzen Sie einfach eine Mischung aus belebenden Essenzen und Trägeröl, das Sie auf einen sauberen Waschlappen oder Schwamm geben, mit dem Sie dann den Körper während der Dusche in kreisförmigen Bewegungen abreiben. Um die Nebenhöhlen zu befreien und Erkältungen sowie Husten vorzubeugen, sollten Sie Ihre Brust mit einer Mischung aus Eukalyptus- und Pfefferminzöl abwaschen. Nach der eigentlichen Dusche regt ein kalter Guß den Kreislauf an und schließt die Poren der Haut.

Oben: Beginnen Sie Ihre Dusche oder Ihr Bad, indem Sie mit einem Waschhandschuh abgestorbene Hautpartikel abreiben. Dazu feuchten Sie die Innenseite des Handschuhs mit warmem Wasser oder glättenden Ölen wie Mandel- oder Nachtkerzenöl an. Konzentrieren Sie sich vor allem auf die Außenseiten der Oberschenkel und arbeiten Sie sich von den Knien in kreisförmigen Bewegungen bis über das Gesäß nach oben.

KÖRPERÖLE UND LOTIONEN

Feuchtigkeitsspendende Öle und Lotionen werden nach dem Bad oder Duschbad aufgetragen, um die Haut mit Nährstoffen zu versorgen und sie weich und geschmeidig zu halten. Mit steigendem Alter beginnt die Haut auszutrocknen, da die Talgdrüsen dann wesentlich weniger Hautfett produzieren als in der Jugend. Daher sollten Sie den ganzen Körper mit einem Körperöl einreiben: Beginnen Sie an den Füßen, und arbeiten Sie sich hoch bis zum Hals. Verzichten Sie auf Talkumpuder, weil es die Poren verstopft und Ihre Haut noch weiter austrocknen läßt.

KÖRPERÖLREZEPT

Körperöle werden von einer warmen, feuchten Hautoberfläche besonders schnell aufgenommen. Um ihre Wirkung zu erhöhen und zu verlängern, vermischen Sie drei ätherische Badeöle Ihrer Wahl – zu je fünf Tropfen – mit zwei Eßlöffeln Trägeröl. Falls Sie eine größere Menge Körperöl herstellen wollen, sollte der Anteil von ätherischem Öl nicht mehr als drei Prozent betragen.

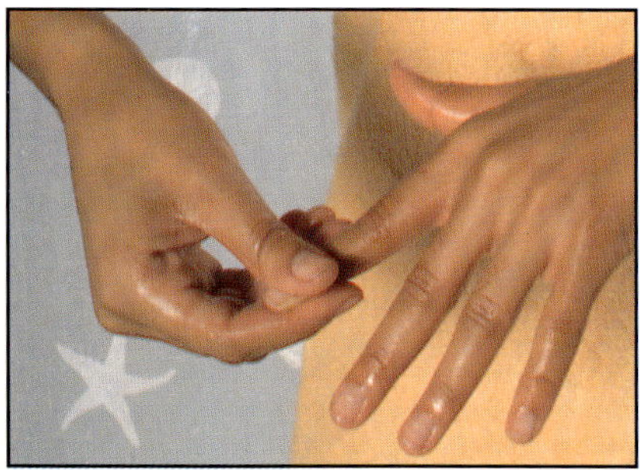

Oben: Mit dieser einfachen Übung können Sie Ihre Hände und Finger pflegen. Spreizen Sie die Finger, und strecken Sie sie möglichst gerade; dann massieren Sie jeden Finger mit etwas Öl, von der Spitze der Nägel über die Nagelhaut bis hin zu den Fingerknöcheln.

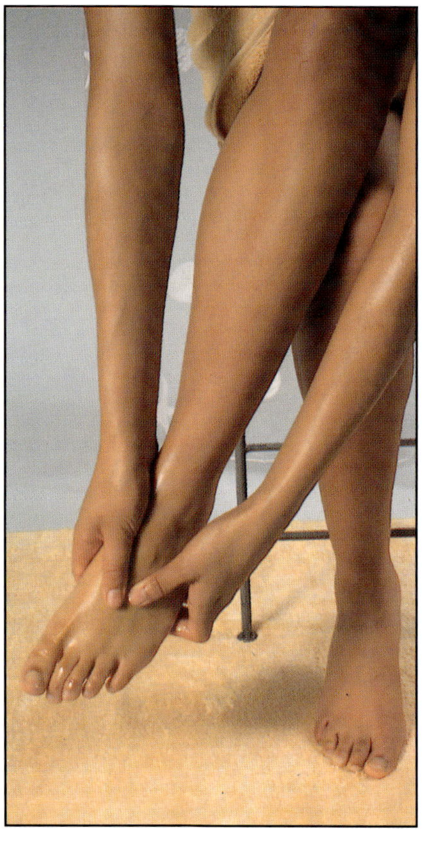

Rechts: Rauhe Füße sollten Sie nach dem Bad zunächst zwischen den Zehen massieren. Anschließend gehen Sie zu den rauheren Haut- und Fersenbereichen über. Zum Schluß streichen Sie mit fließenden Bewegungen über die Füße, um die Blutzirkulation anzuregen.

PROBLEMZONEN

Hände und Nägel sind durch die täglichen Haushaltsarbeiten besonders starken Belastungen ausgesetzt. Der richtige Zeitpunkt für eine Maniküre oder Pediküre ist direkt nach einem Bad, wenn Haut und Nägel besonders weich sind, so daß die Nagelbetten gründlich gereinigt und gebrochene Nägel problemlos geschnitten werden können.

Empfindliche oder rissige Nägel benötigen eine nährstoffreiche Pflege: Reiben Sie sie mit Aprikosenkern-, Weizenkeim- oder Jojobaöl ein oder mit einer beruhigenden, feuchtigkeitsspendenden Mischung aus Mandelöl und je fünf Tropfen Patschuli-, Lavendel- und Zitronenöl.

Füße werden häufig so lange vernachlässigt, bis sie zu schmerzen beginnen. Mit einem Bimsstein oder einer Handvoll feuchtem Salz können Sie zunächst die Hornhaut an der Fußsohle oder Ferse abschleifen. Wenn Sie im Bad sitzen, ziehen Sie ein Knie an und massieren die Füße von den Zehen über die Fersen bis zu den Waden, um die Blutzirkulation anzuregen und Ihre Füße zu entspannen. Nach dem Bad, dem Duschbad oder der Pediküre sollten Sie sie mit einem Körperöl einreiben.

Für ein deodorierendes, entspannendes Fußbad geben Sie je drei Tropfen Zypressen- und Lavendelöl in eine Schüssel mit Wasser. Frostbeulen können mit einer Mischung aus drei Tropfen Geraniumöl und je einem Tropfen Lavendel- und Rosmarinöl in einem Eßlöffel Mandelöl behandelt werden.

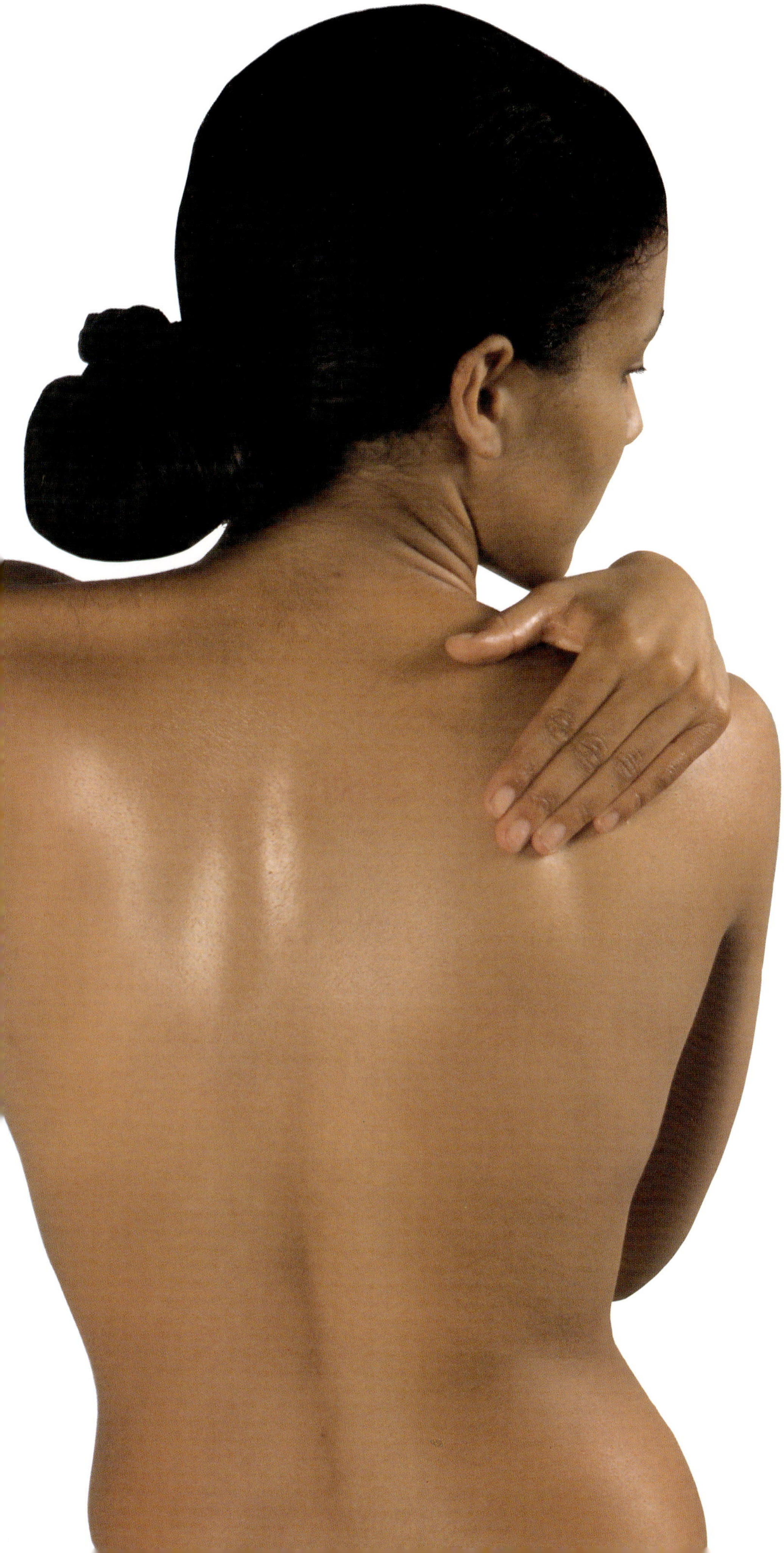

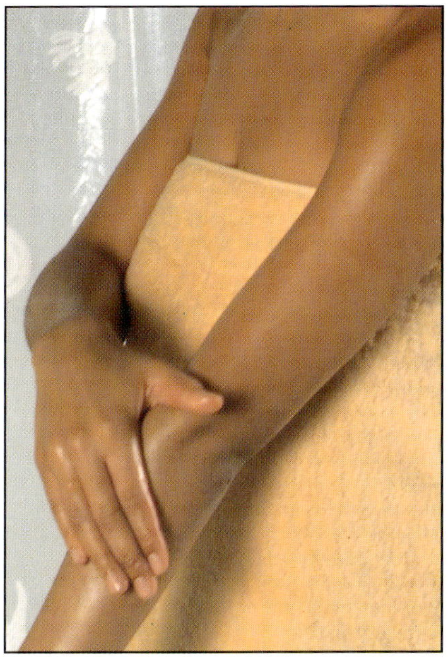

Oben: Tragen Sie das Körperöl mit sanften, aufwärts gerichteten Streichbewegungen auf Ihre Arme auf. Dabei sollten Sie sich vor allem auf die Ellbogen und Oberarme konzentrieren, da dort die Haut häufig besonders rauh und trocken ist.

Ellbogen sind häufig von einer harten Schutzschicht aus grauer, unansehnlicher Haut überzogen, die sich mit Mandelöl und Hafermehl gut glätten und aufweichen läßt. Vermischen Sie drei Eßlöffel Mandelöl mit drei Eßlöffeln feinem Hafermehl und verrühren Sie es mit frischer Milch oder Joghurt zu einer Paste. Mit dieser Paste reiben Sie nun die Ellbogen ein. Ein anderer, hervorragender »Ellbogenschoner« besteht aus einer halben Zitrone: Zunächst preßt man den Saft aus, dann drückt man die Ellbogen in die hohle Zitronenhälfte.

Links: Da Rücken, Hals und Schultern schwer zu erreichen sind, werden sie bei der Körperpflege oft vernachlässigt. Aber gerade diese Bereiche sind von besonderer Bedeutung für die körperliche Entspannung und sollten daher regelmäßig mit Nährstoffen versorgt werden. Reiben Sie sich also so weit wie möglich ein, oder bitten Sie Ihren Partner um Hilfe.

IM REICH DER SINNE

Schon die Babylonier kannten und schätzten die wundervolle Eigenschaft des Parfüms, romantische Gefühle zu erwecken. Und auch heute noch gelten Parfüms und Blumen als typische Geschenke für frisch Verliebte. Cleopatra inszenierte die Verführung des Marcus Antonius mit besonderer Sorgfalt: Sie ließ einen Teppich aus Rosenblütenblättern legen und sorgte für seltene und exotische Düfte in jeder Form – sogar die Segel ihrer Barke waren in Parfüm getränkt, damit der Wind den Duft weitertrug um von ihrer Ankunft zu künden.

Der Geruchssinn ist ein entscheidender Bestandteil unserer Sinnlichkeit. Pheromone, chemische Substanzen im menschlichen Schweiß, dienen als wichtiger Auslöser sexueller Anziehung. In der Pflanzenwelt erfüllt der Duft von Blüten und Pflanzen die Funktion der Pheromone und zieht nicht nur Vögel und Bienen, sondern auch Menschen unwiderstehlich an. Natürliche aromatische Pflanzenöle vermögen uns zu entspannen, unser Bewußtsein zu schärfen, unsere Sinne anzuregen und unseren Geist auf die Liebe einzustimmen.

DIE RICHTIGE ATMOSPHÄRE

Mit Duftkerzen oder einigen Tropfen ätherischen Öls in einer Duftlampe oder einem Lampenring erzeugen Sie eine ruhige, sinnliche Atmosphäre. Dämpfen Sie das Licht, und drehen Sie die Heizung höher.

Parfümieren Sie Ihre Bettwäsche, indem Sie drei Tropfen Ihres Lieblingsöls in den letzten Waschgang geben. Sie können aber auch einen Duftbeutelin Ihre Wäscheschublade legen oder Ihre Kopfkissen mit etwas Rosen- oder Jasminöl besprühen.

DEN KÖRPER EINSTIMMEN

Verwöhnen Sie sich selbst mit einem luxuriös duftenden Bad – oder teilen Sie dieses Vergnügen mit Ihrem Partner. Nach dem Bad bietet es sich an, den ganzen Körper mit einem verführerischen Körperöl zu parfümieren oder sich mit einer besonders wohlriechenden Mischung an den Handgelenken, an den Schläfen, hinter den Ohren und an den Knien zu betupfen. Dann legen Sie sich zurück und überlassen es Ihrem Partner, diese geheimen Duftstellen zu entdecken.

PARTNERMASSAGE

Manchmal muß man sich dazu zwingen, die täglichen Sorgen zu vergessen und die Sinne zu ihrem Recht kommen zu lassen. Die liebevollen Berührungen der Partnermassage sind dazu besonders geeignet; sie wirken entspannend und gleichzeitig erregend – eine umfassende körperliche Erfahrung.

Sie können zu diesem Zweck die bekannten einfachen Massagetechniken anwenden und sie um eine ausgiebige Effleurage am ganzen Körper erweitern, bei der angespannte Bereiche etwas fester massiert und die Oberfläche der Haut mit federleichten Strichen der Fingerspitzen angeregt werden. Vermeiden Sie aber alle Techniken der Lymphdrainage – sie sind mit Sicherheit unerotisch! Suchen Sie statt dessen nach den erogenen Zonen des Partners – wenden Sie sich beispielsweise den Ohren oder Füßen zu, den Innenseiten der Unterarme oder der Oberschenkel. Seien Sie zärtlich, verspielt und kreativ – und lassen Sie Ihrer Phantasie freien Lauf.

VERFÜHRERISCHE ÖLE

Die meisten aphrodisischen Öle lassen sich sehr gut kombinieren, aber Sie sollten dennoch nicht zu viele miteinander vermischen, da es zu Disharmonien kommen könnte, die die beabsichtigte Wirkung verfehlen.

Raffinesse ist der Schlüssel zur Kunst der Verführung.

- Muskatellersalbeiöl – süß, sinnlich und leicht berauschend; allerdings wirkt sich eine zu hohe Dosierung gegenteilig aus.
- Geraniumöl – ein kräftiger Blütenduft, der gleichzeitig entspannt und erregt.
- Jasminöl – dieser berauschende Blütenduft stärkt das Selbstvertrauen und schafft eine verschwenderische Atmosphäre.
- Neroliöl – frisch und süß; die stärkende Wirkung hilft gegen Schüchternheit und Hemmungen.
- Patschuliöl – schwer und exotisch; es wirkt in kleinen Mengen stimulierend und schärft die Sinne.
- Rosenöl – der typische Duft der Liebe. Kostbar und sehr intensiv.
- Sandelholzöl – holzig, süß und exotisch, mit einer würzigen Unternote.
- Ylang-Ylang-Öl – dieser dauerhafte Blütenduft schenkt ein Gefühl entspannten Wohlbefindens

Sie können natürlich auch warme und würzige exotische Düfte wie Pfeffer-, Ingwer-, Kardamom-, Zimt- oder Zedernholzöl verwenden – aber gehen Sie sparsam damit um, da sie sich leicht zu sehr in den Vordergrund drängen.

Am besten wählen Sie drei oder vier Duftnoten aus, und benutzen Sie sie in verschiedenen Kombinationen und Mischungen als Raumduft, im Bad und als Körper- oder Massageöl.

Mit einem Massageöl aus aphrodisischen Blüten- und Kräuteressenzen wecken Sie die Geruchs- und Tastsinne Ihres Partners. Geben Sie sich dem Zauber der berauschenden Düfte hin, und überlassen Sie sich Ihren Sinnen und Gefühlen.

ZARTER RAUMDUFT

Wenn wir einen Raum betreten, nehmen wir meist als erstes dessen Duft wahr – ob er angenehm ist oder abstoßend. Da sich dieser Sinneseindruck natürlich besonders stark auf unser Gefühl auswirkt, hat die Verwendung von Duftspendern – zur Freude der Sinne oder zum Überspielen übler Gerüche – eine lange Tradition. Die Chinesen pflegten schon vor Jahrhunderten kleine Kugeln aus Jasminblüten über die Betten zu hängen, die die Luft reinigten und schöne Träume schenken sollten, während man den Gästen beim Abschied von einem Bankett kleine Jasminsträußchen als Erfrischung reichte.

Zu den besonderen Vorlieben in viktorianischer Zeit zählten dagegen Lavendelsäckchen in den Schubladen und Schüsseln mit Potpourris, die einen Raum mit ihrem Duft erfüllten.

BÜRO- UND ARBEITSRÄUME

Häufig zeichnen sich Arbeitsplätze durch unangenehme Gerüche aus; ein Großraumbüro läßt sich jedoch nicht ohne weiteres mit einer aromatischen Duftnote verschönern. Die individuellste Methode, seinen persönlichen Duft zu genießen, besteht darin, einige Tropfen ätherischer Öle auf ein Taschentuch zu geben, um sie zu inhalieren. Sie können aber auch in Ihrer unmittelbaren Umgebung für einen angenehmen Duft sorgen, indem Sie einige Tropfen Öl in eine

Tasse heißes Wasser geben und auf Ihrem Schreibtisch aufstellen.

Für den Arbeitsplatz besonders geeignet sind Basilikumöl, Rosmarinöl, Bergamotteöl, Zitronenöl und Melissenöl. Bergamotte- und Zitronenöl besitzen eine antiseptische Wirkung, Zitronenöl steigert zudem auch noch die Leistungsfähigkeit. Basilikumöl macht einen müden Kopf wieder munter, Rosmarinöl ist eine hervorragende Konzentrationshilfe. Darüber hinaus lassen sich mit diesem Öl auch Kopfschmerzen bekämpfen.

Wenn Sie sich überarbeitet fühlen, sollten Sie Muskatellersalbeiöl oder Wacholderöl verwenden, aber denken Sie bei der Dosierung daran, daß ein Übermaß eher schläfrig macht.

WOHNRÄUME

Es gibt viele verschiedene Möglichkeiten, mit denen man einem Raum einen angenehmen Wohlgeruch verleihen kann. Zur Vorbeugung von Erkrankungen eignen sich am besten die Methoden, bei denen das ätherische Öl nur langsam verdunstet – zum Beispiel bei Duftlampen, mit Wasser gefüllten Schalen, Lampenringen und Raumsprays. Aber auch unangenehme Gerüche wie Zigarettenqualm und Kochdünste lassen sich auf diese Weise überdecken. Eine zartere, geheimnisvollere Duftnote erzielen Sie mit selbst zusammengestellten Potpourri-Mischungen und Pomandern.

Rosen-, Geranium-, Orangen- und Lavendelöl erzeugen – sowohl einzeln als auch miteinander kombiniert – einen angenehmen, belebenden Raumduft, während Sandelholz- oder Patschuliöl eine exotische, intime Stimmung schaffen. Wenn Sie sich vor dem Schlafengehen gerne ein wenig entspannen möchten, sollten Sie Geranium-, Lavendel-, Sandelholz- oder Ylang-Ylang-Öl verwenden.

PARTYRÄUME

Muskatellersalbei- oder Jasminöl schaffen eine berauschende, »stimmungsvolle« Atmosphäre für Feste und Feiern, während Orangen-, Zitronengras- oder Neroliöl Ihren Räumen eine leichtere, frische Atmosphäre verleihen.

Eine sehr festliche Note können Sie mit einer Mischung verschiedener würziger Essenzen erzielen – wie etwa Weihrauch-, Zedernholz-, Sandelholz-, Zimt- oder Orangenöl.

SCHLAFZIMMER

Ihr Schlafzimmer können Sie kurz vor dem Schlafengehen mit ätherischen Ölen entweder auf eine ruhige Nacht und erholsamen Schlaf ausrichten oder in ein Liebesnest verwandeln. Rosen-, Neroli- und Lavendelöl sind sehr vielseitig einsetzbar. Lavendelöl läßt auch schlecht gelüftete Gästezimmer wieder frisch und einladend duften.

INSEKTENSCHUTZMITTEL

Geben Sie einige Tropfen Teebaum-, Eukalyptus-, Zitronenmelissen- oder Zitronengrasöl *(Cymbopogon citratus* und *C. flexuosus)* in eine Duftlampe, um Mücken und andere Insekten fernzuhalten.

DESINFEKTION

Die verdunsteten Moleküle aller ätherische Öle sind in der Lage, in der Luft vorhandene Bakterien zu bekämpfen. Aber einige Essenzen – wie etwa Teebaum-, Bergamotte-, Zitronen-, Kiefernnadel- und Lavendelöl – zeichnen sich durch ihre besondere antiseptische Wirkung aus, die Sie mit Hilfe eines Raumsprays oder einer Duftlampe nutzen sollten. Darüber hinaus eignen sich Kiefernnadel-, Zitronen- und Teebaumöl zum Desinfizieren von Arbeitsflächen in der Küche oder im Bad (das Öl auf einen feuchten Lappen geben).

POTPOURRI

Zur Herstellung eines Potpourris benötigen Sie getrocknete Blüten, Blütenblätter, Kräuter, Blätter und andere Pflanzenteile. Die Mengen und Mischungsverhältnisse sind nicht genau festgelegt, aber Sie können sich an den folgenden Mengenangaben orientieren. Eine angenehm duftende Potpourri-Mischung erzielen Sie mit zwei oder drei Eßlöffeln gemahlene Gewürze, zwei Eßlöffeln Veilchenwurzelpulver, zwei Teelöffeln getrocknete Zitronen-, Orangen- oder Limonenschale und sechs Tropfen ätherisches Öl auf etwa vier Tassen getrocknetes Pflanzenmaterial.

Falls der Duft Ihres Potpourris mit der Zeit nachläßt, streuen Sie einfach getrocknete Blüten wie Zwergrosenknospen, Heiligenkrautblüten oder Gänsefingerkraut darüber.

Bauerngarten-Mischung
1 Tasse getrocknete Lavendelblüten
1 Tasse getrocknete Rosenblütenblätter
1 Tasse getrocknete Nelken *(Dianthus)*
1 Tasse getrocknete Pelargonienblätter
1 Eßlöffel (15 g) Zimtpulver
2 Teelöffel (10 g) gemahlenes Piment
1 Teelöffel (5 g) getrocknete und geriebene Zitronenschale
2 Eßlöffel (30 g) Veilchenwurzelpulver
3 Tropfen Rosenöl
3 Tropfen Geraniumöl
Die Zutaten in einem Behälter mischen und den verschlossenen Behälter etwa sechs Wochen lang ruhen lassen. Damit sich die Düfte gleichmäßig verteilen, sollte die Mischung täglich umgerührt werden.

Wald-Mischung
1 Tasse Lindensamen
1 Tasse Zedernrindenstückchen
1 Tasse Sandelholzspäne
1 Tasse kleine Tannenzapfen
1 Eßlöffel (15 g) Gewürznelken
1 Eßlöffel (15 g) Sternanis
1 Zimtstange, in kleine Stücke zerbrochen
2 Eßlöffel (30 g) Veilchenwurzelpulver
4 Tropfen Sandelholzöl
2 Tropfen Zimtöl
Die Zutaten in einem Behälter mischen und den verschlossenen Behälter etwa sechs Wochen lang ruhen lassen. Täglich umrühren.

Zutaten für ein Potpourri. Von links: Getrockneter Rosmarin, Lavendel, Lorbeerblätter, Veilchenwurzelpulver, getrocknete Rosmarinblätter, eine Auswahl ätherischer Öle, Zimtpulver, getrocknete Chilischoten und Zimtstangen, Gewürznelken, eine Mischung getrockneter Blüten, Zitronen und Limonen. Die getrocknete Schale der Zitrusfrüchte wird für die würzige Mischung gehackt oder gemahlen.

Der Stress-Faktor

Streß kann stimulierend, herausfordernd und motivierend sein, aber wenn die Belastungen und der Druck zu groß werden, stellt sich bald das Gefühl ein, den Anforderungen nicht mehr gewachsen zu sein. Eine Zeitlang versucht man den Streß und die körperlichen Anzeichen wie Erschöpfung, Schlaflosigkeit und Kopfschmerzen zu ignorieren. Aber wenn weder die Symptome noch die Ursachen bekämpft werden, können sie sich negativ auf unsere Gesundheit auswirken. Sie können sogar zu ernsthaften Erkrankungen wie Magengeschwüren, Herzinfarkten oder tiefen Depressionen führen. Gehen Sie die Ursachen frühzeitig an, bevor sie wie eine Lawine über Ihnen zusammenbrechen. Streßbewältigung erfordert eine positive Strategie, bei der Sie lernen, mit den Belastungen umzugehen und wieder voll Freude und Zuversicht in die Zukunft zu blicken.

Die Aromatherapie ist ein hervorragendes Gegenmittel für viele streßbedingte Probleme, da sie auf die beruhigende, entspannende und belebende Heilkraft der ätherischen Öle vertraut und somit eine natürliche und wirkungsvolle Alternative zu Beruhigungsmitteln, Antidepressiva und anderen Medikamenten darstellt. Die ätherischen Öle tragen zur Entspannung des überreizten Nervensystems bei und stabilisieren das psychische Gleichgewicht, so daß Sie sich erfrischt und aktiv wieder Ihren Aufgaben widmen können.

Nervöse Anspannungen

Beklemmungen und Angstzustände können eine kräftezehrende Reaktion auf Druck und Überlastung sein – unabhängig davon, ob es sich dabei nur um eine vorübergehende nervliche Überforderung handelt (ausgelöst zum Beispiel durch eine bevorstehende Prüfung) oder um länger anhaltende ernsthafte Probleme. Streß hindert Sie daran, das Problem in den Griff zu bekommen, wodurch Sie sich natürlich noch gereizter fühlen. Wenn die ätherischen Öle über die Atemwege inhaliert werden, stimulieren sie das limbische System im Gehirn, das für die Gefühlssphäre – unsere Empfindungen von Wohlbehagen bis Unzufriedenheit – verantwortlich ist. Auf diese Weise können die aromatischen Essenzen ein emotionales Gleichgewicht schaffen, noch bevor sich eine niedergeschlagene Stimmung in tiefe und langanhaltende Depressionen verwandelt.

Zeitweilige nervöse Anspannungen machen sich auch auf der Haut bemerkbar und können zu Ausschlag führen. Daher sollten Sie besonders auf Ihre Ernährung achten und viel Vitamin C und E sowie Vitamine der B-Gruppe zu sich nehmen.

Mit einer Kombination der folgenden beruhigenden sowie belebenden Essenzen lassen sich Beklemmungen und Angstzustände lindern:

Basilikumöl (belebend) * Bergamotteöl (belebend) * Geraniumöl (entspannend) * Lavendelöl (besänftigend) * Neroliöl (beruhigend) * Sandelholzöl (beruhigend)

Sie können diese ätherischen Öle sowohl einzeln verwenden als auch miteinander kombinieren, zum Beispiel zwei entspannende Öle mit einer belebenden Essenz mischen: Basilikum-, Neroli- und Lavendelöl harmonieren sehr gut miteinander. Die einmal gefundene Mischung und das Mengenverhältnis der ätherischen Öle untereinander sollten Sie sowohl für das Badeöl als auch für das Körperöl beibehalten: Geben Sie je fünf Tropfen der drei Ölsorten auf einen Eßlöffel Trägersubstanz für ein Badeöl bzw. auf zwei Eßlöffel Trägersubstanz für ein Körperöl. Darüber hinaus lassen sich die aromatischen Essenzen auch in Lampenringen und Duftlampen verwenden.

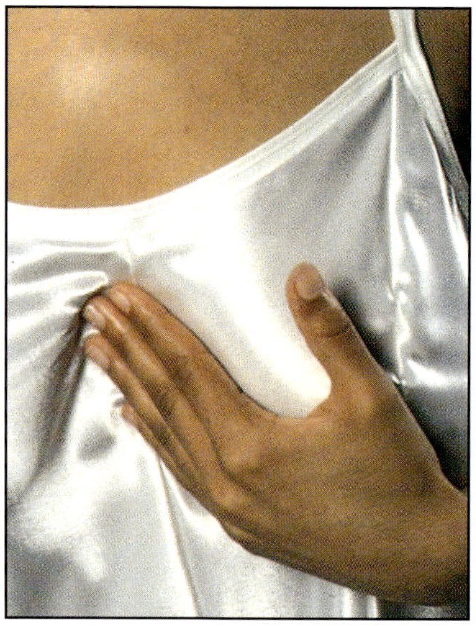

SOLARPLEXUS-MASSAGE

Diese Massage löst hervorragend Spannungen, indem sie die durch diese Körperregion verlaufenden Hauptnervenbahnen beruhigt. Streichen Sie mit der linken Hand besänftigend und gegen den Uhrzeigersinn über dieses Nervengeflecht, das sich direkt unter dem Brustbein befindet. Schließen Sie dabei die Augen, und versuchen Sie, sich völlig zu entspannen. Diese Massage kann auch durch die Kleidung hindurch ausgeführt werden; allerdings ist sie sehr viel effektiver, wenn sie auf der nackten Haut mit einem entspannenden Öl wie etwa Lavendel- oder Geraniumöl ausgeführt wird.

Erschöpfung

Hierbei handelt es sich um eine vorübergehende Auswirkung von Streß, die sich dennoch sehr stark auf das Körpersystem auswirken kann und daher sofort behandelt werden sollte.

Kamillenöl (beruhigend) * Rosmarinöl (stimulierend) * Zitronenmelissenöl (Antidepressivum) * Neroliöl (löst Spannungen) * Pfefferminzöl (belebend und schmerzstillend)

Verwenden Sie möglichst nur zwei ätherische Öle – sowohl Kamillenöl als auch Melissenöl harmonieren sehr schön mit Neroliöl, während Pfefferminzöl gut zu Melissenöl paßt – geben Sie insgesamt sechs Tropfen ätherisches Öl auf $1^1/_2$ Eßlöffel Trägersubstanz. Rosmarinöl erfordert eine niedrigere Dosierung. Nehmen Sie höchstens vier Tropfen, die Sie aber auch als Sofortmaßnahme auf ein Taschentuch geben und inhalieren können.

Kopfschmerzen

Sehr viele Menschen leiden unter Kopfschmerzen, die häufig auch zu den ersten Streß-Symptomen zählen. Kalte Stirnkompressen mit Lavendel- oder Geraniumöl schenken sofortige Linderung: Geben Sie fünf Tropfen einer Essenz in eine kleine Schale mit kaltem oder warmem Wasser. Dann tauchen Sie ein Baumwolltuch in das Wasser, wringen es aus und legen es über die Stirn. Kopfschmerzen, die von Verspannungen im Nacken herrühren, lassen sich mit einer Nackenkompresse und Sandelholzöl behandeln. Sie können aber auch auf eine entspannende Kopfhautmassage oder die Shiatsu-Anleitung gegen Kopfschmerzen zurückgreifen.

Niedergeschlagenheit

Wir alle leiden hin und wieder unter depressiven Phasen, wenn finanzielle, persönliche oder berufliche Probleme sich wie dunkle Wolken über uns zusammenbrauen. Aber langanhaltende Niedergeschlagenheit, deren Ursachen nicht beseitigt werden, können das Immunsystem schwächen und in einen Teufelskreis aus einem sich stetig verschlimmernden physischen und psychischen Ungleichgewicht führen. In diesen Fällen bewirken ätherische Öle Wunder.

Belebende Öle
Bergamotteöl * Zypressenöl * Zitronengrasöl * Rosmarinöl * Salbeiöl

Beruhigende Öle
Kamillenöl * Geraniumöl * Jasminöl * Lavendelöl * Majoranöl * Neroliöl * Patschuliöl * Rosenöl * Sandelholzöl * Ylang-Ylang-Öl

Beginnen Sie die Behandlung zunächst mit drei beruhigenden Ölen, von denen Sie im Laufe der Zeit erst eines gegen ein stimulierendes Öl austauschen, später sogar zwei. Geranium-, Lavendel- und Bergamotteöl harmonieren beispielsweise sehr gut miteinander. Verwenden Sie Ihre Mischung sowohl als Zutat für ein Badeöl als auch für ein Körperöl.

Aber beachten Sie, daß eine depressive Stimmung sich in der Regel nicht besonders leicht oder schnell beheben läßt; bei langanhaltenden Depressionen sollten Sie unbedingt einen Arzt oder Psychotherapeuten aufsuchen.

Geistige Erschöpfungszustände

Wenn Sie das Gefühl haben, im nächsten Moment zusammenzubrechen, oder sich auf nichts mehr konzentrieren können, weil Ihnen die Probleme über den Kopf zu wachsen scheinen, sollten Sie auf die Warnsignale Ihres Körpers hören. Nehmen Sie sich etwas Zeit zum Entspannen (ein Bad mit einem der beruhigenden ätherischen Öle, die gegen Depressionen helfen), klären Sie Ihre Gedanken während eines langen Spaziergangs oder mit speziellen Atemübungen, und tanken Sie mit Hilfe belebender Essenzen wie Eukalyptus- oder Pfefferminzöl neue Kraft. Falls Sie sich wirklich keine Pause gönnen können, hilft Rosmarinöl: Es fördert die Konzentration und wirkt anregend auf den Körper, so daß Sie in der Lage sind, Ihre Arbeit fortzusetzen.

Schlaflosigkeit

Schlafstörungen sind oft ein Anzeichen für Überlastung und Streß. Weder Geist noch Körper können am Abend abschalten und verweigern Ihnen die wohlverdiente Ruhe. Achten Sie auf eine gesunde Ernährung, regelmäßige Bewegung, und führen Sie am Abend Entspannungsübungen durch. Trinken Sie vor dem Schlafengehen ein Glas Milch oder ein anderes Milchgetränk oder eine Tasse Kräutertee; oder nutzen Sie die beruhigende Wirkung der folgenden Öle, von denen Sie bis zu drei für ein entspannendes Bad oder eine Massage kombinieren dürfen:

Kamillenöl * Zedernholzöl * Weihrauchöl * Ysopöl * Lavendelöl * Majoranöl * Melissenöl * Neroliöl * Orangenöl * Patschuliöl * Rosenöl * Salbeiöl * Sandelholzöl * Ylang-Ylang-Öl

Auch im Schlafzimmer können aromatische Öle einen erholsamen Schlaf begünstigen: Einige Tropfen Weihrauchöl in einer Duftlampe wirken wärmend, entspannend und sehr beruhigend. Nutzen Sie auch die besänftigende Heilkraft des Lavendelöls, indem Sie zwei Tropfen auf den Rand ihres Kopfkissens tupfen.

HILFE BEI KOPFSCHMERZEN

Kopfschmerzen und Migräneanfälle sind typische Anzeichen für eine Überlastung. Mit Hilfe dieser einfachen Shiatsu-Technik, die man schnell und überall durchführen kann, lassen sich Spannungen lösen, Schmerzen lindern, und der Kopf wird wieder frei. Natürlich können Sie einige der Schritte selbst anwenden, sehr viel angenehmer ist es allerdings, sich massieren zu lassen.

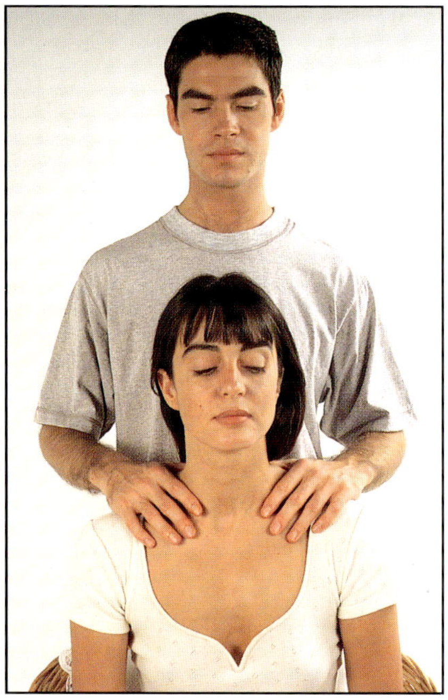

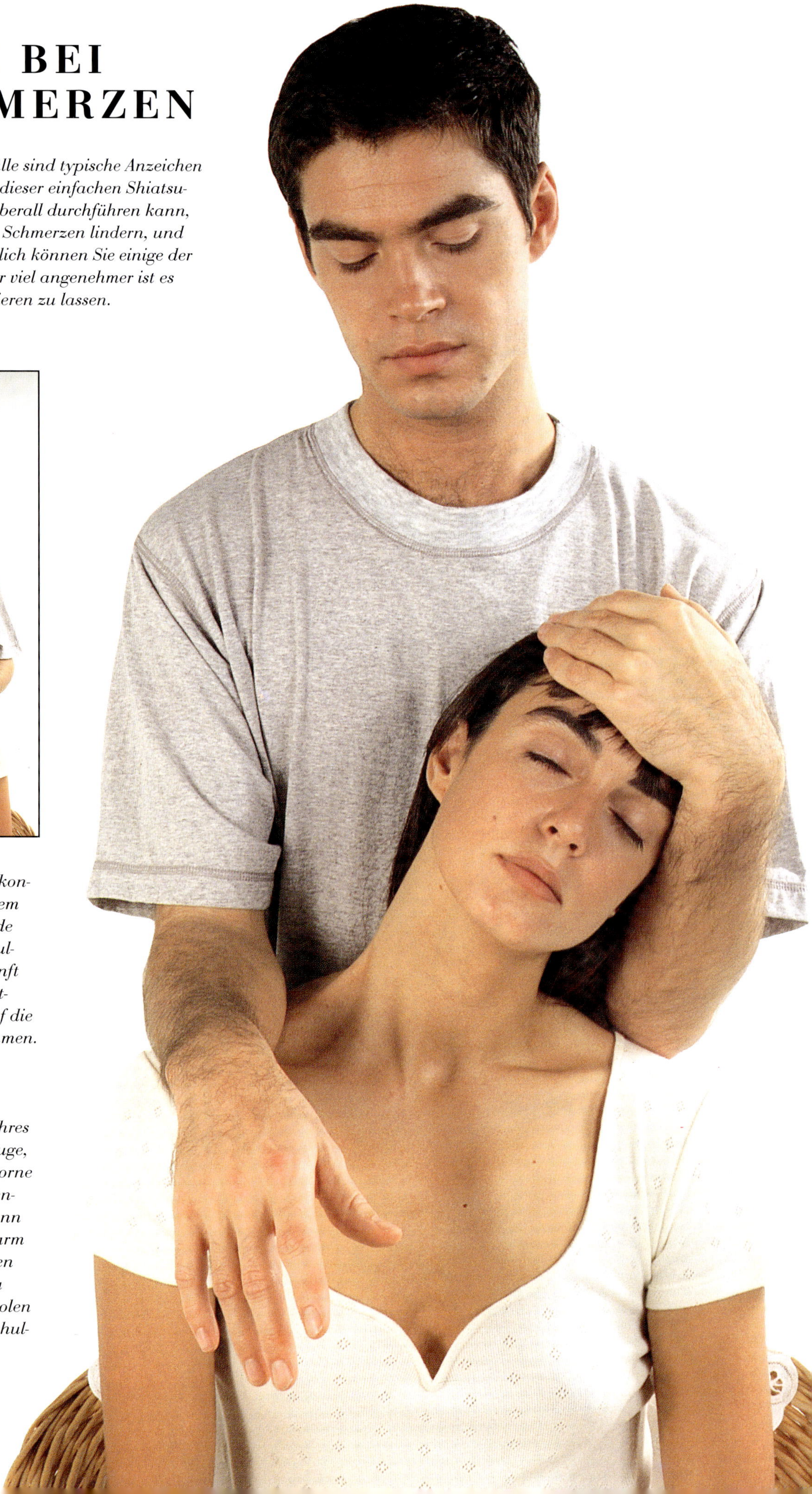

1 *Stellen Sie den ersten Körperkontakt zwischen Ihnen und Ihrem Partner her, indem Sie beide Hände locker am Halsansatz auf die Schultern legen. Dann massieren Sie sanft die Schultern; Ihr Partner wird entspannter atmen und kann sich auf die folgende Massage innerlich einstimmen.*

2 *Rechts: Legen Sie den Kopf Ihres Partners in Ihre linke Armbeuge, wobei Ihre Hand den Kopf nach vorne hin abstützt, damit sich die Nackenmuskulatur entspannen kann. Dann plazieren Sie Ihren rechten Unterarm auf die rechte Schulter und drücken die Schultermuskulatur sanft etwa 5–10 Sekunden herunter. Wiederholen Sie diesen Griff an der anderen Schulter.*

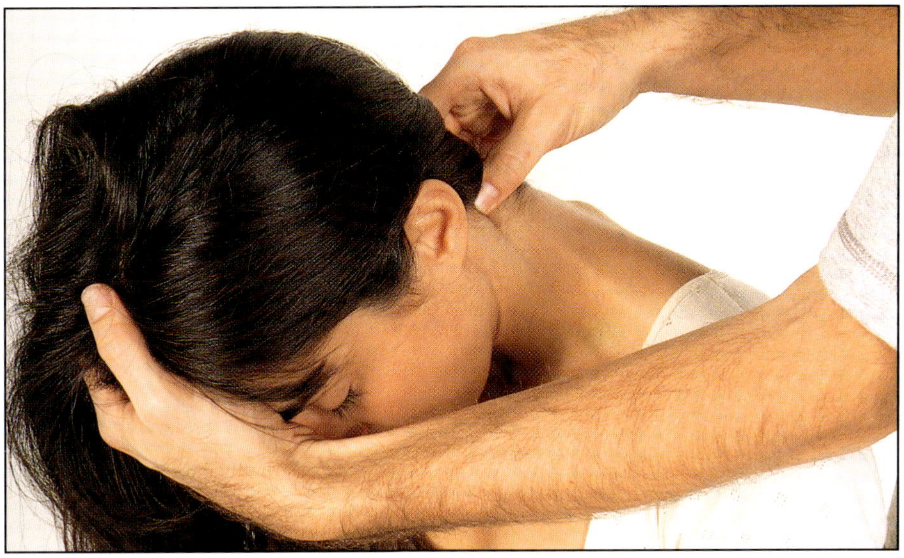

3 Stützen Sie den Kopf mit Ihrer linken Hand, und massieren Sie den gesamten Bereich vom Nacken bis zum Genick mit sanftem Druck zwischen Daumen und Zeigefinger. Halten Sie den Druck am Genick etwa 5 Sekunden, um die hier bestehenden Verspannungen abzubauen.

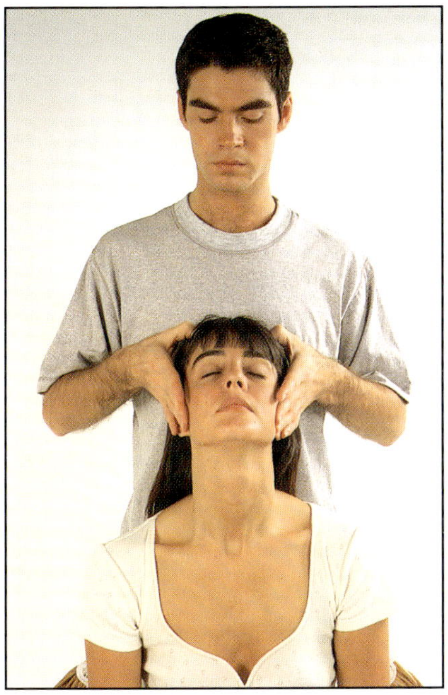

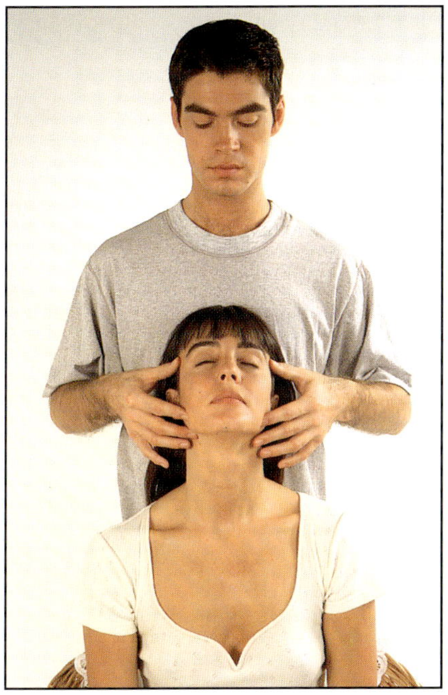

4 Lehnen Sie den Kopf Ihres Partners gegen Ihre Brust. Dann legen Sie Ihre Daumen auf seine Schläfen, während Ihre Hände sanft die Wangen locker umfassen. Massieren Sie die Schläfen durch kleine, nach vorne gerichtete, kreisförmige Bewegungen der Daumen.

5 Direkt oberhalb der inneren Augenwinkel befinden sich zwei Shiatsu-Druckpunkte, die Sie nun mit den Mittelfingern durch sanften Druck etwa 5 Sekunden lang stimulieren, um die Kopfschmerzen zu lindern.

6 Legen Sie anschließend Ihre Daumen kurz oberhalb des Haaransatzes auf beide Seiten des Kopfes – mit einem Abstand von etwa 5 cm –, während Ihre Handflächen die Wangen sanft umfassen. Ziehen Sie die Daumen mit sanftem, gleichmäßigem Druck über die Kopfmitte nach hinten. Mit dieser einfühlsamen, belebenden Massagebewegung endet die Shiatsu-Behandlung.

Im allgemeinen hilft eine Shiatsu-Massage sehr gut gegen Streß-Symptome und Kopfschmerzen. Bei hartnäckigen Problemen empfiehlt es sich jedoch, einen Arzt zu Rate zu ziehen. Diese Massage darf nicht während der Schwangerschaft durchgeführt werden.

ENTSPANNUNGSTECHNIKEN

Entspannungsübungen sind für die Erhaltung der Gesundheit von entscheidender Bedeutung. Zusammen mit einer ausgewogenen Ernährung, ausreichender Bewegung und einer positiven Lebenseinstellung stabilisieren die Entspannungsübungen das verlorengegangene körperliche und emotionale Gleichgewicht und helfen Ihnen auch durch streßreiche und sorgenvolle Zeiten.

Sport hilft beim Abbau von Streß. Je besser Ihre Kondition, desto besser können Körper und Geist mit Streßsituationen umgehen. Und wenn Sie Dampf ablassen können, ohne dabei die Beherrschung zu verlieren, kann dies nur von Vorteil sein: Ein ehrgeizig gespieltes Tennis- oder Squashmatch oder ein ausgedehnter Spaziergang können angestaute Spannungen abbauen. Manchmal verlangt der Körper während einer Phase emotionaler Belastungen nach Nahrungsmitteln wie etwa Schokolade, Kuchen und Eiscreme oder nach Stimulanzien wie Koffein und Nikotin. Widerstehen Sie der Versuchung, und stimulieren Sie Ihren Geist lieber durch eine hohe Zufuhr von Vitamin C (in frischem Gemüse und Obst, insbesondere in Zitrusfrüchten, Beeren und tropischen Früchten) und Vitaminen der B-Gruppe.

GANZKÖRPER-ENTSPANNUNG

Legen Sie sich entspannt und flach auf den Boden; die Handflächen sollten nach oben zeigen. Entspannen Sie sich, und schließen Sie die Augen. Atmen Sie tief ein, und erlauben Sie Ihrem Körper, in den Boden »einzusinken«. Dann atmen Sie langsam aus. Konzentrieren Sie sich auf Ihre Atmung; hören Sie, wie Ihr Atem ein- und ausfließt, und beruhigen Sie sich über eine ruhige und tiefe Bauchatmung.

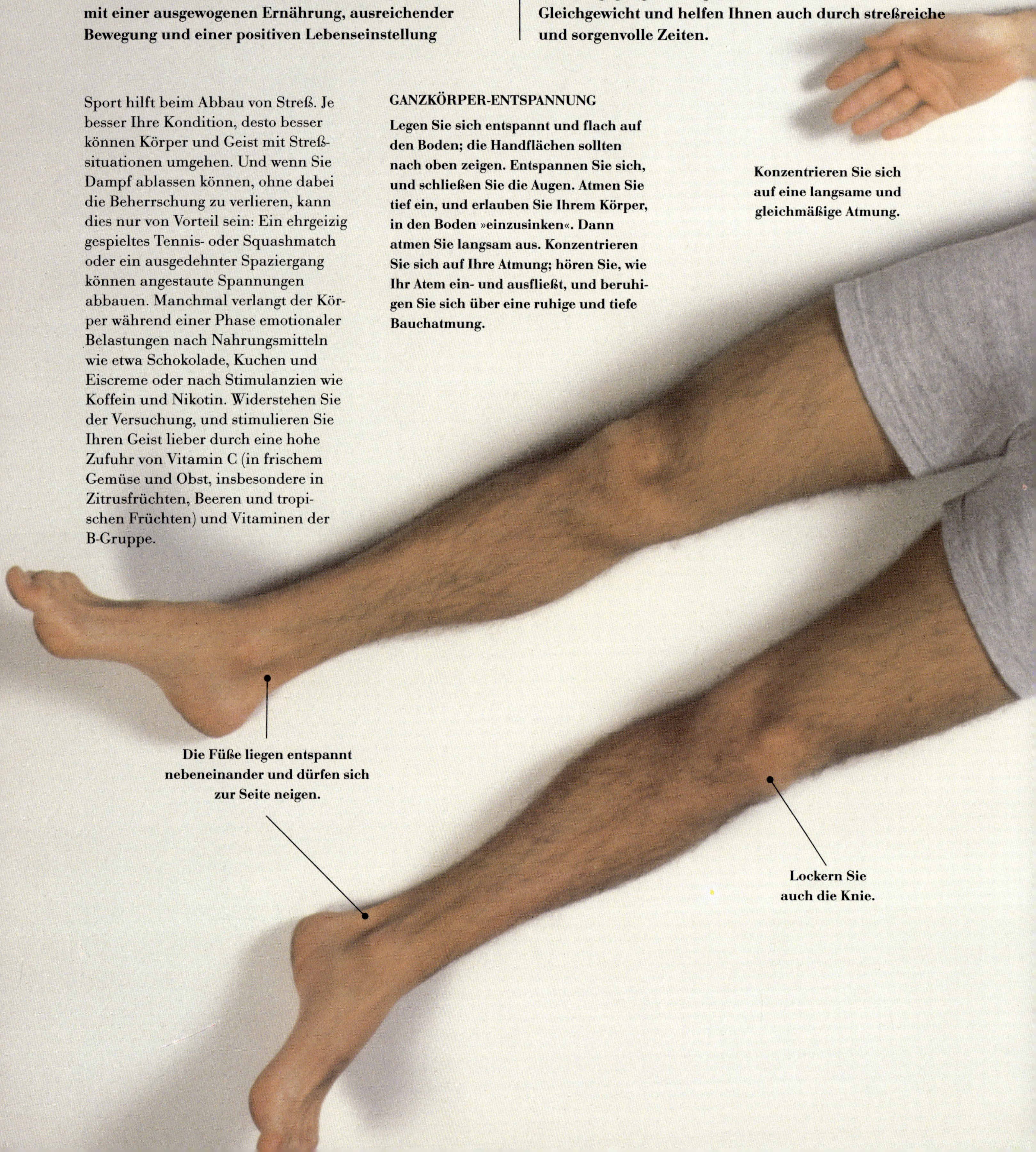

Konzentrieren Sie sich auf eine langsame und gleichmäßige Atmung.

Die Füße liegen entspannt nebeneinander und dürfen sich zur Seite neigen.

Lockern Sie auch die Knie.

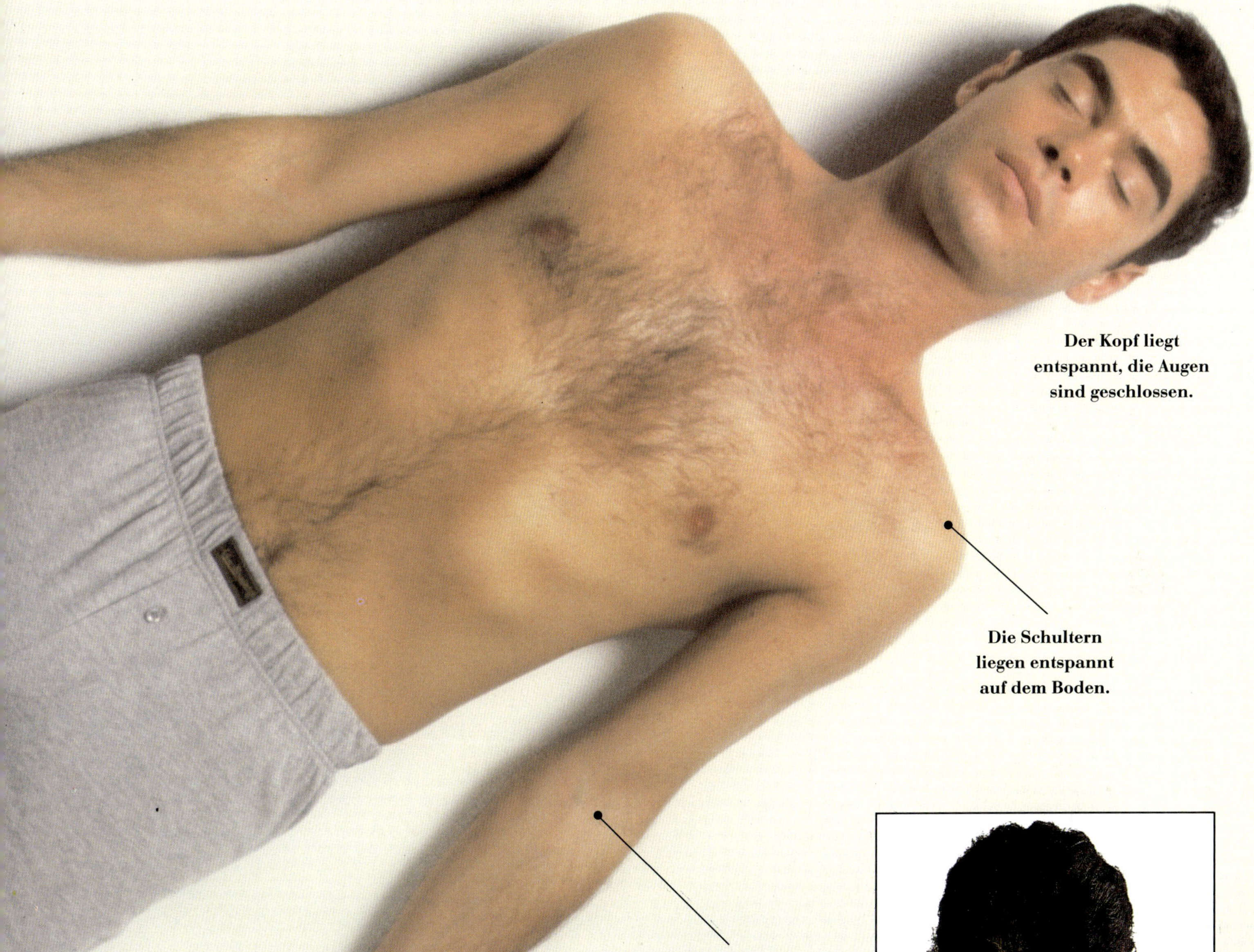

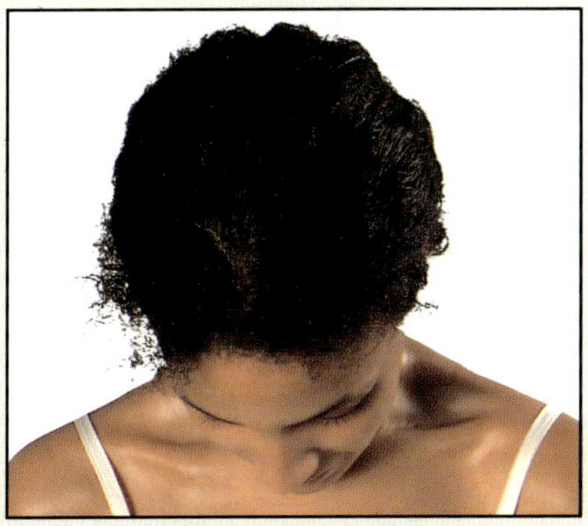

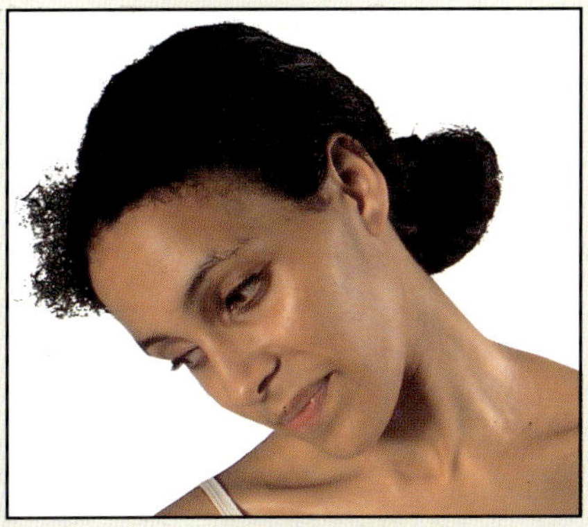

KOPFKREISEN

Spannungen im Kopf-, Schulter- und Nackenbereich können mit dieser einfachen Übung abgebaut werden. Zunächst neigen Sie den Kopf nach vorne, so daß Ihr Kinn auf der Brust ruht, lassen Sie nun den Kopf langsam zur rechten Schulter kreisen, und heben Sie dann das Kinn. Nun senken Sie den Kopf erneut bis zur Brustmitte und kreisen dann weiter bis zur linken Schulter. Wiederholen Sie die Abfolge fünfmal.

SHIATSU

Die Ursprünge des Shiatsu liegen über 5000 Jahre zurück und lassen sich bis zu den antiken chinesischen Therapien der Akupunktur und Akupressur zurückverfolgen. Beim heutigen Shiatsu handelt es sich um eine moderne japanische Heilmethode, in der traditionelle östliche Heilpraktiken mit der westlichen Form der Chiropraktik vereint sind. Shiatsu bedeutet wörtlich übersetzt »Fingerdruck« – *Shi* (Finger) und *Atsu* (Druck) –, aber auch Ellbogen, Knie und Füße werden benutzt, um das Netz der Meridiane und Druckpunkte im menschlichen Körper zu bearbeiten und Blockierungen des Energiestroms aufzuheben. Beim Shiatsu handelt es sich um eine ganzheitliche Methode, die Schmerzen lindert und den Körper bei guter Gesundheit halten soll.

SHIATSU-MERIDIANE

Shiatsu ist eine Heilmethode, die mit gleichmäßigem Druck arbeitet, der an bestimmten Stellen und Linien des menschlichen Körpers ausgeübt wird. Diese Linien, auf denen ein Großteil der Druckpunkte zu finden sind, werden »Meridiane« genannt und als »Kanäle magnetischer Lebensenergie« definiert. Sie ziehen sich durch den gesamten Körper und verbinden die lebenswichtigen Organe miteinander. In ihnen fließt die Lebensenergie des Menschen (»Ki«), und die Gleichmäßigkeit sowie die Qualität dieses Energiestroms bestimmen unser geistiges, emotionales und physisches Befinden.

Ein Ungleichgewicht im Fluß der Lebensenergie kann sich in Form von Rücken- und Kopfschmerzen oder vielen anderen Beschwerden äußern. Durch geschickte Stimulation entlang der Meridiane ist ein erfahrener Therapeut in der Lage, besonders viel Energie an einem bestimmten Punkt des Körpers zusammenfließen zu lassen oder Energiestaus an anderen Punkten zu lösen, so daß der Körper des Patienten sein Gleichgewicht wiederfindet.

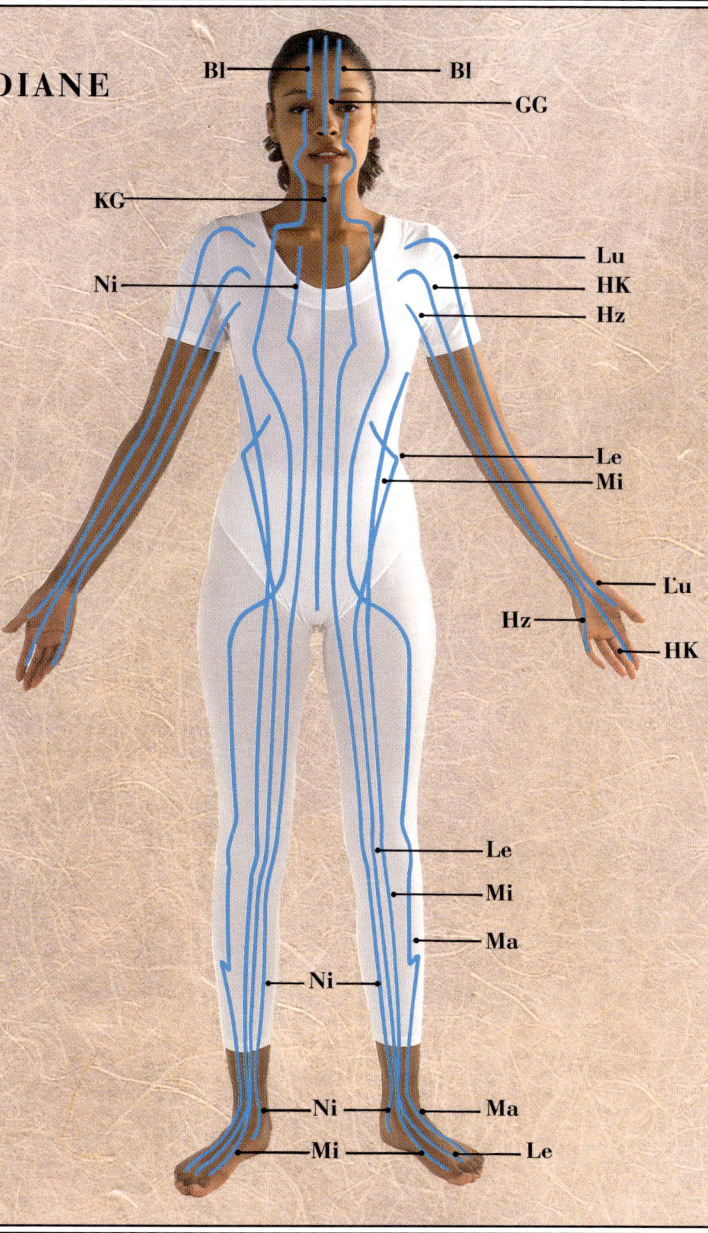

Ablauf einer Shiatsu-Massage

Wenn Ihr Partner die Augen schließt, sollte er versuchen, sich zu entspannen und die Welt um sich herum zu vergessen. Während der Behandlung sind keine Worte nötig, denn die Sprache der Berührungen bietet mehr als genug Kommunikationsmöglichkeiten. Zu den Grundprinzipien des Shiatsu gehört das gleichzeitige Berühren mit beiden Händen. Auf diese Weise wird ein Kreislauf geschaffen, der Geber und Empfänger miteinander verbindet. Um diese Verbindung aufrechtzuerhalten, bleibt eine Hand – die sogenannte »stützende Hand« (die *Yin*-Hand) – ruhig liegen, um dem Partner zuzuhören und ihn zu beruhigen, während die andere – die sogenannte »aktive Hand« (die *Yang*-Hand) – die eigentliche Massage ausführt. Der Druck beider Hände kann unterschiedlich stark sein, je nach Bereich des Körpers, und während einer Behandlung können auch die Aufgaben beider Hände mehrfach wechseln. Dabei sollte man versuchen, die Berührungspunkte so ineinanderfließen zu lassen, daß sich – sowohl für den Therapeuten als auch für den Patienten – beide Hände wie eine anfühlen.

Auch als Anfänger sollten Sie aufmerksam beobachten, fragen, zuhören und berühren. Erkundigen Sie sich vor der Sitzung nach möglichen Beschwerden oder Symptomen, und achten Sie auf die Bedürfnisse Ihres Partners. Ihr Partner wird Ihre Hilfsbereitschaft durch die Berührung Ihrer Hände wahrnehmen; auf diese Weise entsteht selbst bei einfachsten Grundtechniken eine Atmosphäre des Vertrauens. Daher sollten Sie sich vor einer Shiatsu-Sitzung in einen Zustand innerer Ruhe versetzen, denn jede Ihrer eigenen Spannungen wird sich auf Ihren Partner übertragen.

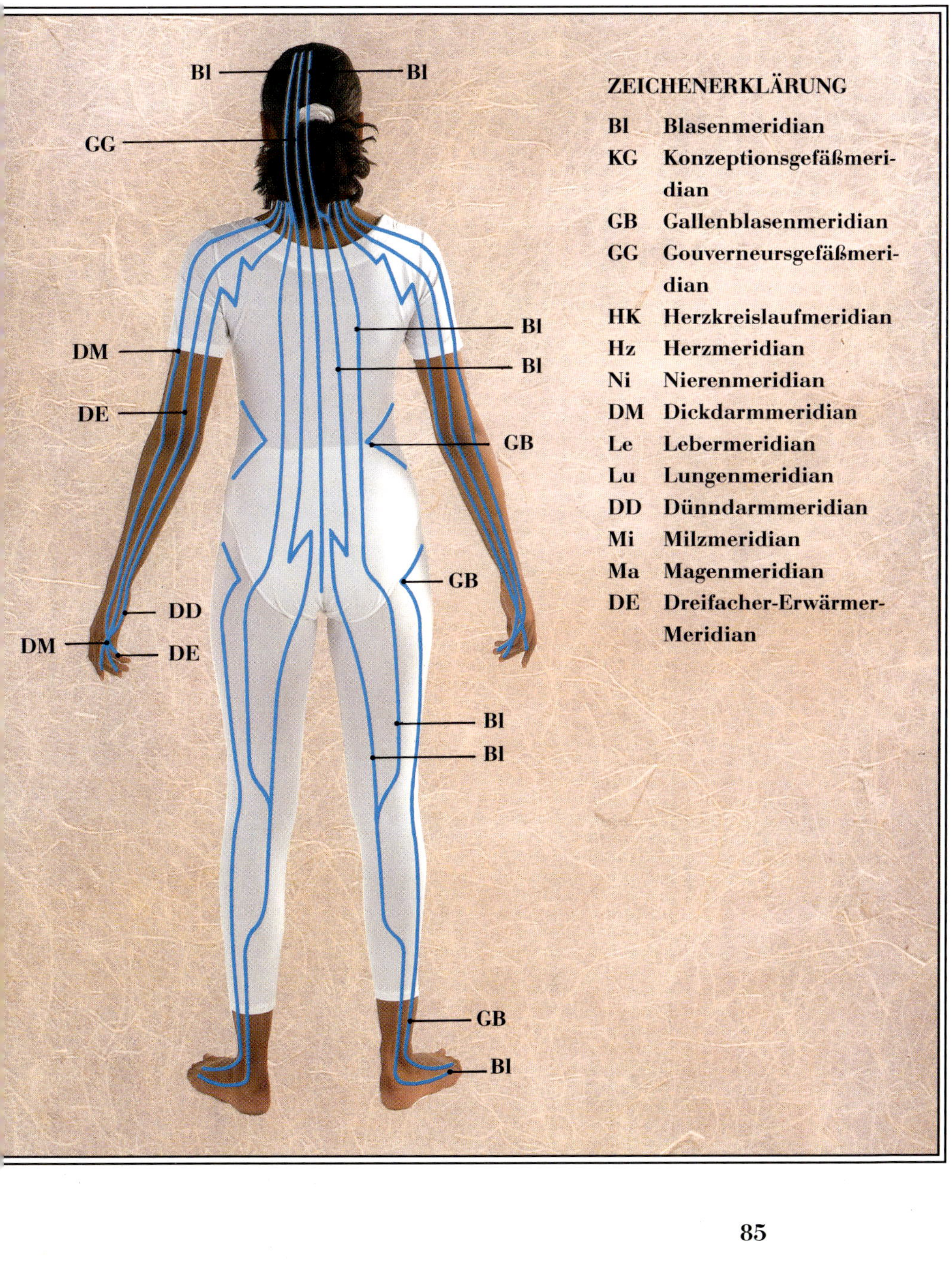

Das Hara

Das *Hara* ist eines der mächtigsten Energiezentren des Körpers, dessen Mittelpunkt – im Shiatsu als *Tanden* bezeichnet – sich unterhalb des Nabels im Unterleib befindet. Es handelt sich dabei um den Schwerpunkt des Körpers, der bei der Shiatsu-Behandlung eine wichtige Rolle spielt. Die Kraft des *Yin* (Erde), die entlang der Vorderseite des Körpers fließt, und die Energien des *Yang* (Himmel) – die die Rückseite des menschlichen Körpers beherrschen – treffen an diesem Schwerpunkt im Unterleib zusammen. Wenn alle Bewegungen aus diesem Zentrum heraus kommen, ist der Shiatsu-Masseur in der Lage, harmonisierend und unterstützend zu wirken. Sie sollten daher versuchen, einen möglichst entspannten, offenen Zustand zu erreichen, damit Ihr *Hara* physisch und energetisch all Ihre Bewegungen unterstützt. Mit anderen Worten: Wenn Sie selbst nicht entspannt sind oder sich unwohl fühlen, wird sich das Ihrem Partner mitteilen.

Die Atmung spielt beim Dehnen oder Druck ausüben eine wichtige Rolle. Atmen Sie tief ein, aber üben Sie erst beim Ausatmen Druck aus; auch Ihr Partner sollte zu diesem Zeitpunkt ausatmen.

Heilende Energie

Das Ziel von Shiatsu ist es, eine Balance der »*Ki*«-Energien des Körpers herzustellen. Mit Hilfe verschiedener Wiege-, Knet- und Dehnungstechniken lassen sich die blockierten

Bereiche befreien. Wenn Ihr Partner nur über wenig Energie verfügt und daher völlig erschöpft wirkt, läßt sich sein Energiefluß am ehesten durch einen langsam ausgeübten, tiefen, statischen und senkrechten Druck wieder aktivieren. Im allgemeinen empfiehlt es sich, die verschiedenen Punkte etwa eine bis zehn Sekunden lang zu drücken.

Praktische Grundregeln

Eine Shiatsu-Sitzung kann bis zu einer Stunde dauern. Dabei sollten Sie weite Kleidungsstücke tragen, um genügend Bewegungsspielraum zu haben. Auch der Empfänger sollte bekleidet sein, aber vermeiden Sie zu dicke oder einengende Kleidungsstücke, damit der Körperkontakt nicht behindert wird.

Beim Shiatsu befaßt sich der Therapeut mit dem gesamten Körper; er wird Ihnen nach seiner ersten Diagnose einfache praktische Übungen vorstellen, die Sie auch zu Hause durchführen können, um den Genesungsprozeß zu beschleunigen. Die Wirkung einer Shiatsu-Sitzung kann sofort nach der Behandlung oder noch am gleichen Tag eintreten, aber wenn Ihr Körper mit Schmerzen reagiert, sollten Sie sich umgehend an Ihren praktischen Arzt wenden.

Da die geistigen und körperlichen Beschwerden von Mensch zu Mensch stark variieren können, wird die Anzahl der Sitzungen von Ihren ganz persönlichen Bedürfnissen abhängen.

Shiatsu öffnet die Wege der Kommunikation zwischen Körper, Verstand, Gefühl und Geist.

DIE WICHTIGSTEN TECHNIKEN

Handflächen-Technik

Die Handflächen-Technik gehört zu den einfachsten und effektivsten Techniken beim Shiatsu. Der Druck einer Handfläche ist sanft und dennoch fest; er erzeugt in jedem verspannten oder besonders empfindlichen Bereich des Körpers eine stützende und beruhigende Wirkung.

Entspannen Sie Ihre Hände, so daß diese den Konturen des betreffenden Körperabschnitts folgen können. Dann legen Sie sich mit Ihrem ganzen Gewicht auf die Handflächen und warten, bis der Energiestrom zwischen beiden Handflächen fließt. Anschließend lehnen Sie sich zurück, ohne dabei den Kontakt abzubrechen, lassen Ihre Hände am Körper entlanggleiten und lehnen sich wieder vor, um erneut einen stationären, senkrechten Druck auszuüben.

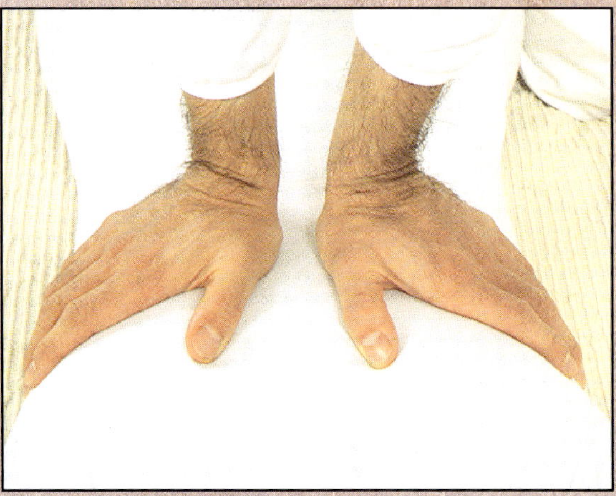

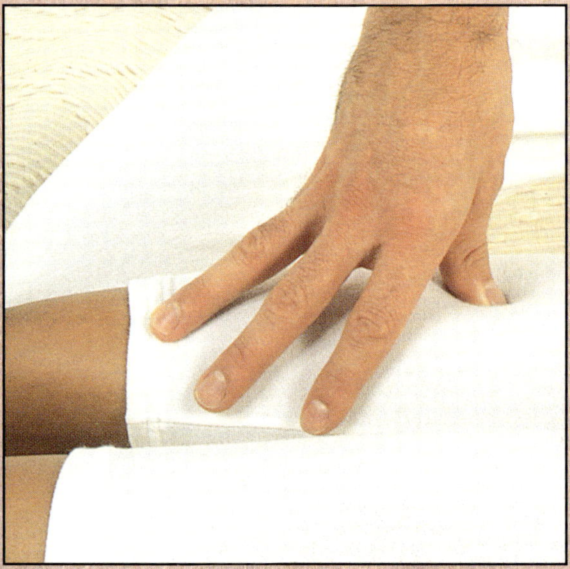

Daumen-Technik

Der Druck des Daumens ist wesentlich genauer und durchdringender als der der Handfläche, und man verwendet ihn beim Shiatsu, um Druck auf die verschiedenen Punkte entlang der Meridiane auszuüben. Legen Sie die Spitze Ihres Daumens auf einen solchen Punkt. Dabei sollten die Finger ausgestreckt sein und zur Unterstützung dienen, so daß der Daumen gerade bleiben kann. Nun lehnen Sie Ihren Körper vor; auf diese Weise wird ein Großteil des Drucks durch die Daumen ausgeübt. Aber achten Sie darauf, daß Ihre Fingernägel kurz geschnitten sind, da Sie sonst Ihren Partner verletzen könnten.

EINFACHE SHIATSU-SITZUNG

Die folgenden Techniken wurden so ausgewählt, daß sie problemlos hintereinander ausgeübt werden können. Im Idealfall sollte die gesamte Behandlungsabfolge als eine durchgehende Einheit empfunden werden und nicht als Aneinanderreihung verschiedener Massagegriffe. Um dies zu erreichen, muß der Kontakt mit Ihrem Partner stets gewahrt bleiben, und der Wechsel von einer Technik zur anderen sollte flüssig und leicht geschehen.

YANG

Knien Sie sich neben Ihren Partner. Nehmen Sie sich etwas Zeit zur Sammlung und Öffnung Ihres Geistes, so daß Sie sich ganz auf Ihren Partner konzentrieren können.

1 *Legen Sie Ihre Hand sanft und fest auf das Kreuz Ihres Partners. Dieser erste Kontakt ist für Geber und Empfänger gleich wichtig, um die gegenseitigen Energien aufeinander einzustimmen. Sie sollten diese Phase nutzen, um Ihren Partner und die Qualität seiner physischen, emotionalen und spirituellen Energien kennenzulernen. Dadurch werden Sie in die Lage versetzt, Ihre Sinne ganz auf die folgenden Techniken zu konzentrieren.*

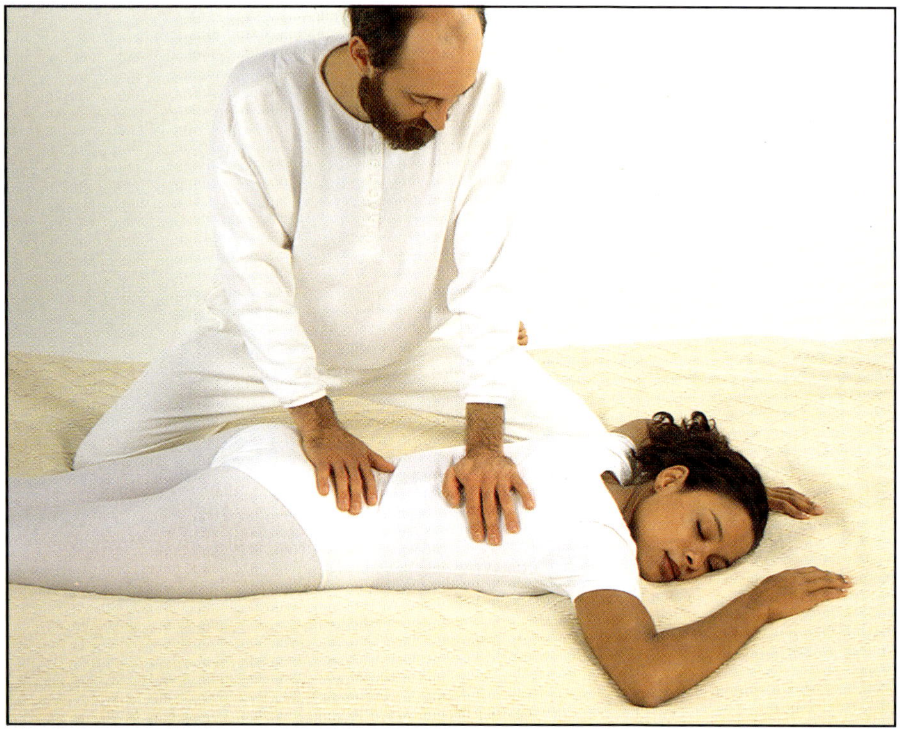

Links: Mit dieser Technik lassen sich Spannungen abbauen, so daß die Energie wieder freier fließen kann. Dabei sollten Sie darauf achten, wie der Körper Ihres Partners reagiert: Sollten sich einige Körperbereiche Ihres Partners bei Ihrer Wiege-Massage nicht bewegen, ist an diesen Stellen eine intensivere Behandlung nötig.

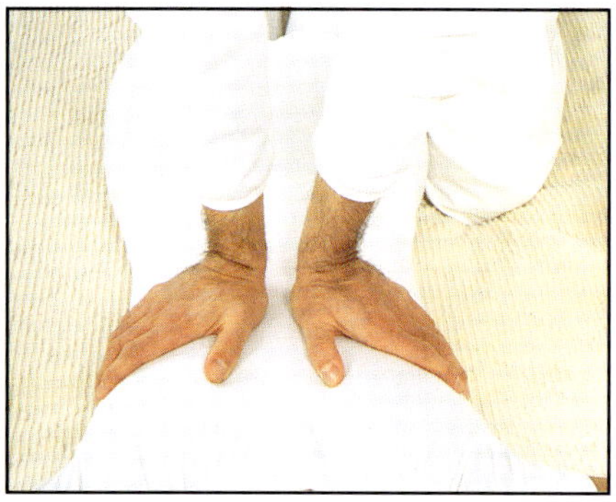

2 Drehen Sie sich mit dem Gesicht zu Ihrem Partner, und legen Sie Ihre Handballen auf den Bereich unterhalb des Schulterblattes neben der Wirbelsäule. Dann spreizen Sie die Knie und beginnen, sich über Ihrem Hara *(in der Mitte des Unterbauchs) hin und her zu wiegen. Diese Bewegung setzt sich durch Ihre Hände fort und bewirkt, daß der Körper Ihres Partners in einen wellenförmigen Rhythmus übergeht. Bearbeiten Sie mit dieser Wiege-Technik den gesamten Rückenbereich bis hinunter zum Kreuzbein.*

Wiederholen Sie diese Technik zwei- bis dreimal, und gehen Sie dann zur anderen Seite der Wirbelsäule über.

3 Begeben Sie sich auf ein Knie, wobei Sie Ihre offene Haltung beibehalten. Dann legen Sie Ihre Handflächen knapp unterhalb der Schulterblätter auf den Rücken. Im Moment des Ausatmens Ihres Partners lehnen Sie sich mit Ihrem ganzen Gewicht nach vorne, so daß ein senkrechter Druck entsteht.

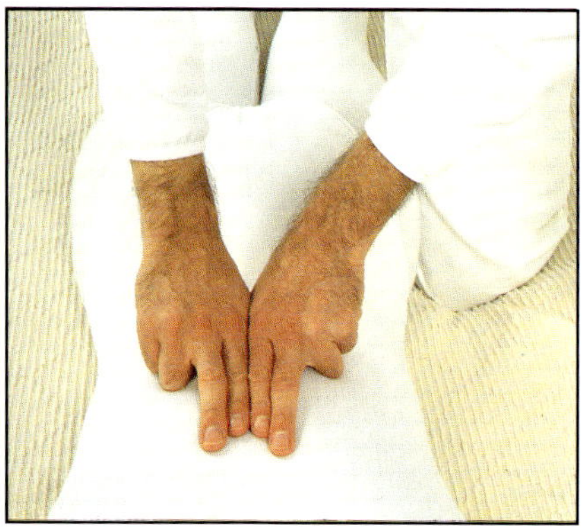

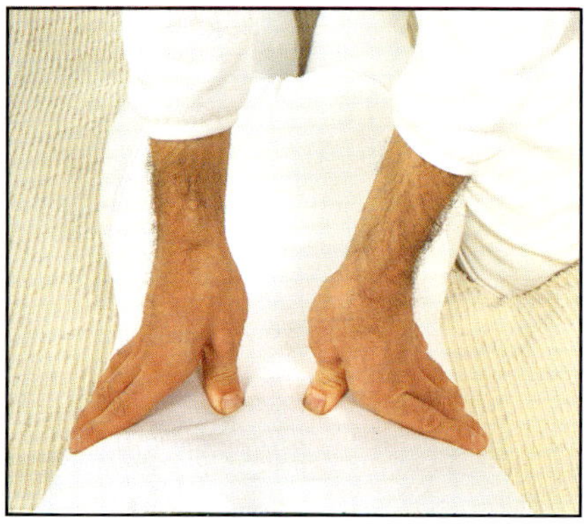

4 Bearbeiten Sie auf diese Weise den gesamten Rücken, wobei die Hände jedesmal um eine Handbreit nach unten verschoben werden sollten. Auch Ihr Körper muß den Händen folgen, um jedesmal erneut einen senkrechten Druck aufbauen zu können. Unterhalb der Rippen sollte der Druck etwas verringert werden.

5 Nachdem Sie den Rücken entspannt haben, sollten Sie nun den Blasen-Meridian suchen, der mit dem Nervensystem in einer strukturellen und energetischen Verbindung steht. Dieser Meridian liegt zwei Fingerbreit seitlich des Rückgrats und eine Handbreit unterhalb der Schulterblätter.

6 Mit den Daumen drücken Sie nun auf die Punkte zwischen den Rippen. Da der Druck eines Daumens wesentlich konzentrierter ist als der einer Handfläche, sollten Sie Ihren Partner fragen, ob Sie zuviel Druck ausüben.

BEINE

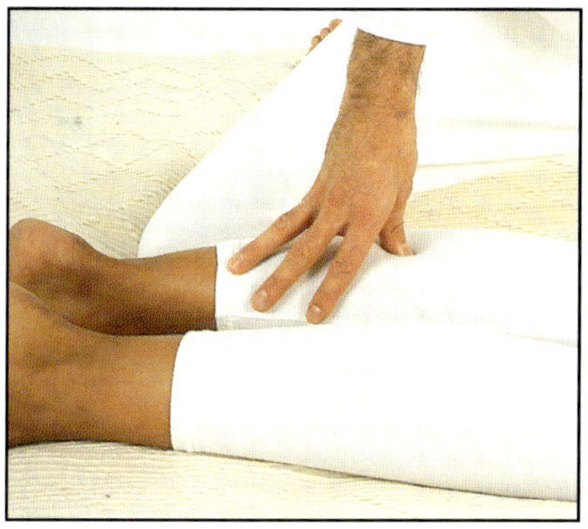

1 Knien Sie sich neben Ihren Partner auf Höhe der Oberschenkel. Legen Sie die stützende Hand auf das Kreuzbein, und kneten und wiegen Sie gleichzeitig mit der aktiven Hand mehrmals den Ihnen zugewandten Oberschenkel und die Wade.

2 Als nächstes bearbeiten Sie das Bein mit der Handflächen-Technik; allerdings sollte in der Kniekehle kein Druck ausgeübt werden.

3 Massieren Sie nun mit der Daumen-Technik den Blasen-Meridian. Dazu ist es eventuell nötig, daß Sie – je nach Länge des Beines – Ihre Position verändern müssen. Außerdem sollten Sie die stützende Hand auf eine Stelle über der Kniekehle verlagern, um ein Überdehnen zu verhindern.

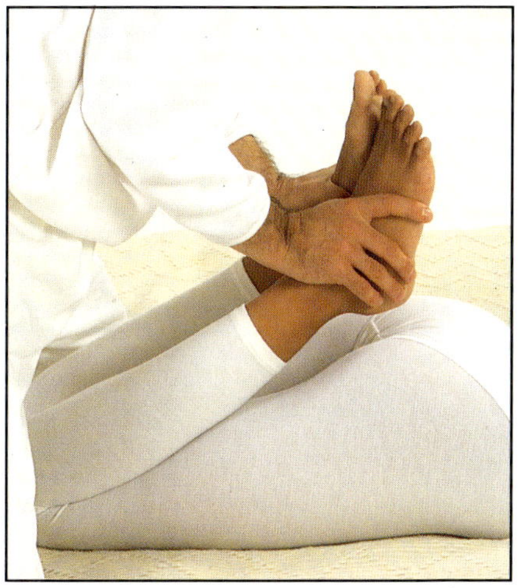

4 Während eine Hand auf dem Kreuzbein liegt, nehmen Sie mit der anderen Hand einen Fuß und führen ihn sanft zum Gesäß, wobei die Dehnfähigkeit des Beins nicht überschritten werden sollte. Halten Sie diesen Griff einige Sekunden lang.

5 Anschließend nehmen Sie beide Füße, legen sie gegeneinander und führen sie zum Gesäß. Halten Sie diese Position einige Sekunden lang, und achten Sie darauf, welcher Fuß näher zum Gesäß reicht; auf diese Weise können Sie die Balance des Beckens feststellen.

6 Dann kreuzen Sie diesen Fuß unter den anderen und pressen beide, während der Partner ausatmet, an das Gesäß. Halten Sie diesen Griff einige Sekunden; dann wechseln Sie die Füße und wiederholen den Vorgang.

Mit diesen Übungen wird die unterschiedliche Dehnbarkeit der Beine ausgeglichen und das Becken ausbalanciert.

Begeben Sie sich nun auf die andere Körperseite und wiederholen Sie die Wiege-, Knet- und Daumen-Techniken am anderen Bein.

FÜSSE

Beim »Gehen« auf den Füßen sollten Sie darauf achten, daß Ihre Position gut ausbalanciert ist, da ein zu großer Druck oder mangelnde Balance Ihrem Partner Schmerzen bereiten könnten.

Sowohl das Geben als auch das Empfangen von Druck auf den Füßen kann sehr entspannend sein, und so lange Sie keine unerwarteten, plötzlichen Bewegungen machen, ist diese Technik auch absolut ungefährlich. Halten Sie Ihren Körper gerade und entspannt.

Falls zwischen den Fußgelenken Ihres Partners und dem Boden ein zu großer Abstand besteht oder die Füße sich nicht symmetrisch einwärts drehen, sollten Sie auf diese Technik verzichten.

1 *Drehen Sie sich mit dem Rücken zu Ihrem Partner, und stellen Sie sich mit beiden Füßen auf seine Füße, wobei Sie Ihr Gewicht von einem Fuß auf den anderen verlagern.*

Diese Bewegung sollte von Ihren Hüften ausgehen.

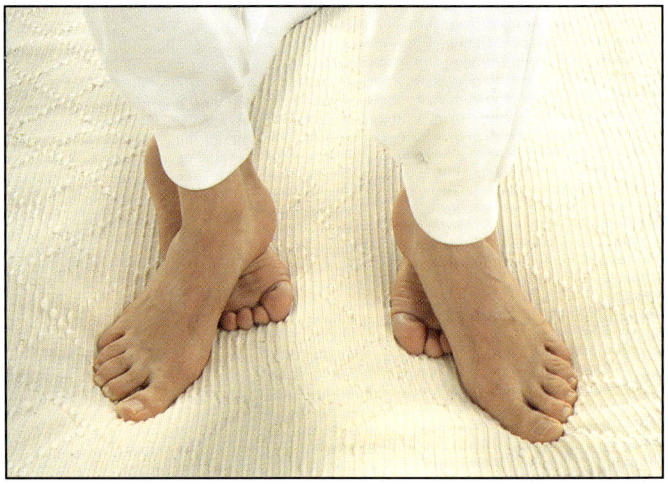

2 *Nachdem Sie in einer Position das Gewicht mehrmals verlagert haben, gehen Sie zu einem anderen Bereich der Füße über.*

Achten Sie – wie bei allen anderen Shiatsu-Techniken auch – immer auf den Gesichtsausdruck und die Atmung Ihres Partners, da diese Ihnen deutlich anzeigen, wie der Empfänger sich fühlt. Sie sollten nie vergessen, daß Sie einen Menschen behandeln und nicht nur einen Körper.

Der Druck auf die Fußsohlen wirkt sich auf die Reflexzonen und Meridiane aus und stimuliert dadurch die inneren Organe. Das »Gehen« auf den Füßen eignet sich deshalb besonders zur Beruhigung eines Partners mit zu starker geistiger Aktivität oder innerer Unruhe.

YIN

Helfen Sie Ihrem Partner sanft in die Rückenlage. In dieser Position sind wir psychisch, emotional und physisch besonders offen – was aber auch zu einem Gefühl von Verletzlichkeit führen kann. Daher ist es wichtig, eine Atmosphäre von Vertrauen und Sicherheit aufzubauen.

Knien Sie sich neben Ihren Partner. Legen Sie eine Hand unter seine Taille und die andere auf seinen Bauch, wobei sich der Handballen knapp unterhalb des Nabels befindet. Dann lauschen Sie mit Ihren Händen auf den Rhythmus des Körpers Ihres Partners: Versuchen Sie, das Auf und Ab seiner Atmung wahrzunehmen, und atmen Sie gleichmäßig mit ihm. Auf diese Weise wird ein gegenseitiges

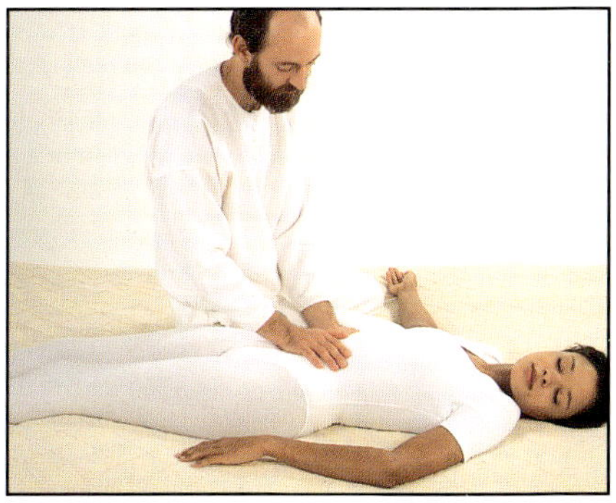

Vertrauen aufgebaut, das es Ihnen ermöglicht, einander über Schmerzen oder empfindliche Stellen zu berichten.

Nun beginnen Sie mit der Handfläche auf dem Bauch eine leichte, kreisförmige Bewegung. Wenn Sie Ihre Griffe mit dem Ausatmen des Partners koordinieren können, werden Sie feststellen, daß Ihr Partner nach einer Weile einen immer höheren Druck zuläßt.

BEINE

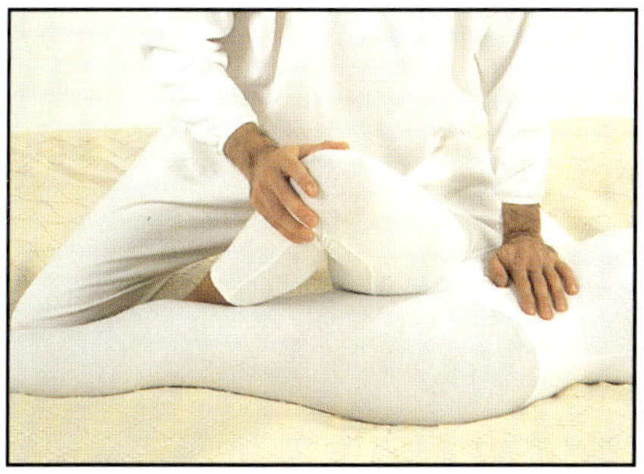

1 *Knien Sie sich diagonal zu Ihrem Partner, und legen Sie Ihre obere Hand auf das Hara (den Unterbauch). Dann umfassen Sie mit der anderen Hand die Kniekehle unterhalb des Kniegelenks. Nun lehnen Sie sich zurück und heben mit Hilfe Ihres Körpergewichts das Bein an. Diese Übung sollte ohne jede Mühe durchgeführt werden. Wenn sich das Bein vom Boden abhebt, gleitet Ihre Hand von der Kniekehle zum Schienbein.*

2,3 *Führen Sie mit dem angewinkelten Bein um das Hüftgelenk herum sanfte Kreisbewegungen aus. Beginnen Sie mit kleinen, langsam immer größer werdenden Bewegungen; dabei sollte das Bein möglichst entspannt bleiben.*

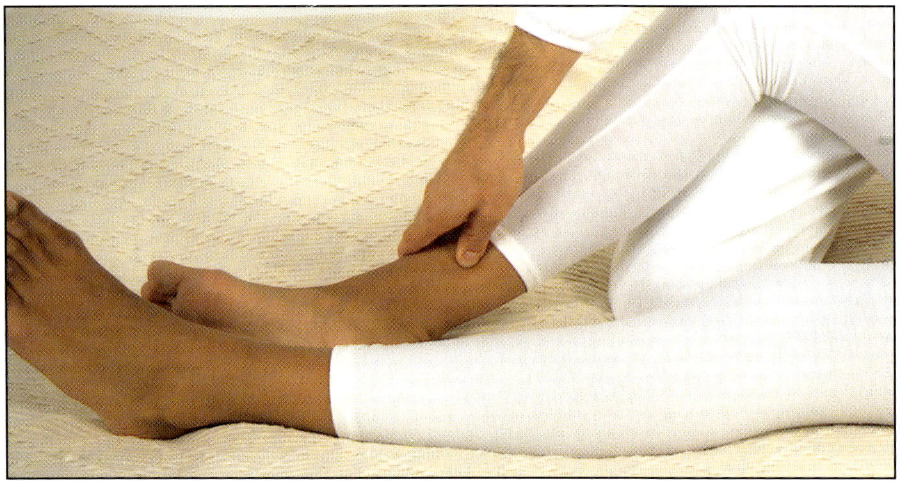

4 Anschließend plazieren Sie das Bein so, daß der Fuß bequem auf Höhe des anderen Fußgelenks zu liegen kommt und der Milz-Meridian nach oben weist. Dabei können Sie das leicht angewinkelte Bein mit Ihrem eigenen Bein abstützen. Nun massieren Sie mit den Handflächen die Wadeninnenseite entlang der Yin-Meridiane bis hin zum Knie. Danach bearbeiten Sie mit Hilfe der Daumen-Technik die Wade ebenfalls vom Fußgelenk bis zum Knie.

5 Setzen Sie nun mit Ihrem Unterarm den Druck auf den Oberschenkel fort. Danach lassen Sie das Bein noch einmal kreisen und begeben sich zu den Füßen Ihres Partners.

VORSICHT

Vermeiden Sie Shiatsu-Behandlungen des Milz-Meridians, wenn bei einer Schwangerschaft die Gefahr einer Fehlgeburt besteht. Außerdem sollte bei jeder Schwangerschaft eine Behandlung unterhalb der Knie unterbleiben.

6 Legen Sie ein Fußgelenk in die geöffnete Hand, und plazieren Sie die andere Hand auf dem Spann. Dann bringen Sie Ihr Hara in Kontakt mit der Fußsohle. Während Sie diesen Griff fest beibehalten, beginnen Sie langsam, mit den Hüften zu kreisen. Auf diese Weise wird sich der Körper Ihres Partners Ihren Bewegungen anpassen.

Wiederholen Sie alle Griffe am anderen Bein, und beenden Sie diesen Abschnitt der Sitzung mit Ihrer Hand auf dem Hara Ihres Partners.

SCHULTERN, ARME UND HÄNDE

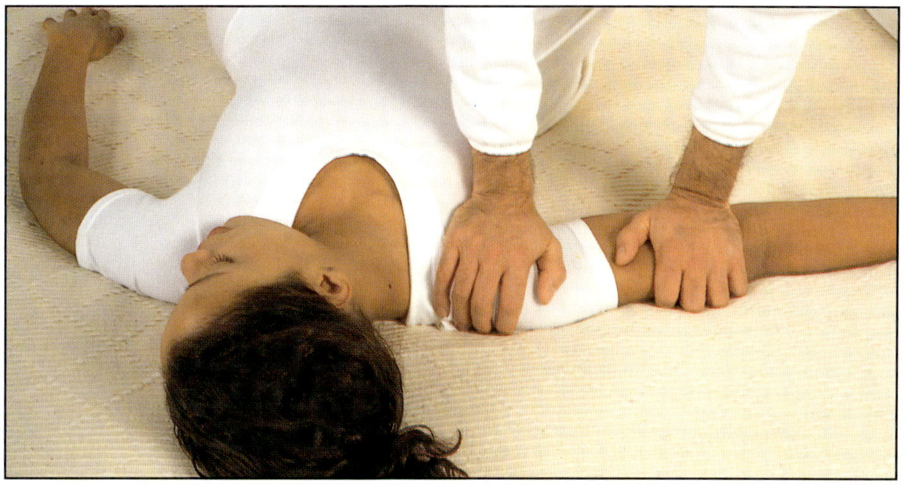

1 Knien Sie sich neben Ihren Partner, und legen Sie Ihre freie Hand auf die gegenüberliegende Schulter. Die andere Hand plazieren Sie auf die Ihnen zugewandte Schulter. Beim Ausatmen des Partners stützen Sie sich auf Ihre Hände: Auf diese Weise öffnen Sie den Schulter- und Brustbereich.

2 Während die Hand auf der Ihnen zugewandten Schulter den Griff aufrechterhält, fassen Sie mit der anderen den Arm des Partners und beginnen mit einem sanften Wiegen und Kneten des Arms von der Schulter bis zur Hand. Dabei sollte der Arm im rechten Winkel zum Körper liegen; die Handflächen weisen nach oben. Als nächstes bearbeiten Sie den Arm mit den Handflächen, wobei kein Druck auf den Ellbogen ausgeübt werden darf. Schließlich massieren Sie mit den Daumen den Herzkreislauf-Meridian in der Mitte des Arms bis zur Handfläche.

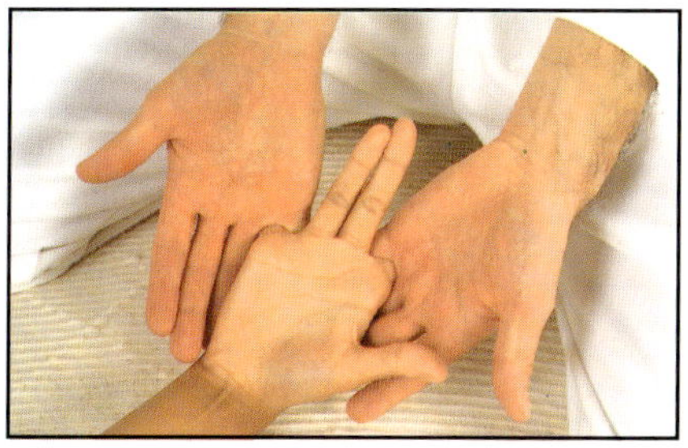

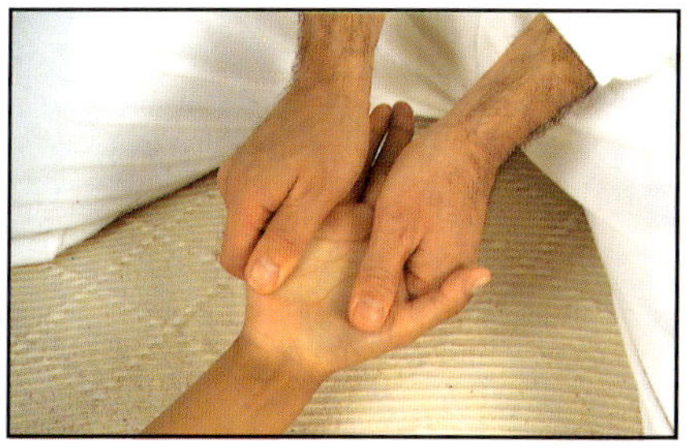

3 Dann umfassen Sie das Handgelenk und setzen sich so, daß Ihr ausgestrecktes Bein parallel zum Arm liegt und Ihr Fuß bequem am oberen Brustkorb ruht. Nun lehnen Sie sich vorsichtig zurück und strecken den Arm, wobei Sie mit dem Fuß für Gegendruck sorgen.

4,5 Nehmen Sie eine Hand Ihres Partners und schieben Sie Ihren kleinen Finger zwischen Zeige- und Mittelfinger bzw. kleinen und Ringfinger, um so die Handfläche zu öffnen. Dadurch liegen Ihre Daumen automatisch in der Handinnenfläche, die Sie mit kreisförmigen Bewegungen massieren.

6 Legen Sie die stützende Hand auf die Schulter, wobei Sie Ihren Daumen in der Achselhöhle plazieren. Mit der anderen Hand halten Sie das Handgelenk und heben und lockern auf diese Weise das Schultergelenk.

7 Strecken Sie den Arm Ihres Partners über den Kopf, indem Sie Ihr Gewicht auf das äußere Bein verlagern.

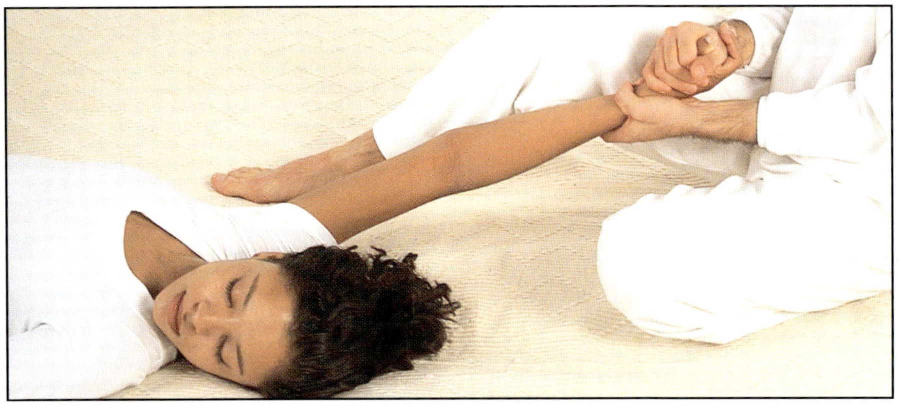

8 Anschließend knien Sie sich so, daß Sie mit einem leichten Zurücklehnen des Körpers den Arm Ihres Partners dehnen. Dabei sollten Sie das Handgelenk in beiden Händen halten.

9 Ergreifen Sie nun auch die andere Hand, und legen Sie beide Unterarme auf Ihre Knie.

10 Dann lehnen Sie sich zurück, wobei Ihre Knie bis zu den Handgelenken gleiten. Während Ihr Partner ausatmet werden die Schultern und die Brust gedehnt.

Wiederholen Sie alle beschriebenen Techniken auch am anderen Arm: Dehnen, Wiegen, Kneten, Handflächen- und Daumen-Technik sowie die Massage der Hände.

Zum Schluß kehren Sie noch einmal zum Hara zurück und halten es für ein paar Minuten, um Ihren Partner fühlen zu lassen, welche Veränderungen stattgefunden haben.

Sie sollten diesen letzten Kontakt nur sehr langsam beenden und Ihren Partner danach mit einer Decke zudecken. Auf diese Weise kann er die neuen Erfahrungen leichter verarbeiten.

Einer der größten Vorteile des Shiatsu liegt in der Hinführung zur Selbsterkenntnis. Häufig sind es gerade die ruhigen Momente einer Sitzung, in der sich Geber und Empfänger in völligem Einklang befinden und zu neuen, tiefen Einsichten gelangen.

NÜTZLICHE ADRESSEN

Aromatherapie

ORGANISATIONEN

- Tara Ganzheitliches Informations- und Bildungszentrum
  Eckmannsweg 8
  22307 Hamburg

VERSANDADRESSEN

- Buntspecht Naturwarengroßhandel
  Bahnhofstraße 4a
  85080 Gaimersheim

- Spinnrad (Zentrale)
  Klosterstraße 13
  45879 Gelsenkirchen
  Tel. 02 09-1 70 00 11

- Colimex
  Mozartstraße 7
  50674 Köln
  Tel. 02 21-21 04 12/13

- Bergamotte
  Am Rohdepark 7
  34369 Hofgeismar
  Tel. 0 56 71-63 30

- Salute E. Bellezza
  Kaspersweg 152
  26131 Oldenburg
  Tel. 04 41-59 23 28

- Cosmeda
  Neumarkt 4
  41460 Neuss
  Tel. 0 21 31-27 72 12

- Feldkamps Naturladen
  Am Neumarkt 27
  42651 Solingen
  Tel. 02 12-1 03 32

- Von der Gethen Biocosmetic
  Am Wehrhan 24
  40211 Düsseldorf
  Tel. 02 11-1 64 03 55

- Kosmetik-Basare
  Habersaathstr. 34
  10115 Berlin
  Tel. 0 30-2 08 84 38

BEHANDLUNGSZENTREN

- Atelier Aromatherapie
  Eliane Zimmermann
  Wagemannstraße 3
  65183 Wiesbaden

- Forum
  Zum Stadtbad 31
  40764 Langenfeld

- Praxis für Körper, Geist und Seele
  Anna Blömer-Niewöhner
  Breslauer Straße 22a
  33605 Bielefeld
  Tel. 05 21-2 01 76 50

Shiatsu

- Europäisches Shiatsu-Institut
  David Bradfield
  Boddinstraße 59
  12053 Berlin

- Schule für Shiatsu
  Wilhelmsaue 11
  10715 Berlin

- Schule für Shiatsu
  Oelkersallee 33
  22769 Hamburg

- Shiatsu nach W. Ohashi
  Frank Seemann
  Karmeliterstraße 15
  53229 Bonn
  Tel. 02 28-48 38 58

WEITERFÜHRENDE LITERATUR

AROMATHERAPIE

Patricia Davis, Aromatherapie von A–Z, München 1990

Nevill und Susan Drury, Handbuch der heilenden Öle, Aromen und Essenzen, Aitrang 1993

Ingrid Heinen-Greubel, Wesen und Anwendung duftender Essenzen, Berlin 1988

Michael Kraus, Einführung in die Aromatherapie, Gaimersheim 1993

Shirley Price, Praktische Aromatherapie, Neuhausen 1988

Jean Pütz/Christine Niklas, Betörende Parfüms, Heilende Düfte, Köln 1993

Jean Pütz/Christina Niklas, Gesundheit mit Kräutern und Essenzen, Köln 1991

Maggie Tisserand, Die Geheimnisse der wohlriechenden Essenzen, Haldenwang 1987

Robert Tisserand, Heilung durch Duftstoffe, Freiburg 1980

Dr. Jean Valnet, Aromatherapie, München 1988

SHIATSU

Jane Downer, Shiatsu. Die japanische Massage für Gesundheit rundum, München 1994

Shitsuto Masunaga/Wataru Ohashi, Shiatsu. Theorie und Praxis der japanischen Heilmassage, Hamburg 1992

Massage

Wer käme nicht gerne in den Genuß einer Massage: Vom Baby bis zum Senior können alle von dieser Entspannungstherapie profitieren. Denn eine Massage fördert nicht nur die mentale Entspannung, sondern löst auch schmerzhafte Muskelverspannungen, lindert Kopfschmerzen und hilft bei Schlafstörungen. Außerdem wirkt sie belebend: Sie regt die Funktion vieler Organe an, fördert die Abwehr- und Heilkräfte, strafft die Muskeln und schenkt ein neues Lebensgefühl voller Energie und Vitalität. Lernen Sie mit Hilfe verschiedener einfacher Techniken die Sprache der Berührung – ein wertvolles Geschenk für Sie und Ihre Mitmenschen.

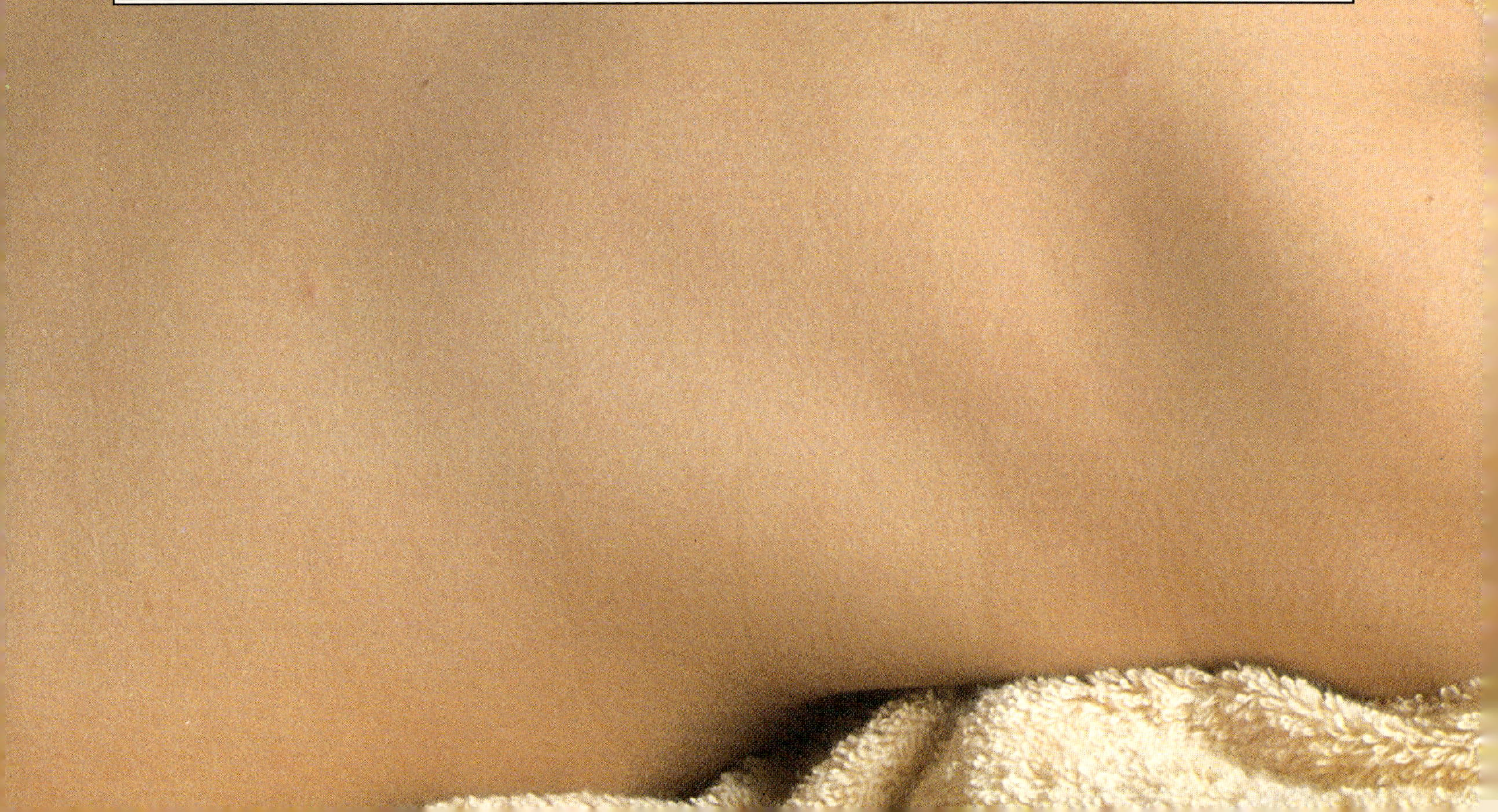

DIE MENSCHLICHE BERÜHRUNG

Der Tastsinn öffnet den Weg zu einer sensiblen Form der Kommunikation. Es gehört zu den natürlichsten Reaktionen des Menschen, seine Hände auszustrecken und die Form oder Struktur eines Gegenstands näher zu erforschen oder einen anderen Menschen zu berühren. Eine Mutter knuddelt ihr Baby, Haustiere werden gestreichelt, Liebespaare liebkosen einander zärtlich, und wenn wir uns am Arm stoßen, reiben wir instinktiv mit der Hand über die betreffende Stelle, damit sie wieder »heilt«.

Einen Menschen zu berühren, kann in verschiedenen Kulturkreisen ganz unterschiedliche Bedeutungen haben. Es existieren viele soziale Zwänge, die eine Berührung in der Öffentlichkeit verbieten. Für uns zählen ein offizieller Händedruck, ein Kopfnicken und sogar ein flüchtiger Kuß auf die Wange zu den gesellschaftlich anerkannten Formen der Begrüßung – und dennoch können wir sie ohne jede Emotion ausführen. Aber gerade dieser sehr formelle Umgang mit dem Körperkontakt widerspricht den Grundbedürfnissen und Instinkten des Menschen zutiefst. Glücklicherweise werden auch hierzulande Massagetechniken und andere Berührungstherapien, deren heilende Kräfte sich andere Kulturen schon seit Tausenden von Jahren zunutze machen, neu entdeckt.

DIE ENTWICKLUNG DER MASSAGE

Schon bei den alten Ägyptern wurden die positiven Eigenschaften der Massage geschätzt. Doch die Chinesen waren die ersten, die um 3000 v. Chr. ihre Bedeutung für die Heilkunst erkannten. Griechische und römische Philosophen und Ärzte empfahlen Massagen zur Stärkung des Körpers nach der Schlacht, aber auch zur allgemeinen Gesunderhaltung von Körper und Geist. Die Massage stellte im alten Rom auch einen wichtigen Bestandteil der täglichen Badezeremonie dar: Nach dem Bade salbte man sich von Kopf bis Fuß mit Öl ein, um sich danach ausführlich massieren zu lassen.

Im Laufe der Jahrhunderte haben auch Heilkräuterkundige zur Behandlung von Körper und Seele immer wieder auf die Massage vertraut: Mit deren Hilfe trugen sie ihre Salben auf, oder sie legten den leidenden Kranken ihre Hände auf, um böse Geister zu vertreiben und den Verstand zu erhellen. Dennoch dauerte es bis zum 18. Jahrhundert, bis sich dank Per Henrik Ling (1776–1839) die Massage in ganz Europa durchzusetzen begann. Ling war Schwede, der auf seinen Reisen in China detaillierte Kenntnisse über die chinesische Massage erwarb und daraus ein eigenes Massagesystem entwickelte, das neben einigen anderen Bewegungen auch Druck-, Reibungs-, Vibrations- und Rotationstechniken umfaßte.

Überall auf der Welt begannen Mediziner und Nicht-Mediziner zunehmend, sich mit den Möglichkeiten einer wohltuenden Massage vertraut zu machen. Diese Entwicklung führte schließlich zu den Grundlagen der heutigen Massagetechnik, die in vieler Hinsicht der alten schwedischen Heilmassage ähnelt.

Neben dem gestiegenen Ansehen der Massage erleben wir heute ein neu erwachtes Interesse an den antiken Heilkünsten, die der Berührung einen großen Stellenwert beimaßen. Dazu gehören Aromatherapie, Reflexzonenmassage und

Shiatsu – eigenständige Naturheilverfahren, die für die »alternativen« Therapien von großer Bedeutung sind.

WIRKUNG EINER MASSAGE

Eine Massage kann Körper und Geist anregen oder entspannen. Sie stimuliert die Haut, die Blutzirkulation und das

Unten links: Dieses griechische Steinrelief aus dem 4. Jahrhundert v. Chr. zeigt den Arzt Äskulap beim »Reiben« eines Patienten. Diese Behandlungsweise hatte schon Hippokrates empfohlen.

Rechts: Gegen Ende des Mittelalters wurde auch in Europa die Massage wieder zum festen Bestandteil des Baderituals – hier zu sehen auf einem deutschen Holzschnitt aus dem 16. Jahrhundert, der ein öffentliches Badehaus zeigt.

Lymphsystem, was wiederum den Kreislauf und die Zellerneuerung anregt und den Körper entgiftet. Verspannte Muskeln lösen sich, steife Gelenke werden gelockert, Nerven werden beruhigt: Dies alles führt zu einer allgemeinen Entspannung und zu einem gesteigerten Wohlbefinden des Körpers.

Das Nervensystem
Beim Nervensystem handelt es sich um ein kompliziertes Netzwerk, das Botschaften vom Gehirn zu den anderen Teilen des Körpers weiterleitet. Die meisten physiologischen Funktionen werden von einem Teil des Nervensystems gesteuert, der das Gehirn an der Schädelbasis verläßt und durch das Rückenmark verläuft, geschützt von den Wirbeln des Rückgrats. Durch den menschlichen Körper verlaufen Millionen von Nervenenden, die den größten Teil seiner Funktionen kontrollieren, und je nach Tiefe der Massagebewegungen können diese Nervenenden stimuliert oder beruhigt werden.

Die Haut
Eine Massage sorgt für erhöhte Blutzirkulation. Dadurch werden abgestorbene Hautzellen abgestoßen, so daß die Haut straffer erscheint und sich schneller erneuert. Darüber hinaus ist eine Massage gut für die kollagenen Fasern, die die Spannkraft der Haut erhalten und Fältchen vorbeugen. Außerdem reguliert sie die Aktivitäten von Schweiß- und Talgdrüsen, die die Haut mit Fett und Feuchtigkeit versorgen.

Muskeln
Durch die erhöhte Blutzirkulation werden die lebenswichtigen Nährstoffe des Blutes schneller im Körper transportiert. Massagen sind bei Sportlern und Sportlerinnen besonders beliebt, weil dadurch der Muskeltonus verbessert, die Regenerationsphase verkürzt und die Abfallprodukte im Körper schneller abgebaut werden. Regelmäßige Massagen sorgen dafür, daß Muskelzerrungen und Verstauchungen schneller verheilen und Wadenkrämpfe oder Muskelsteifheit endgültig der Vergangenheit angehören. Die Massage vor einer Trainingseinheit lockert und wärmt die Muskulatur, während sie nach dem Training den übersäuerten, schmerzenden Muskeln und Gliedern guttut.

Blutkreislauf und Lymphsystem
Durch die Ausdehnung der Blutgefäße als Folge einer Massage wird die Blutzirkulation angeregt. Ein stabiler Blutkreislauf wiederum sorgt dafür, daß die Zellen über die Blutzufuhr ausreichend mit Sauerstoff und Nährstoffen versorgt werden. Dies ist lebenswichtig für einen gesunden menschlichen Organismus, für sämtliche Körperfunktionen von den Muskeln bis zu den inneren Organen wie Nieren oder Leber.

Gleichzeitig stimuliert eine erhöhte Blutzirkulation auch das Lymphsystem, das für die Aufnahme und den Abbau von Giftstoffen im Körper verantwortlich ist. Im Gegensatz zum Blutkreislauf besitzt das Lymphsystem keinen eigenen Antriebsmechanismus und ist in seiner Wirkungsweise von der Bewegung der Muskeln abhängig.

Durch eine Massage wird das Lymphsystem angeregt, was zu einem verbesserten Ausfiltern und dem Abbau von Abfallstoffen im ganzen Körper führt. Ein gut arbeitendes Lymphsystem ist Voraussetzung für ein intaktes Immunsystem, das für den Kampf gegen Krankheiten und Infektionen gewappnet ist.

Verdauung
Eine Massage regt auch die Verdauung an und verbessert die Nahrungsaufnahme, was bei Problemen wie Verstopfungen oder Blähungen sehr nützlich sein kann. Da das Verdauungssystem sehr anfällig auf Streßsituationen reagiert, wirkt der durch eine Massage erzielte Abbau von psychischen Spannungen zusätzlich regulierend auf die Verdauung.

DIE WICHTIGSTEN GRUNDTECHNIKEN

Viele Menschen denken bei Massage an das kräftige Trommeln und Schlagen schwergewichtiger Masseure. Aber eine richtig durchgeführte Massage kann von sehr großem Nutzen sein, ohne dabei Schmerzen zu erzeugen. Mit abwechselnd kräftigem und sanftem Streichen kann man Verspannungen und Muskelschmerzen lindern und gleichzeitig die Widerstandskraft des Körpers stärken.

Die Schwedische Massage kennt vier Grundgriffe. Machen Sie sich erst mit diesen Techniken vertraut, bevor Sie mit der Ganzkörpermassage beginnen.

EFFLEURAGE

Mit dieser Technik werden mit der flachen Hand (bei kleineren Flächen auch mit den Fingern) großflächige, streichende Bewegungen ausgeführt, unter anderem, um Massageöle gleichmäßig über den Körper zu verteilen. Man kann entweder mit einer Hand arbeiten, zur Unterstützung die andere Hand auflegen oder beide Hände gleichzeitig einsetzen.

Zu Beginn der Massage dient die Effleurage dazu, die Nervenenden zu beruhigen und den Partner an die Berührung zu gewöhnen. Am Ende der Massage sorgt sie für ein entspanntes Ausklingen. Die Effleurage ist darüber hinaus eine wichtige Übergangsbewegung zwischen kräftigeren Streichbewegungen und dient zur Herstellung des ersten Kontakts zu einem anderen Bereich des Körpers. Wenn Sie sich einen Moment nicht sicher sind, wie der weitere Verlauf der Massage aussieht, sollten Sie immer einige Streichbewegungen anwenden, um den Ablauf der Massage nicht zu unterbrechen.

Wiederholen Sie die Streichbewegungen mehrere Male hintereinander, und versuchen Sie immer, die erste vollständige Streichbewegung mit relativ geringem Druck zu beginnen, den Sie dann langsam steigern. Bei größeren Muskelgruppen wie etwa an den Oberschenkeln oder am Rücken sollte der Druck sehr groß sein, um eine möglichst starke Durchblutung zu erzielen.

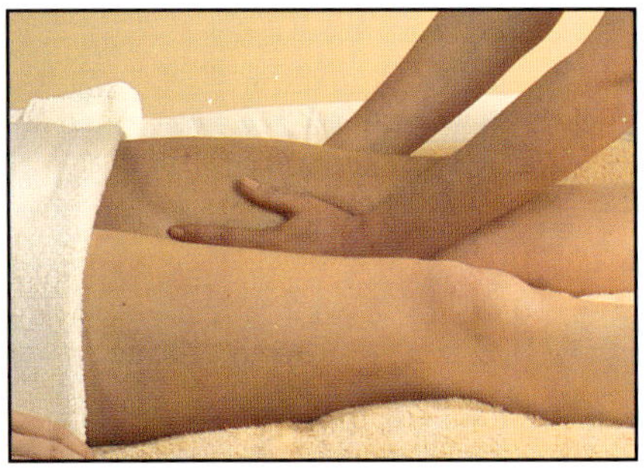

Entspannen Sie Ihre Hände, und passen Sie sie der Form des zu massierenden Körperteils an. Verstärken Sie den Druck ein wenig, wenn Sie in Herzrichtung streichen, um die Durchblutung und den Lymphstrom zu fördern. Die Bewegungen sollten langsam und gleichmäßig erfolgen. Die Hände sollten auch zwischen den einzelnen Streichbewegungen den Körper des Partners weiterhin berühren.

PETRISSAGE

Diese Bewegungsform besteht aus dem Kneten, Rollen und Anheben der Haut und der Muskeln. Durch diese Stimulierung der unteren Gewebeschichten werden deren Strukturen gekräftigt und gefestigt, die Durchblutung gefördert und der Lymphfluß verbessert. In der Regel massiert man jeweils nur eine Muskelgruppe oder einen einzelnen Muskel.

Mit einer leichten Petrissage behandeln Sie die oberen Muskelschichten, während kräftigeres Kneten auf die tiefer liegenden Muskeln einwirkt. Hierbei werden Verspannungen gelockert, und verhärtetes Gewebe kann von Schlacken befreit werden.

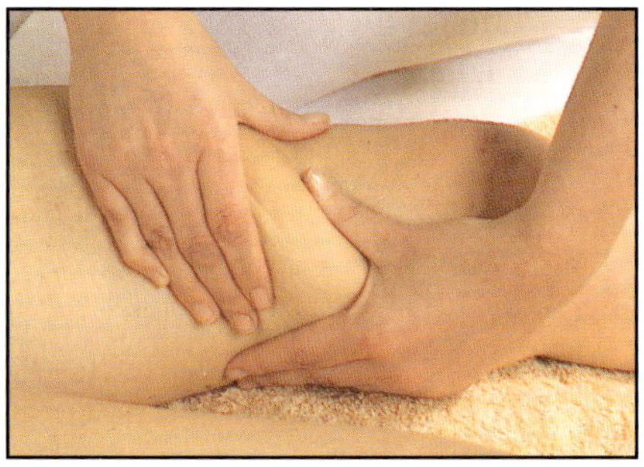

Bei der Petrissage zeigen die Finger von Ihnen weg. Üben Sie mit den Handflächen kräftigen Druck aus, und nehmen Sie den Muskel zwischen Finger und Daumen, wobei der Muskel in Richtung der anderen Hand geschoben wird. Nachdem Sie den Druck der ersten Hand verringert haben, übernimmt die zweite Hand den festen Griff und schiebt den Muskel, wie oben beschrieben, wieder zur ersten Hand zurück.

FRIKTION

Die Friktion besteht aus intensiven kreisförmigen Bewegungen. Mit Daumen, Fingerspitzen oder Fingerknöchel wird ein direkter Druck auf einen bestimmten verspannten Mus-

Bei den kreisförmigen Bewegungen sollten Sie nicht nur über die Hautoberfläche gleiten, sondern wirklich spüren, wie sich das darunterliegende Gewebe bewegt.

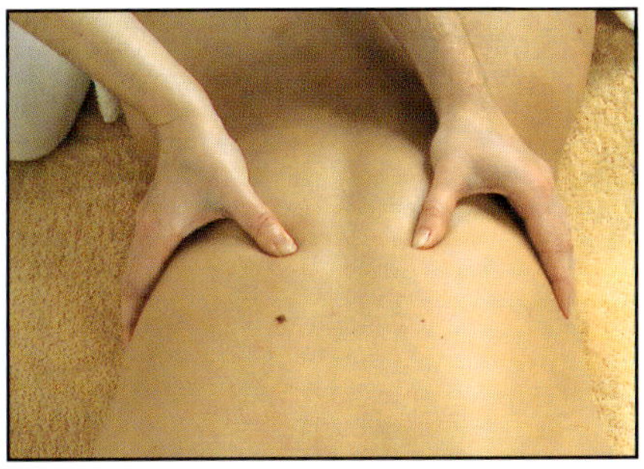

Der Druck kann auch gezielt auf eine Stelle ausgeübt werden. Drücken Sie langsam in den Muskel, und verstärken Sie allmählich und ohne kreisförmige Bewegung den Druck. Halten Sie ihn für einige Sekunden, und nehmen Sie ihn dann langsam zurück.

Eine andere Form der Friktion kann mit den Fingerknöcheln durchgeführt werden; hierbei wird die Hand zu einer losen

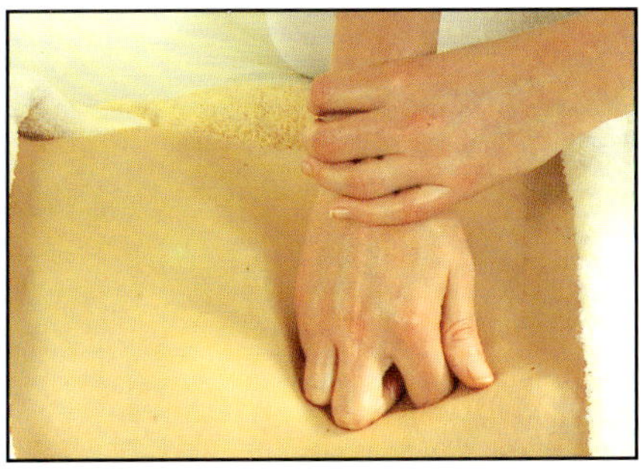

Faust geballt, und die Fingerknöchel beschreiben eine kreisförmige Wellenbewegung. Mit dieser Technik lassen sich Verspannungen an den Seiten der Wirbelsäule oder in anderen Bereichen abbauen. Achten Sie jedoch darauf, nicht direkt die Wirbelsäule zu bearbeiten.

kelbereich ausgeübt. Sie eignet sich besonders für die Behandlung von Gewebeverhärtungen oder Muskelverspannungen am Rücken.

Tapotement

Mit Tapotement bezeichnet man die schnellen Klopfbewegungen. Hierzu gehören das »Klatschen« mit der hohlen Hand, das »Hacken« mit den Handkanten und das »Klopfen« mit den lose geballten Fäusten. Das hört sich zwar schmerzhaft an, ist es aber nicht. (Wenden Sie die Tapotement-Techniken jedoch nicht im Bereich knochiger Stellen oder bei Krampfadern an.) Achten Sie darauf, daß die Hände und Handgelenke dabei locker bleiben. Alle Klopftechniken erfordern schnelle, präzise Bewegungen, bei denen die Hände abwechselnd mit dem Partner in Berührung gebracht werden. Es ist wichtig, daß die Stärke der Klopfbewegungen vom Partner als angenehm empfunden wird und ihm keine Schmerzen bereitet.

Diese Massagetechnik stimuliert die Blutzirkulation und den Muskeltonus; sie kräftigt schlaffes Gewebe und Muskeln und festigt das weiche Gewebe an Gesäß und Hüften, das besonders anfällig für Cellulitis ist.

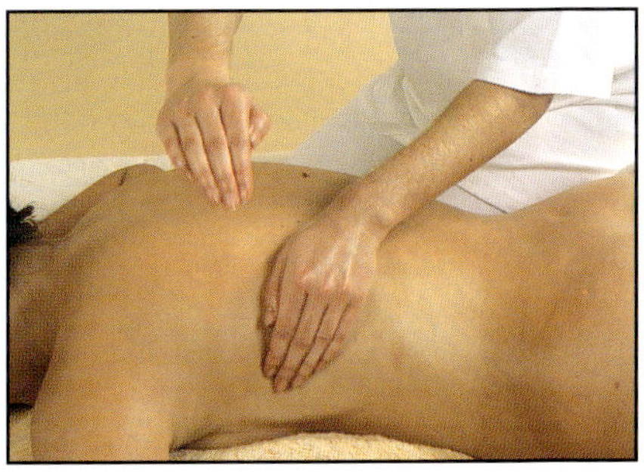

Für die Behandlung mit der hohlen Hand sollte die Hand ab den Fingerknöcheln wie eine Schale geformt werden, wobei die Finger fest geschlossen bleiben. Winkeln Sie die Finger nicht zu sehr an, und führen Sie mit den gewölbten Händen schnelle, federnde Bewegungen durch; hierdurch wird eine Saugwirkung auf der Haut erzeugt. Wenden Sie diese Technik am Rücken, am Gesäß und an den Hüften an.

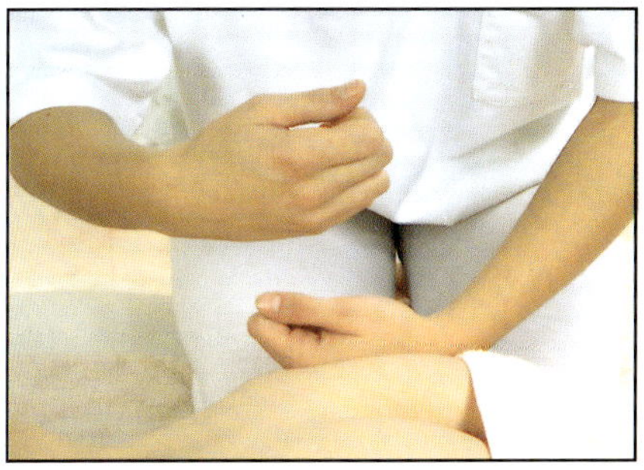

Beim Klopfen mit den lose geballten Fäusten sollten die Handgelenke locker bleiben. Entweder man schlägt mit den Außenseiten der losen Fäuste oder mit den Fingerknöcheln. In beiden Fällen sollten Geschwindigkeit und Rhythmus der Bewegung schnell und kräftig sein. Führen Sie die Bewegung mit beiden Händen abwechselnd aus, ohne den Partner zu heftig zu schlagen. Beschränken Sie sich auf Körperpartien mit weichem Gewebe, insbesondere auf die für Cellulitis anfälligen Hüften, das Gesäß und die Oberschenkel.

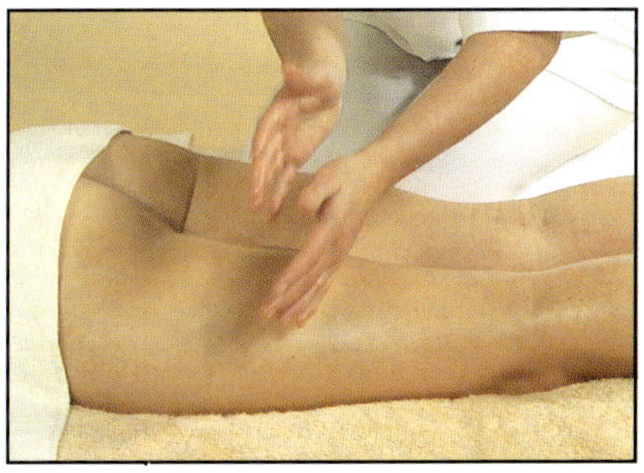

Beim »Hacken« wird abwechselnd mit den Handkanten geschlagen. Üben Sie diese schnelle Hackbewegung, um rhythmisch und zügig arbeiten zu können. Bei dieser Massagetechnik wird mehr mit den Außenkanten der Hand als mit den Fingern gearbeitet. Auf diese Weise wird der Muskeltonus an Gesäß und Oberschenkeln verbessert und überschüssige Gewebeflüssigkeit abgebaut.

Unterbrechen Sie diese schnellen Bewegungen durch die sanfteren Streichbewegungen der Effleurage, und nehmen Sie dann das Klopfen mit den lose geballten Fäusten wieder auf, solange Ihr Partner es als angenehm empfindet.

GANZKÖRPERMASSAGE

Die hier vorgestellte Ganzkörpermassage stellt eine umfassende Bewegungsabfolge von Kopf bis Fuß dar. Auf der Grundlage der klassischen schwedischen Massagetechniken wurde sie speziell für die Anwendung zu Hause entwickelt. Als Anfänger mag Ihnen eine komplette Massage zunächst als zu anstrengend erscheinen. Bis Ihre Hände und Handgelenke kräftig genug sind und Sie gelernt haben, Ihren eigenen Körper zur Durchführung der Massage in die richtige Position zu bringen, sollten Sie zunächst nur an einigen Stellen des Körpers, wie der Rückseite der Beine, dem Rücken oder den Schultern arbeiten. Es ist darüber hinaus für ihren Partner angenehmer, wenn Sie nur eine oder zwei Techniken gründlich durchführen, als die Griffe alle paar Sekunden zu ändern, um sämtliche Schritte zur Anwendung zu bringen. Setzen Sie zu Beginn und am Ende einer jeden Bewegungsabfolge immer die Streichbewegungen der Effleurage ein. Wenn Sie einen Arm oder ein Bein behandelt haben, sollten Sie auch die jeweils andere Seite des Körpers massieren.

BEQUEMLICHKEIT UND KLEIDUNG

Für eine Massage auf dem Boden sollten Sie genügend Decken und Handtücher oder einen Futon ausbreiten, um Ihrem Partner eine feste und bequeme Unterlage zu bieten. Nichts kann die Entspannung mehr erschweren als eine harte Unterlage, ein kalter Raum oder störende Geräusche. Sorgen Sie dafür, daß Sie während der Massage nicht gestört werden. Es kann sein, daß Ihr Partner den Raum kälter empfindet als Sie selbst. So angenehm eine Massage auf dem Boden für Ihren Partner sein mag, Rücken und Knie des Masseurs werden dabei jedoch stark beansprucht. Deshalb kann es durchaus sinnvoll sein, die Massage auf einen entsprechend präparierten Tisch durchzuführen. Ein Bett ist jedoch nicht zu empfehlen, da eine elastische Matratze zu viel vom Druck der Massage auffängt.

Legen Sie einige Handtücher bereit, um diejenigen Bereiche des Körpers abzudecken, die nicht massiert werden und um den Partner warm zu halten. Bedecken Sie insbesondere die Körperstellen mit Handtüchern, die Sie gerade zuvor massiert haben. Ein Kissen oder ein zusammengerolltes Handtuch dienen zur Stützung des Kopfes und können

zusätzlich unter die Knie des Partners gelegt werden, wenn er auf dem Rücken liegt; auf diese Weise bleibt der untere Teil des Rückens entspannt. Wenn sich Ihr Partner auf den Bauch dreht, ist ein Kissen unter der Brust sehr angenehm.

Massieren Sie in bequemer Kleidung und flachen Schuhen mit weichen Sohlen oder barfuß. Ziehen Sie Ringe und anderen Schmuck aus, damit Ihr Partner sich durch nichts gestört fühlt, und achten Sie auf möglichst kurze Fingernägel. Je entspannter Sie als Masseur sind, desto besser. Falls Sie selbst etwas unruhig sind, sollten Sie vor der Massage tief und regelmäßig atmen. Dann machen Sie ein paar Dehnübungen und schütteln Ihre Hände aus, um jegliche Spannung abzubauen.

ÖLE

Es gibt verschiedene Öle, die sich für die Körpermassage eignen. Sie sollten jedoch nur pflanzliche Öle wie zum Beispiel Traubenkern-, Sonnenblumen- oder Mandelöl verwenden; sie sind leicht und kleben nicht. Jojobaöl eignet sich gut für die Gesichtsmassage und besonders für fettige Haut. Vermeiden Sie stark duftende Öle wie etwa Olivenöl. Sie können auch experimentieren und ein wenig Avocado-, Aprikosenkern- oder Pfirsichkernöl untermischen. Die im Handel erhältlichen Massageöle erfüllen jedoch ebenfalls ihren Zweck.

Geben Sie 3–4 Teelöffel (45–60 ml) Öl in eine Tasse oder ein kleines Gefäß, bevor Sie mit der Massage beginnen. Sie werden schnell herausfinden, wieviel Öl Sie auftragen müssen. Die Menge hängt davon ab, wie trocken die Haut ist und wie schnell sie das Öl aufnimmt. In der Regel sollte man nur so viel Öl auftragen, daß die Streichbewegungen mühelos ausgeführt werden können. Wenn Sie während der Massage zusätzliches Öl auftragen müssen, verteilen Sie einfach ein wenig in den Handflächen, und führen Sie einige zusätzliche Effleurage-Bewegungen aus.

VORSICHT

Spezielle Beschwerden sollten von einem erfahrenen Masseur behandelt werden. Massieren Sie niemals direkt auf der Wirbelsäule. Dagegen wirkt eine Massage seitlich des Rückgrats sehr wohltuend.

Wenn Sie unter einer der folgenden Beschwerden leiden, sollten Sie unbedingt auf eine Massage verzichten:

* Herzleiden
* Hoher Blutdruck
* Bakterien- oder Virusinfektion
* Übelkeit oder Bauchschmerzen
* Starke Rückenschmerzen, besonders, wenn stechende Schmerzen in anderen Gliedern auftreten
* Erhöhte Temperatur oder Fieber
* Offene Wunden oder Hautentzündungen
* Krebs

Das gleiche gilt für die Rekonvaleszenz nach Operationen. Falls Sie sich nicht sicher sind, sollten Sie in jedem Fall zuvor einen Arzt befragen.

DIE VOLLSTÄNDIGE MASSAGE-BEHANDLUNG

Vorderseite des Körpers:
1 Beine
2 Füße und Fußknöchel
3 Arme und Hände
4 Brust, Schultern und Nacken
5 Gesicht
6 Bauch und Taille.

Rückseite des Körpers:
7 Beine und Gesäß
8 Rücken und Schultern.

DIE VORDERSEITE DES KÖRPERS

Die Ganzkörpermassage beginnt mit der Vorderseite des Körpers. Ihr Partner sollte also auf dem Rücken liegen; halten Sie Kissen oder zusammengerollte Handtücher bereit, um Kopf oder Beine abzustützen.

BEINE

Da die Beine das gesamte Körpergewicht tragen, sind die Knochen und Muskeln der Beine die längsten und stärksten des Menschen. Eine gute Beinmassage kann nicht nur Schmerzen und Verspannungen in den Beinen abbauen, sondern auch zum Wohlbefinden des ganzen Körpers beitragen. Bekanntlich lassen sich Rückenschmerzen häufig auf Beschwerden in den Beinen zurückführen und können durch eine gute Beinmassage gelindert werden.

Die Beinmassage stimuliert sowohl den Blutkreislauf als auch das Lymphsystem und beugt bei regelmäßiger Anwendung Krampfadern vor. Mögliche Stauungen in den Unterschenkeln lassen sich durch die Streichbewegungen der Effleurage vermindern, wenn sie in Richtung der Lymphknoten in den Kniekehlen und der Leistengegend durchgeführt werden. Falls sich die Beine geschwollen anfühlen, sollten Sie nur sehr wenig Druck ausüben. Eine kräftige Massage der längeren Muskeln an den Oberschenkeln kann Müdigkeit in den Beinen beseitigen und ein träges Lymphsystem anregen. Knochige Bereiche wie die Schienbeine und die Knie sollten Sie jedoch sanfter massieren.

KRAMPFADERN

Falls Ihr Partner Krampfadern hat, müssen Sie folgendes beachten: Krampfadern dürfen nie gepreßt oder mit Druck massiert werden; massieren Sie nur den Bereich der Beine, der höher liegt als die Krampfadern (d. h. Sie massieren nur die näher zum Herzen liegenden Bereiche), aber niemals die Krampfadern selbst oder den Bereich unterhalb der Krampfadern.

EFFLEURAGE

1 *Unten: Knien Sie sich neben den linken Fuß Ihres Partners. Verteilen Sie ein wenig Öl in den Handflächen, und kreuzen Sie die Hände über dem Fußgelenk. Beginnen Sie mit einigen langen Streichbewegungen. Wenn die Beine besonders behaart oder trocken sind, werden Sie wahrscheinlich mehr Öl benötigen; tragen Sie jedoch zu Anfang nicht zuviel auf.*

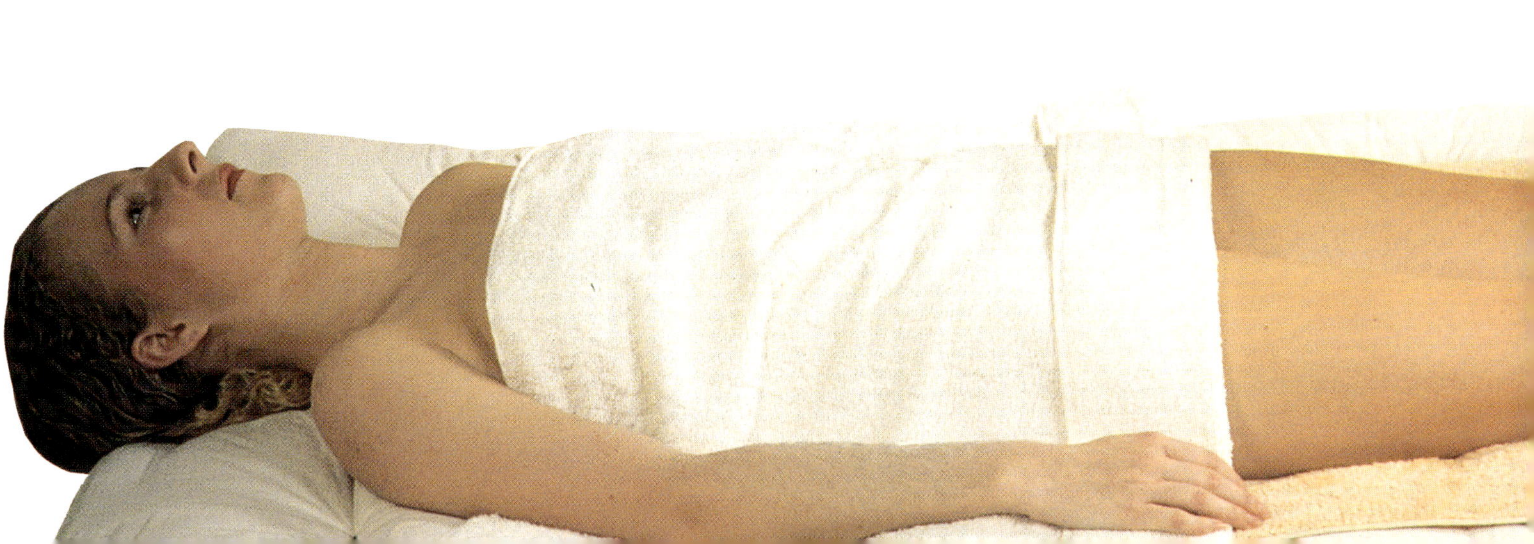

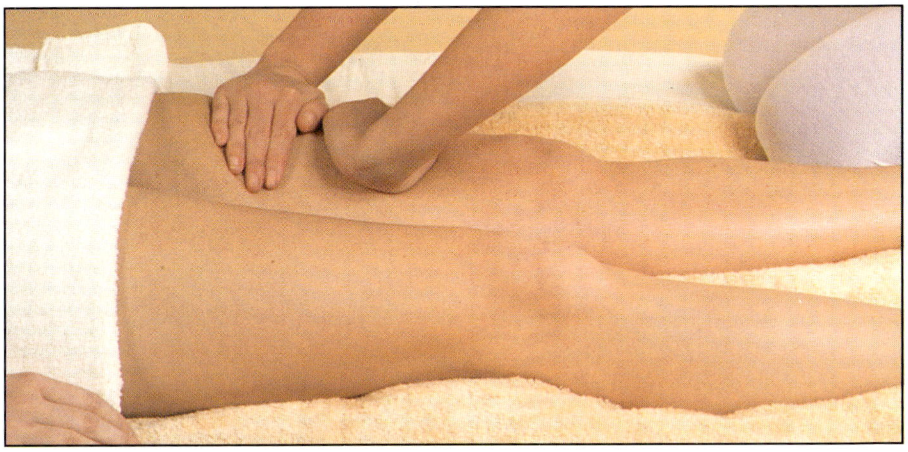

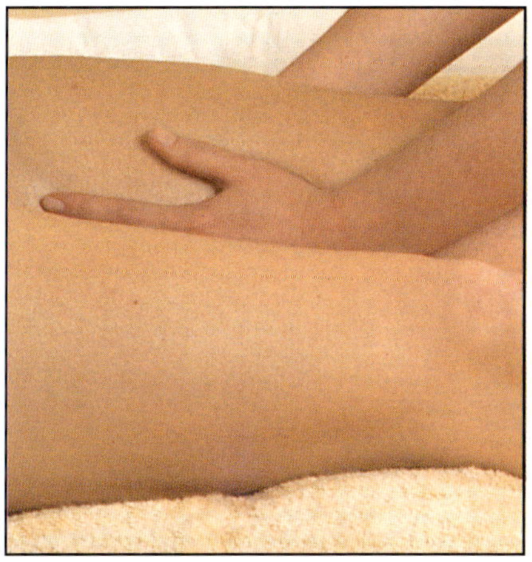

2 Streichen Sie mit noch immer überkreuzten Händen in einer gleichmäßigen Bewegung über Unterschenkel und Knie bis hinauf zum Oberschenkel, so daß die Vorderseite des Beins gleichmäßig mit Öl eingerieben wird.

3 Die Hände streichen bis zum oberen Bereich der Hüfte, dann trennen sie sich und streichen an beiden Seiten des Beins wieder hinab.

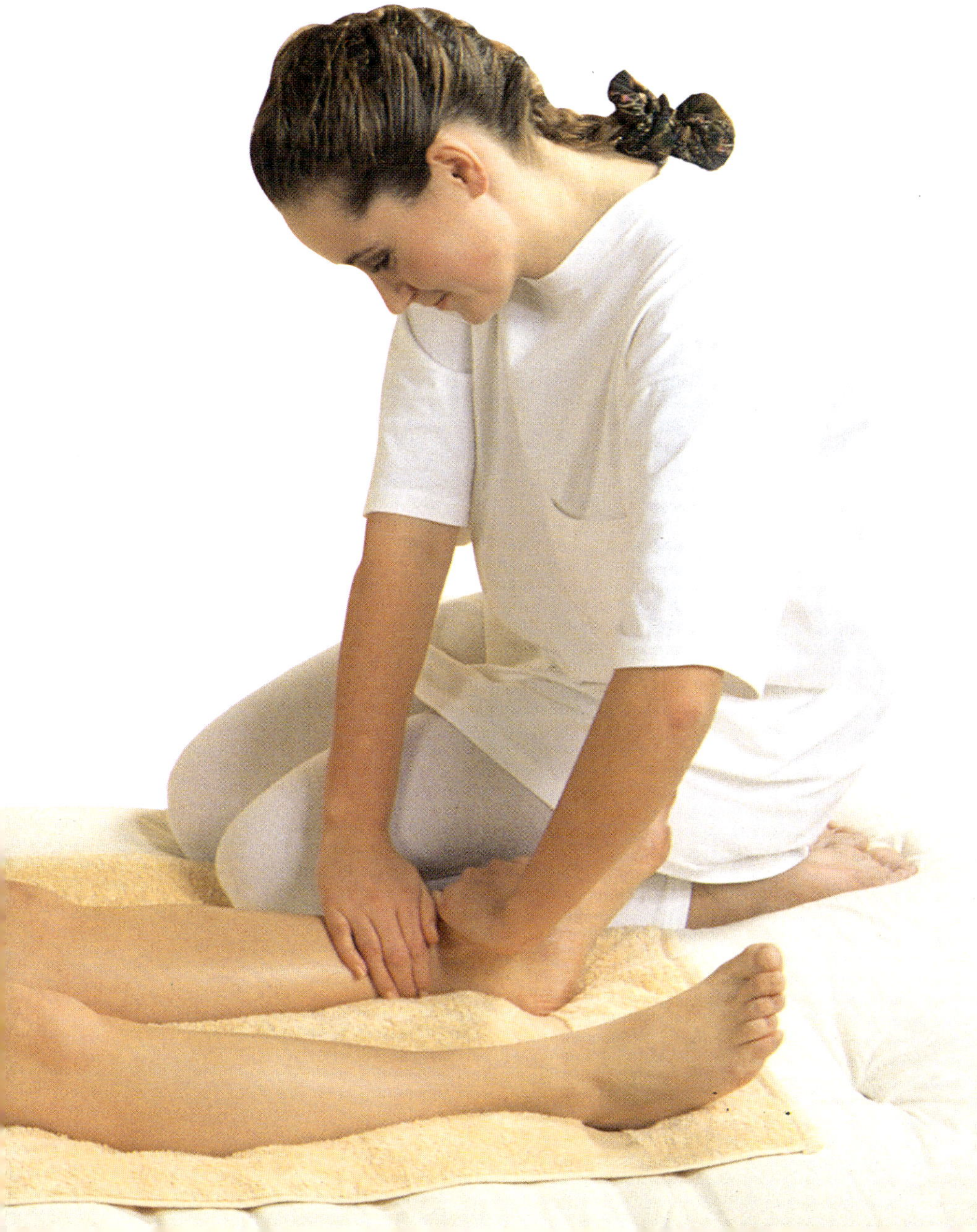

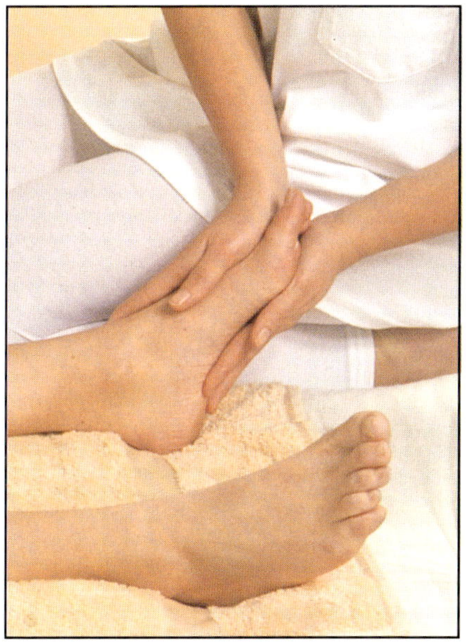

4 An den Fußgelenken angekommen bedecken die Hände die Fußsohle und die Zehen. Legen Sie die überkreuzten Hände dann wieder auf das Fußgelenk, und wiederholen Sie die Aufwärtsbewegung.

Verteilen Sie nötigenfalls zusätzlich Öl, verstärken Sie den Druck bei der Aufwärtsbewegung ein wenig, und verringern Sie ihn auf dem Rückweg. Das Streichen sollte immer sanft und regelmäßig sein.

Wiederholen Sie die gesamte Abfolge noch ein weiteres Mal.

OBERSCHENKEL

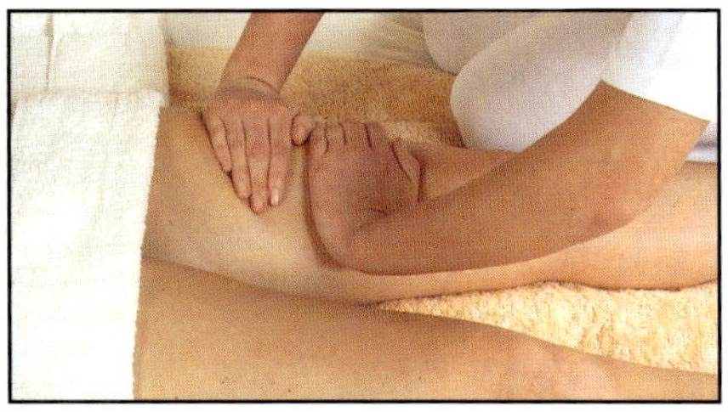

1 Legen Sie beide Hände unmittelbar über dem Knie auf den Oberschenkel, und streichen Sie in einer Aufwärtsbewegung über das Bein, wobei die Muskeln kräftig in Richtung Hüfte geschoben werden.

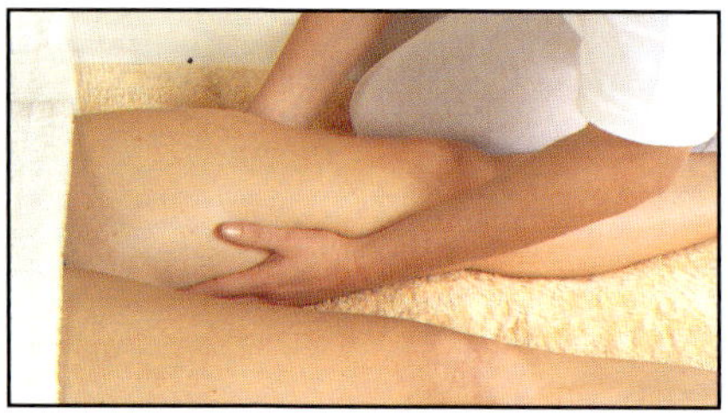

2 Am Ende des Oberschenkels trennen sich die Hände und streichen mit geringerem Druck an beiden Seiten des Beins bis zum Knie hinab.

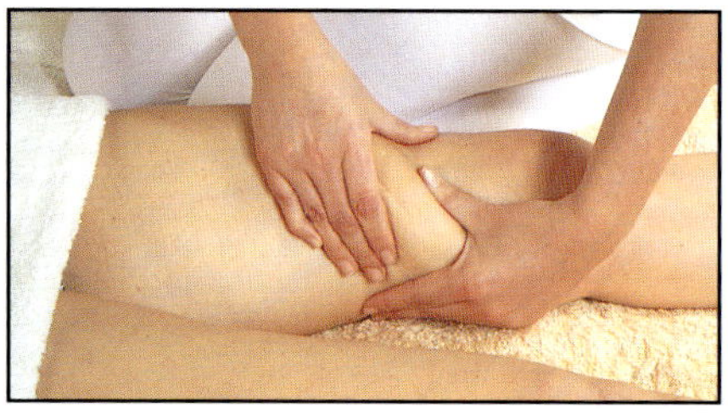

3 Anschließend kneten Sie mit beiden Händen die Innenseite des Oberschenkels. Drücken Sie die Muskeln in einer rhythmischen Knetbewegung zusammen, die Sie über die Oberseite bis zur Außenseite des Oberschenkels fortsetzen.

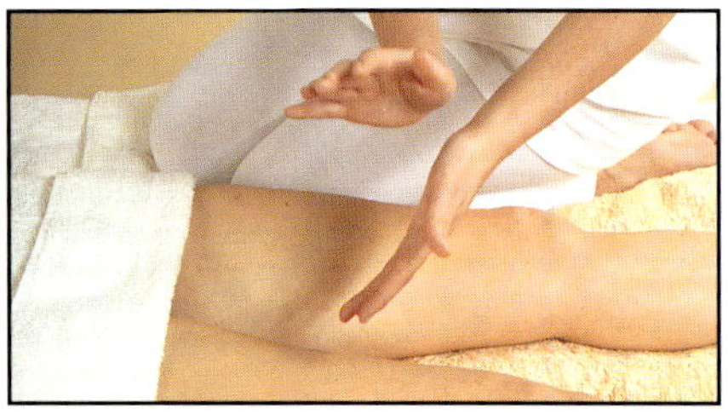

4 Dann bearbeiten Sie den Oberschenkel mit kurzen, kräftigen und schnellen Bewegungen mit den Handkanten.

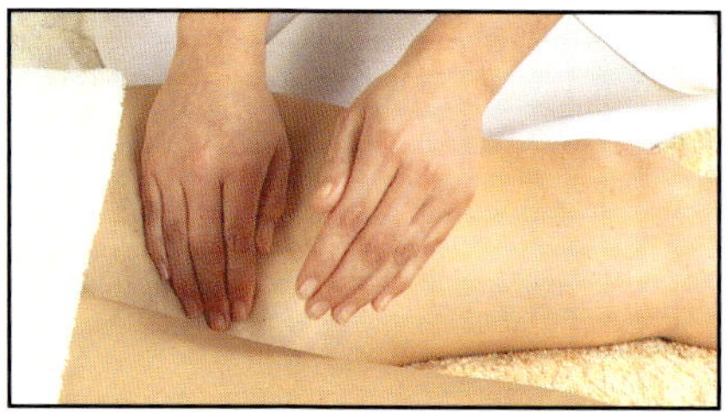

5 Massieren Sie den gesamten Oberschenkel in schneller Abfolge mit den gewölbten Handflächen. Dabei kann ein ziemlich lautes Klatschgeräusch entstehen. Vergewissern Sie sich bei Ihrem Partner, ob Sie die Schläge zu stark ausführen.

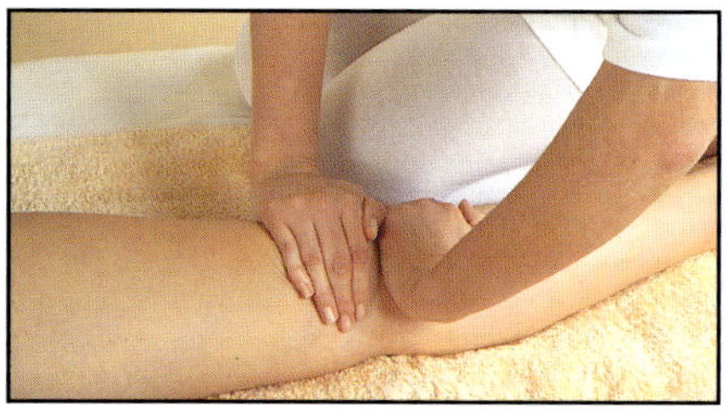

6 Streichen Sie vom Knie aus mit einigen Effleurage-Bewegungen den Oberschenkel hinauf, wobei die Hände zunächst nach außen und dann wieder zurück zum Knie streichen, um die massierten Stellen nach den stimulierenden Bewegungen wieder zu beruhigen.

KNIE

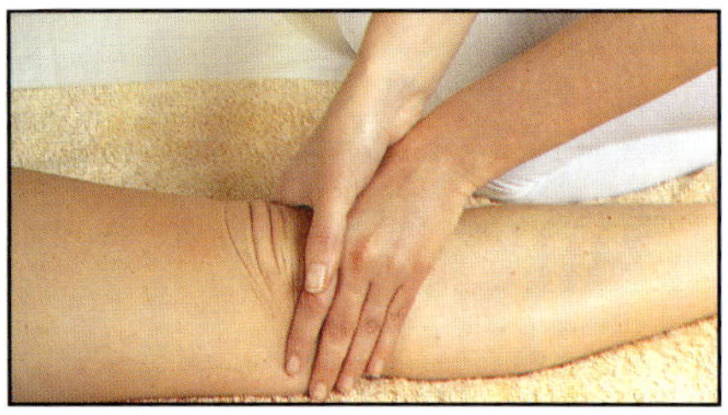

1 Legen Sie beide Hände unmittelbar unter das Knie. Massieren Sie leicht um die Kniescheibe herum, und drücken Sie mit den Fingerspitzen sanft in die Muskeln. Wiederholen Sie diese Bewegung dreimal.

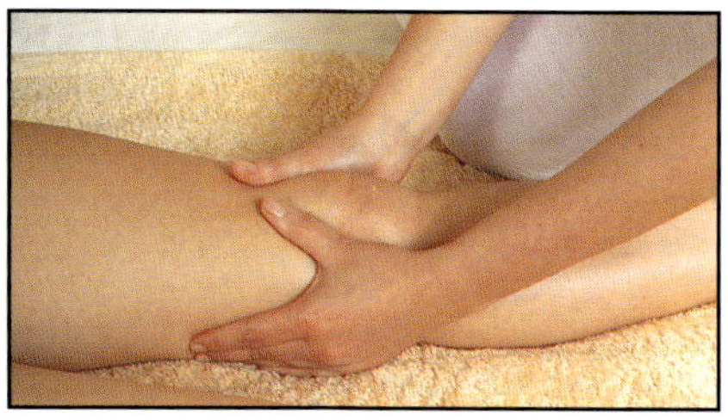

2 Beginnen Sie mit den Daumen oberhalb der Kniescheibe. Die Hände liegen unter dem Knie; ziehen Sie die Daumen langsam über die Außenseite der Kniescheibe. Wiederholen Sie diese Bewegung dreimal.

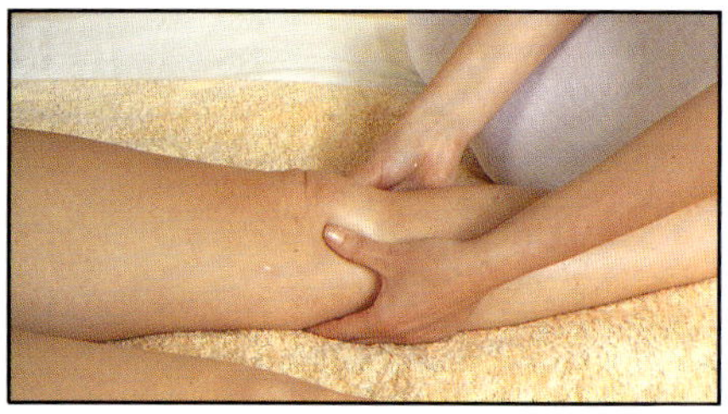

3 Kreisen Sie mit den Daumen in einer Abwärtsbewegung sanft um die Kniescheibe. Kehren Sie zum Ausgangspunkt oberhalb der Kniescheibe zurück, und wiederholen Sie die Bewegung dreimal.

4 Rechts: Umfassen Sie das Knie mit einer Hand. Dann massieren Sie den Bereich um die Kniescheibe herum und lockern die Muskeln mit Daumen und Fingern. Führen Sie sanfte Kreisbewegungen aus.

Stützen Sie dabei das Handgelenk der aktiven Hand mit der freien Hand.

Beenden Sie die Massage mit einigen Streichbewegungen vom Fußgelenk bis unmittelbar unter die Kniescheibe und wieder zurück zum Fußknöchel. Wiederholen Sie diese Bewegung einige Male.

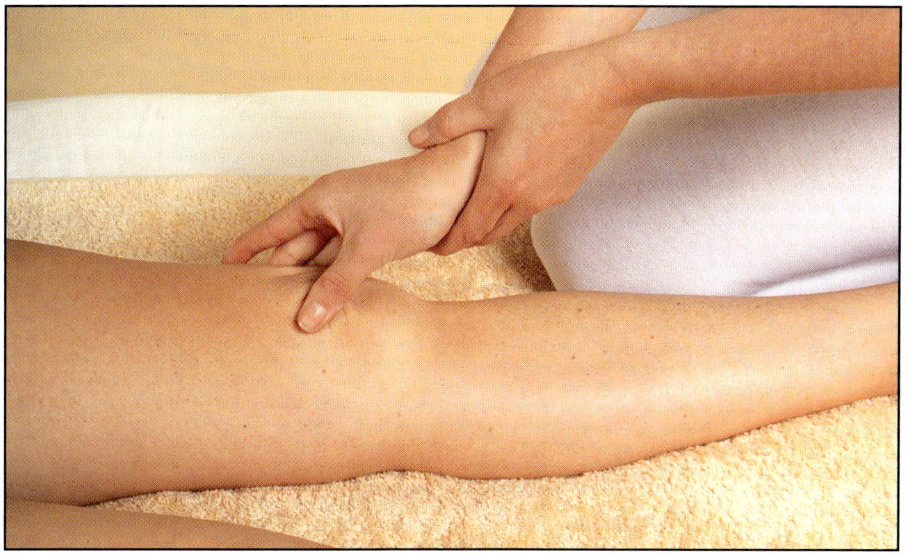

WADEN

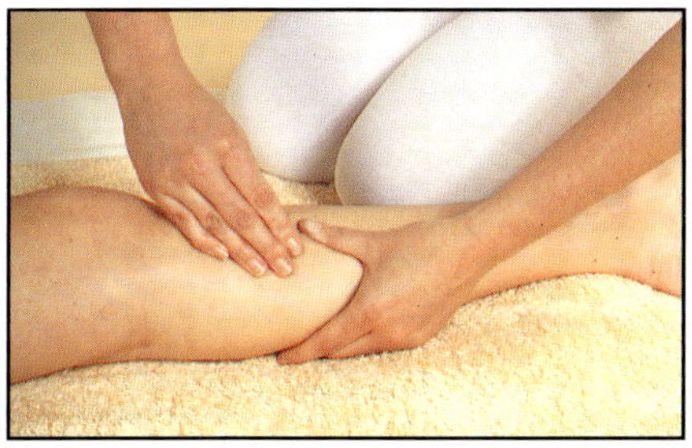

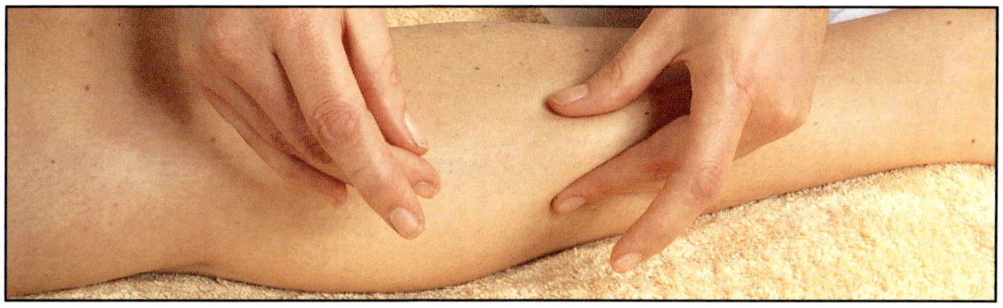

1 Kneten Sie die Wadenmuskeln. Arbeiten Sie sich vom Fußknöchel hinauf bis zum Knie, wobei Sie die Muskeln gleichmäßig zusammendrücken.

2 Zupfen Sie die Wadenmuskulatur schnell und leicht mit Daumen und Fingern, wobei die zweite Hand der ersten folgt. Vergewissern Sie sich, daß Sie Ihren Partner nicht zu fest kneifen, obwohl diese Massage deutlich spürbar sein muß, um wirksam zu sein.

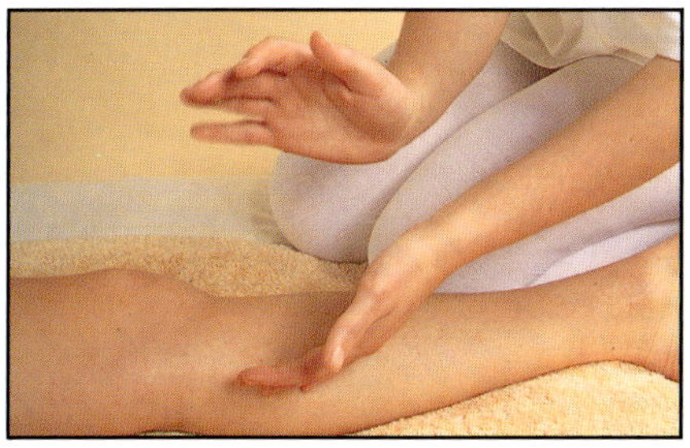

3 Schlagen Sie abwechselnd mit den Handkanten rhythmisch die Wadenmuskeln entlang des gesamten Unterschenkels aufwärts und abwärts, ohne dabei das knochige Schienbein zu berühren. Achten Sie auf kurze, schnelle Schlagbewegungen.

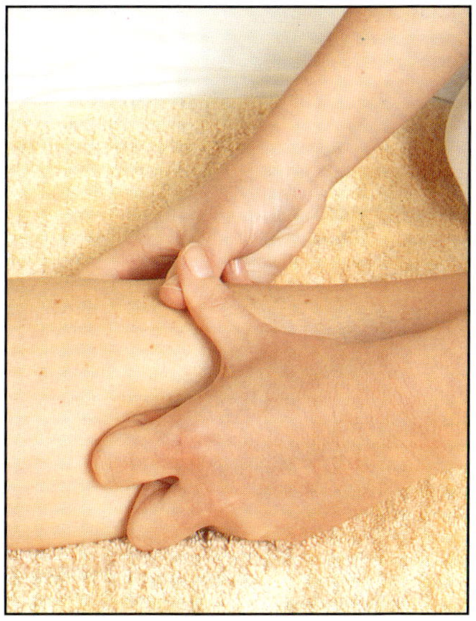

4 Links: Beginnen Sie am Fußgelenk, und kreuzen Sie Ihre Daumen zur Stütze über dem Schienbein; führen Sie mit den Fingerknöcheln halbkreisförmige Knetbewegungen entlang der Wade in beide Richtungen durch.

Beenden Sie die Beinmassage mit einigen Streichbewegungen vom Fußgelenk bis zum Oberschenkel.

FÜSSE UND FUSSGELENKE

Besonders entspannend ist eine Fußmassage im Anschluß an die Massage der Beine. Sie kann nervöse Anspannungen und Streß abbauen, die Durchblutung und das Nervensystem anregen, Schlaflosigkeit lindern und bei Müdigkeit und Erschöpfung neue Energie schenken. Denn in den Füßen – und insbesondere in den Fußsohlen – befinden sich Tausende von Nervenenden. Versuchen Sie, auch die Fußgelenke in die Massage einzubeziehen, um deren Beweglichkeit zu erhöhen.

Passen Sie den Druck Ihrer Bewegungen den Bedürfnissen Ihres Partners an. Stärkerer Druck wirkt anregend, wohingegen sanftere Bewegungen die Entspannung des gesamten Körpers fördern. Bei der Arbeit an den Füßen verwendet man am besten nur sehr wenig Öl, weil man sonst zu leicht abrutscht. Neigen die Füße Ihres Partners zur Schweißbildung, nehmen Sie statt dessen ein wenig Talkumpuder.

Bevor Sie mit der Fußmassage beginnen, sollten Sie das Knie Ihres Partners mit einem zusammengerollten Handtuch ein wenig erhöhen, um die Muskeln um das Knie herum und im unteren Rückenbereich zu entlasten.

FÜSSE UND FUSSGELENKE

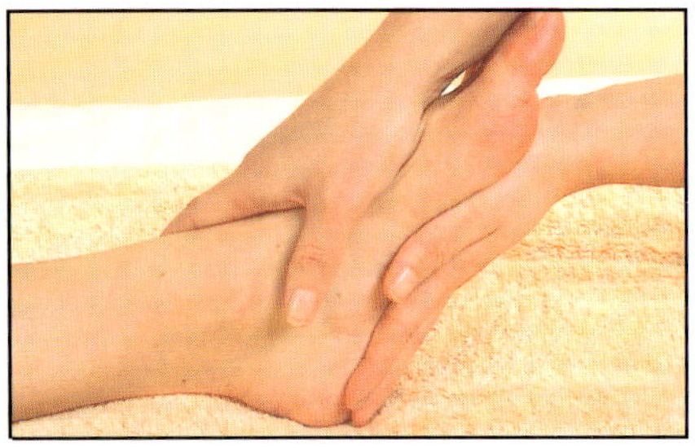

1 *Knien Sie sich zu Füßen Ihres Partners. Beginnen Sie mit den Händen am Fußgelenk, und gleiten Sie sanft zu den Zehenspitzen. Dann setzen Sie wieder am Fußgelenk an und wiederholen diese Bewegung einige Male. Mit dieser Bewegung können Sie das verwendete Öl auftragen.*

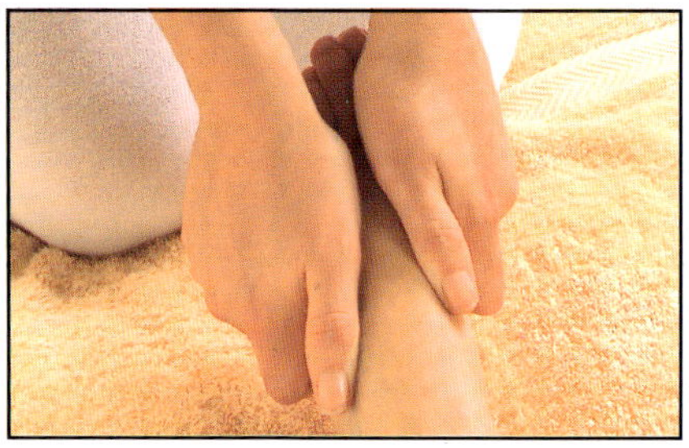

2 *Dann strecken Sie den Spann kräftig mit beiden Handballen, indem Sie die Handballen zu den Seiten des Fußes ziehen. Wiederholen Sie die Bewegung einige Male, wobei Sie die Handballen immer weiter in Richtung der Zehen verlagern.*

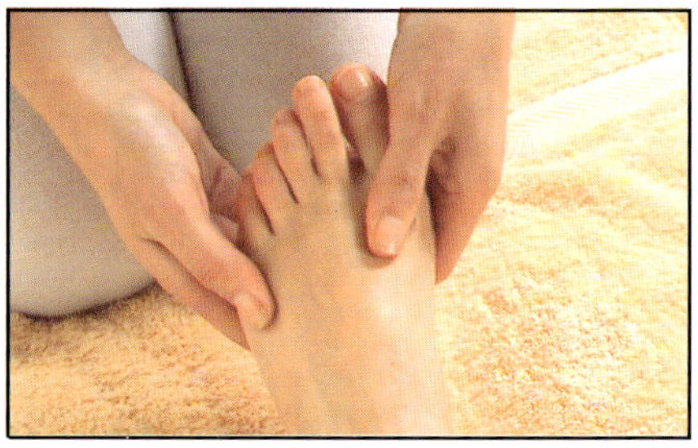

3 *Nun nehmen Sie den Fuß in beide Hände und suchen die Bereiche zwischen den Sehnen. Streichen Sie mit den Daumen in kleinen, kreisförmigen Bewegungen die Sehnen hinauf in Richtung Fußgelenk. Wiederholen Sie diese Bewegung an jeder Sehne dreimal.*

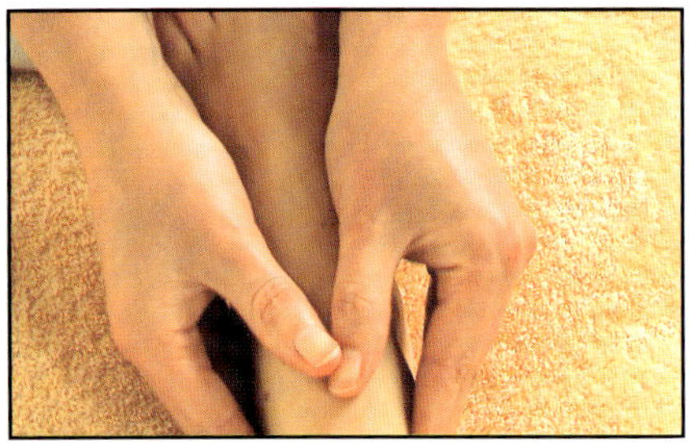

4 *Legen Sie die Daumen über Kreuz auf das Fußgelenk, und massieren Sie mit den Fingern den Fußknöchel mit kleinen, kreisförmigen Bewegungen.*

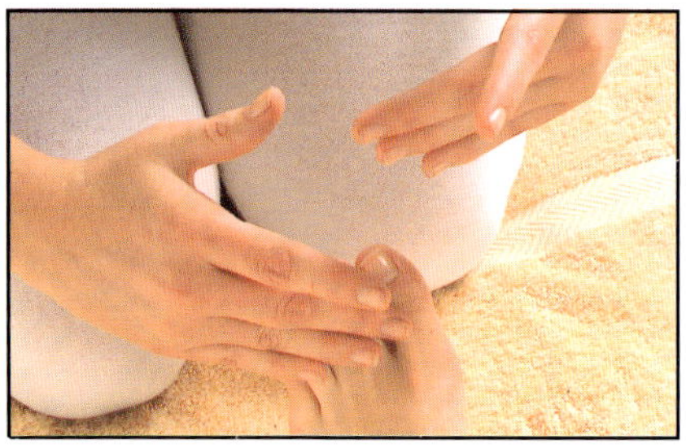

5 *Dann klopfen Sie mit den Fingern leicht auf die Zehen.*

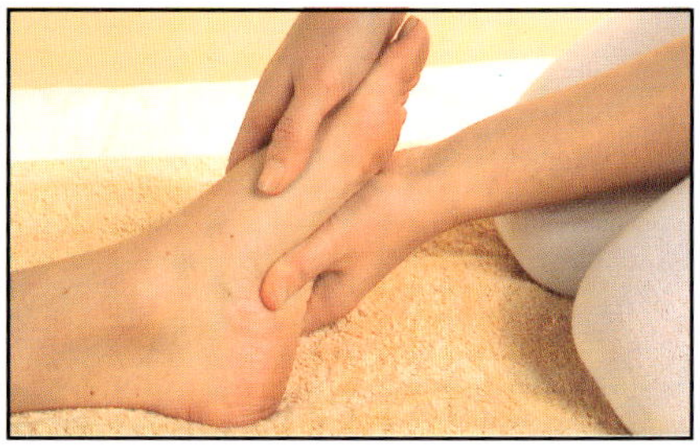

6 *Kneten Sie jetzt den Fuß kräftig. Arbeiten Sie dabei mit den Handballen, den Fingerknöcheln und den Daumen.*

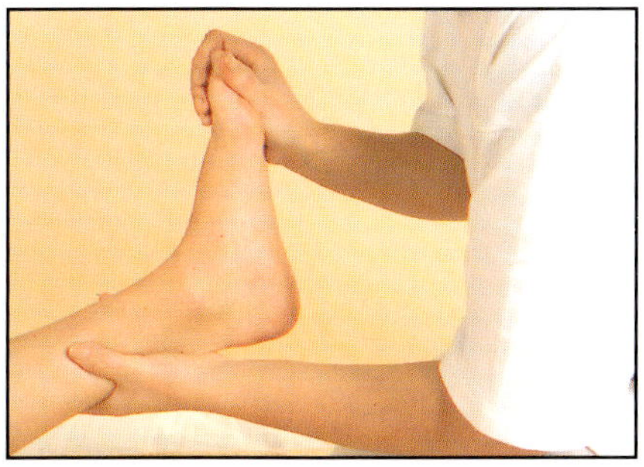

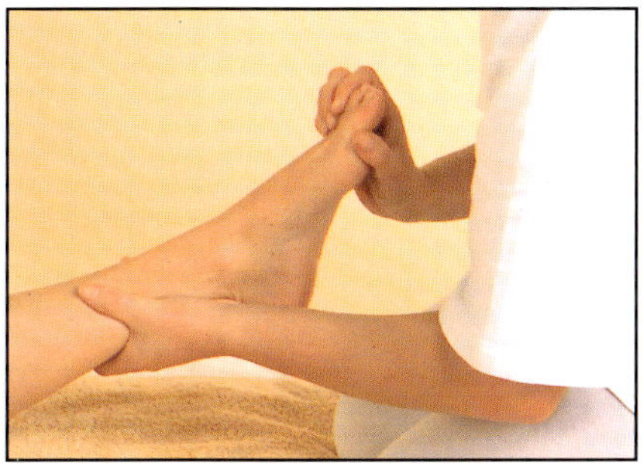

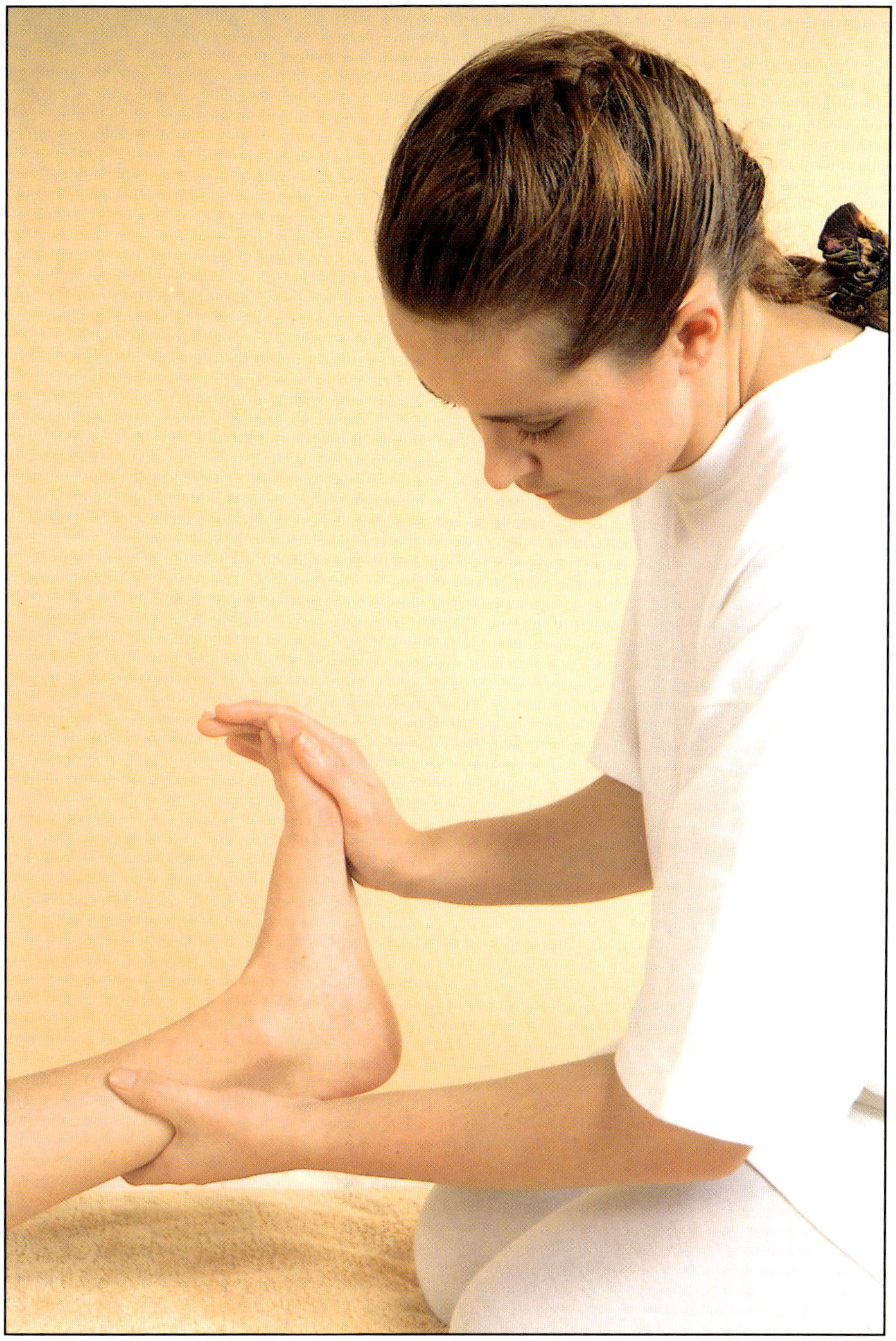

7,8 Halten Sie den Unterschenkel mit der linken Hand, und drehen Sie den Fuß sanft, ohne Kraft, dreimal in jede Richtung.

9 Rechts: Strecken Sie den Fuß sanft nach vorne und zurück, um die Sehnen zu dehnen. Dazu halten Sie den Unterschenkel mit der linken Hand und drücken den Fuß mit der rechten Hand über den Zehen leicht von sich weg. Für die Streckung in die entgegengesetzte Richtung legen Sie die Hand auf den Spann und drücken den Fuß nach unten.

10 Beenden Sie die Massage an Fuß und Fußknöchel mit einigen langen Streichbewegungen von der Spitze des Fußes über den Unterschenkel hinauf zum Knie und wieder zurück. Wiederholen Sie diese Bewegung mehrere Male, und variieren Sie dabei den Druck.

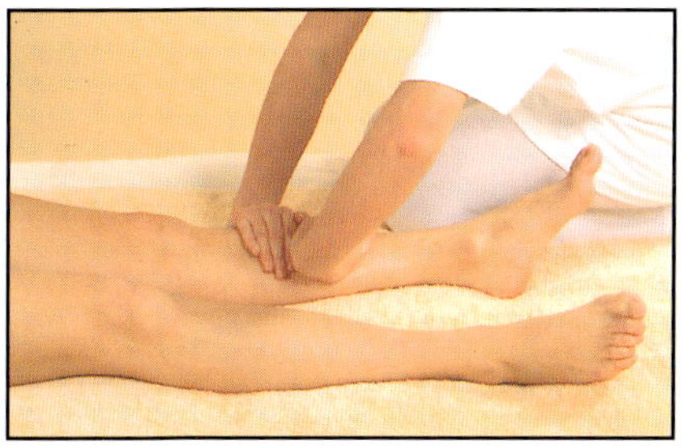

Gehen Sie nun um Ihren Partner herum, und knien Sie sich auf die andere Seite. Wiederholen Sie die gesamte Abfolge am anderen Bein.

ARME UND HÄNDE

Arme und Hände können Indikatoren für den Gemütszustand eines Menschen sein. Starre Arme oder zusammengeballte Hände verraten oft Unsicherheit oder aufgestaute Wut. Diese Verspannungen in den Armen können Schmerzen in Kopf, Nacken und Schultern erzeugen. Eine Massage der Hand ist fast ebenso wohltuend wie eine Fußmassage. Auch in den Händen sammeln sich Spannungen, und erst eine Massage macht Ihnen wieder bewußt, wie gut sich entspannte Hände anfühlen können. Doch eine Massage der Arme und Hände dient nicht nur der Lockerung der Muskeln, sondern auch dem Abbau aufgestauter Gefühle. Ihr Partner wird die angenehme Erfahrung machen, wie schön es ist, sich völlig zu lösen.

ARME

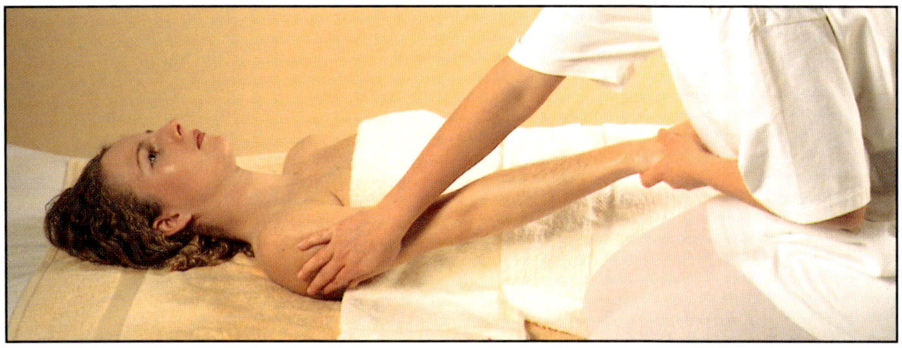

1 *Knien Sie sich rechts neben Ihren Partner auf Höhe der Körpermitte. Halten Sie das Handgelenk mit Ihrer linken Hand, und tragen Sie mit sanften Effleurage-Bewegungen ein wenig Öl auf. Beginnen Sie am Handgelenk, und streichen Sie mit der Hand bis hinauf zur Schulter, um sie herum und wieder abwärts. Wiederholen Sie diese Bewegung dreimal.*

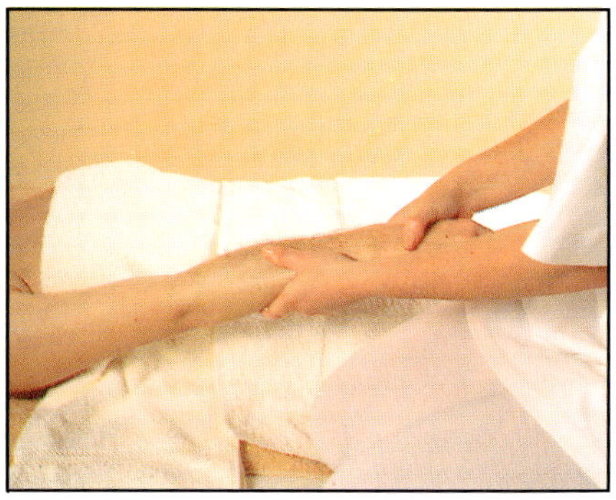

2 *Wechseln Sie nun die Hände, so daß das Handgelenk Ihres Partners in Ihrer rechten Hand liegt; streichen Sie mit der linken Hand sanft vom Handgelenk zur Schulter und wieder zurück. Wiederholen Sie diese Bewegung einige Male.*

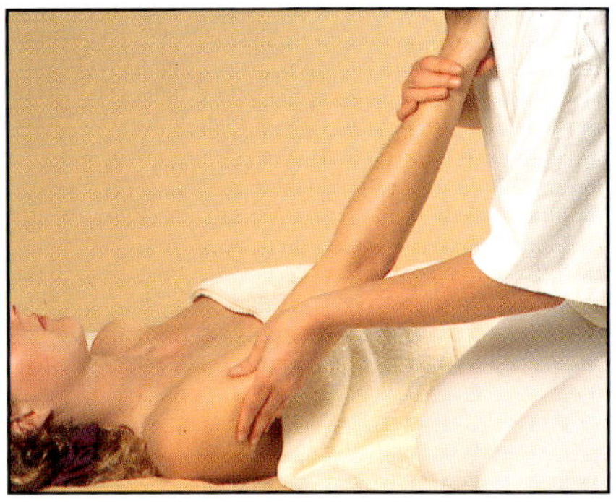

3 *Dann heben Sie den Arm Ihres Partners an und legen seine Hand auf Ihre rechte Schulter. Halten Sie das Handgelenk des Partners mit Ihrer rechten Hand und kneten Sie mit der linken die Muskeln des Oberarms vom Ellbogen hin zur Schulter.*

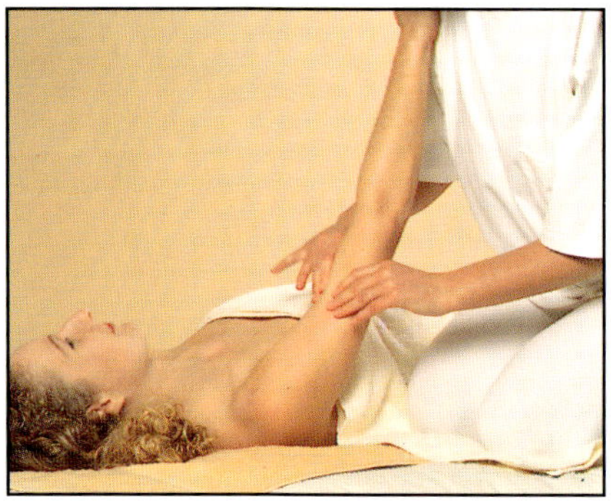

4 *Die Hand des Partners liegt noch immer auf Ihrer Schulter. Setzen Sie nun die Knetbewegung mit beiden Händen fort.*

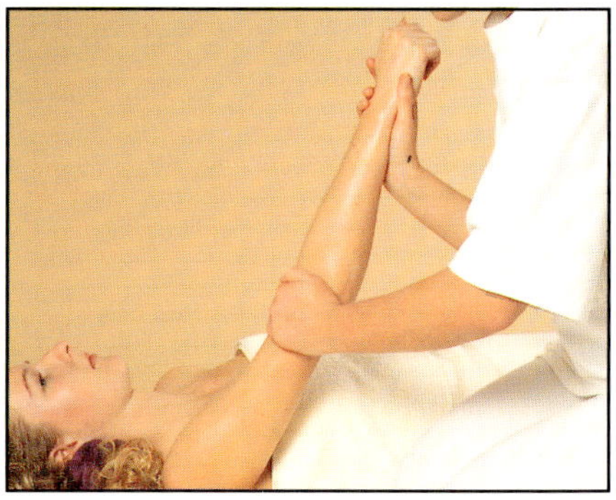

5 *Nun halten Sie den Arm mit der rechten Hand vor Ihrer Brust und streichen sanft vom Ellbogen hinauf zur Schulter und wieder zurück. Wiederholen Sie die Bewegung dreimal.*

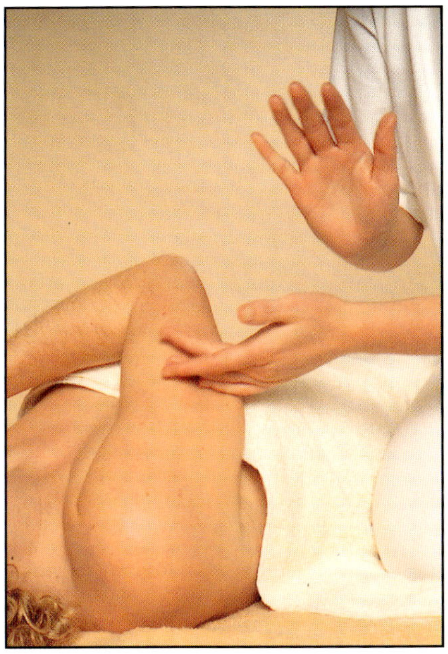

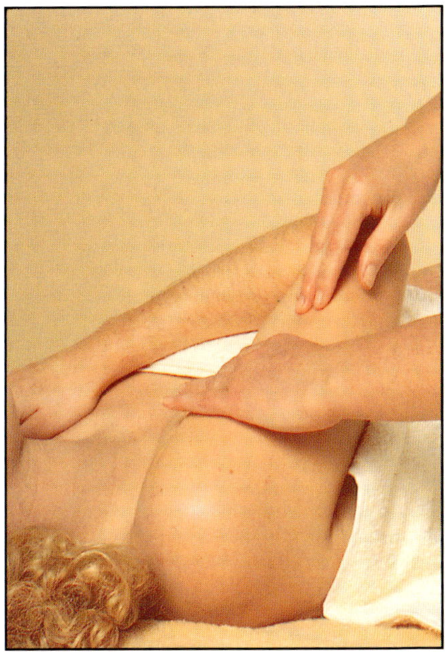

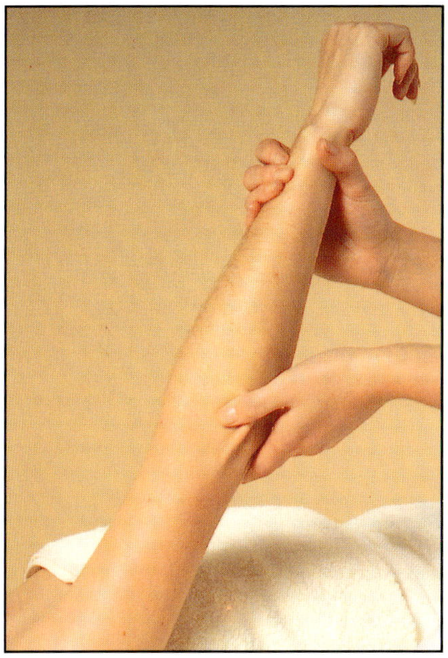

6 *Beugen Sie den Arm Ihres Partners, und legen Sie seine rechte Hand auf seine linke Schulter. Führen Sie mit den Handkanten einige kurze, schnelle Hackbewegungen an der Außen- und der Unterseite des Arms durch.*

7 *Der Arm des Partners ist noch immer gebeugt; kneten Sie die Muskeln des Oberarms kräftig durch, und stabilisieren Sie den Arm dabei mit Ihrer linken Hand.*

8 *Dann nehmen Sie das Handgelenk des Partners in Ihre rechte Hand und massieren die Außenseite des Ellbogens mit Fingern und Daumen in sanften Kreisbewegungen. Wenn die Ellbogen besonders trocken sind, empfiehlt es sich noch ein wenig Öl aufzutragen.*

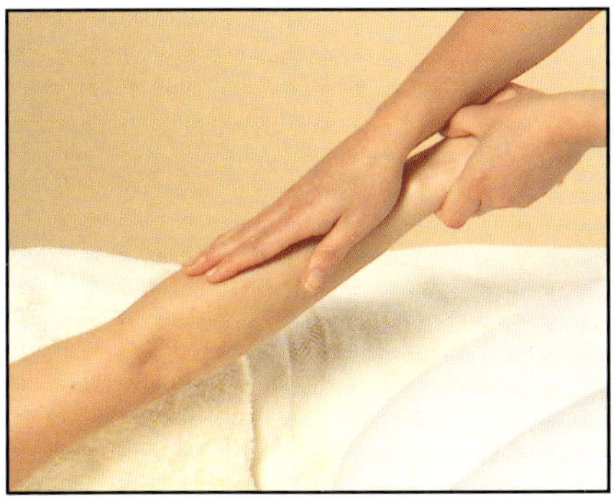

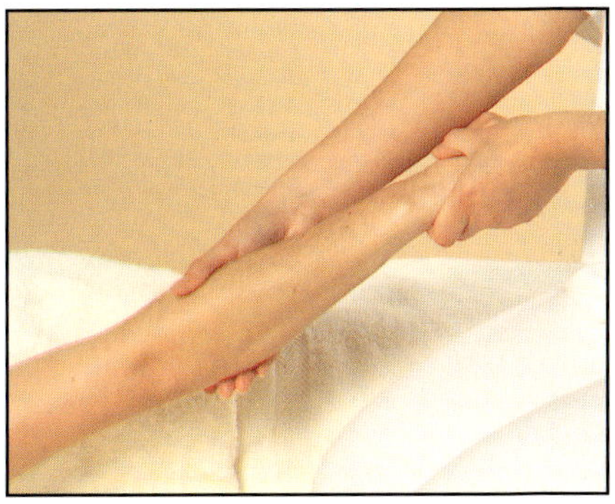

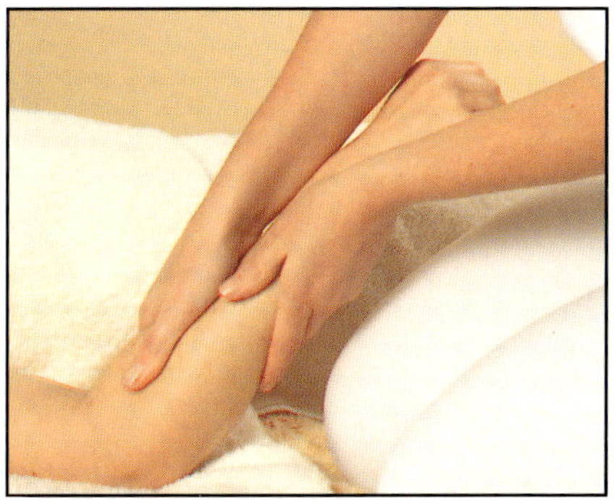

9 *Halten Sie das Handgelenk des Partners mit Ihrer linken Hand, und führen Sie Streichbewegungen am Unterarm entlang aus; üben Sie dabei relativ kräftigen Druck aus.*

10 *Wiederholen Sie diese Streichbewegungen an der Innenseite des Unterarms.*

11 *Dann legen Sie den Ellbogen Ihres Partners auf das Handtuch zurück und halten den Unterarm mit Ihrer linken Hand. Kneten Sie mit der rechten Hand vom Handgelenk ab die Innenseite des Unterarms bis zum Ellbogen; gleiten Sie danach wieder sanft hinab zum Handgelenk, und wiederholen Sie diese Bewegung dreimal.*

Beenden Sie die Massage des Arms mit einigen leichten Effleurage-Bewegungen, und gehen Sie dann zur Massage von Hand und Handgelenk über (siehe nachfolgende Seiten), bevor Sie den anderen Arm massieren.

HÄNDE UND HANDGELENKE

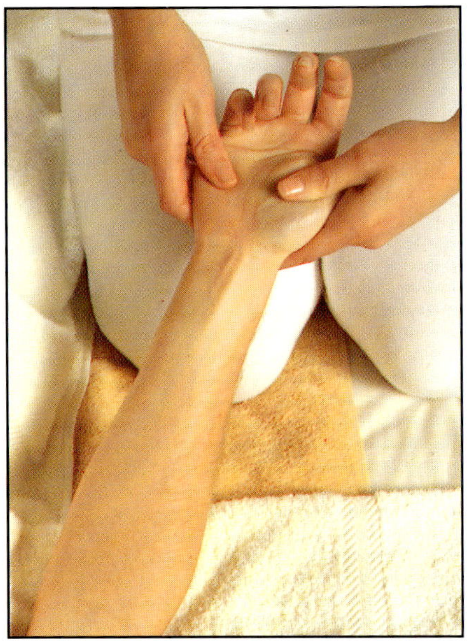

1 *Nehmen Sie die Hand Ihres Partners in beide Hände, und kneten Sie mit den Daumen sanft seine Handinnenfläche. Die Bewegung sollte fließend und kreisförmig sein und der Druck von beiden Daumen abwechselnd ausgeübt werden.*

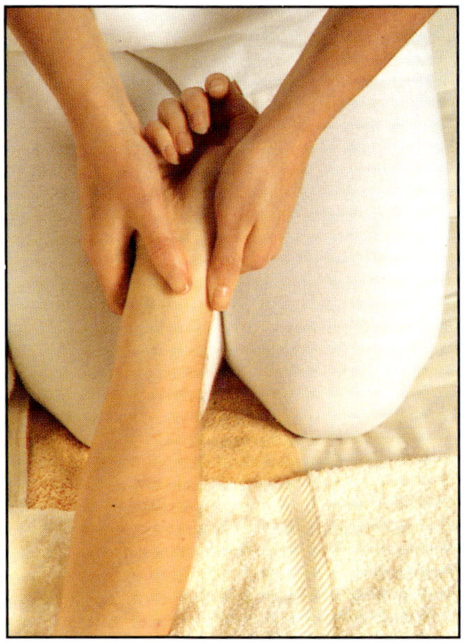

2 *Nun legen Sie Ihre Hände unter das Handgelenk des Partners und streichen mit den Daumen nach außen um das Handgelenk herum. Dann führen Sie die Daumen mit kleinen Kreisbewegungen an der Innenseite des Unterarms hinauf zum Ellbogen.*

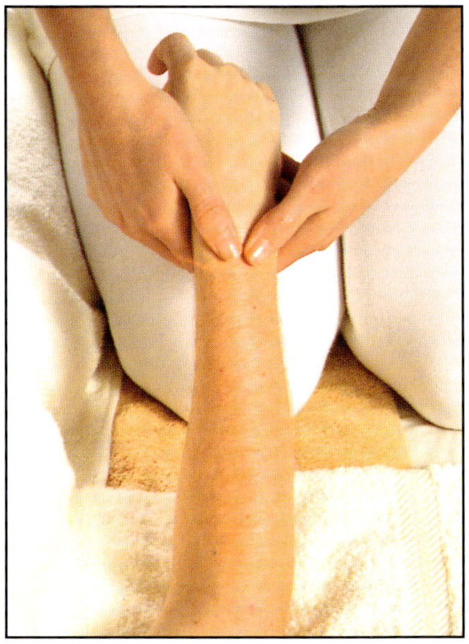

3 *Drehen Sie die Hand Ihres Partners um, und umfassen Sie das Gelenk. Massieren Sie nun sanft mit den Daumen die Oberseite des Handgelenks.*

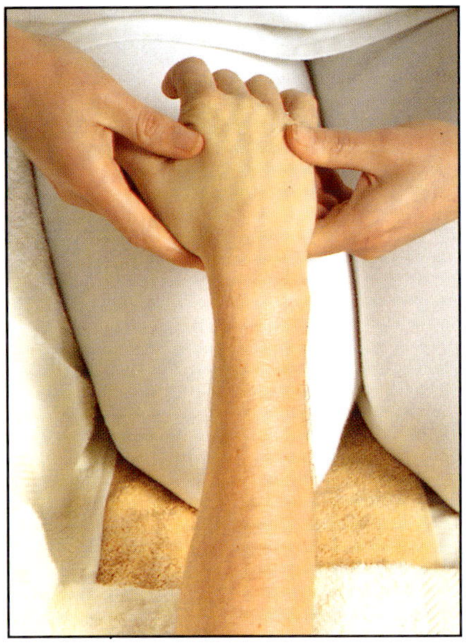

4 *Streichen Sie mit Kreisbewegungen die Bereiche zwischen den Sehnen auf dem Handrücken mit den Daumen von den Knöcheln zum Handgelenk. Wiederholen Sie die Bewegung in jedem Zwischenraum zweimal.*

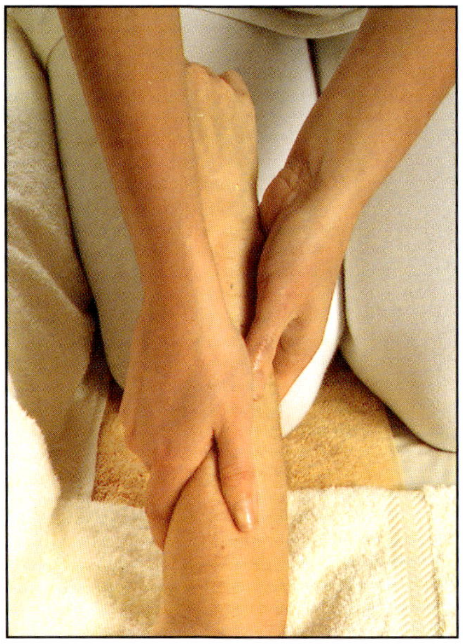

5 *Nun streichen Sie mit beiden Händen abwechselnd vom Handgelenk hinauf zum Ellbogen. Üben Sie dabei einen relativ kräftigen Druck aus. Wiederholen Sie die Bewegung einige Male.*

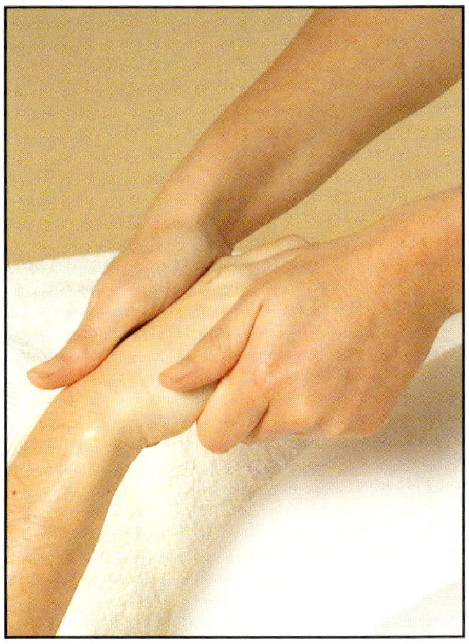

6 *Kehren Sie nun zur Hand zurück, und strecken Sie den Handrücken, indem Sie Ihre Hände kräftig zu den Seiten ziehen.*

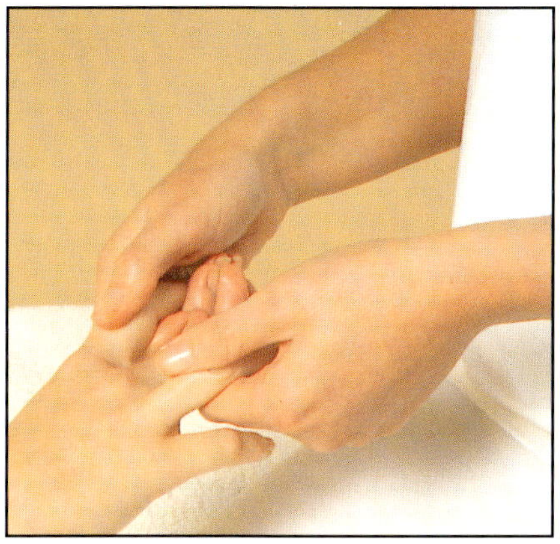

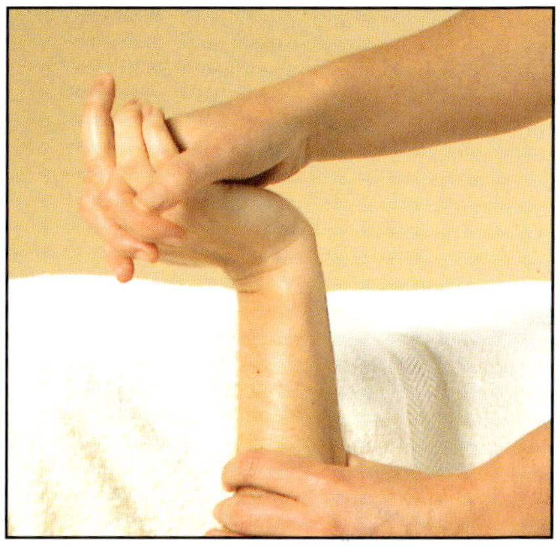

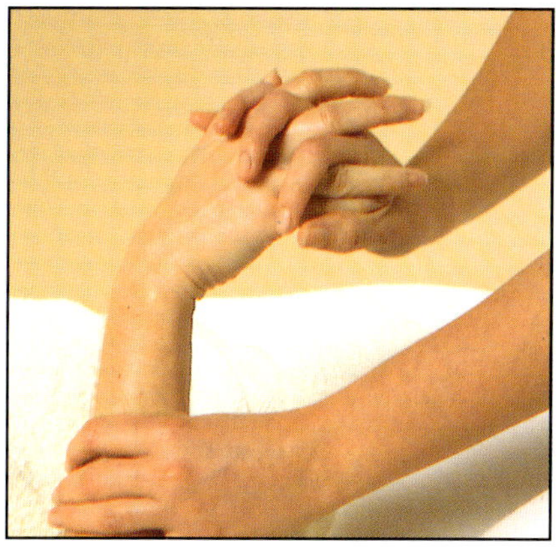

7 Bewegen Sie mit sanftem Druck die drei Gelenke jedes Fingers in kleinen Kreisen. Beginnen Sie an den Fingerspitzen. Anschließend drehen Sie den Finger sanft zweimal hin und her und strecken ihn leicht.

8 Nun heben Sie den Unterarm des Partners an und halten ihn mit Ihrer linken Hand; legen Sie Ihre rechte Hand in die Hand Ihres Partners, und drehen Sie sie sanft in einem Halbkreis, dreimal in jede Richtung.

9 Halten Sie noch immer den Unterarm Ihres Partners, und verschränken Sie Ihre Finger mit denen des Partners; bewegen Sie das Handgelenk sanft vorwärts und rückwärts. Das Handgelenk muß dabei ganz locker sein.

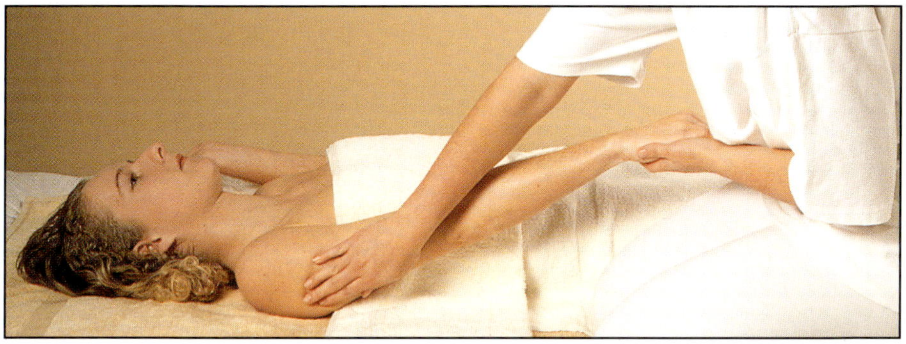

10 Oben: Beenden Sie die Massage des Arms mit sanften Streichbewegungen vom Handrücken bis zur Schulter.

11 Unten: Halten Sie die Hand Ihres Partners einige Sekunden zwischen beiden Händen, bevor Sie den Arm langsam nach unten führen und loslassen.

Gehen Sie um den Partner herum, und wiederholen Sie die Massage am linken Arm.

BRUST, SCHULTERN UND NACKEN

Die Brust sollte nach der Massage der Arme und vor der Behandlung des Gesichts massiert werden. Nicht nur das gebeugte Sitzen an einem Tisch, sondern auch das Sitzen am Steuer eines Wagens, das Tragen schwerer Einkaufstaschen und eine schlechte Haltung führen zu Verspannungen der Brustmuskulatur, die sich wiederum auf die Muskulatur im Nacken- und Schulterbereich negativ auswirken. Viele Menschen haben die Angewohnheit, die Schultern hochzuziehen, bis sie völlig verspannt und verhärtet sind. Die folgende Massage kann zur Linderung der daraus resultierenden Schmerzen beitragen.

Fragen Sie Ihren Partner zunächst, ob es für ihn mit einem kleinen Kissen oder mit einem zusammengerollten Handtuch unter dem Kopf bequemer ist. Der Nacken muß entspannt auf der Unterlage ruhen. Knien Sie sich nun hinter den Kopf Ihres Partners, und beginnen Sie mit der Massage.

BRUST

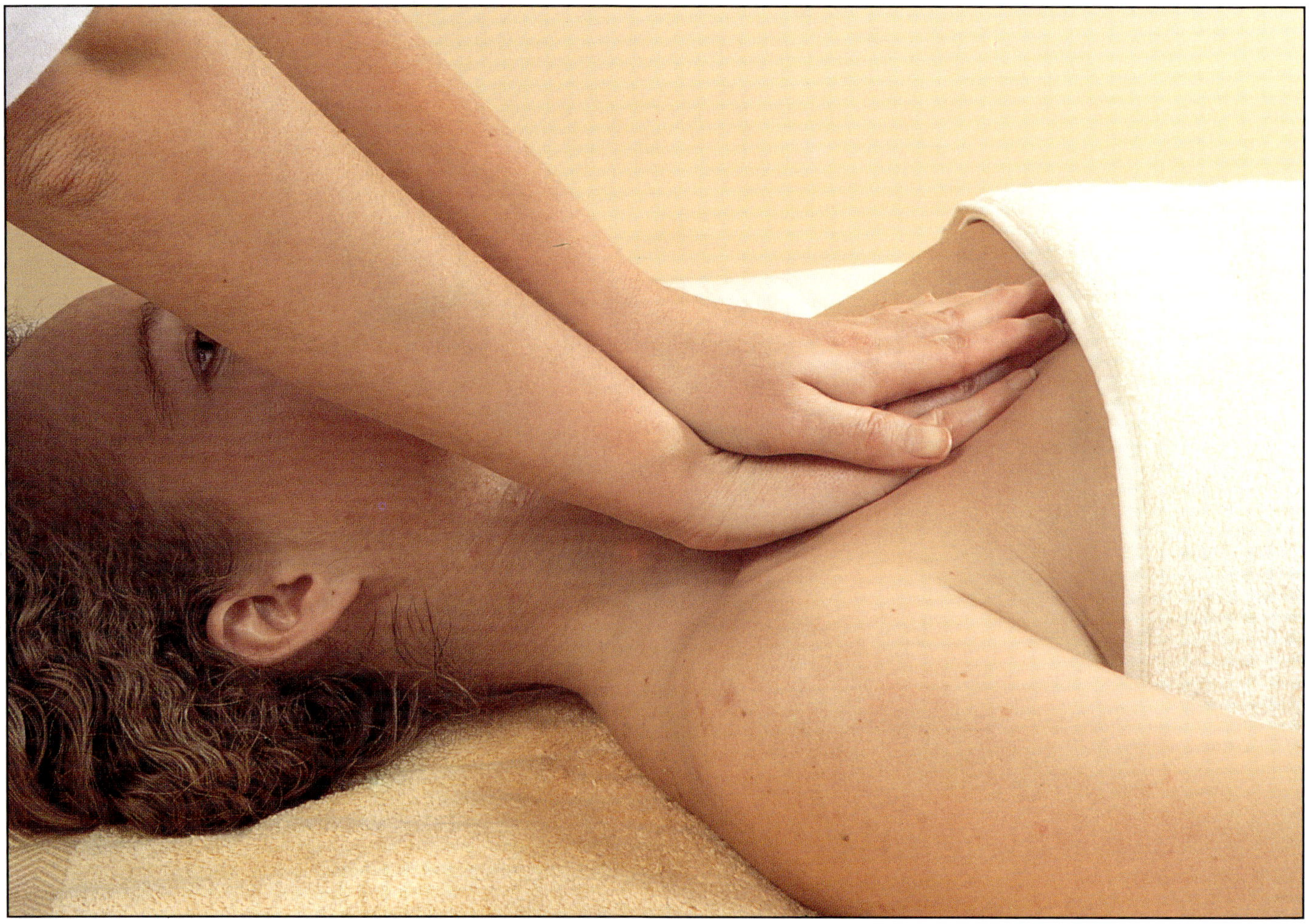

1 *Geben Sie etwas Öl in die Innenflächen ihrer Hände, und legen Sie sie flach übereinander (die linke Hand liegt auf der rechten) auf die Brust des Partners, wobei die Fingerspitzen zu den Füßen zeigen. Führen Sie zunächst auf der rechten Seite der Brust kräftige Streichbewegungen durch.*

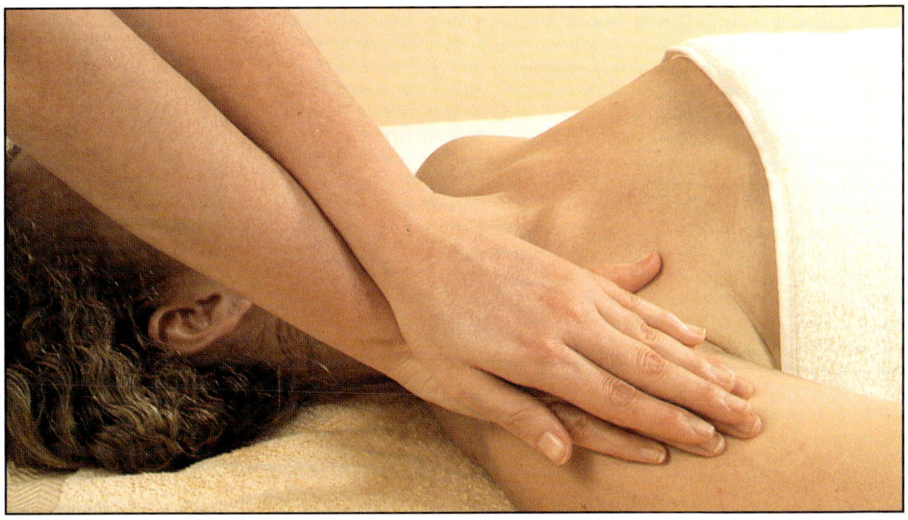

2 Streichen Sie mit den übereinandergelegten Händen in einer gleichmäßigen Bewegung über die Brust zur Schulter und um diese herum. Dabei sollten Sie genügend Druck ausüben, so daß die Hände leicht nach oben federn, wenn Sie den Druck wegnehmen. Wiederholen Sie die Bewegung dreimal.

3 Streichen Sie mit beiden Händen um den Nacken herum und hinauf zum rechten Ohr.

Wiederholen Sie die gesamte Bewegungsabfolge zweimal, wobei Sie jeweils in der Brustmitte beginnen.

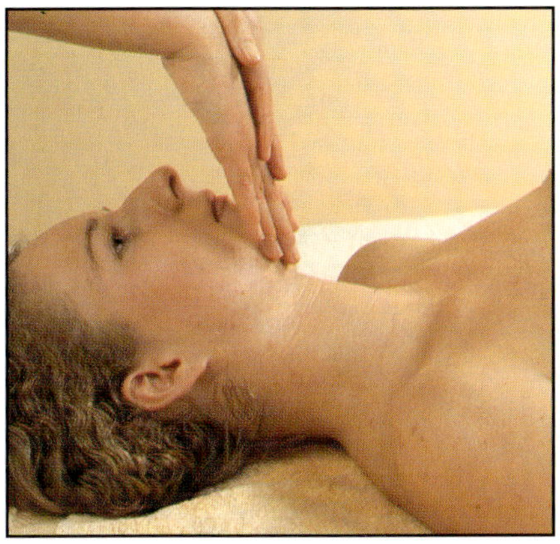

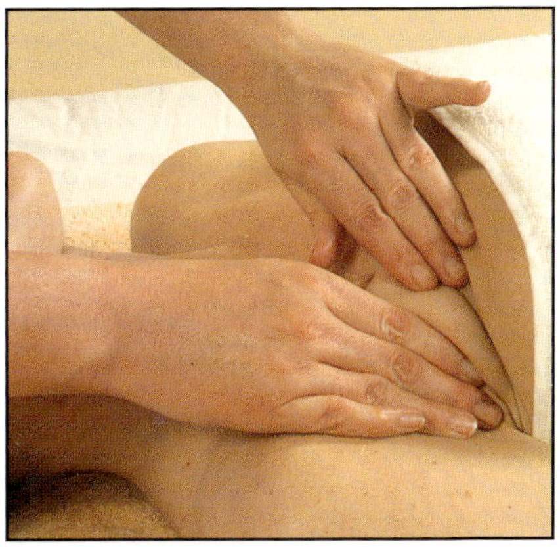

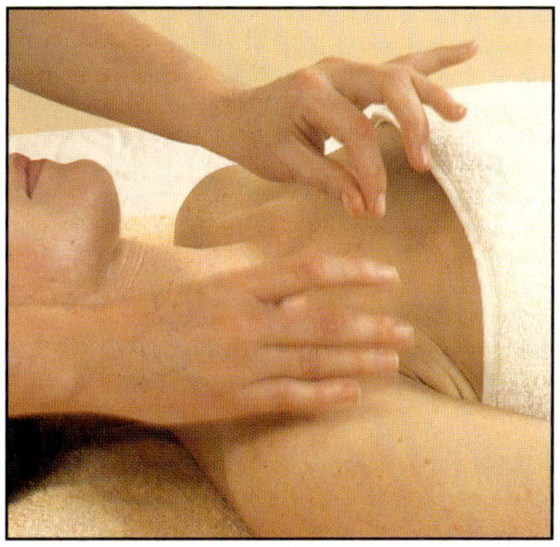

4 Wiederholen Sie diese Streichbewegung noch einmal; beenden Sie sie jetzt, indem Sie beide Hände zum Unterkieferknochen hochziehen und in der Mitte des Kinns kurz verharren.

5 Kneten Sie mit beiden Händen das Gewebe über der Achselhöhle. Ziehen Sie die Muskeln abwechselnd hoch, wobei Sie sie von einer Hand zur anderen schieben.

6 Anschließend zupfen Sie diese Muskelpartie leicht mit Daumen und Zeigefinger. Wechseln Sie mit der linken und rechten Hand in schneller, rhythmischer Folge ab, und vergewissern Sie sich, daß der Partner die Massage als angenehm empfindet.

Wiederholen Sie die Streichbewegungen von der Mitte der Brust zur rechten Seite des Nackens in einer gleichmäßigen, ununterbrochenen Bewegung, um den massierten Bereich wieder zu beruhigen.

Bevor Sie die gesamte Abfolge im linken Brust- und Hals-Nacken-Bereich wiederholen, geben Sie erneut ein wenig Öl in Ihre Handflächen.

SCHULTERN UND NACKEN

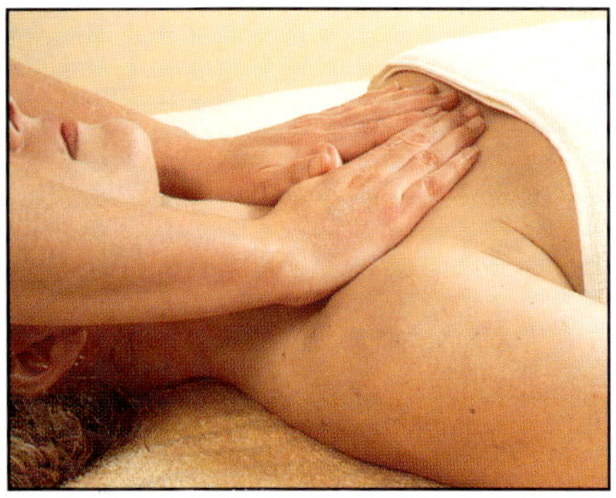

1 Legen Sie beide Hände nebeneinander fest auf die Brust Ihres Partners.

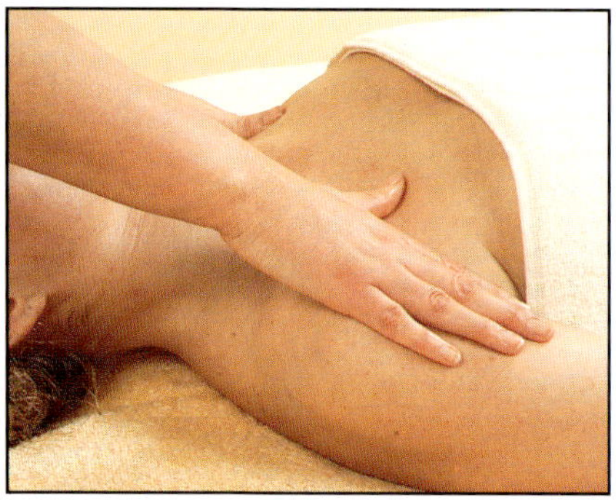

2 Nun führen Sie die Hände mit kräftigen Streichbewegungen zu den Schultern, um diese herum hinauf zum Nacken.

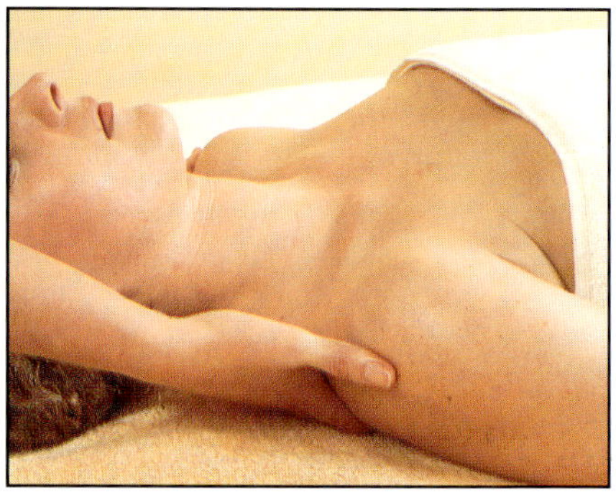

3 Wenn Sie vom Rücken hinauf zum Nacken streichen, heben Sie den Partner leicht an.

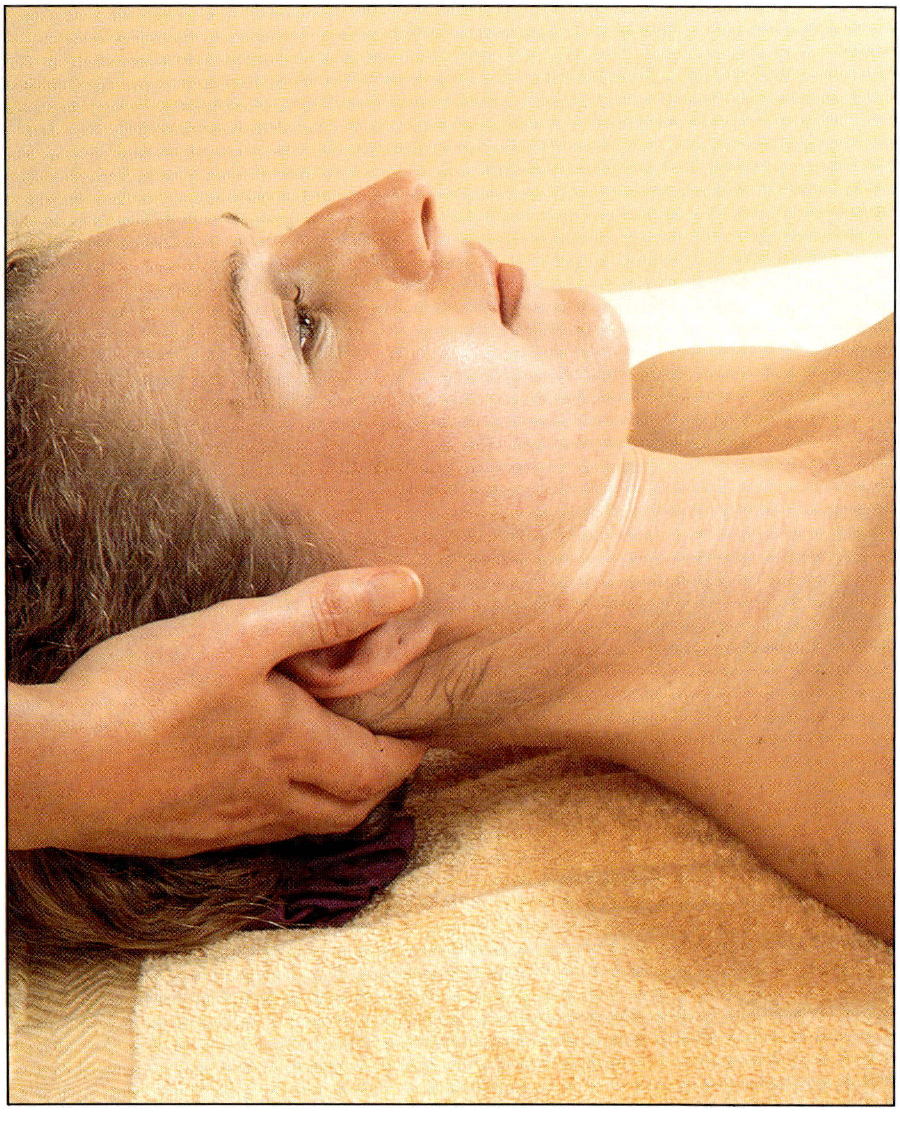

4 Links: Kreisen Sie mit den Fingerspitzen kräftig im Nacken bis zum Schädelansatz hinauf. Bei den kleinen, kräftigen Kreisbewegungen sollten Sie spüren, wie die verhärteten Muskeln weicher werden. Widmen Sie diesem Körperbereich einige Zeit, da er häufig völlig verspannt ist.

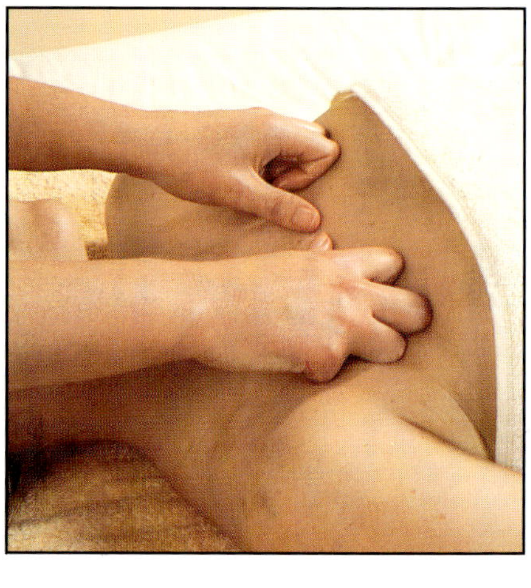

5 Dann reiben Sie mit den Fingerknöcheln in kleinen, halbkreisförmigen Bewegungen über den gesamten oberen Bereich der Brust. Achten Sie auf möglichst kleine Halbkreise, und üben Sie einen etwas stärkeren Druck auf die weicheren Bereiche aus, vermeiden Sie aber eine direkte Massage des Schlüsselbeins.

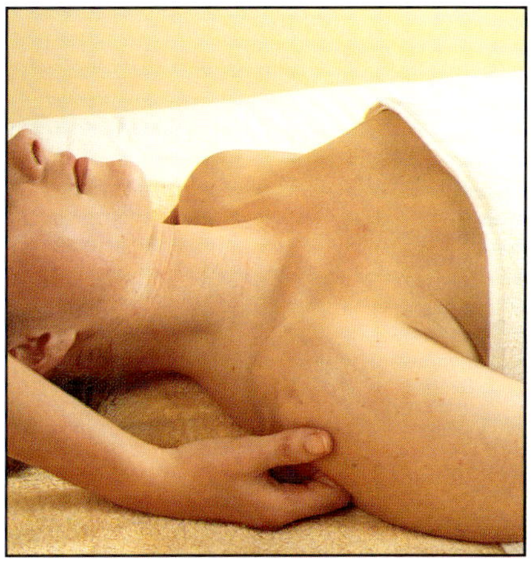

6 Legen Sie Ihre lose geballten Hände unter die Schultern Ihres Partners, und kneten Sie die Schultern und den Nackenansatz.

7 Unten: Beenden Sie die Massage mit einigen sanften Effleurage-Bewegungen. Beginnen Sie in der Mitte der Brust, streichen Sie dann über jede Schulter zum Nacken hinauf.

GESICHT

Das Gesicht ist der Spiegel unserer Gesundheit und unserer Gefühle. Streß und Anspannung sind in den Augen, an Mund und Kinn abzulesen. Eine Gesichtsmassage hilft gegen Kopfschmerzen, nervöse Anspannungen und Erschöpfung. Außerdem wird die Durchblutung der Haut verbessert, die dadurch wieder ein gesundes Aussehen erhält.

Wenn Ihr Partner Kontaktlinsen trägt, sollte er sie vor der Gesichtsmassage unbedingt herausnehmen. Verwenden Sie ein leichtes Gesichtsöl, und achten Sie darauf, daß das Öl nicht in die Augen gerät. Lassen Sie Ihre Hände entspannt. Sie werden vielleicht überrascht feststellen, daß das Gesicht weniger empfindlich ist, als Sie meinen.

Fragen Sie Ihren Partner, ob Sie seinen Kopf mit einem kleinen Kissen oder einem Handtuch abstützen sollen, und binden Sie die Haare mit einem Haarband zusammen.

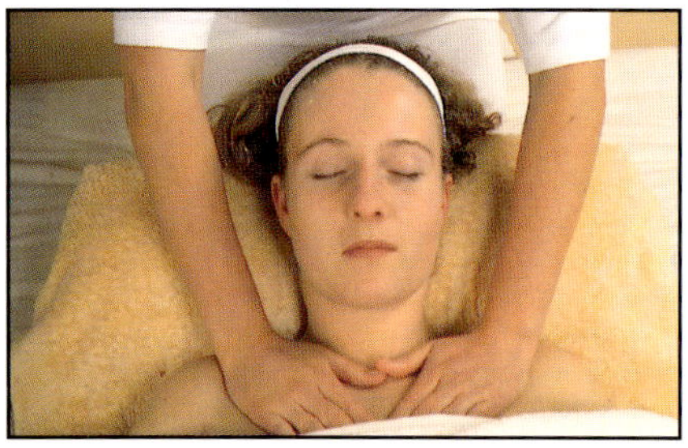

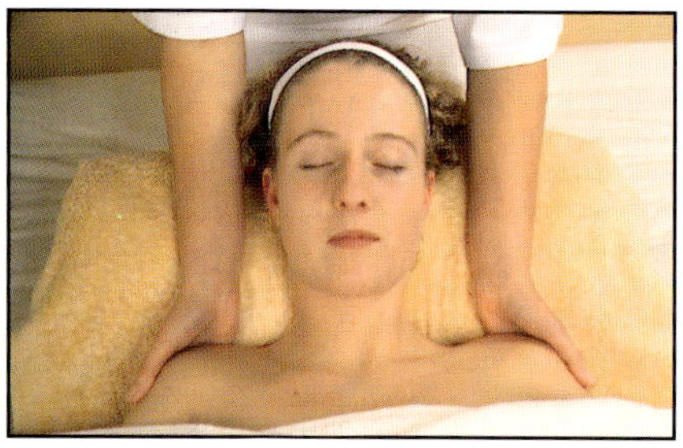

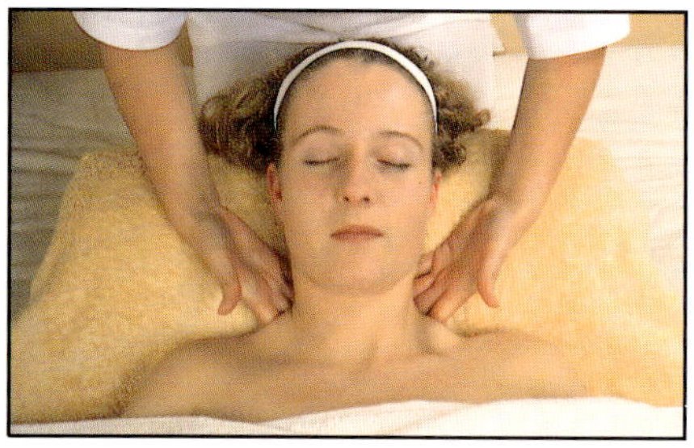

1 *Knien Sie sich hinter den Kopf Ihres Partners, und verteilen Sie ein wenig Öl zwischen Ihren Handflächen. Legen Sie Ihre Hände auf das Schlüsselbein, die Finger zeigen von Ihnen weg, und beginnen Sie mit sanften Streichbewegungen.*

2 *Streichen Sie mit den Händen nach außen über die Schultern, und üben Sie dabei einen sanften Druck aus.*

3 *Führen Sie Ihre Hände in einer kontinuierlichen Bewegung über den Hals hinauf zum Nacken, halten Sie einen Moment lang inne, und verstärken Sie den Druck leicht mit den Fingerspitzen. Dann nehmen Sie Ihre Hände weg.*

Wiederholen Sie die Effleurage-Bewegungen mindestens dreimal.

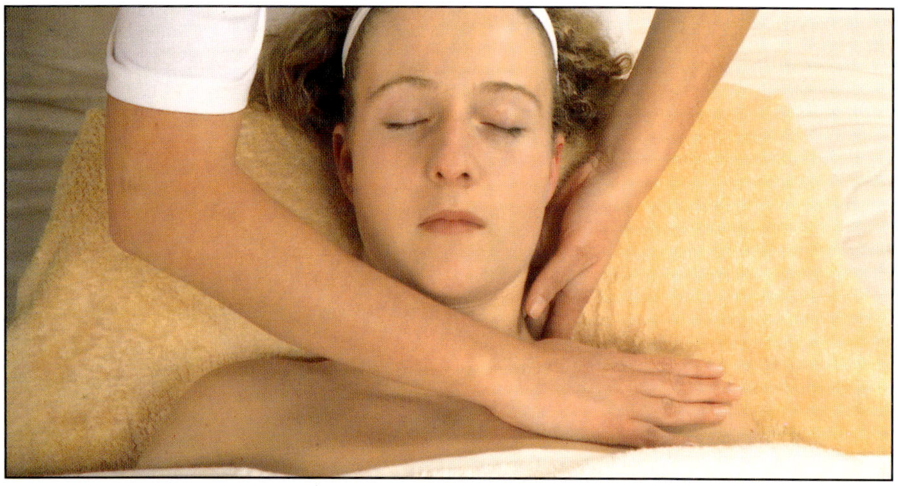

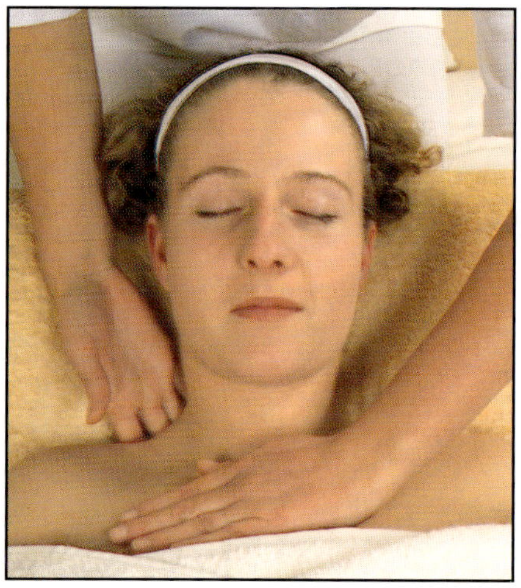

4 *Legen Sie Ihren rechten Arm über das Schlüsselbein ihres Partners, so daß Ihre Hand auf der linken Schulter ruht. Dann streichen Sie mit der linken Hand leicht von der Schulter hin zur Seite des Halses hinauf zum Kieferknochen. Wiederholen Sie diese Bewegung dreimal.*

5 *Wiederholen Sie diese Bewegung nun an der anderen Seite des Halses.*

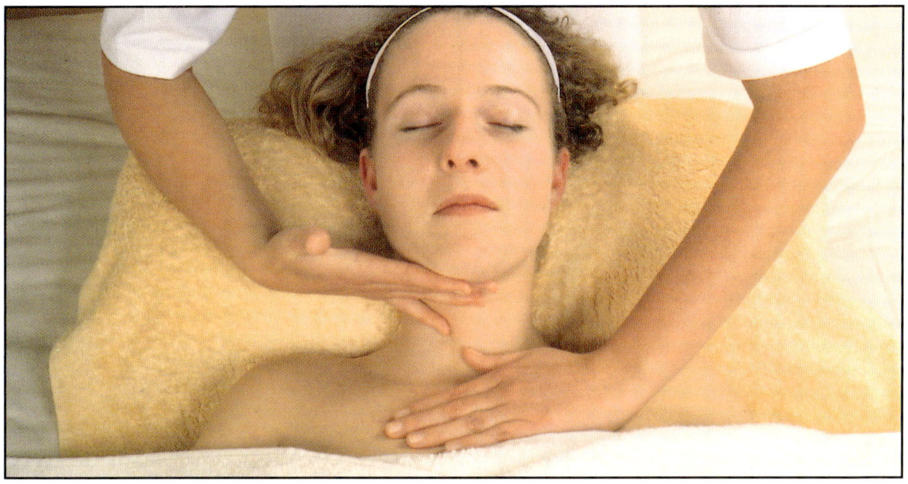

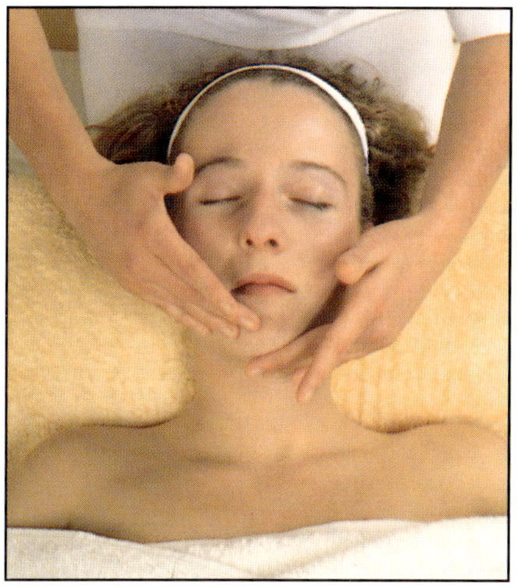

6 *Legen Sie beide Hände mit den Fingerspitzen zueinander auf die Brust des Partners, und streichen Sie mit der flachen Hand leicht über den Hals bis hinauf zum Unterkiefer. Ziehen Sie sie dann schnell weg. Führen Sie jetzt die andere Hand hinauf zum Kiefer. Wiederholen Sie die Bewegung mehrere Male abwechselnd mit beiden Händen.*

7 *Legen Sie beide Hände an den Unterkiefer des Partners, und ziehen Sie abwechselnd beide Hände am Unterkiefer entlang zu den Ohren. Wiederholen Sie die Bewegung mehrmals.*

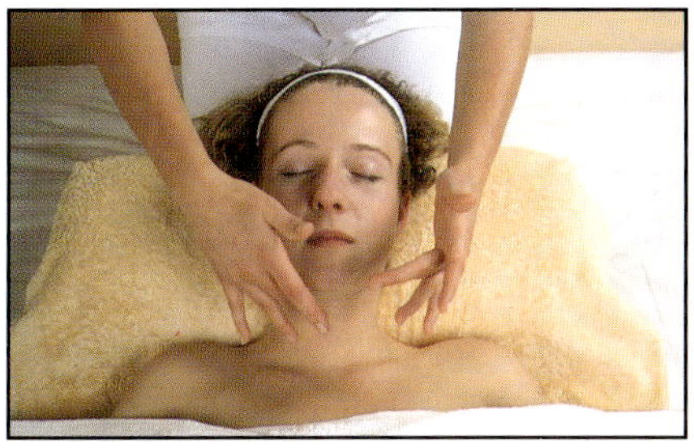

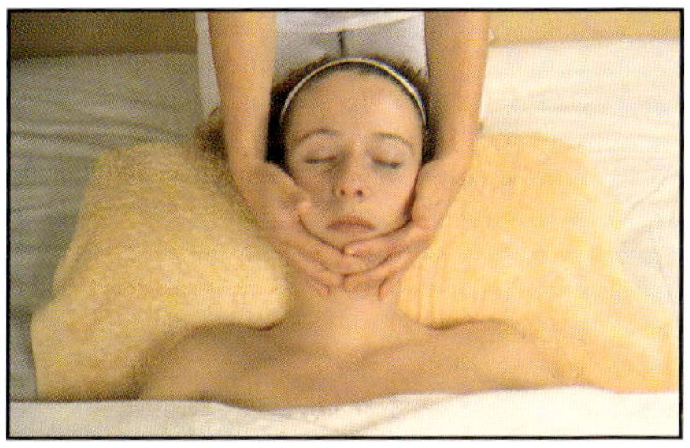

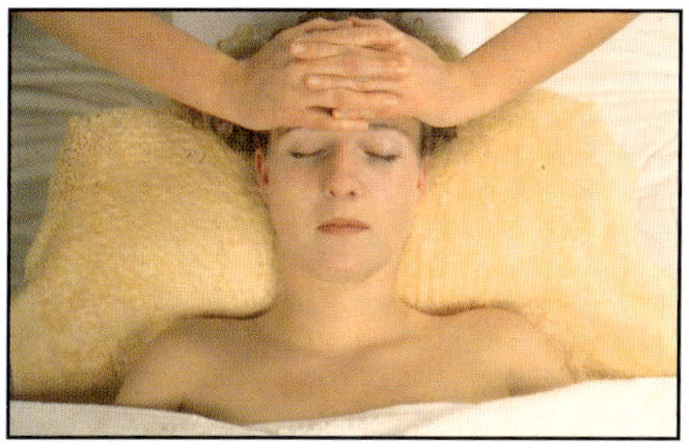

8 *Klopfen Sie kurz mit Mittel- und Zeigefinger vom Kinn aus den Unterkieferknochen bis zu den Ohren. Es sollte eine stimulierende Bewegung sein, also klopfen Sie schnell und relativ fest.*

9 *Danach beruhigen Sie die Partie, indem Sie das Gesicht sanft in den Händen wiegen. Verharren Sie in dieser Position einen Moment, bevor Sie Ihre Hände wegnehmen.*

10 *Legen Sie Ihre Hände auf die Stirn des Partners, und verschränken Sie Ihre Finger. Dann üben Sie mit den Handflächen leichten Druck auf die Stirn aus und ziehen die Finger langsam auseinander. Wiederholen Sie die Bewegung dreimal.*

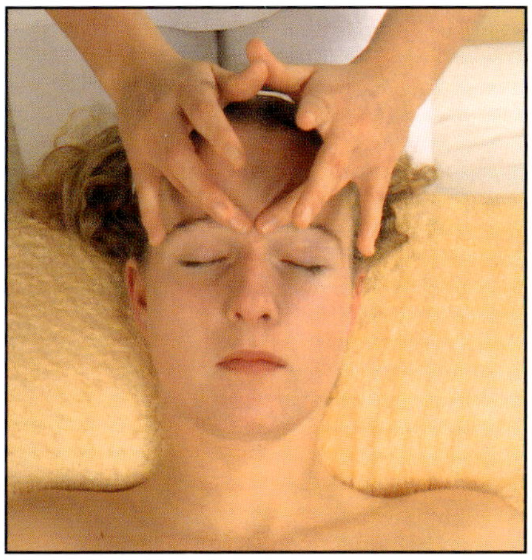

11 *Links: Legen Sie die Ringfinger zwischen die Augenbrauen, und streichen Sie nach außen zu den Schläfen. Versetzen Sie die Finger auf der Stirn nun jedesmal ein wenig in Richtung Haaransatz, und führen Sie sie von der Stirnmitte nach außen bis zum seitlichen Haaransatz.*

Wiederholen Sie die Bewegung so lange, bis die gesamte Stirn massiert ist.

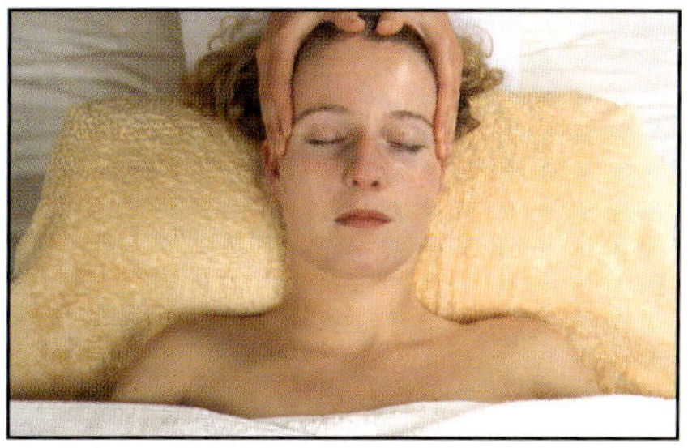

12 *Zum Abschluß der Massage legen Sie die Hände an die Seiten des Kopfes Ihres Partners und halten ein paar Sekunden inne, bevor Sie die Hände wegnehmen.*

BAUCH UND TAILLE

Viele Menschen haben Hemmungen, ihren Bauch zu entblößen. Sie sollten also besonders einfühlsam sein, wenn dieser Teil des Körpers massiert wird. Beginnen Sie mit leichten Streichbewegungen, aber vergewissern Sie sich, daß die Berührung Ihrem Partner nicht unangenehm ist.

Eine Massage des Bauchs beruhigt die Nerven und kann durch Verspannungen, Verdauungsstörungen oder Menstruationsbeschwerden verursachte Schmerzen lindern. Sie dürfen jedoch erst frühestens eine Stunde nach der letzten Mahlzeit des Partners mit der Bauchmassage beginnen.

Knien Sie sich neben den Partner. Mit ein wenig Erfahrung werden Sie bald in der Lage sein, beide Seiten aus derselben Position zu massieren. Beginnen und beenden Sie die Massage, indem Sie sich auf die Atmung Ihres Partners konzentrieren, so daß Ihre Bewegungen mit dem Ein- und Ausströmen der Atemluft übereinstimmen. Zunächst sollten Sie beim Einatmen des Partners langsam vom unteren Bauchbereich hinauf zur Brust und beim Ausatmen wieder hinabstreichen.

BAUCH

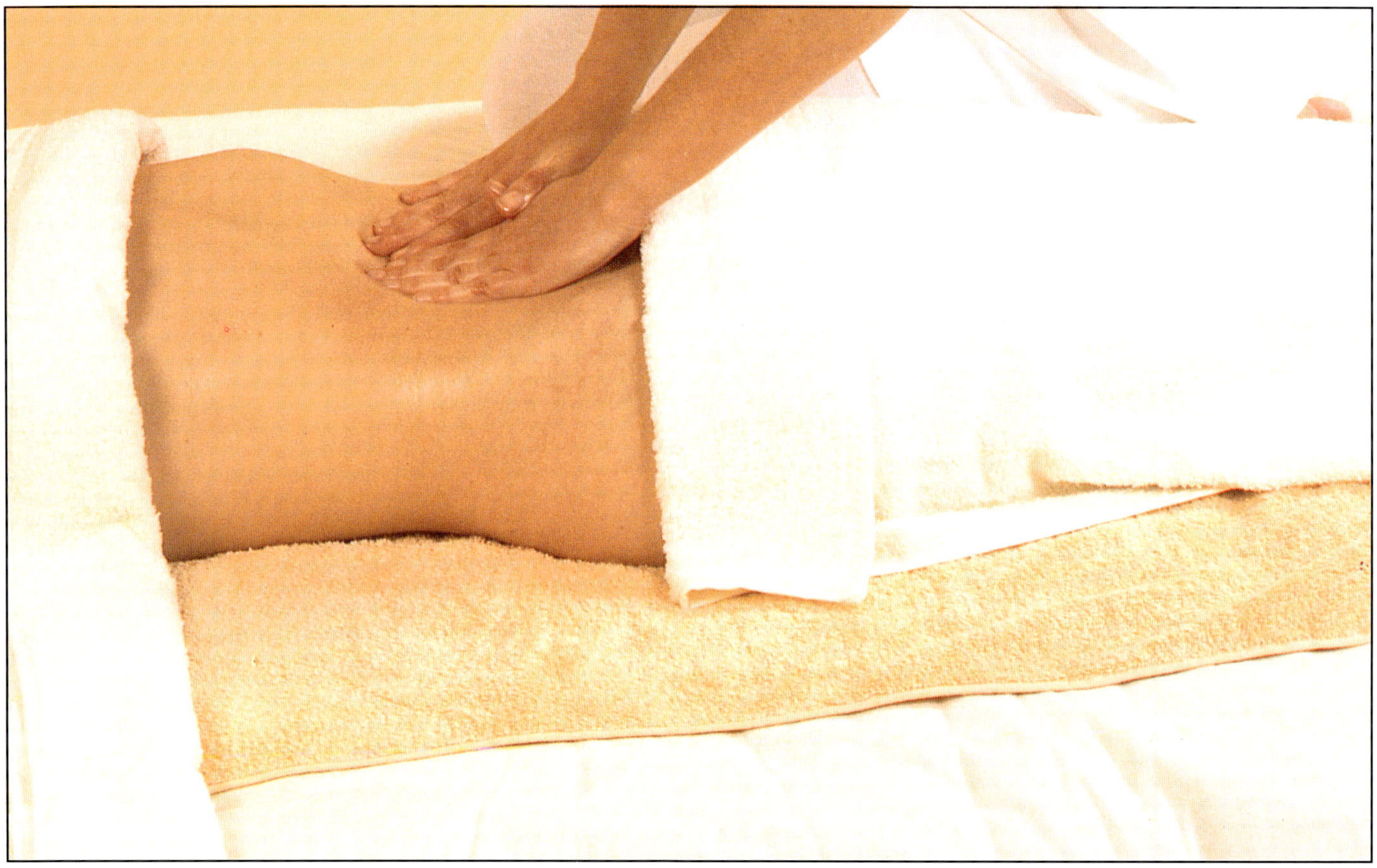

1 *Knien Sie sich auf Höhe der Hüften neben ihren Partner. Geben Sie ein wenig Öl in die Innenflächen Ihrer Hände, und legen Sie Ihre Hände schräg nebeneinander auf den Bauch; die Fingerspitzen weisen zum Kopf. Halten Sie die Finger zusammen und die Hände locker, und bitten Sie Ihren Partner, tief in den Bauch zu atmen, so daß Sie spüren, wann er sich hebt und senkt. Arbeiten Sie mit dem Atem.*

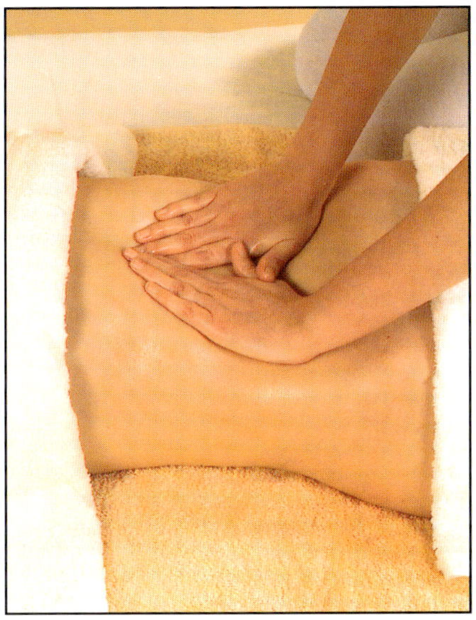

2 Streichen Sie mit den Händen langsam den Bauch hinauf, bis Sie die Rippen erreichen. Achten Sie darauf, daß der Druck gleichmäßig und nicht zu stark ist.

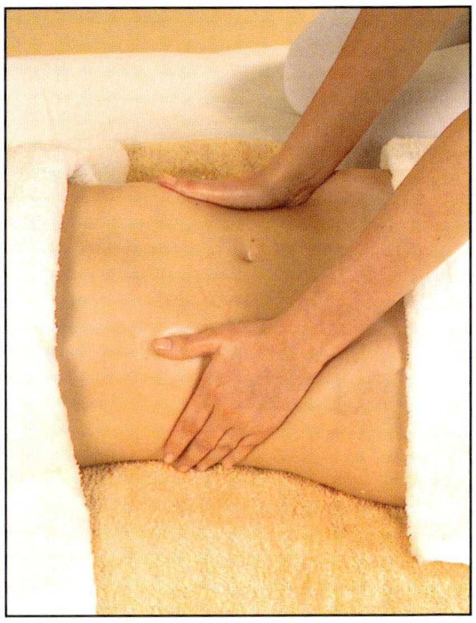

3 Setzen Sie die Bewegung fort, indem Sie mit den Händen zur Taille streichen; dabei können Sie ein wenig mehr Druck ausüben, damit Sie spüren, wie die Muskeln nach außen gezogen werden.

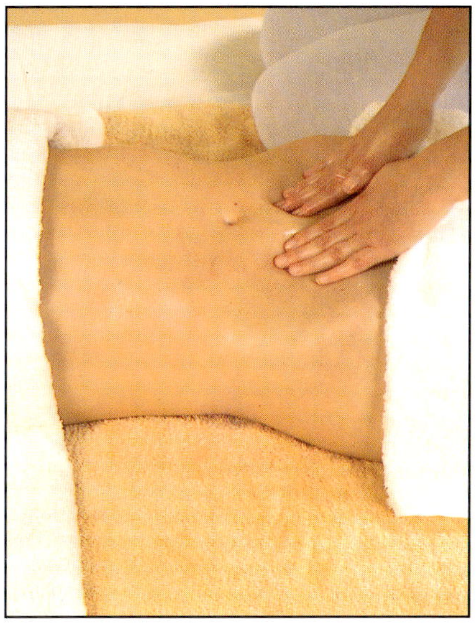

4 Dann kehren Sie zur Ausgangsposition zurück und legen beide Hände nebeneinander auf den unteren Teil des Bauchs. Wiederholen Sie diesen Bewegungsablauf gleichmäßig mehrere Male hintereinander, und tragen Sie nötigenfalls noch etwas mehr Öl auf.

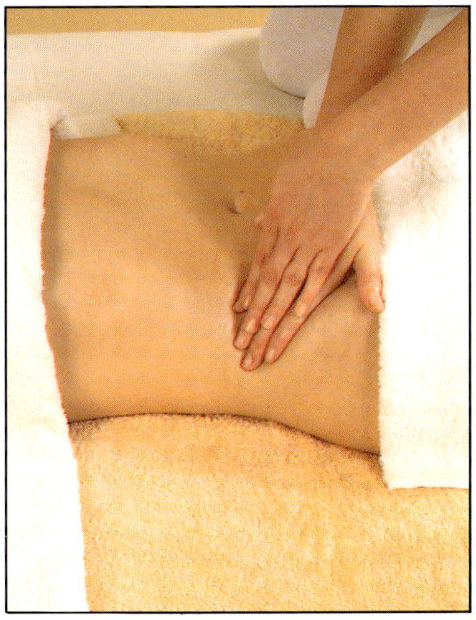

5 Legen Sie nun beide Hände auf die rechte Seite des unteren Bauchbereichs ihres Partners; die linke Hand liegt zur Unterstützung auf der rechten.

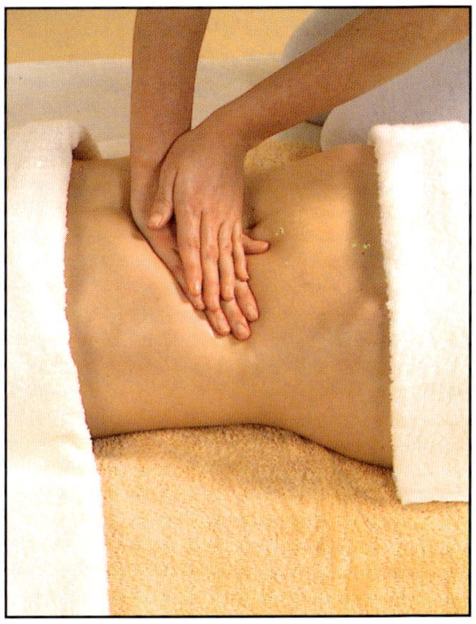

6 Die Hände bleiben in derselben Haltung. Streichen Sie nun gleichmäßig aufwärts bis zu den Rippen. Zur Stimulierung der Verdauungsorgane kann der Druck recht kräftig sein.

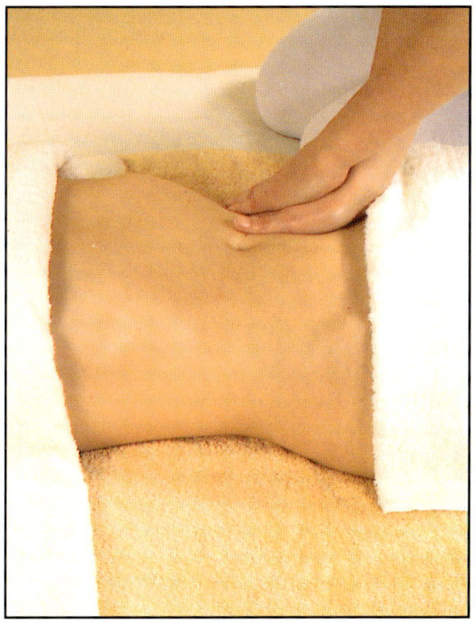

7 Setzen Sie die Bewegung fort, und führen Sie Ihre Hände dabei entlang der Rippen zur linken Seite des Bauchs. Es ist wichtig, daß Sie an der rechten Seite hinauf, über den Bauch und dann an der linken Seite wieder hinunterstreichen.

Wiederholen Sie dieses Kreisen um den Nabel dreimal, und kehren Sie dabei jedesmal wieder zur Mitte des unteren Bauchbereichs zurück.

TAILLE

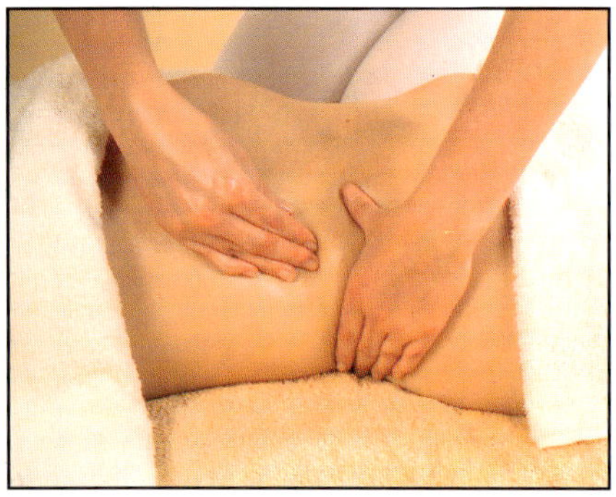

1 *Kneten Sie die Taille, indem Sie die Haut und die Muskulatur zusammendrücken und von einer Hand in die andere schieben. Diese Bewegungen sollten kräftig und stimulierend sein.*

2, 3 *Rechts und unten rechts: Kreuzen Sie Ihre Hände über der Taille des Partners, so daß Sie die Seiten der Taille umfassen können. Ziehen Sie die Hände in schneller Bewegung an den Seiten der Taille nach oben, und kreuzen Sie die Hände über dem Bauch bei der Abwärtsbewegung auf der jeweils anderen Seite. Ziehen Sie die Seiten der Taille dann wieder nach oben, wobei sich die Hände über dem Bauch wieder kreuzen. Streichen Sie nun mit den Handrücken bis zur Taille. Achten Sie dabei auf schnelle Bewegungen und relativ starken Druck, um die Taille an den Seiten hochzuziehen. Wiederholen Sie diese Bewegung viermal.*

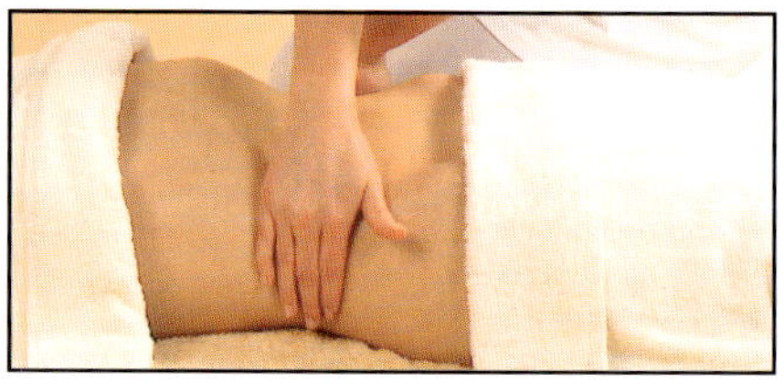

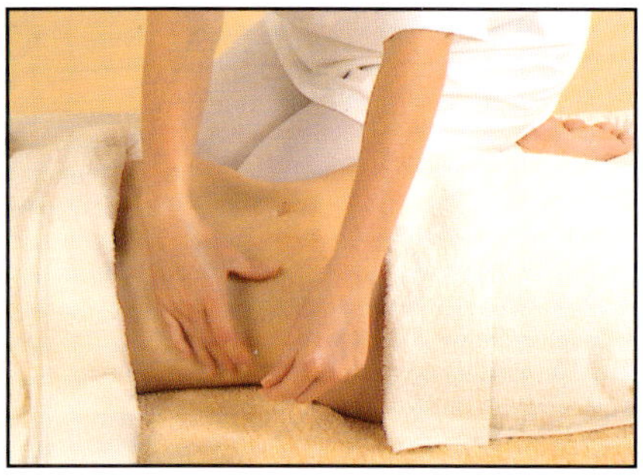

4 *Beginnen Sie die gegenüberliegende Taille mit Fingern und Daumen in schnellen, kurzen, stimulierenden Bewegungen zu zupfen. Wiederholen Sie diese Griffe an der anderen Seite der Taille.*

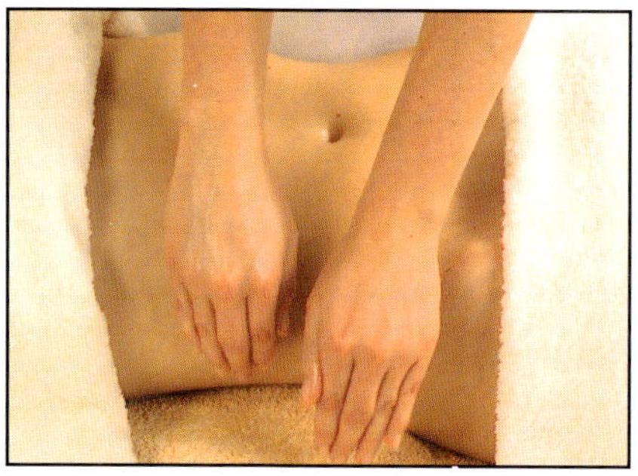

5 *Dann klopfen Sie mit leicht gewölbten Händen die Seite der Taille. Die Bewegung sollte schnell und stimulierend sein, um die Durchblutung dieses Bereichs zu fördern. Sie sollten aber darauf achten, daß es Ihrem Partner nicht unangenehm ist.*

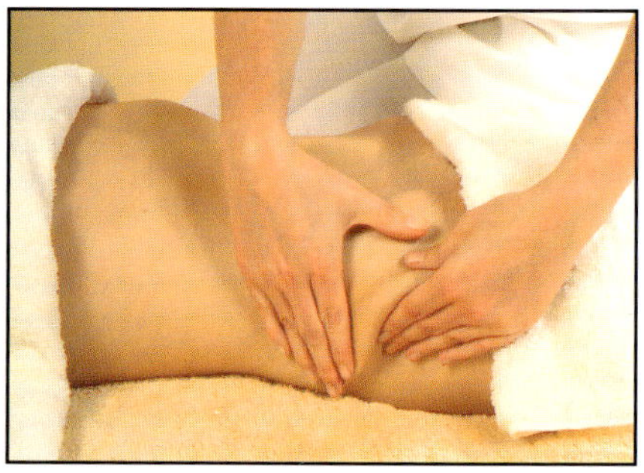

6 *Drücken Sie das Fleisch an den Hüften abwechselnd mit beiden Händen in einer Knetbewegung zusammen, und üben Sie dabei einen kräftigen und stimulierenden Druck aus.*

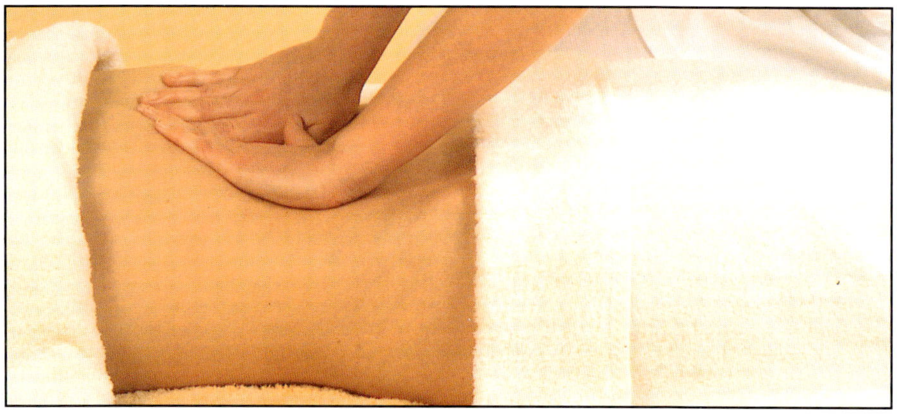

7 *Links: Beenden Sie die Bauchmassage mit den beruhigenden Streichbewegungen, die Sie bereits zu Beginn ausgeführt haben. Legen Sie zum Schluß beide Hände einige Sekunden auf die Mitte des Bauchs, wobei die Finger zum Kopf zeigen.*

DIE RÜCKSEITE DES KÖRPERS

Der Partner dreht sich nun auf den Bauch und legt den Kopf zur Seite. Nun kann die Massage an der Rückseite der Beine und am Gesäß beginnen.

BEINE UND GESÄSS

Die Rückseiten der Beine und das Gesäß eignen sich sehr gut zur Anwendung einer Reihe von Massagetechniken. Die meisten Menschen empfinden eine kräftige Massage der langen Muskeln der Beine und des Gesäßes als sehr angenehm. Die weichen Bereiche sind ideal für ein kräftiges Kneten und Zusammendrücken. Aber auch die sanften Streichbewegungen vermögen stimulierend zu wirken. Eine schlechte Durchblutung und ein träges Lymphsystem können durch eine gute Beinmassage erheblich verbessert werden. Auf müde und schwere Beine wirkt die Massage belebend, und man verspürt anschließend neue Energie und Kraft.

EFFLEURAGE

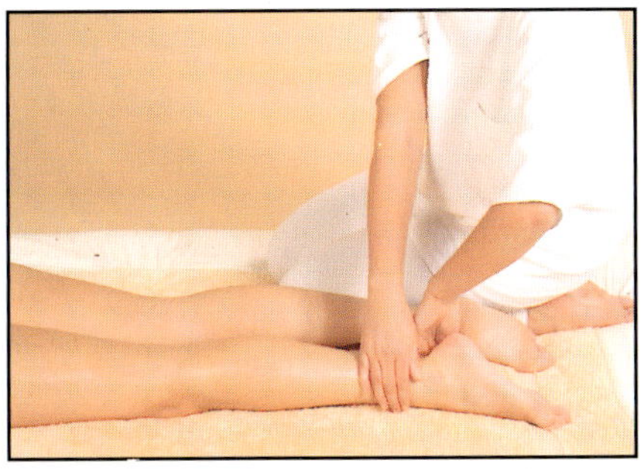

1 *Links: Knien Sie sich neben die Fußgelenke des Partners. Sie sollten beide Beine von einer Seite aus massieren können. Beginnen Sie mit dem von Ihnen abgewandten Bein.*

Verteilen Sie ein wenig Öl zwischen Ihren Handflächen, und legen Sie die Hände über Kreuz auf die Seiten des linken Fußgelenks.

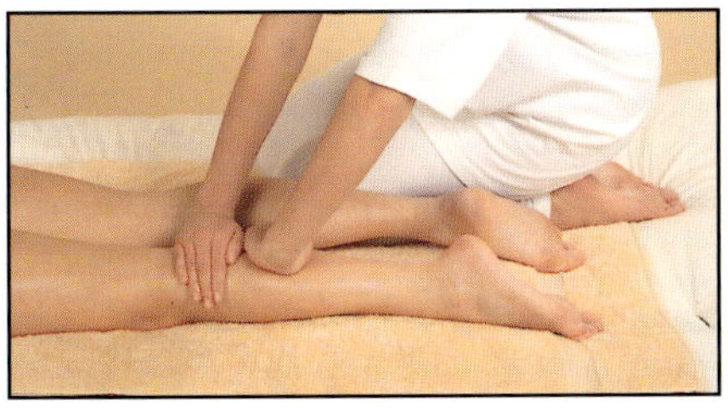

2 *Dann streichen Sie in sanften, gleichmäßigen Bewegungen das Bein hinauf, wobei die linke Hand der rechten folgt. Wenn Sie in der Kniekehle angelangt sind, halten Sie einen Moment lang inne.*

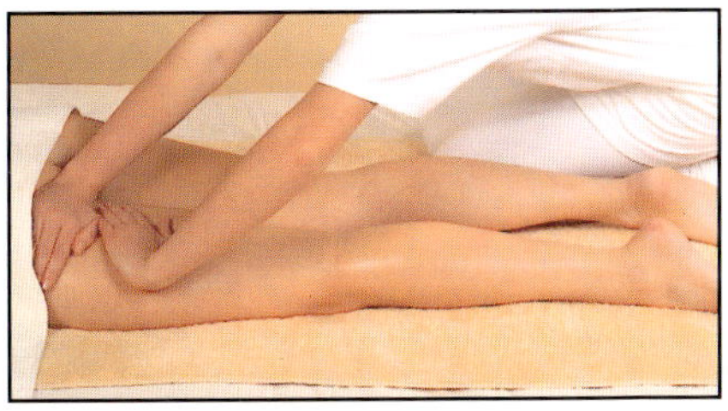

3 *Setzen Sie die Streichbewegung den Oberschenkel hinauf fort, und kreuzen Sie die Hände am oberen Ende mit gleichmäßigem, leichtem Druck.*

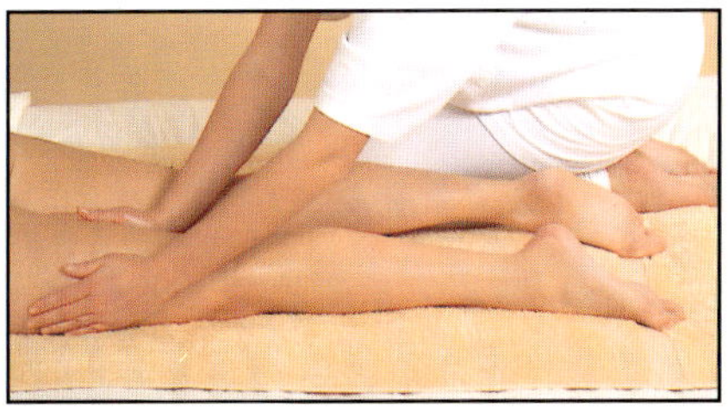

4 *Nun führen Sie die Hände an den Seiten des Beins bis zum Fußgelenk wieder hinab.*

Wiederholen Sie diese Abfolge dreimal, und verstärken Sie kontinuierlich den Druck bei der jeweiligen Aufwärtsbewegung.

OBERSCHENKEL UND GESÄSS

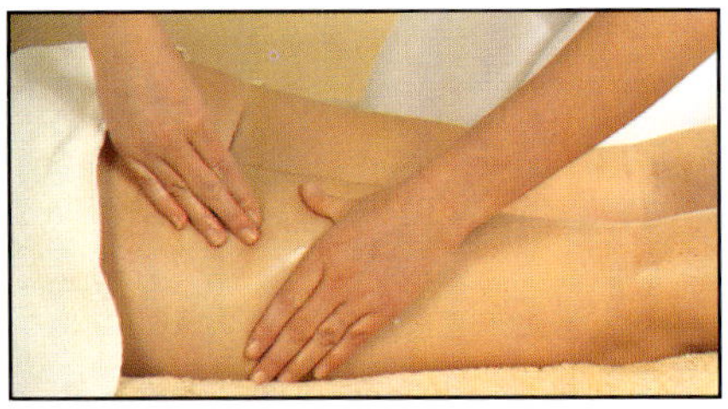

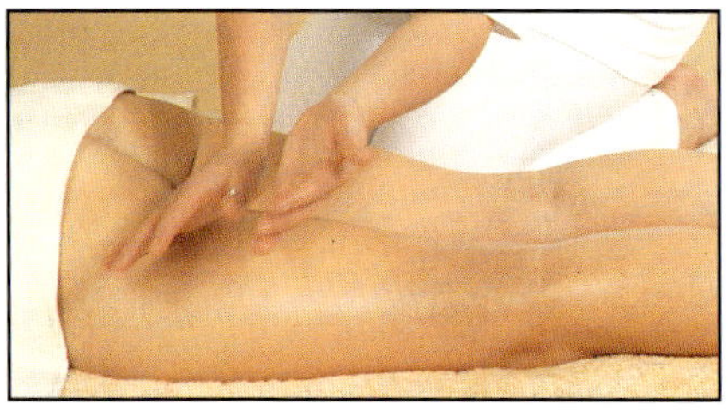

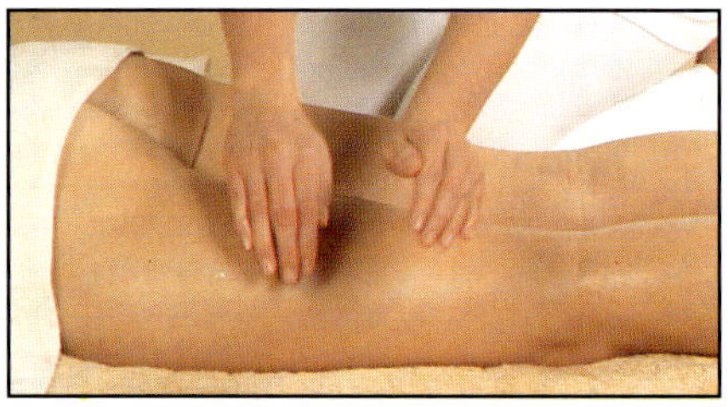

1 Knien Sie sich neben die Oberschenkel Ihres Partners, und kneten Sie mit festem Griff die Muskeln des Oberschenkels in Richtung Gesäß, wobei Sie jeweils einen relativ großen Muskelbereich zwischen Ihre Hände nehmen sollten.

2 Führen Sie mit den Handkanten einige kurze, kräftige Hackbewegungen aus, wobei die Hände einander schnell abwechseln. Setzen Sie diese Bewegung über den gesamten Oberschenkel bis hinauf zum Gesäß fort.

3 Bearbeiten Sie nun die Oberschenkel und das Gesäß mit einigen Klopfbewegungen der gewölbten Hände, die kurz und schnell hintereinander erfolgen sollten, um den gesamten Bereich ausreichend zu stimulieren.

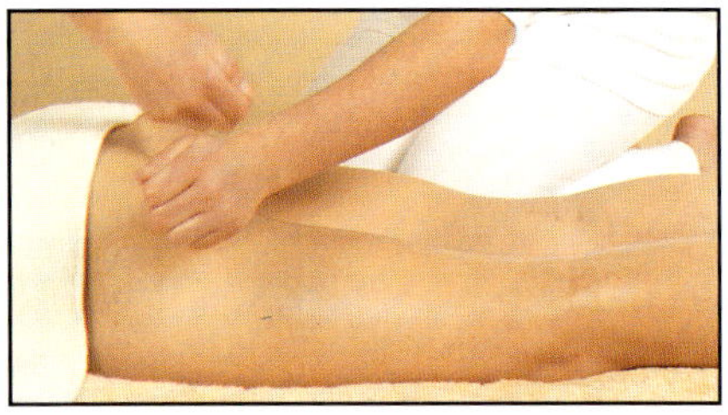

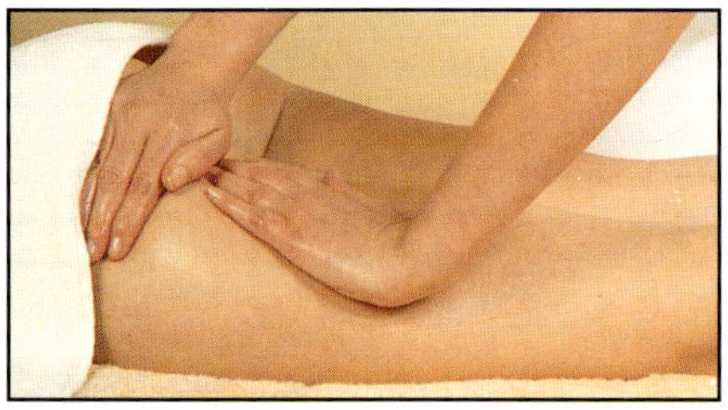

4 Klopfen Sie anschließend mit lose geballten Händen den oberen und den äußeren Bereich der Oberschenkel. Für die Außenseite können Sie die Außenkanten der Fäuste benutzen; im Gesäßbereich sollten Sie die Klopfbewegung verstärken.

5 Lassen Sie den schlagenden Bewegungen wieder einige beruhigende Streichbewegungen von der Kniekehle den Oberschenkel hinauf folgen, und streichen Sie anschließend wieder bis zum Knie hinab.

WADEN

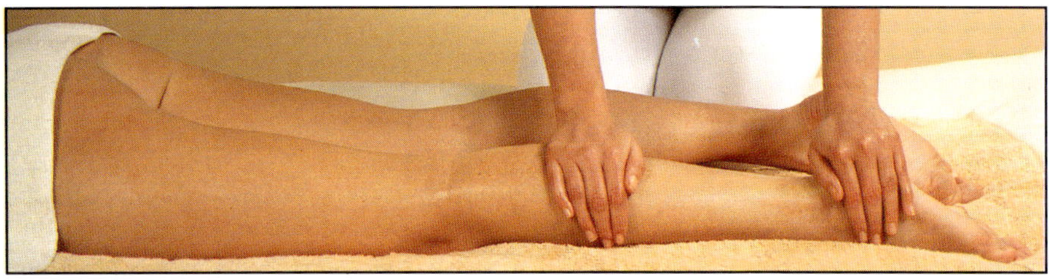

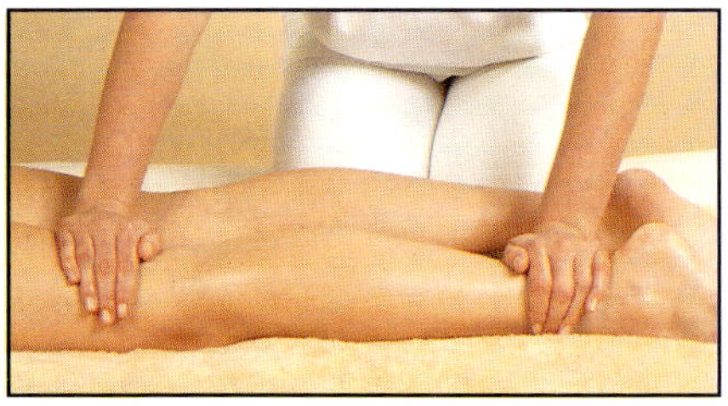

1 Knien Sie sich nun wieder neben die Fußgelenke Ihres Partners. Falls nötig, geben Sie ein wenig Öl in Ihre Handflächen. Legen Sie beide Hände auf die Achillessehne, und streichen Sie mit der rechten Hand sanft hinauf zur Kniekehle, während die linke Hand das Fußgelenk stützend umfaßt.

2 Setzen Sie die Streichbewegung mit der rechten Hand fort. Verringern Sie den Druck in Höhe der Kniekehle.

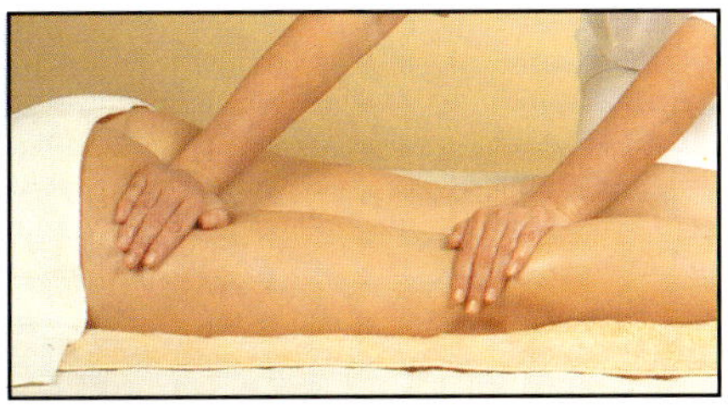
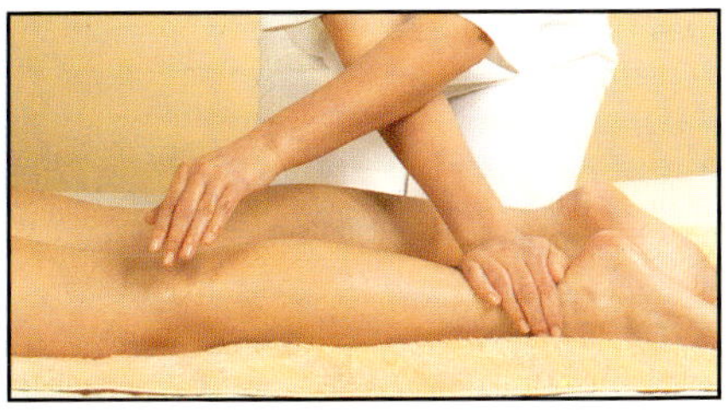
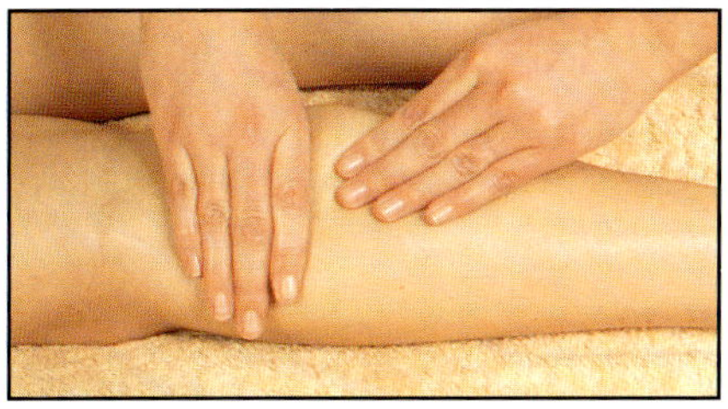

3 *Während die rechte Hand den Oberschenkel hinaufstreicht, gleitet die linke Hand gleichzeitig über die Wade zur Kniekehle. Versuchen Sie, möglichst fließende Bewegungen zu machen.*

4 *Führen Sie Ihre rechte Hand ohne Unterbrechung in einer Streichbewegung am Bein hinab. Wenn Sie die Kniekehle erreichen, nehmen Sie die linke Hand vom Knie, so daß die rechte Hand ungehindert zum Fußgelenk hinabstreichen kann.*

Wiederholen Sie diese Bewegungsabfolge dreimal bzw. solange, bis sie mit dem Bewegungsablauf vertraut sind.

5 *Kneten Sie die Wade mit beiden Händen vom Fußgelenk ab bis hin zum Knie; die Kniekehle darf jedoch nicht massiert werden. Drücken Sie bei der Aufwärtsbewegung den Wadenmuskel in rhythmischer Folge zusammen. Wenn die Wadenmuskeln Ihres Partners besonders verhärtet sind, kann diese Knetbewegung sehr schmerzhaft sein; fragen Sie, ob der Druck zu stark ist.*

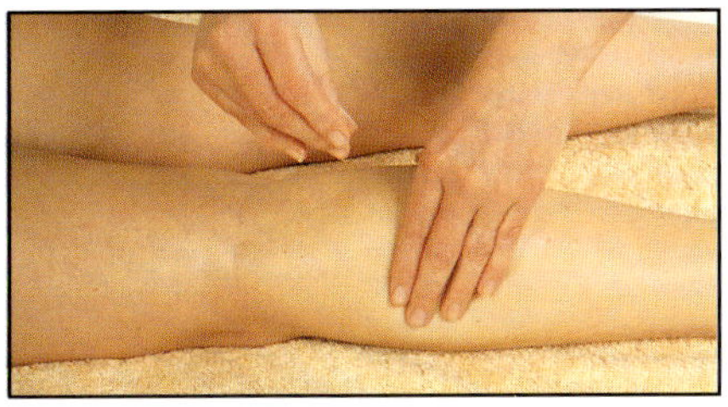

6 *Zupfen Sie den gesamten Wadenmuskel mit kurzen, kräftigen Bewegungen, und achten Sie wiederum darauf, daß Sie Ihrem Partner keine Schmerzen bereiten.*

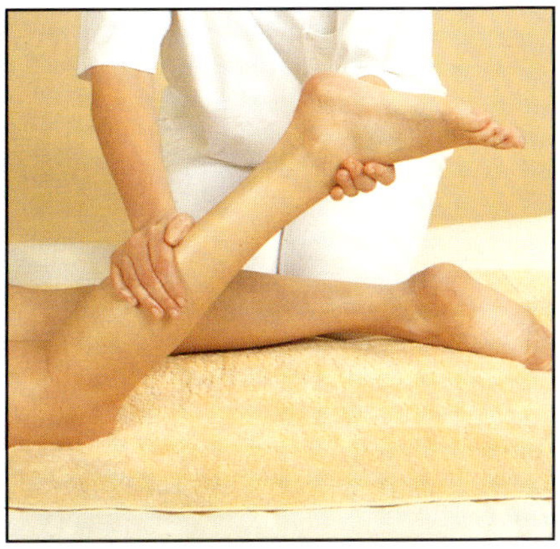

7 *Links: Halten Sie den Unterschenkel Ihres Partners mit der linken Hand, und streichen Sie mit der rechten Hand von der Achillessehne an hinab zur Kniekehle. Üben Sie dabei soviel Druck aus, wie es für Ihren Partner angenehm ist. Wiederholen Sie die Bewegung dreimal, und legen Sie dann das Bein wieder langsam auf den Boden.*

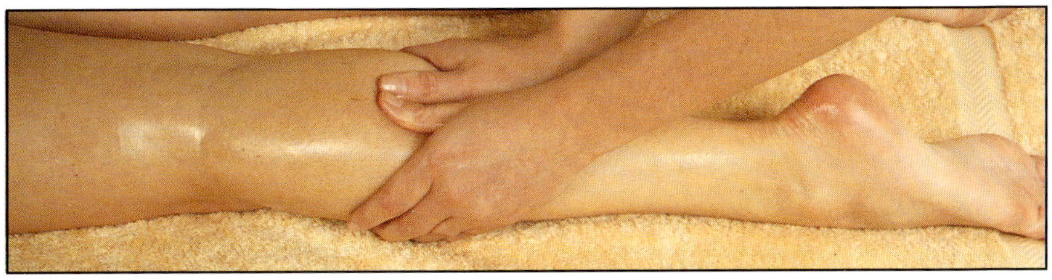
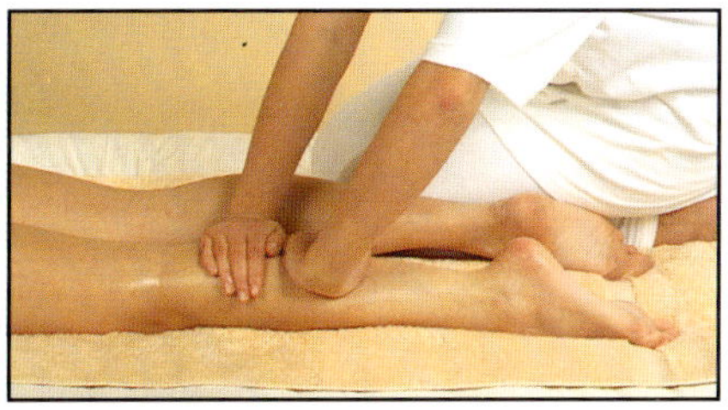

8 *Legen Sie die Daumen nebeneinander auf die Achillessehne, und führen Sie sie anschließend die Wade hinauf, wobei Sie genügend Druck ausüben sollten, um Verhärtungen in diesem Muskelbereich zu lösen. Wenn Sie die Kniekehle erreicht haben, verringern Sie den Druck und streichen mit den Händen an den Seiten des Unterschenkels hinab zum Fußgelenk. Wiederholen Sie diese Bewegung dreimal.*

9 *Zum Abschluß der Massage der Beinrückseite wiederholen Sie die sanften Effleurage-Bewegungen vom Anfang. Streichen Sie vom Fußgelenk an aufwärts zum Oberschenkel und wieder hinab zum Fußgelenk. Wiederholen Sie diese Bewegung dreimal, um das Bein zu beruhigen.*

Wiederholen Sie die gesamte Massage am anderen Bein Ihres Partners, und bedecken Sie das bereits massierte Bein mit einem Handtuch, um die Muskeln warm zu halten.

RÜCKEN UND SCHULTERN

Der Rücken zählt zu den kräftigsten Körperbereichen und hat die wichtigste Stützfunktion des Körpers. Daher sollte man ihm mehr Aufmerksamkeit widmen als den meisten anderen Körperbereichen. Außerdem erreichen Sie bei einer Rückenmassage zahlreiche Nerven, die auch für andere Teile des Körpers von Bedeutung sind.

Eine Rückenmassage kann Spannungszustände im ganzen Körper abbauen und zum physischen und psychischen Wohlbefinden beitragen. Sanfte, fließende Streichbewegungen strecken die Muskeln und das Gewebe des Rückens und können verlorengegangene Beweglichkeit wiederherstellen, so daß Sie sich anschließend gesund und aktiv fühlen. Dagegen schenken kräftigere Streichbewegungen entlang der Wirbelsäule Erleichterung bei schmerzenden, verhärteten Muskeln.

Sie sollten niemals direkt auf der Wirbelsäule massieren. Vermeiden Sie auch Schlagbewegungen wie Hacken oder Klopfen im Bereich der Nieren.

Stellen Sie zuerst sicher, daß Ihr Partner bequem und mit dem Gesicht nach unten in der Bauchlage ruht; dabei sollten die Arme entspannt neben dem Kopf liegen. Stützen Sie die Stirn mit einem zusammengerollten Handtuch, und falls der Partner dies wünscht, legen Sie ein Kissen oder ein Handtuch unter seine Brust. Bevor Sie mit der Massage beginnen, sollten Sie möglichst alle Haare aus dem Nacken streichen.

EFFLEURAGE

Knien Sie sich neben die rechte Hüfte Ihres Partners, und verteilen Sie etwas Öl in Ihren Handflächen. Mit den ersten langen Streichbewegungen sollten Sie versuchen, besonders verspannte und verhärtete Bereiche ausfindig zu machen.

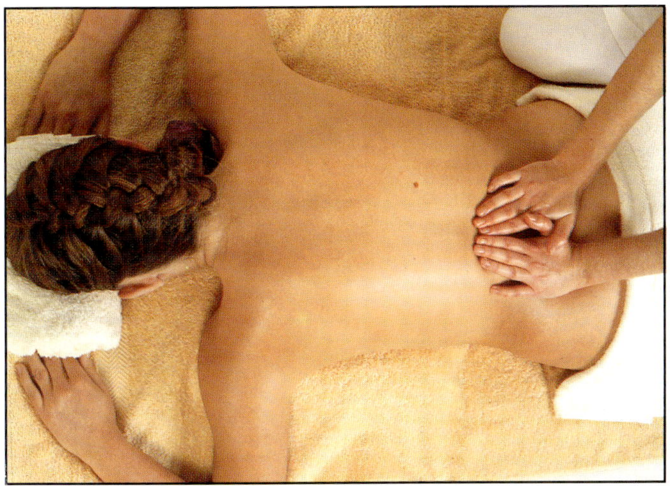

1 *Beginnen Sie in Höhe des Steißbeins mit festen Effleurage-Bewegungen. Die Daumen sind gekreuzt, um die Hände zusammenzuhalten. Streichen Sie langsam in der Mitte des Rückens hinauf, und üben Sie dabei Druck mit den Fingerspitzen aus.*

2 *Setzen Sie die Streichbewegung gleichmäßig über den gesamten Rücken fort.*

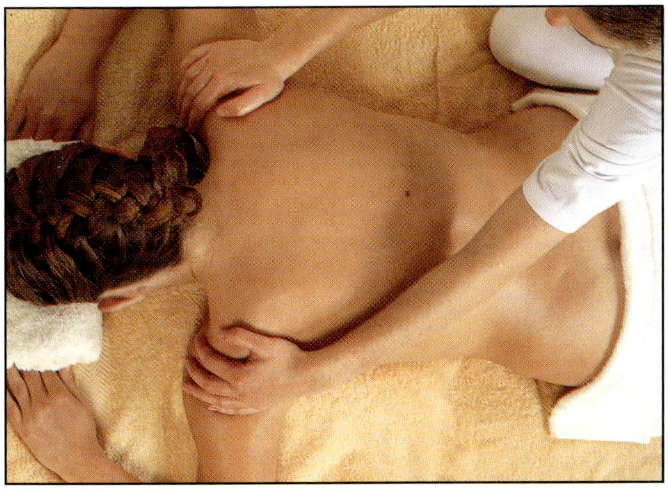

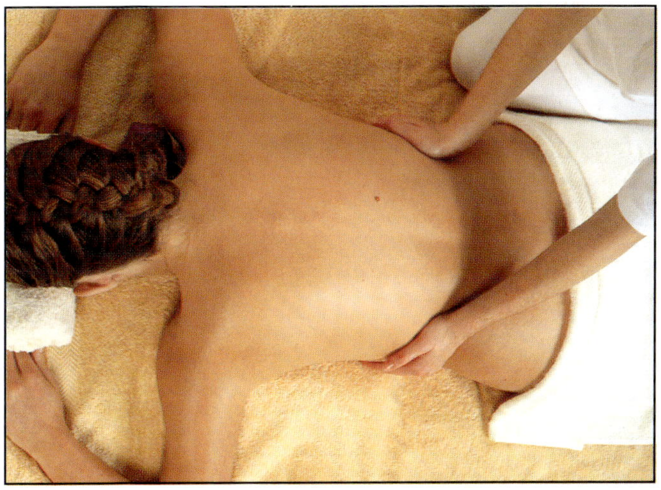

3 *Dann führen Sie die Hände ohne Unterbrechung über den Rücken nach außen um die Schultern herum.*

4 *Streichen Sie mit den Händen von den Schultern zu beiden Seiten des Rückens wieder abwärts hin zur Ausgangsposition.*

Wiederholen Sie diese Effleurage-Bewegungen dreimal, wobei Sie jedesmal Ihre Hände neu einölen.

SCHULTERN

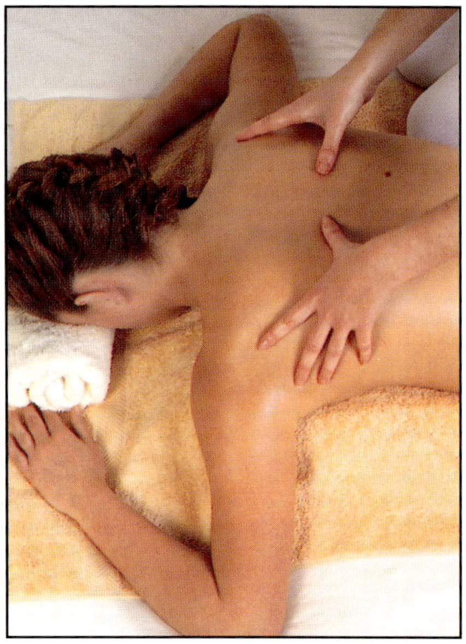

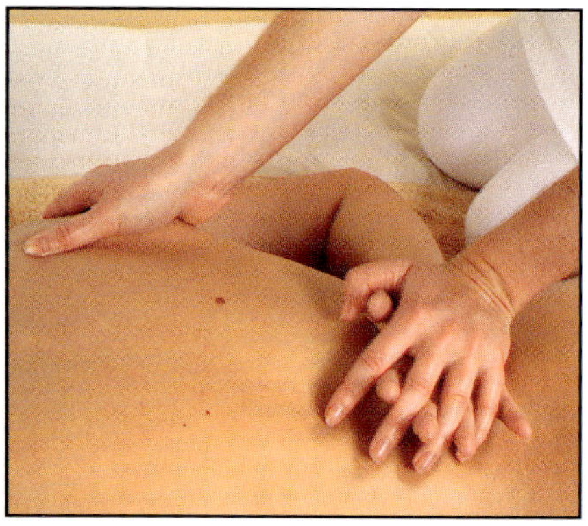

1 Beginnen Sie an den Schulterblättern, und führen Sie mit den Daumen kleine, druckvolle Kreisbewegungen entlang der Wirbelsäule aus. Sie sollten dabei die Muskeln relativ fest massieren.

2 Setzen Sie die Kreisbewegungen bis hinauf zum Nacken fort.

3 Legen Sie den Arm Ihres Partners vorsichtig in den unteren Rückenbereich, und verschränken Sie Ihre Finger mit denen des Partners, um den Arm zu halten. Das Schulterblatt sollte dabei leicht herausragen. Beschreiben Sie nun mit Ihrem rechten Daumen leichte, druckvolle Kreisbewegungen in der Schultergegend. Das Schulterblatt wird von starken Muskeln gehalten, und Sie können kräftig unter dem Knochen selbst massieren, um auch Spannungen in diesem Bereich zu lösen.

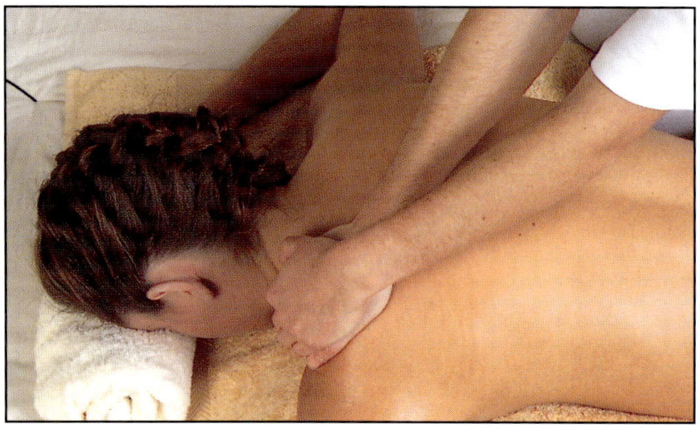

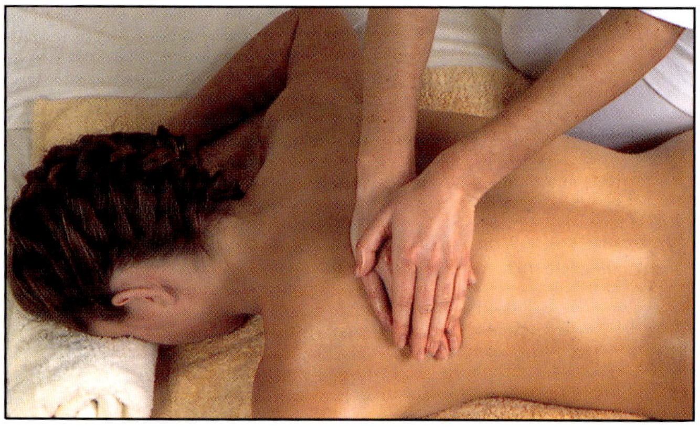

4 Dann legen Sie beide Hände – die linke Hand ruht auf der rechten, um den Druck zu verstärken – auf den linken Schulterbereich und führen die Hände in kleinen, kreisförmigen Bewegungen vom Nackenansatz hin zur Schulter.

5 Setzen Sie die Bewegung um das Schulterblatt herum fort, und üben Sie dabei kräftigen Druck aus.

Begeben Sie sich nun auf die andere Seite des Partners, und wiederholen Sie diese Bewegungen an der anderen Schulter.

RÜCKEN

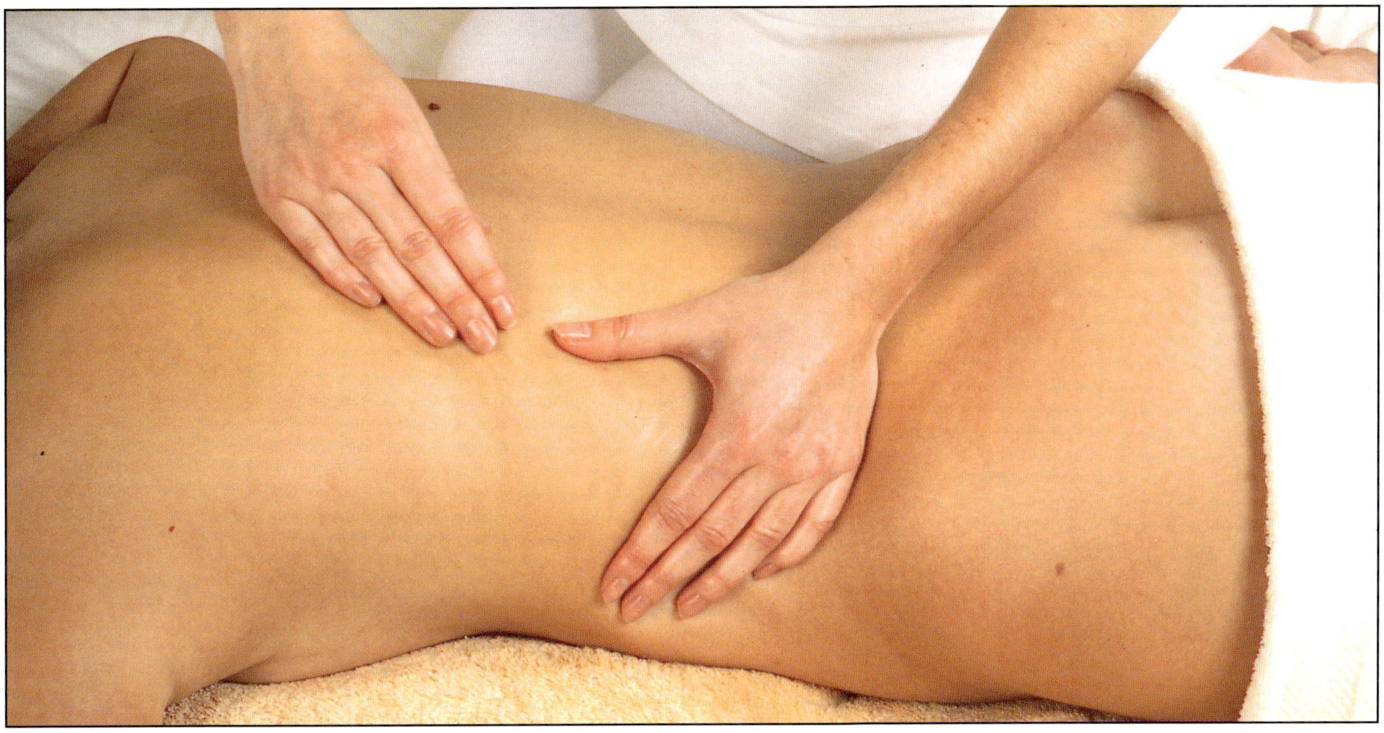

1 Knien Sie sich rechts neben Ihren Partner, und kneten Sie die Außenseite des Rückens kräftig mit beiden Händen. Beginnen Sie an der Außenseite der Taille. Die Muskeln werden angehoben, gerollt und wieder losgelassen, wobei sie von einer Hand in die andere geschoben werden. Auf diese Weise setzen Sie die Knetbewegung bis hinauf zur Schulter fort. Beginnen Sie dann erneut in Taillenhöhe, jedoch etwas näher zur Wirbelsäule, und massieren Sie wiederum bis hinauf zur Schulter.

Wiederholen Sie diese Knetbewegung auch auf der anderen Rückenseite, ohne dabei Ihre Position zu verändern.

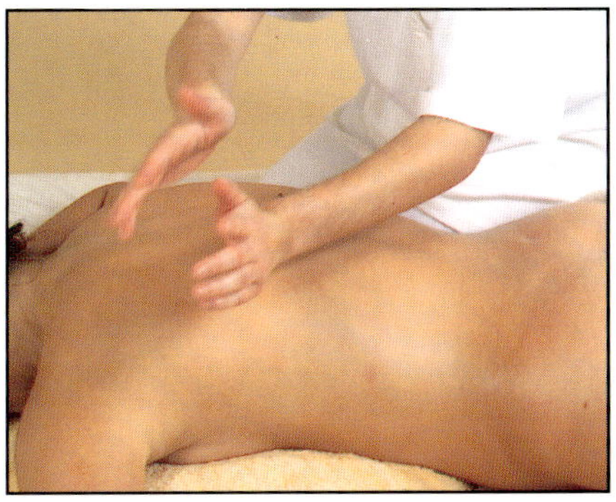

2 Nun schlagen Sie mit den Handkanten vom Steißbein hinauf zu den Schultern, umgehen Sie aber die Schulterblätter.

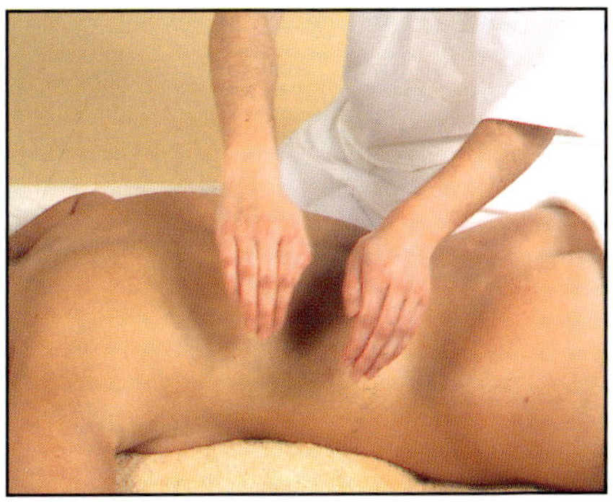

3 Klopfen Sie mit gewölbten Händen den Rücken vom Steißbein bis zu den Schultern. Achten Sie dabei auf schnelle Bewegungen, die mit beiden Händen abwechselnd und kräftig ausgeführt werden.

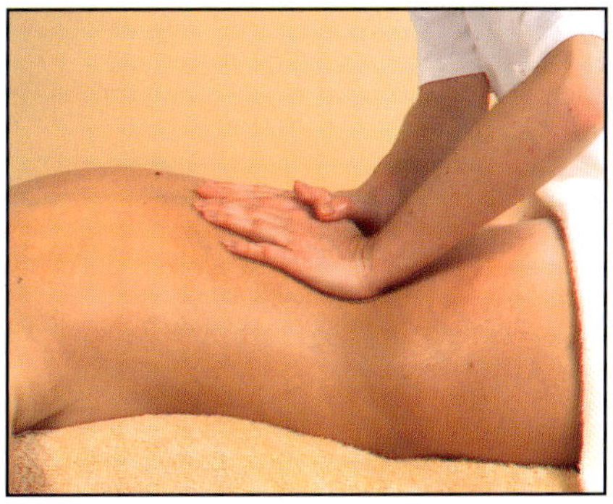

4 Wiederholen Sie die Effleurage-Bewegungen vom Anfang der Massage mehrmals, um den Rücken zu beruhigen.

WIRBELSÄULE

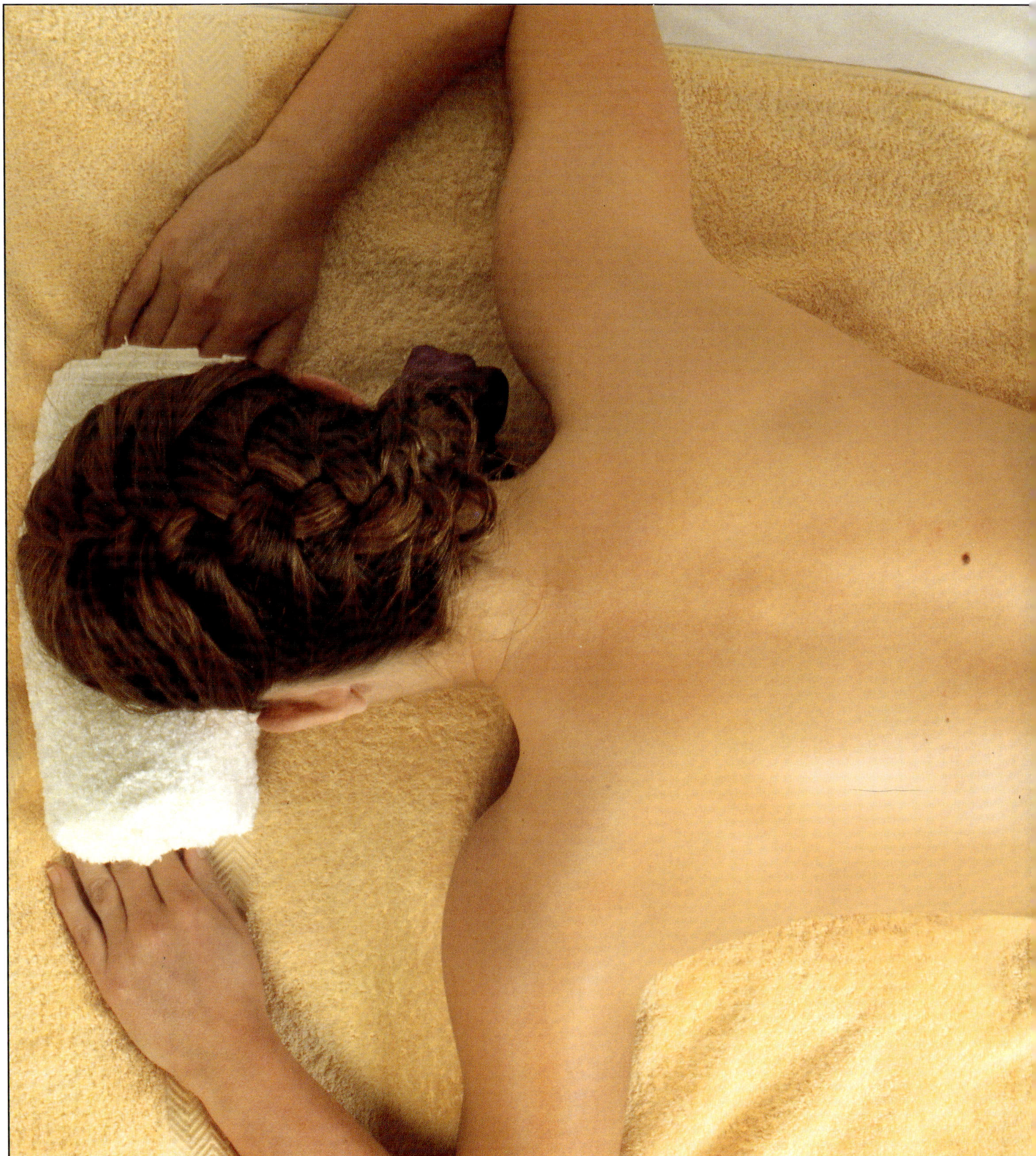

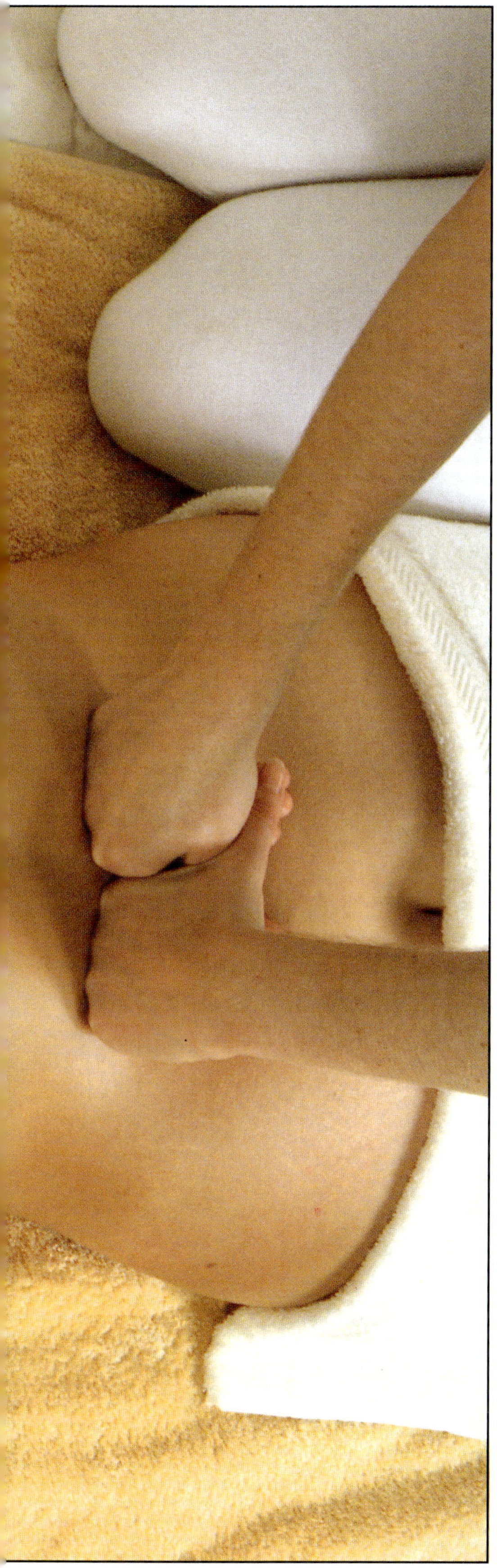

1 *Links: Die Hände sind lose geballt und die Daumen zur Unterstützung gekreuzt. Führen Sie die Fäuste an der Wirbelsäule entlang bis zum Nackenansatz.*

2 *Rechts: Im Nacken strecken Sie die Finger aus und streichen an den Seiten des Rückens wieder hinab. Wiederholen Sie die Bewegung dreimal.*

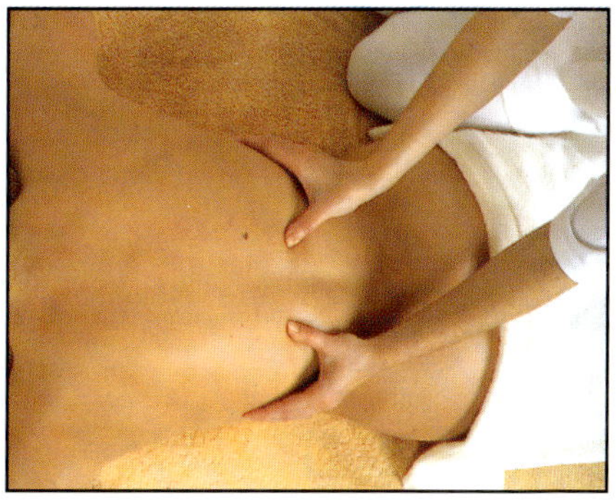

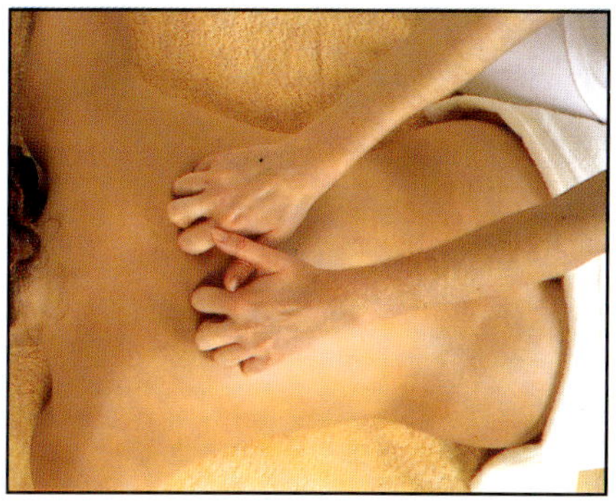

3 *Beginnen Sie nun am Steißbein, und legen Sie die Daumen zu beiden Seiten neben die Wirbelsäule; die Finger umfassen dabei die Außenseiten des Rückens. Beschreiben Sie mit den Daumen kleine, kräftige Kreisbewegungen entlang der Wirbelsäule bis hinauf zum Haaransatz. Dann kreisen Sie mit den Daumen an den Seiten der Wirbelsäule wieder hinab.*

4 *Beginnen Sie wieder am Steißbein, kreuzen Sie die Daumen, und reiben Sie mit den Fingerknöcheln zu beiden Seiten der Wirbelsäule aufwärts. Wiederholen Sie diese Bewegung zweimal.*

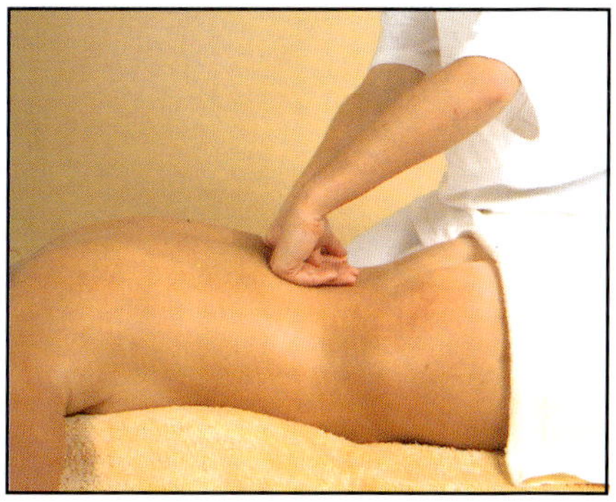

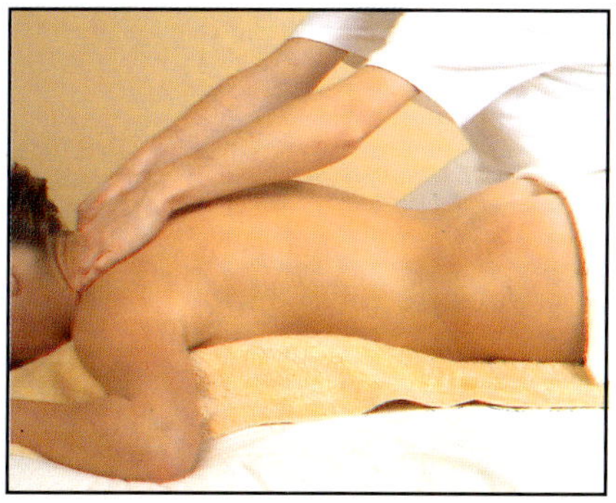

5 *Nun setzen Sie mit den Handrücken am Steißbein an und schieben die Hände langsam bis unmittelbar über die Taille. Dann streichen Sie mit den Händen nach außen und um die Hüften herum. Wiederholen Sie diese Bewegung dreimal.*

6 *Zum Abschluß der Massage wiederholen Sie die Streichbewegungen vom Anfang der Behandlung. Beginnen Sie am Steißbein, und streichen Sie langsam hinauf bis zu den Schultern und wieder zurück.*

SELBSTMASSAGE

Eine einfache Selbstmassage kann wahre Wunder bewirken – sie löst Verspannungen und bringt nach einem harten, ermüdenden Tag verbrauchte Energie zurück. Massieren Sie Ihren Körper nach einer Dusche oder einem Bad mit einem Öl oder einer Lotion: Es ist außerordentlich entspannend und tut gleichzeitig Ihrer Haut gut. Sie können die Selbstmassage auch gezielt gegen Schmerzen einsetzen. Der große Vorteil einer Selbstmassage liegt darin, daß Sie sie anwenden können, wann immer Sie sie brauchen oder dazu in der Stimmung sind – als abendliche Entspannungsübung oder als Muntermacher am Morgen.

SCHULTERN

1 *Setzen Sie sich aufrecht hin. Massieren Sie mit sanftem Fingerdruck die Muskeln vom Nackenansatz bis zur Schulter. Wenn Sie an der Schulter angelangt sind, gleiten Sie mit der Hand wieder zurück zum Hals. Wiederholen Sie diese Bewegung mindestens dreimal. Zum Schluß streichen Sie fest vom Hals zur Schulter und wiederholen die Massage auf der anderen Schulter.*

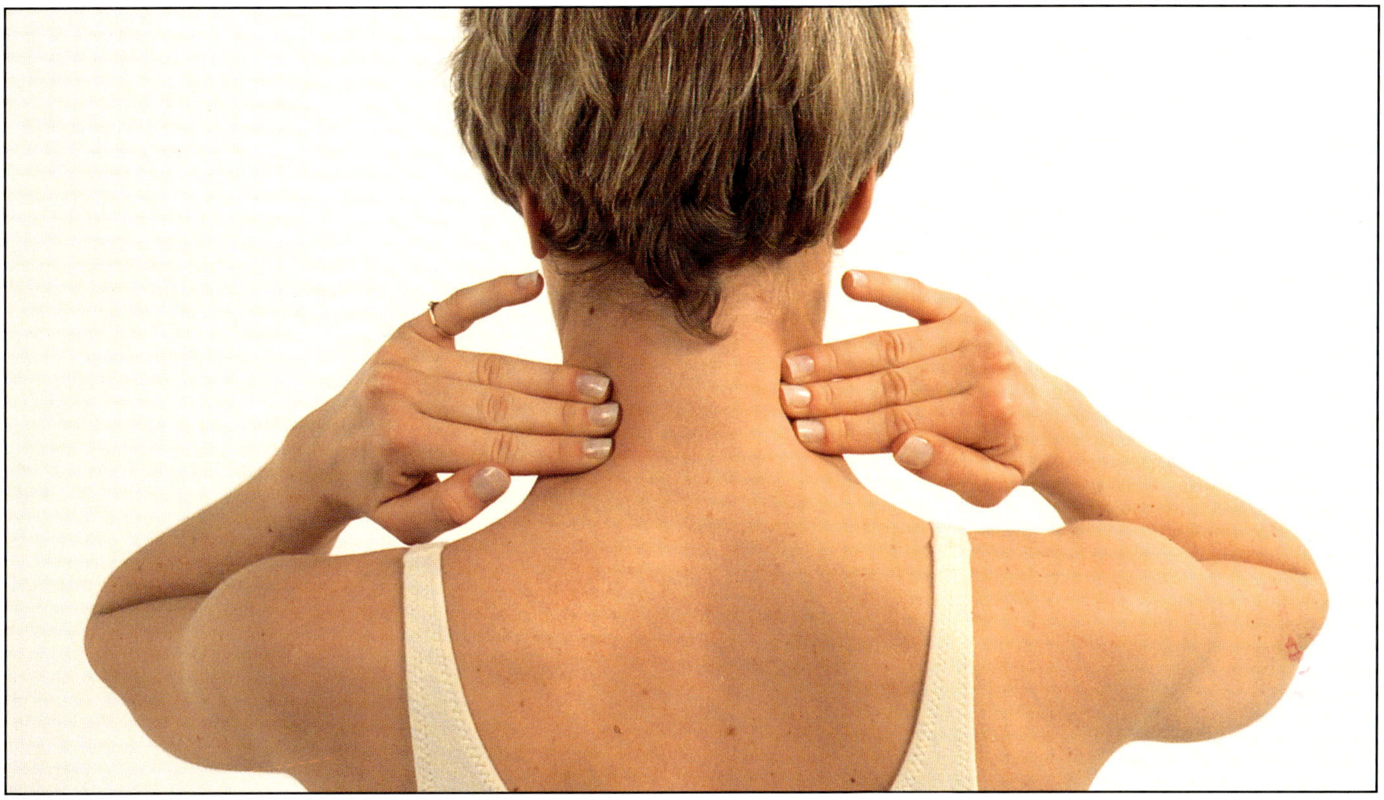

2 *Legen Sie die Hände ins Genick, und massieren Sie den gesamten Nacken bis zum Schädelansatz in kleinen kreisenden Bewegungen mit den Fingerspitzen. An den Stellen, wo sich die Verspannungen der Muskeln langsam zu lösen beginnen, sind diese kreisenden Bewegungen wirkungsvoller als ein direktes, dauerhaftes Pressen.*

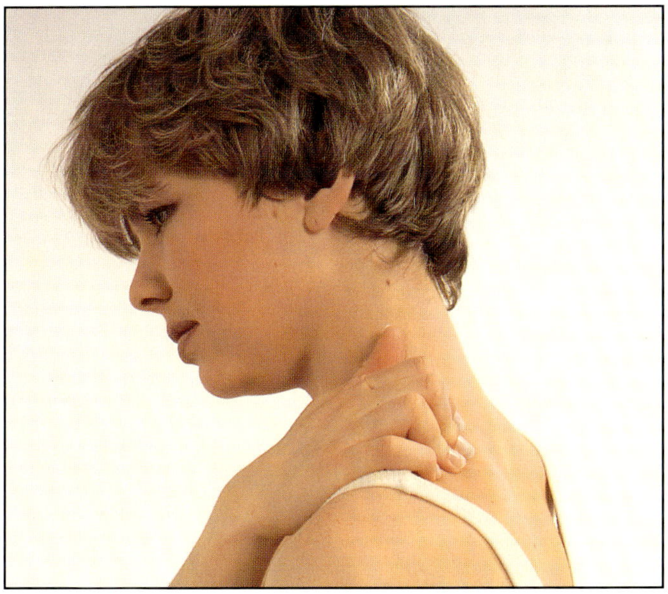

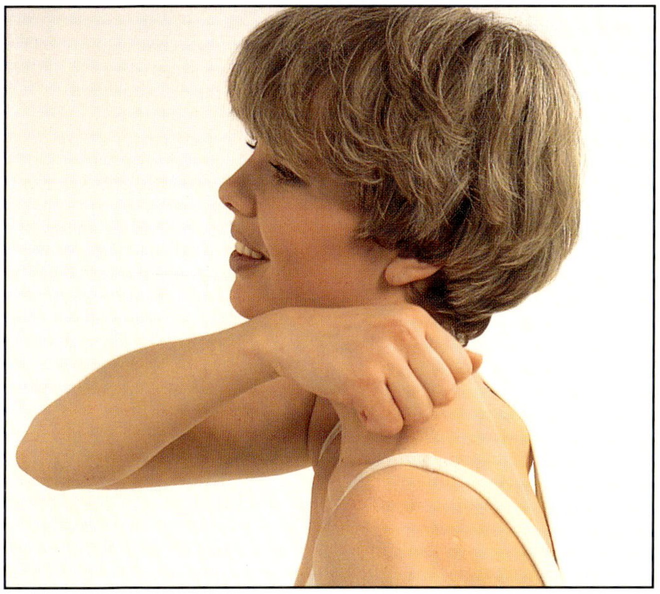

3 *Nun kneten Sie die Muskeln jeder Schulter kräftig durch, indem Sie sie zwischen den Fingern und dem Handballen rollen. Wiederholen Sie diesen Griff mehrmals auf jeder Seite.*

4 *Ballen Sie die Hand zu einer lockeren Faust, und klopfen Sie damit leicht auf die Schulter. Achten Sie darauf, daß Handgelenk und Ellbogen locker bleiben. Wiederholen Sie diesen Vorgang an der anderen Schulter.*

ARME

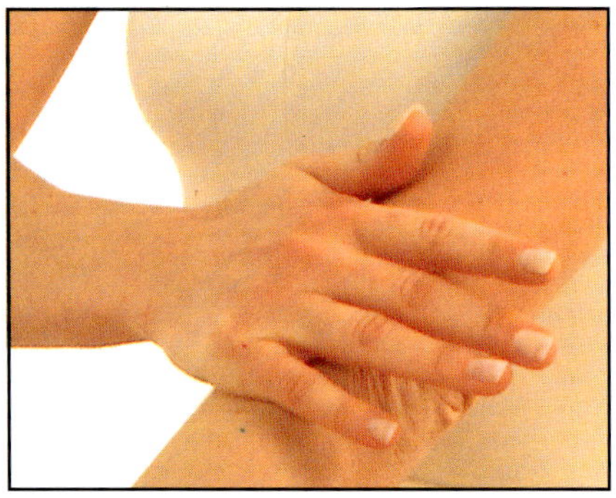

1 *Streichen Sie fest vom Handgelenk bis zur Schulter, und kehren Sie mit leichterem Druck zum Ausgangspunkt zurück. Wiederholen Sie diese Massage mehrmals am gesamten Arm.*

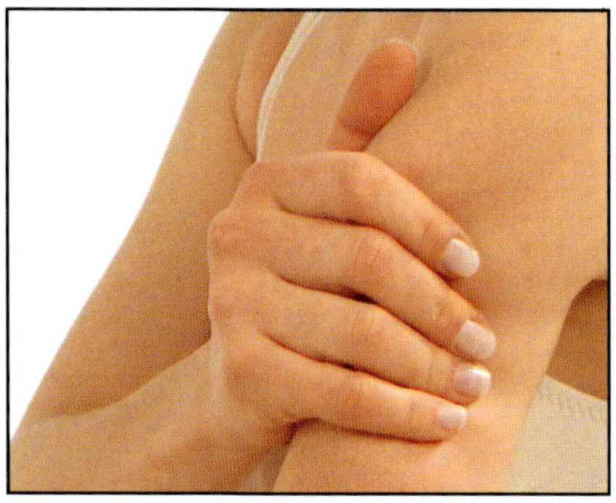

2 *Kneten Sie die Armmuskulatur vom Ellbogen bis zur Schulter, indem Sie sie zwischen Finger und Handballen zusammenpressen. Bearbeiten Sie auf diese Weise den gesamten Oberarm.*

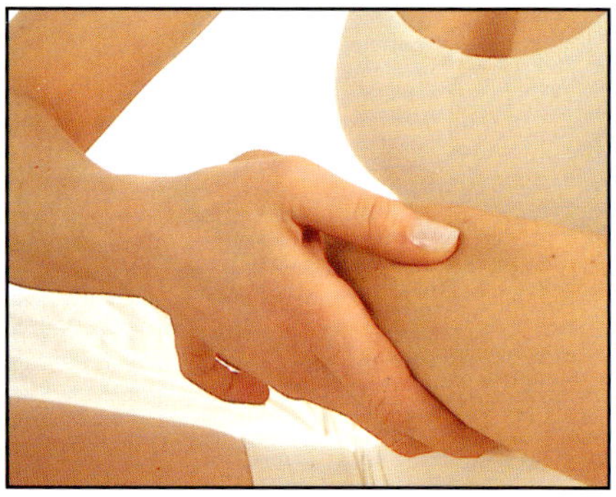

3 *Ausgehend vom Handgelenk massieren Sie den Unterarm bis zum Ellbogen, wobei Sie diesmal mit dem Daumen kreisförmige Bewegungen ausführen.*

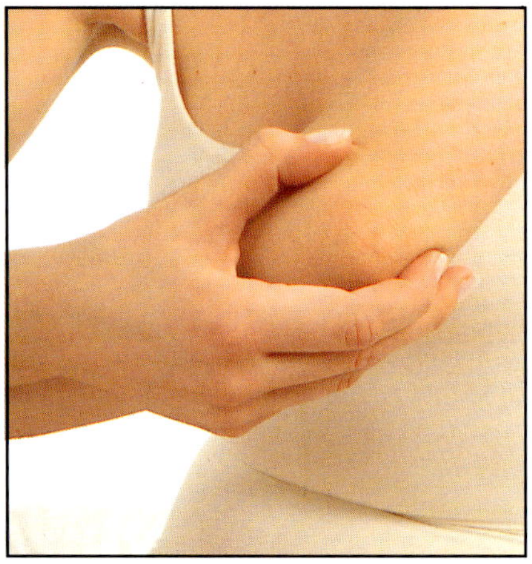

4 *Massieren Sie nun mit kreisförmigen Bewegungen von Daumen und Fingern das Gewebe rund um den Ellbogen. Beginnen Sie an der Außenseite des Ellbogens, und arbeiten Sie sich kontinuierlich nach oben. Dann drehen Sie den Arm und fahren auf der Innenseite fort. Wenn die Haut Ihres Ellbogens sehr ausgetrocknet ist, benötigen Sie mehr Massageöl.*

5 *Rechts: Klopfen Sie leicht, aber in schneller Folge mit der flachen oder hohlen Hand auf den Oberarm. Beenden Sie die Massage mit sanften Effleurage-Bewegungen am gesamten Arm. Bevor Sie den anderen Arm massieren, behandeln Sie zunächst ihre Hand.*

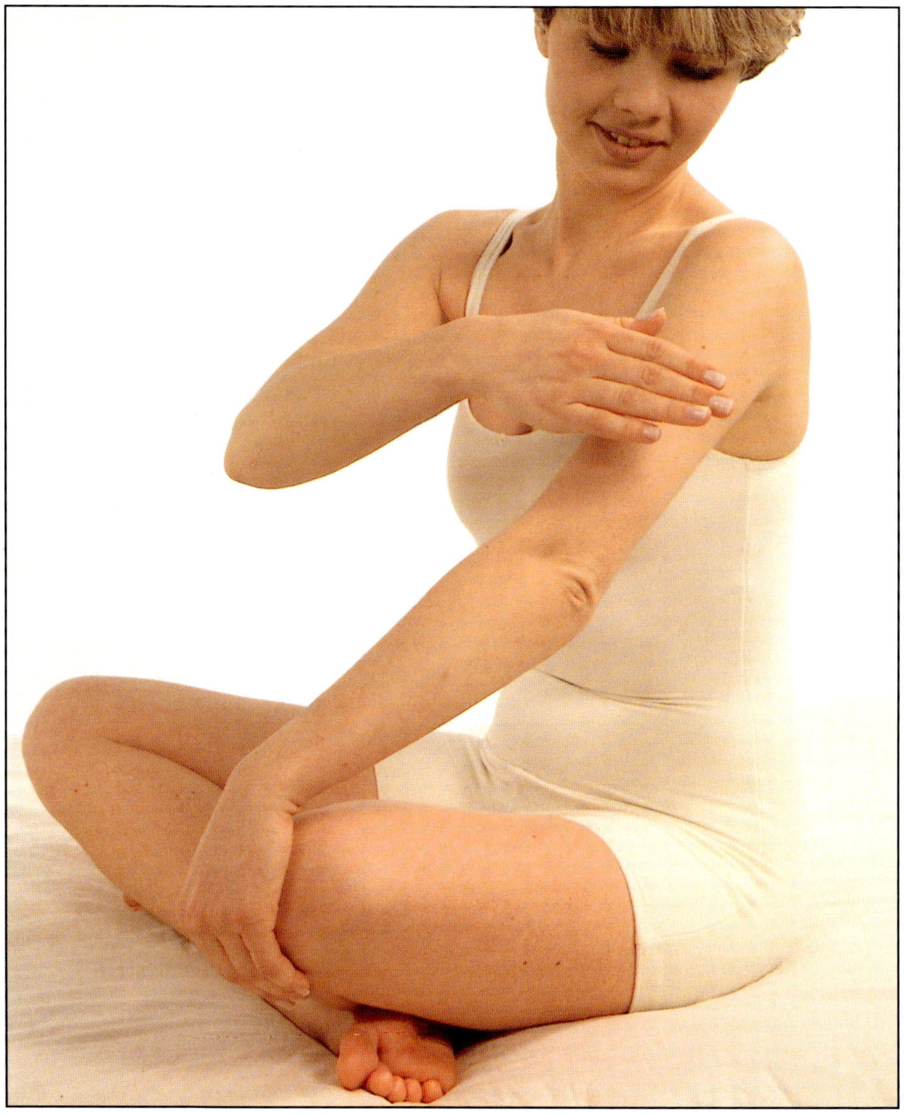

HÄNDE

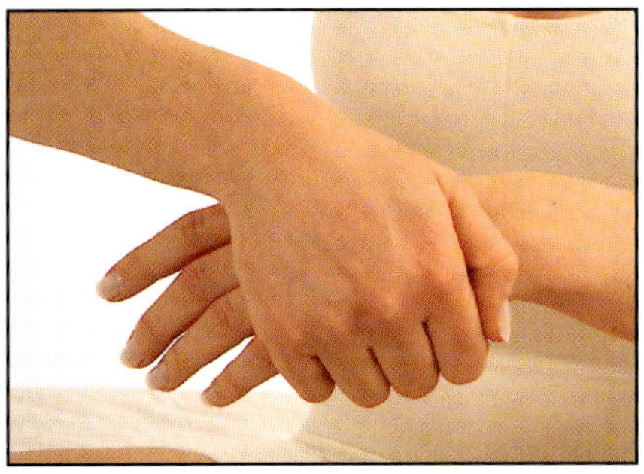

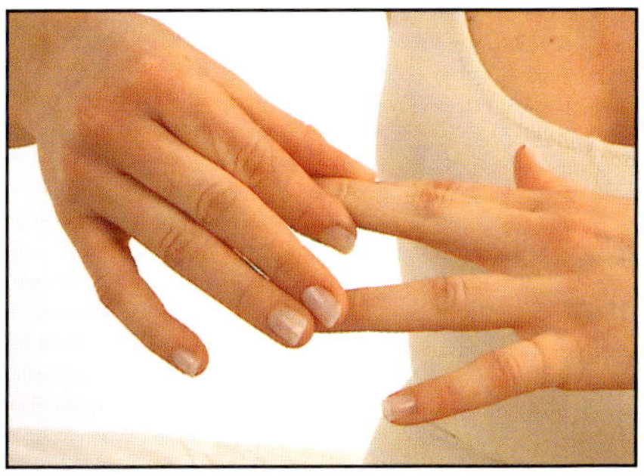

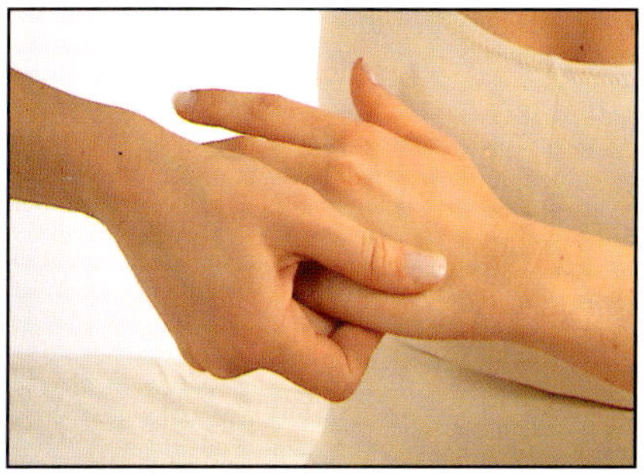

1 Kneten Sie die Hand fest, und zwar von der Seite ausgehend über die gesamte Handfläche. Bearbeiten Sie die ganze Hand, die Finger und das Handgelenk.

2 Dann massieren Sie jedes Fingergelenk mit kreisförmigen Bewegungen zwischen Zeigefinger und Daumen. Umfassen Sie jeden einzelnen Finger (wieder mit Zeigefinger und Daumen) am Fingeransatz, und ziehen Sie ihn, indem Sie langsam und gleichmäßig bis zur Fingerspitze gleiten.

3 Massieren Sie die Bereiche zwischen den Mittelhandknochen mit kreisförmigen Daumenbewegungen, und zwar von den Knöcheln zum Handgelenk hin. Anschließend beruhigen Sie die Hand durch sanftes Streichen.

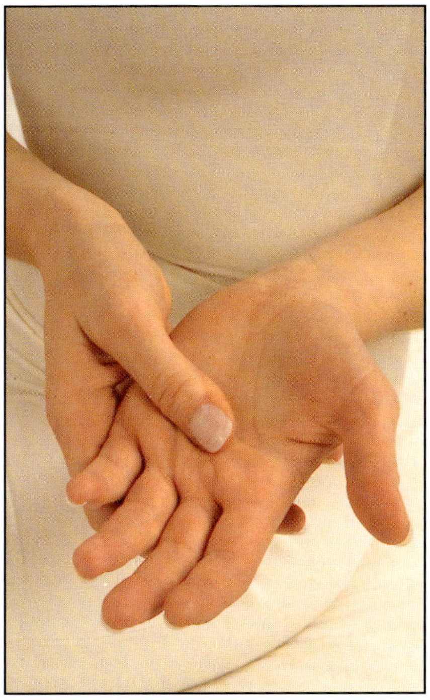

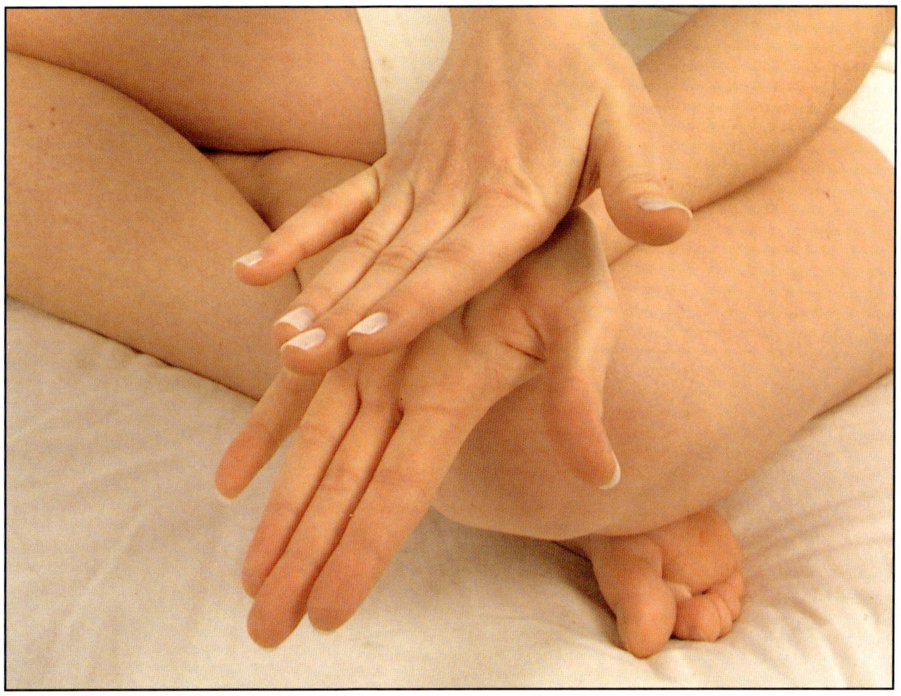

4 Nun drehen Sie die Handfläche nach oben und massieren sie mit kreisförmigen Daumenbewegungen, wobei Sie dem Handballen und dem Handgelenk besondere Aufmerksamkeit schenken sollten. Wiederholen Sie diese Massage, wobei Sie den Daumen jetzt jedoch nicht mehr kreisen lassen, sondern über die gesamte Handfläche mit festerem Druck streichen.

5 Beenden Sie die Handmassage, indem Sie mit der einen Hand über die andere streichen. Dabei können Sie ruhig etwas fester vorgehen. Beginnen Sie bei den Fingerspitzen und arbeiten Sie sich zum Handgelenk vor, wobei Sie mit dem Handballen Druck ausüben. Dann streichen Sie zurück zu den Fingerspitzen. Wiederholen Sie die Bewegung zweimal. Der Druck sollte stetig verringert werden. Zum Schluß streichen Sie noch einmal über die Innenseite des Handgelenks.

Wiederholen Sie die gesamte Arm- und Handmassage am anderen Arm.

RÜCKEN UND BAUCH

1 Legen Sie sich auf den Rücken, ziehen Sie die Knie an, und schaukeln Sie leicht vor und zurück, um den Rücken, das Gesäß und die Hüftgelenke zu massieren.

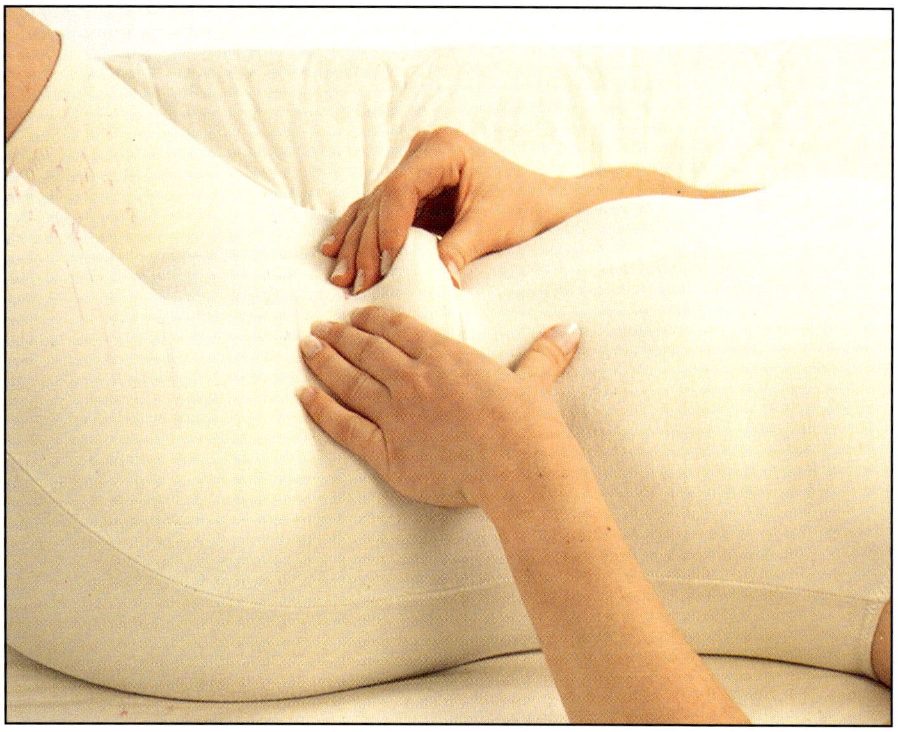

2 Links: Ziehen Sie die Knie an. Dann kneten und massieren Sie die gesamte Bauchgegend mit sanften Petrissage-Griffen. Legen Sie die Hände flach auf die Mitte des Bauches, so daß die Fingerspitzen einander zugewandt sind, und lassen Sie sie für einen Moment ruhen. Danach streichen Sie mit den Händen gleichmäßig und langsam von der Bauchmitte nach außen über Hüften und Schenkel.

GESÄSS, HÜFTEN UND SCHENKEL

1 Knien Sie sich hin, und klopfen Sie mit der geballten Hand leicht Gesäß und Hüften. Achten Sie darauf, daß Ihr Handgelenk dabei locker bleibt.

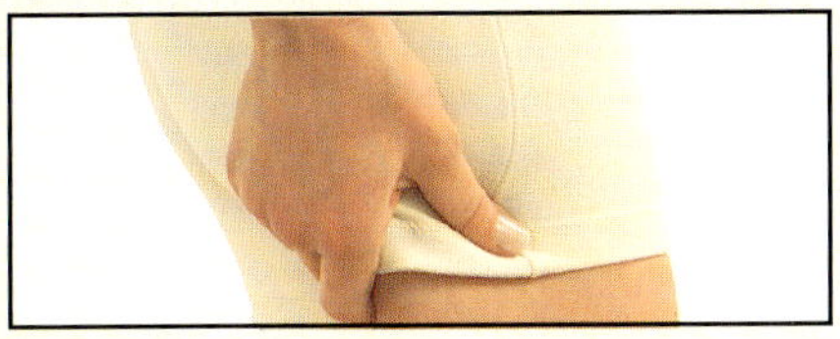

2 Kneten Sie die Muskeln fest und langsam mit Daumen und Fingern. Beginnen Sie am Ansatz des Oberschenkels, und arbeiten Sie sich über das gesamte Gesäß vor. Wiederholen Sie diese Massage auf der anderen Seite.

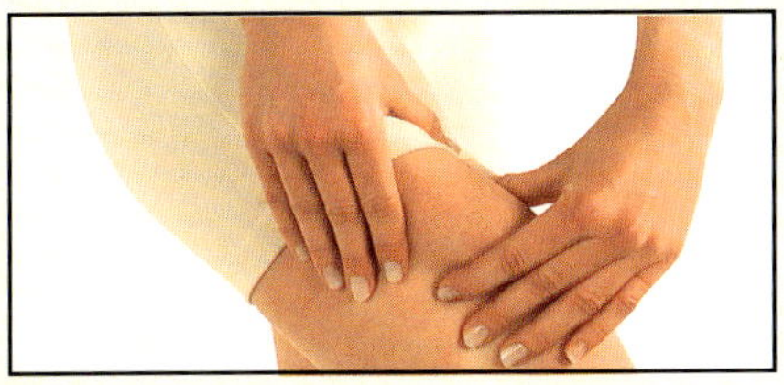

3 Kneten Sie mit beiden Händen die vorderen und seitlichen Muskeln des gesamten Oberschenkels. Wiederholen Sie den Massagegriff am anderen Bein.

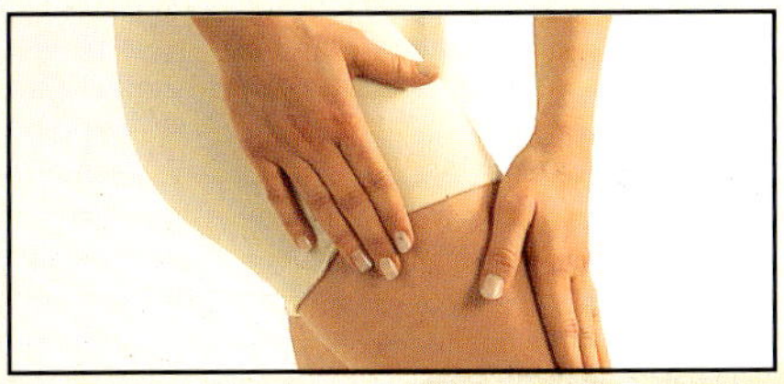

4 Streichen Sie mit beiden Händen vom Knie ausgehend über den ganzen Oberschenkel, um das Bein zu beruhigen.

BEINE

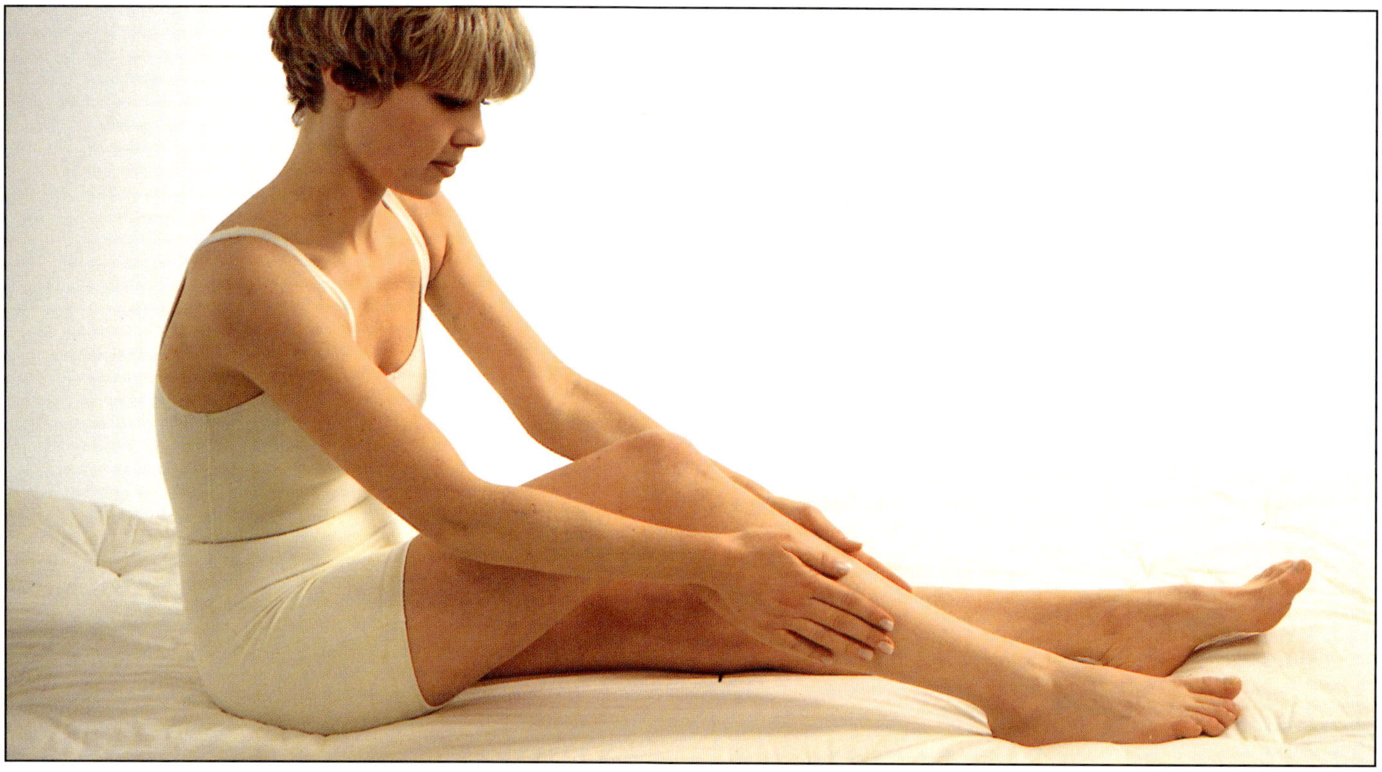

1 Setzen Sie sich hin, ziehen Sie das rechte Bein leicht an, und streichen Sie vom Fußgelenk mit beiden Händen bis zum Oberschenkel.

Wiederholen Sie diese Bewegung mehrmals, und streichen Sie dabei jedesmal über einen anderen Bereich des Beins.

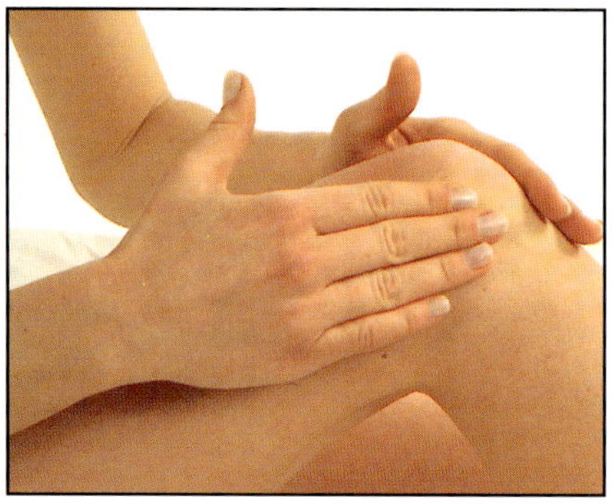

2 Massieren Sie das Knie. Beginnen Sie mit sanften Streichbewegungen um die Kniescheibe herum; dann massieren Sie diesen Bereich etwas fester mit kreisförmigen Fingerspitzen-Bewegungen.

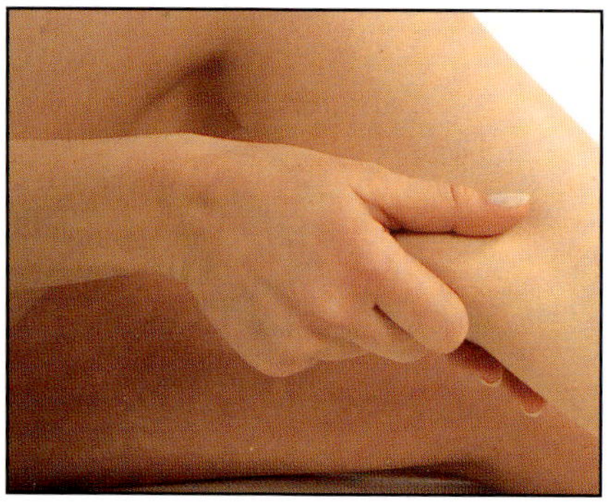

3 Kneten Sie den Wadenmuskel mit beiden Händen und kräftigen Petrissage-Griffen, um die Verspannungen dieses Muskels zu lösen.

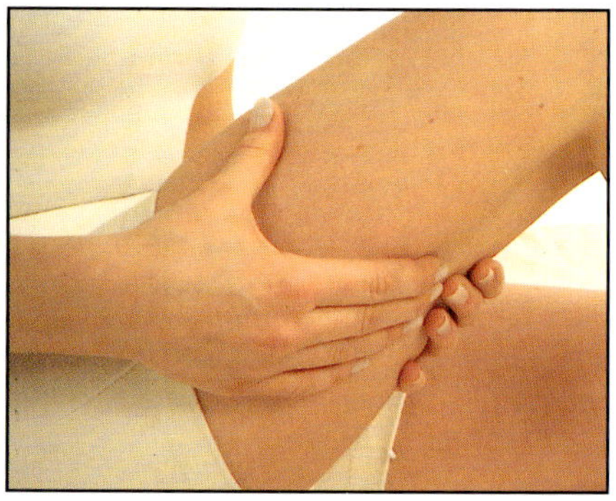

4 Dann setzen Sie diese Massagetechnik am Oberschenkel fort und kneten die obere und seitliche Muskulatur abwechselnd mit beiden Händen. Während das Knie gebeugt bleibt, streichen Sie abschließend noch einmal auf der Unterseite des Beins von der Wade bis hoch zur Hüfte.

Bevor Sie das andere Bein massieren, sollten Sie sich zunächst mit dem Fuß beschäftigen (gegenüberliegende Seite).

FÜSSE

1 Setzen Sie sich hin, und lehnen Sie sich zurück. Heben Sie ein Bein an, und halten Sie es mit den Händen. Lassen Sie den Fuß fünfmal kreisen.

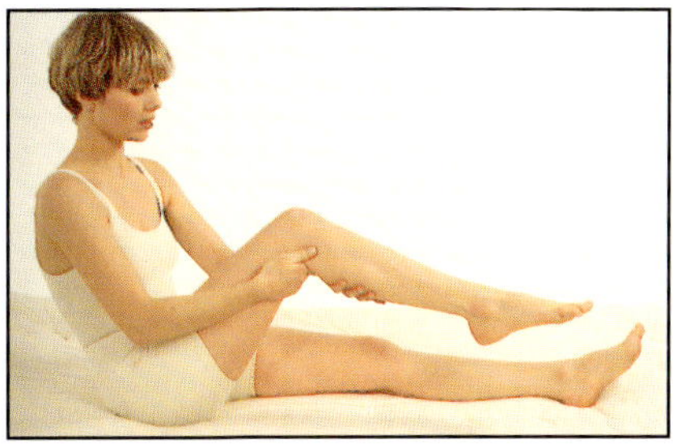

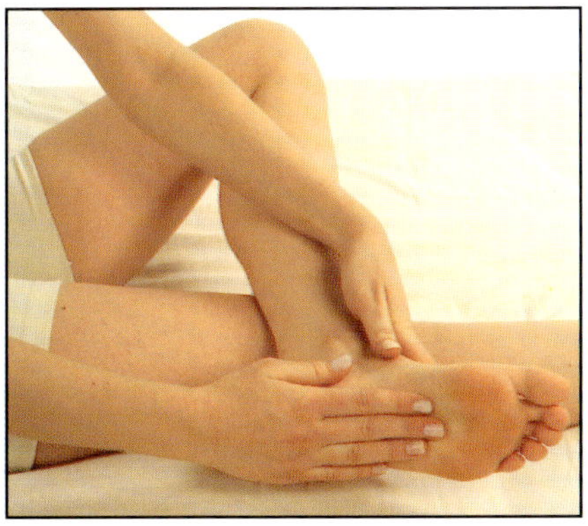

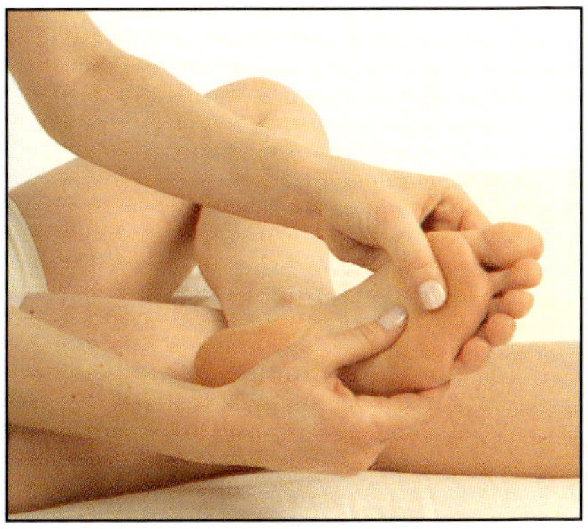

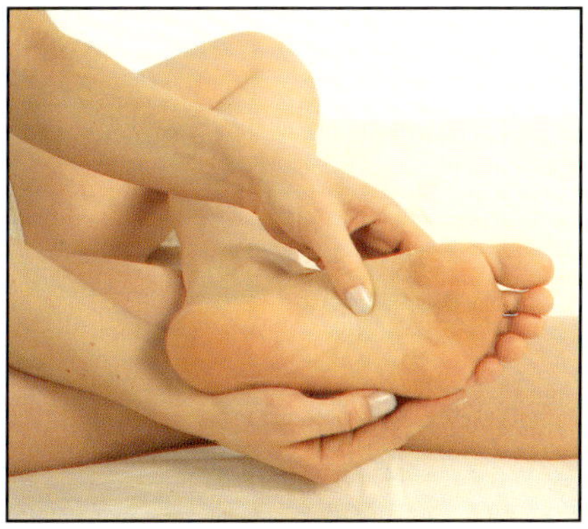

2 Legen Sie den Unterschenkel vorsichtig über das andere Bein. Dann streichen Sie mit der einen Hand über den Spann und mit der anderen Hand von den Zehen über die Fußsohle zur Ferse. Wiederholen Sie diese Streichbewegung dreimal.

3 Massieren Sie den Fußballen mit sanften, kreisförmigen Bewegungen des Daumens. Arbeiten Sie sich schrittweise von der Innenkante zur Außenkante des Fußes vor. Wiederholen Sie diese Bewegungsabfolge dreimal.

4 Halten Sie den Fuß mit der rechten Hand. Fahren Sie mit den kreisförmigen Druckbewegungen an der Fußsohle fort, wieder von innen nach außen. Wiederholen Sie diese Massage dreimal.

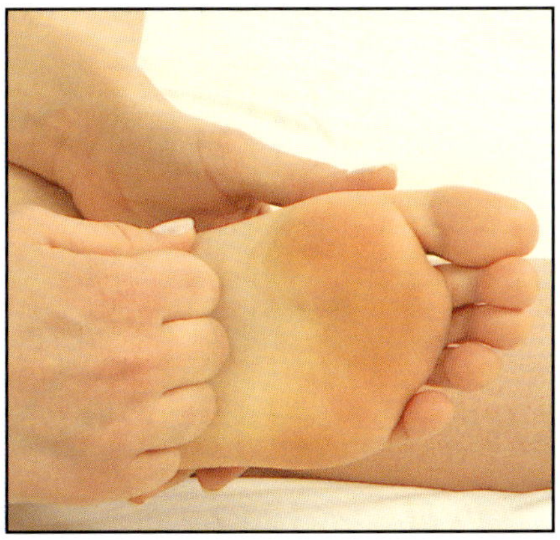

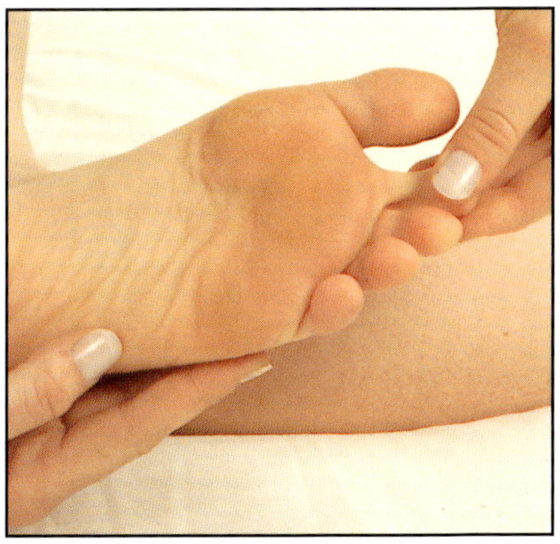

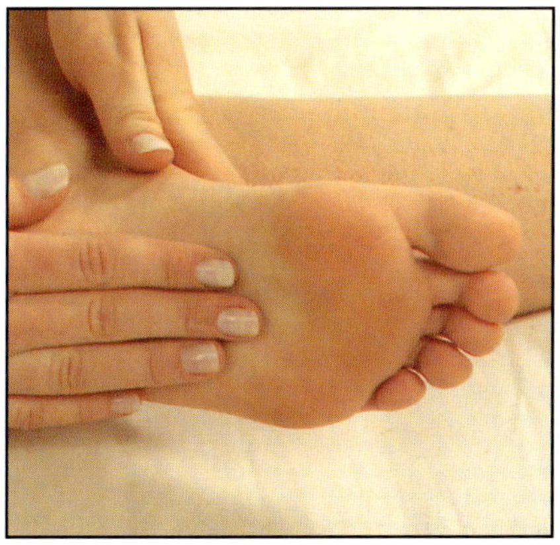

5 Halten Sie den Fuß weiter in der rechten Hand. Ballen Sie die andere locker zur Faust, und streichen Sie mit festen kreisenden Bewegungen über die Fußsohle. Bearbeiten Sie die Fußbrücke besonders gründlich.

6 Nun massieren Sie jeden Zeh einzeln. Dehnen Sie den Zeh mit Daumen und Fingern, wobei Sie langsam und vorsichtig vom Ansatz bis zur Zehenspitze gleiten.

7 Wenden Sie abschließend die Effleurage-Technik an. Streichen Sie mehrmals mit beiden Händen auf der Ober- und Unterseite des Fußes von den Zehen bis zur Ferse.

Wiederholen Sie die Bein- und Fußmassage jetzt am anderen Bein.

MASSAGE UND SPORT

Professionelle Sportler legen sehr viel Wert auf gute Massagen, nicht zuletzt, weil sie auf verschiedenen Ebenen wirkt. Vor dem Training angewandt, bereitet sie den Körper auf die sportliche Belastung vor. Die Muskeln und Gelenke werden nicht nur aufgewärmt und gelockert (was ihre Beweglichkeit erhöht und Krämpfen und Verletzungen vorbeugt), sondern der gesamte Körper wird sowohl physisch als auch mental angeregt. Hier liegt der Schlüssel zu höheren Leistungen. Nach dem Training beschleunigt die Massage den Abbau von Abfallstoffen (insbesondere von Milchsäure), da sie das Lymphsystem anregt. Die Anreicherung dieser Abfallstoffe während des Trainings ist ein Grund für den sogenannten Muskelkater nach dem Sport.

ZERRUNGEN UND VERSTAUCHUNGEN

Muskeln, Fasern oder Bänder können während des Sports gezerrt, d. h. über ihre natürlichen Grenzen hinaus gedehnt werden. Dies geschieht häufig, wenn ohne vorheriges angemessenes Aufwärmen trainiert oder der Körper überanstrengt wurde. Mit Hilfe einer Massage und Aufwärmübungen vor dem Training lassen sich solche Zerrungen vermeiden, während eine sanfte Massage der betroffenen Stellen nach dem Sport die Heilung beschleunigen kann.

Verstauchungen sind wesentlich ernster zunehmen. Meistens ist das Fuß-, Hand- oder Kniegelenk betroffen. Auch die dort ansetzenden Muskeln, Sehnen und Bänder können verletzt sein. Der betroffene Bereich schmerzt heftig und schwillt stark an.

Legen Sie einen Eisbeutel oder eine kalte Kompresse etwa 15–20 Minuten auf die schmerzende Stelle. Wenn die Schwellung zurückgegangen ist, können Sie vorsichtig mit der Massage beginnen (gegenüberliegende Seite). Achten Sie darauf, daß Sie die geschwollene Stelle niemals direkt bearbeiten. Darüber hinaus sollten Sie den Knöchel so weit wie möglich schonen und einen Stützverband anlegen.

Eine besonders schmerzhafte Verletzung sollte immer von einem Arzt behandelt werden, da es sich unter Umständen sogar um einen Knochenbruch handeln könnte. Vor allem ein verletztes Knie bedarf einer sorgfältigen medizinischen Untersuchung.

KRÄMPFE

Nicht nur Fitneß-Fanatiker leiden hin und wieder unter Krämpfen. Meist sind es gerade die wenig benutzten oder schlecht aufgewärmten Muskeln, die sich verkrampfen. Und manchmal muß man sich dazu noch nicht einmal bewegt haben: Oft wird man mitten in der Nacht vom stechenden Schmerz eines Krampfes aus dem Schlaf gerissen, wenn sich wegen der verringerten Durchblutung ein Muskel schmerzhaft zusammenzieht. Häufige Krämpfe können einen schwachen Kreislauf oder einen Mangel an Kalzium oder anderen Mineralien anzeigen. Eine Massage stärkt den Blutkreislauf und lindert den Schmerz. Außerdem sollten Sie versuchen, den betroffenen Muskel zu dehnen.

RÜCKENSCHMERZEN

Zerrungen im Rückenbereich gehören zu den häufigsten Ursachen von kräftezehrenden Schmerzen. Da die meisten Sportarten hauptsächlich Beine, Gesäß und Rücken belasten, können sich alte Verletzungen immer wieder schmerzhaft zurückmelden. Aber auch ungeschicktes, unangemessenes oder übertriebenes Training führt häufig zu Problemen. Sie sollten daher den Rücken niemals unnötig überbeanspruchen und mit einer gründlichen Rückenmassage (insbesondere vor dem Training) der Gefahr von Verletzungen begegnen. Wenn Sie sich nur schnell vor dem Training aufwärmen oder danach entspannen wollen, folgen Sie den Anleitungen zur Selbstmassage für Schultern und Rücken. Falls Sie Zweifel haben, ob auftretende Schmerzen nicht doch auf eine ernsthaftere Ursache zurückzuführen sind, sollten Sie einen Arzt oder Chiropraktiker aufsuchen.

MIT ODER OHNE ÖL

Sicherlich haben Sie nicht immer ein Massage-Öl zur Hand. Allerdings ist dies bei der Massage gegen plötzlich auftretende Krämpfe oder bei anderen Sportverletzungen auch nicht so wichtig, da Sie die betroffenen Stellen sowohl mit als auch ohne Öl massieren können.

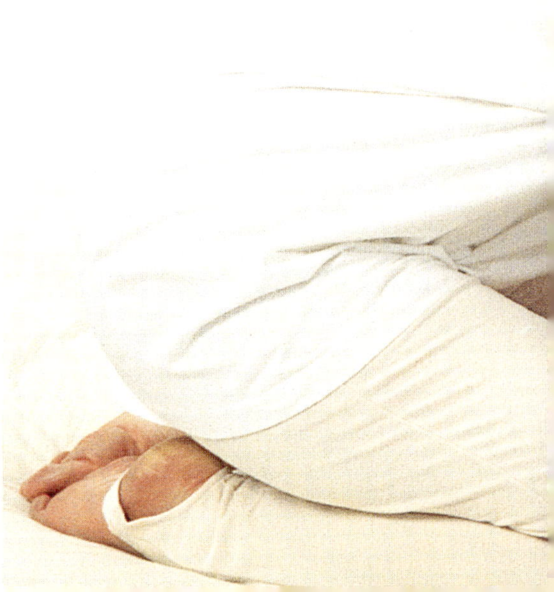

Verstauchungen und Zerrungen im Fussgelenk

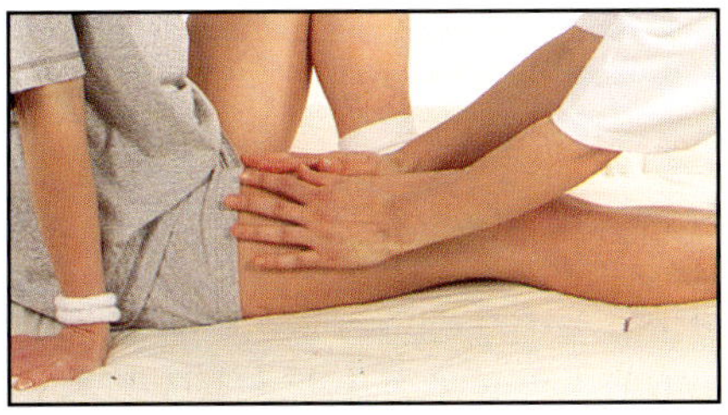

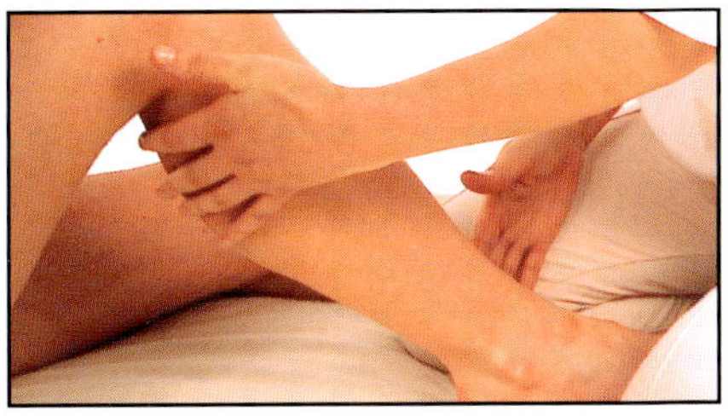

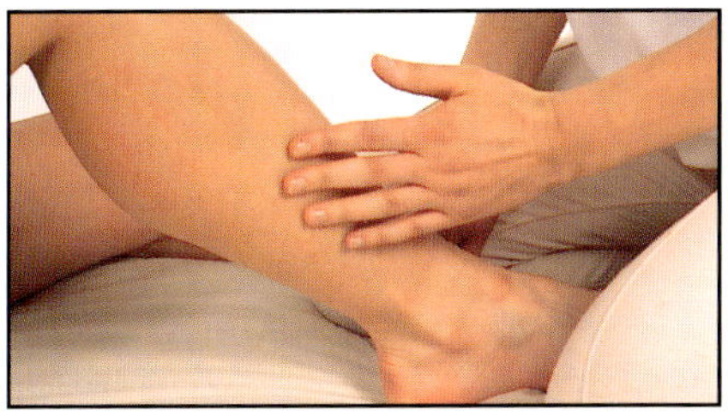

1. *Oben und unten: Vermeiden Sie jede direkte Massage der geschwollenen Stellen. Beginnen Sie mit einer leichten Effleurage-Bewegung vom Knie in Richtung Oberschenkel. Massieren Sie das Gewebe zu den Lymphknoten der Leistengegend hin; das unterstützt den Abbau der um das Gelenk herum angestauten Flüssigkeit. Streichen Sie sanft bis zum Knie zurück. Wiederholen Sie den gesamten Bewegungsablauf mehrmals.*

2 *Helfen Sie Ihrem Partner, das betroffene Bein zu beugen. Dann fahren Sie mit der Effleurage am Unterschenkel fort, wobei Sie jetzt mit beiden Händen abwechselnd vom Knöchel zum Knie streichen. Wiederholen Sie diese Bewegungen einige Male, und kneten Sie danach mit einer Hand vorsichtig die Wade, während Sie mit der anderen den Fuß halten.*

3 *Konzentrieren Sie sich nun auf den Fußgelenksbereich. Streichen Sie mit kurzen Aufwärtsbewegungen sanft und vorsichtig um den ganzen Knöchel herum. Achten Sie darauf, daß Sie Ihrem Partner keine Schmerzen bereiten.*

WADENKRAMPF

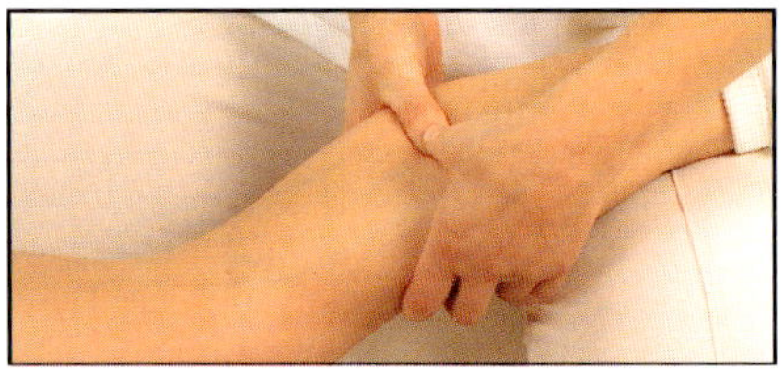

1 *Ihr Partner legt sich auf den Bauch. Stützen Sie seinen Fuß mit Ihrem Bein oder einem Kissen ab. Dann drücken Sie vorsichtig mit beiden Daumen für acht bis zehn Sekunden direkt in die Mitte des verkrampften Muskels.*

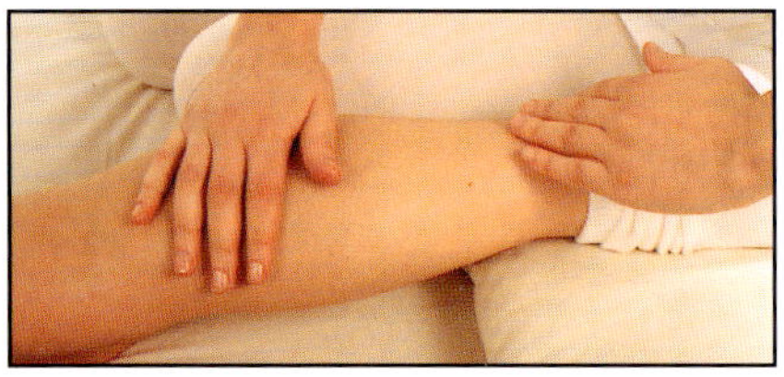

2 *Wenden Sie anschließend die Effleurage-Technik an, und streichen Sie vom Knöchel zum Oberschenkel und wieder zurück.*

SELBSTHILFE BEI WADENKRÄMPFEN

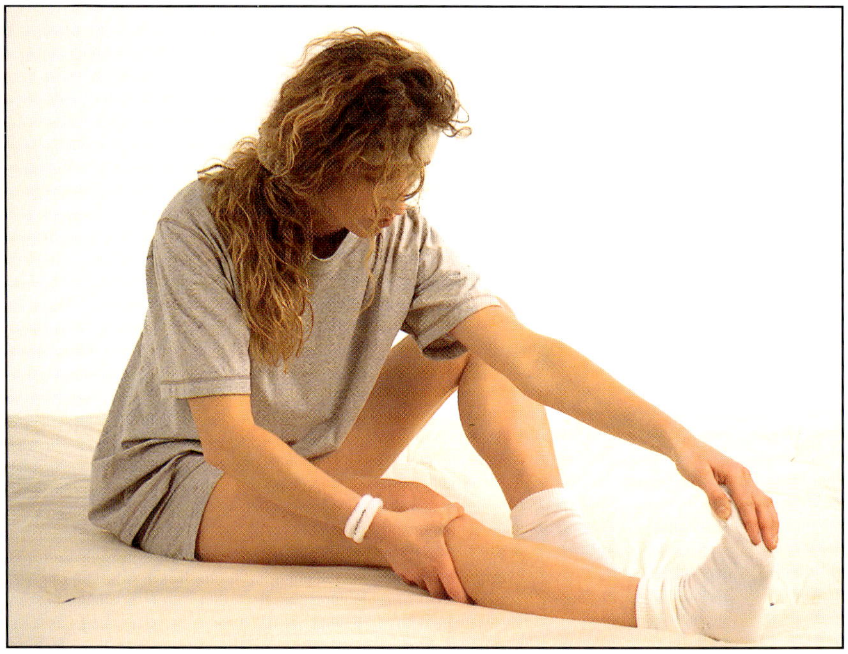

Setzen Sie sich hin, strecken Sie das betroffene Bein durch, und ziehen Sie die Zehen mit der Hand zu sich hin. Halten Sie diese Position für acht bis zehn Sekunden. Wiederholen Sie diese Dehnübung mehrmals, bis der Krampf nachläßt.

Danach kneten Sie den Wadenmuskel kräftig durch. Wenn sich der Muskel etwas entspannt hat, gehen Sie zur Effleurage-Technik über und streichen vom Fußknöchel in Richtung Oberschenkel.

KRAMPF IM OBERSCHENKEL

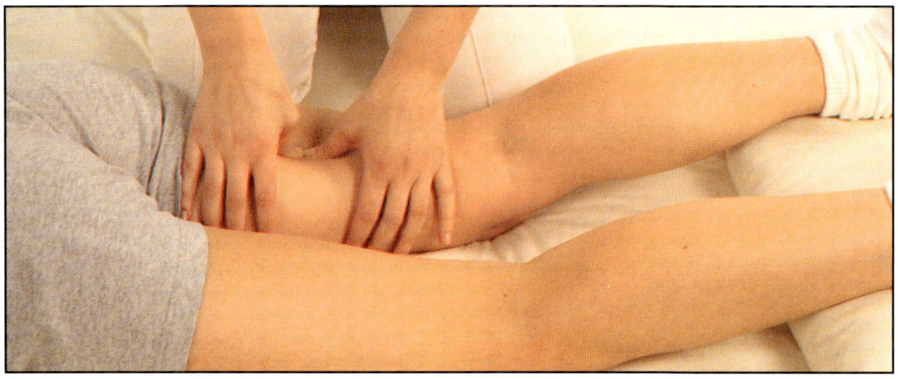

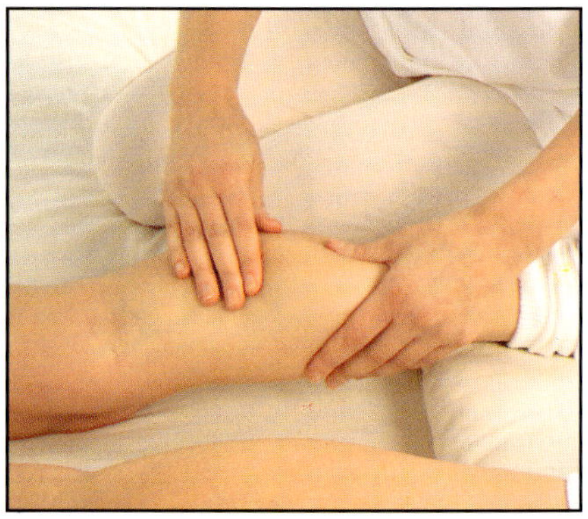

1 *Ihr Partner liegt auf dem Bauch; die Füße liegen auf einem Kissen. Beginnen Sie mit der Massage auf der Unterseite des Oberschenkels, indem Sie in rhythmischer Folge, langsam und mit beiden Händen abwechselnd darüberstreichen. Dann üben Sie mit den Daumen Druck auf die Mitte des Oberschenkels aus und halten den Druck etwa acht bis zehn Sekunden.*

2 *Massieren Sie den Wadenmuskel, indem Sie ihn mit beiden Händen durchkneten. Zum Schluß streichen Sie mit sanften Effleurage-Bewegungen vom Fußgelenk bis zum Oberschenkel und wieder zurück.*

SELBSTHILFE BEI OBERSCHENKELKRÄMPFEN

Legen Sie sich hin, heben Sie das betroffene Bein an, und beugen Sie das andere. Dehnen Sie den Muskel, indem Sie den Oberschenkel vorsichtig in Richtung Brust ziehen. Dann streichen Sie acht bis zehn Sekunden fest über die Unterseite des Oberschenkels (vom Knie zum Gesäß). Kneten Sie nun die Unterseite des Oberschenkels so lange, bis sich der Muskel lockert. Abschließend streichen Sie zur Entspannung sanft über den betroffenen Bereich.

TENNISARM

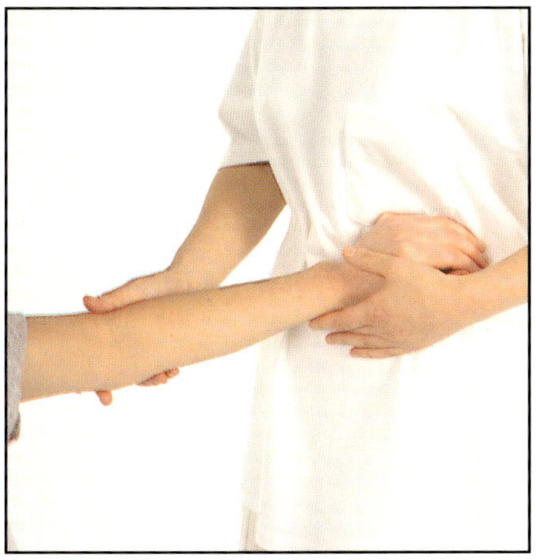

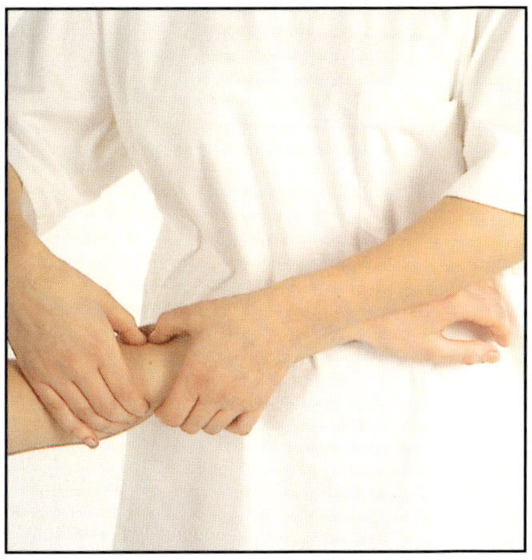

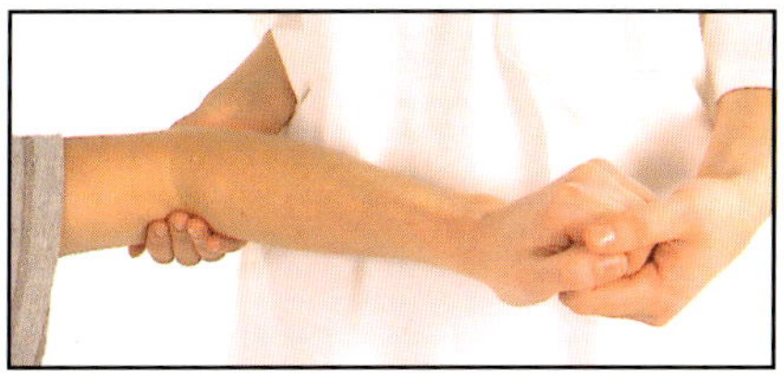

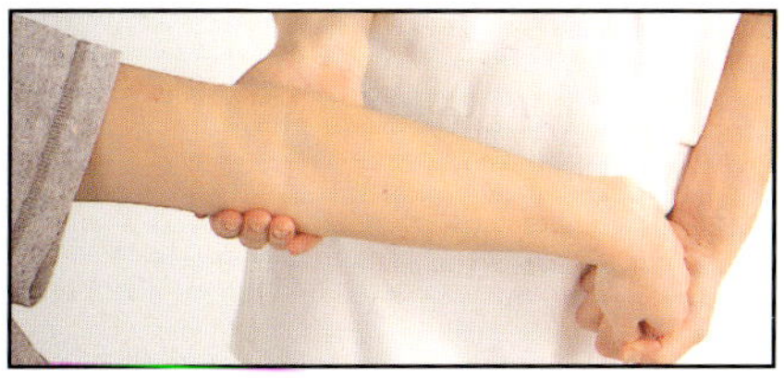

1 *Halten Sie das Handgelenk Ihres Partners mit einer Hand. Streichen Sie beruhigend über beide Seiten des Arms – vom Handgelenk ausgehend bis hin zum Ellbogen und wieder zurück. Wiederholen Sie diese Bewegung einige Male.*

2 *Massieren Sie mit kleinen kreisförmigen Bewegungen beider Daumen die Unterarmmuskeln vom Handgelenk bis zum Ellbogen und wieder zurück.*

3, 4 *Dehnen Sie die Sehnen des Arms. Halten Sie dazu die Hand fest in Ihrer Hand, stützen Sie mit der anderen den Ellbogen. Nun drücken Sie den Ellbogen nach oben durch und die Hand nach unten.*

Babymassage

Ein Neugeborenes reagiert instinktiv auf Berührungen. Deshalb bietet die Babymassage eine wunderbare Möglichkeit, die natürliche Bindung zwischen Mutter und Kind zu vertiefen. Babys sind sehr sensibel und lieben es, liebkost und gedrückt zu werden.

Es gibt keine vorgeschriebene Abfolge bei der Massage eines Babys. Achten Sie darauf, daß Sie immer sanft und fließend vorgehen. Schon das einfache, sanfte Streicheln wird die natürliche Bindung zur Mutter stärken, das Baby beruhigen und ihm Sicherheit geben. Eine Massage vermag sogar einen Säugling zu beruhigen, der unter Blähungen oder anderen Verdauungsproblemen leidet. Darüber hinaus hilft sie, die Abwehrkräfte gegen Husten und Erkältungen zu stärken. Benutzen Sie ein schnell einziehendes leichtes Pflanzenöl wie Mandel- oder Sonnenblumenöl, und achten Sie darauf, daß es nicht in die Augen kommt.

Machen Sie es sich gemütlich

Legen Sie das Baby sanft auf ein warmes, weiches Handtuch zwischen Ihre Beine oder auf Ihren Schoß. Geben Sie 1 Teelöffel (5 ml) Mandelöl in ein kleines Gefäß. Achten Sie darauf, daß Ihre Hände warm sind und der Raum ruhig und gut geheizt ist. Der günstigste Zeitpunkt für eine Massage ist direkt nach einem Bad.

Die Vorderseite

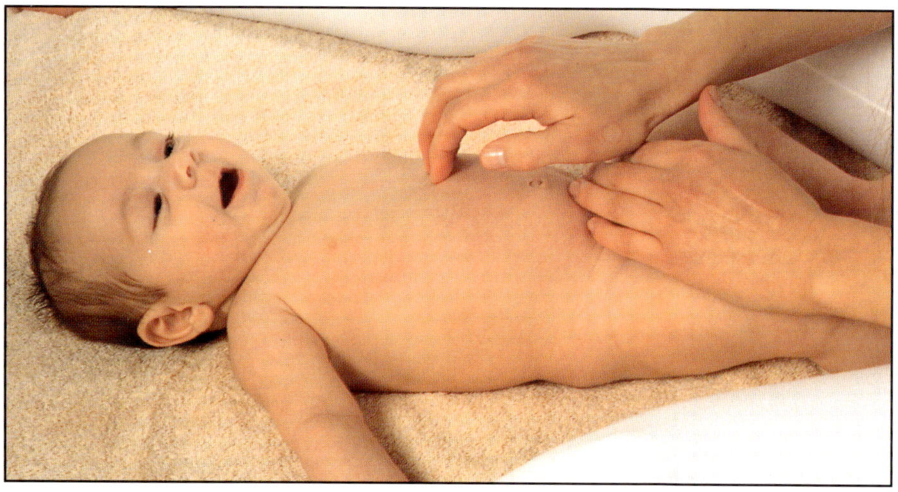

1 *Verteilen Sie langsam und sanft etwas Öl über die Schultern bis zu den Füßen des Säuglings. Sparen Sie jedoch das Gesicht aus. Dann streichen Sie, ausgehend von der Brust, leicht mit den Fingerspitzen bis zum Bauch. Für ein Baby ist diese Bewegung sehr angenehm.*

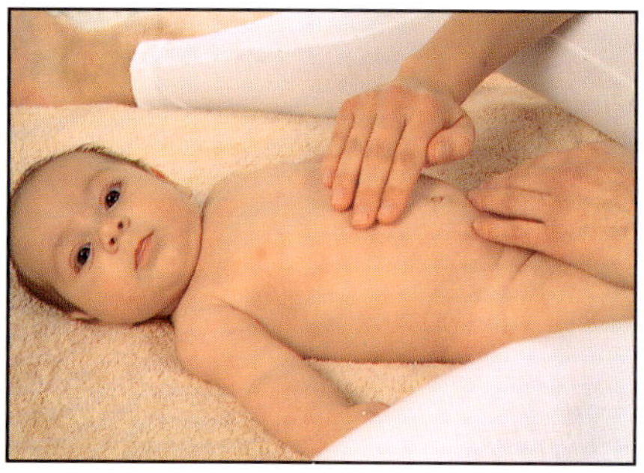

2 *Mit nur sehr leichtem Druck fahren Sie mit beiden Händen in kontinuierlichen Kreisbewegungen über den Bauch des Babys. Arbeiten Sie sich von der rechten Seite über die Mitte zur linken Seite. Wiederholen Sie dieses kreisförmige Streichen mehrere Male.*

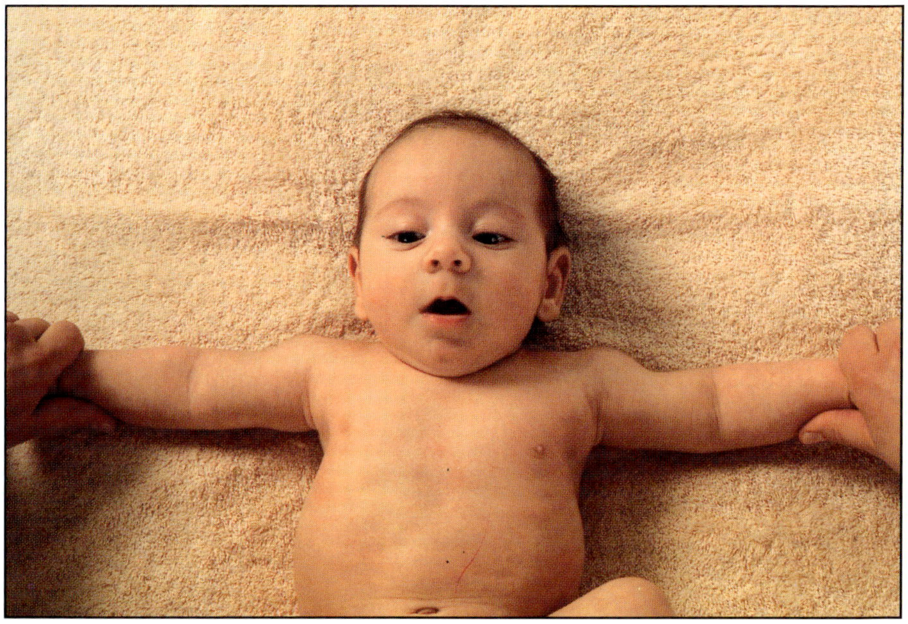

3 *Links: Nehmen Sie die Arme des Säuglings vorsichtig zur Seite, und spreizen Sie seine Hände und Finger – soweit er es zuläßt. Bearbeiten Sie mit sanftem Druck die Arme, und massieren Sie danach die Handgelenke und Handflächen mit kreisförmigen Daumenbewegungen.*

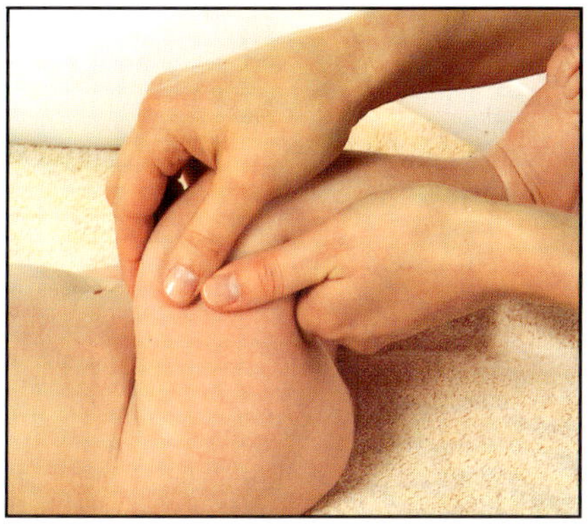

4 *Nun gehen Sie zu den Beinen und Füßen über. Halten Sie das Bein mit beiden Händen, und drücken Sie es leicht und rhythmisch. Anschließend halten Sie das Bein nur noch mit einer Hand und streichen mit der anderen vom Knie über den Oberschenkel und wieder zurück.*

5 *Rechts: Gleiten Sie mit der stützenden Hand bis zur Achillessehne, und streichen Sie mit der Handfläche der anderen Hand sanft von den Zehen zum Fußgelenk und wieder zurück. Die Zehen lockern Sie vorsichtig mit leichten Kreisbewegungen.*

Wiederholen Sie die Schritte 4 und 5 am anderen Bein.

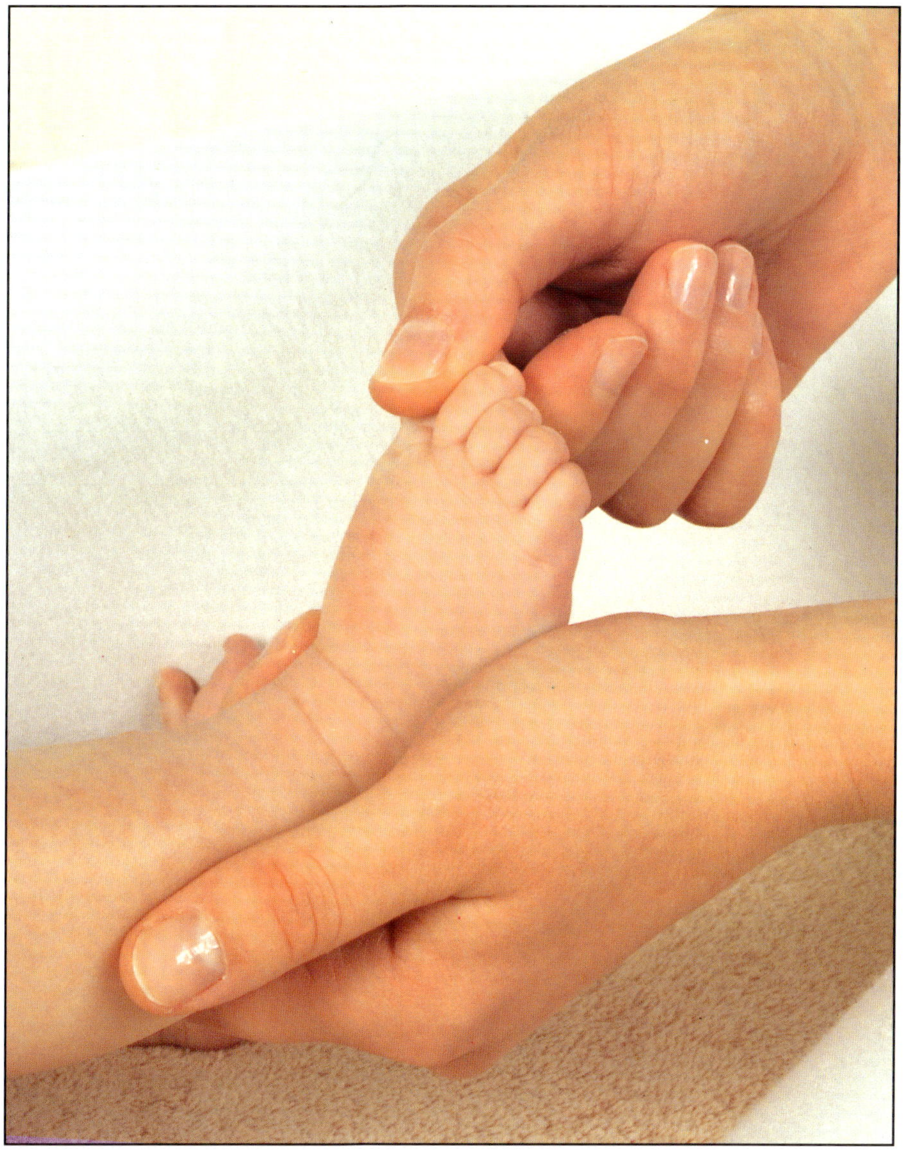

DIE RÜCKSEITE

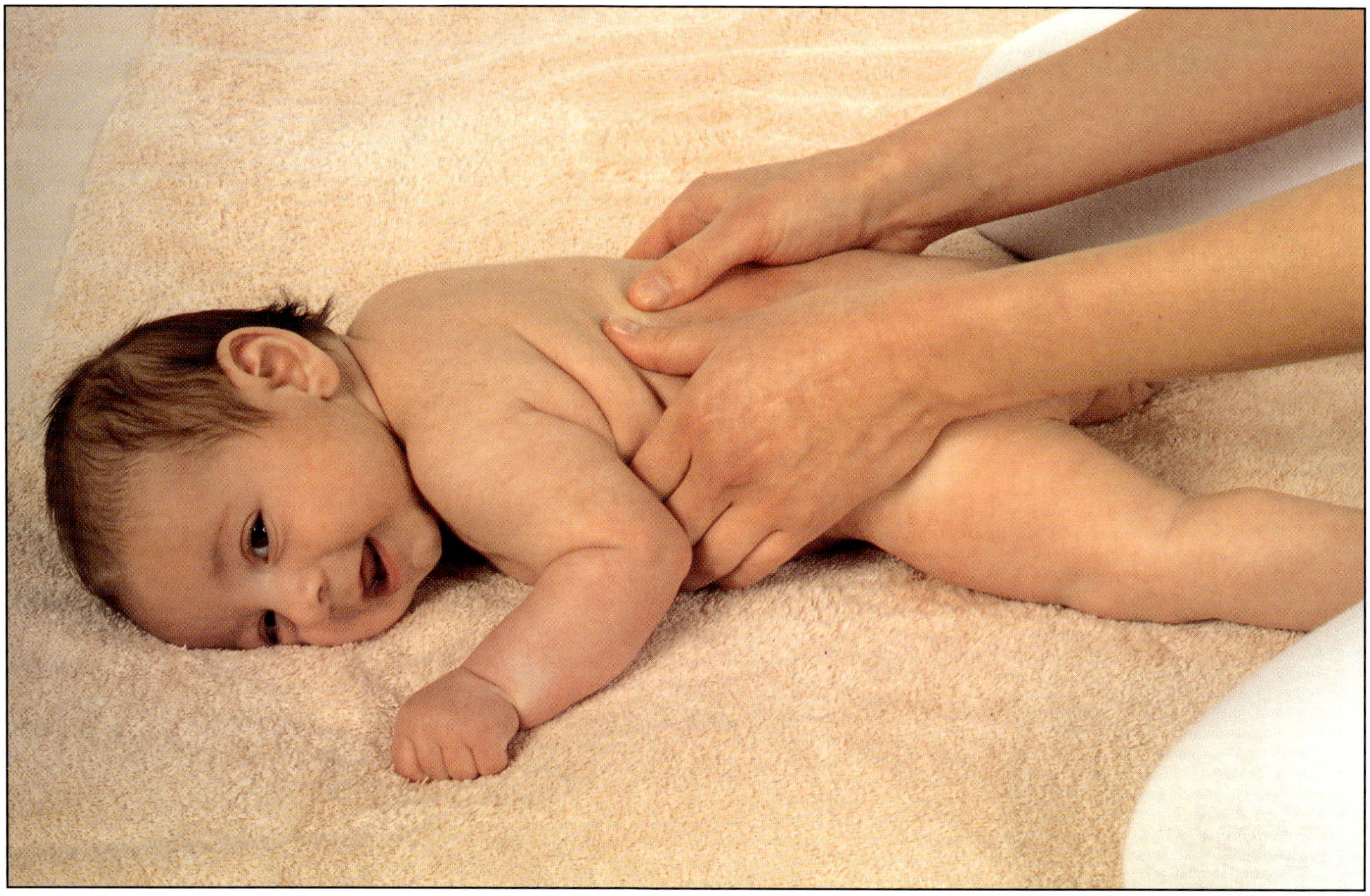

1 Drehen Sie das Baby auf den Bauch, und beginnen Sie damit, über den ganzen Rücken des Babys zu streichen, wobei Sie ein wenig Öl verteilen. Streichen Sie auch über die Seiten, die Beine und über die Arme. Eine sanfte Massage wie diese wirkt besonders beruhigend, weil sie sich direkt auf die Spinalnerven auswirkt.

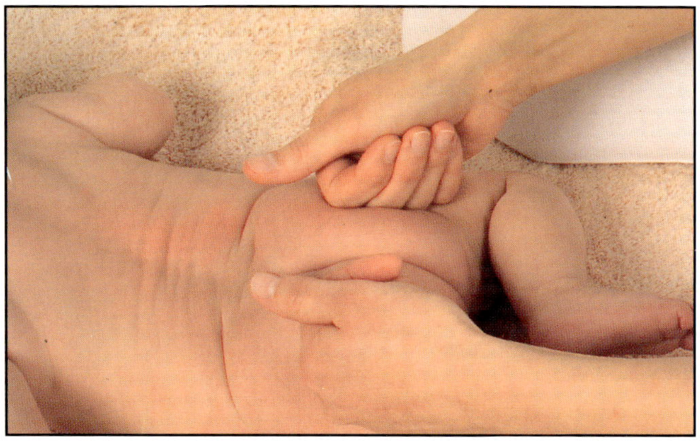

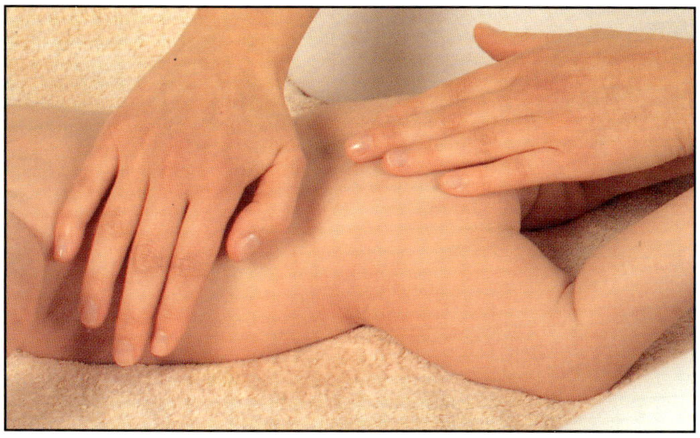

2 Kneten und drücken Sie die Pobacken sanft, um den Kreislauf anzuregen. Ballen Sie die Hände zu einer lockeren Faust, und lassen Sie sie auf dem Po kreisen.

3 Streichen Sie mit beiden Händen sanft über eine Seite des Rückens zur Schulter und wieder zurück, wobei eine Hand der anderen folgt.

4 Nun legen Sie Ihre Hände um beide Seiten des Oberkörpers und massieren mit den Daumen sanft den Rücken bis zur Schädelbasis und wieder zurück. Dabei sollten Sie auch die Schultern sanft mit den Daumen massieren.

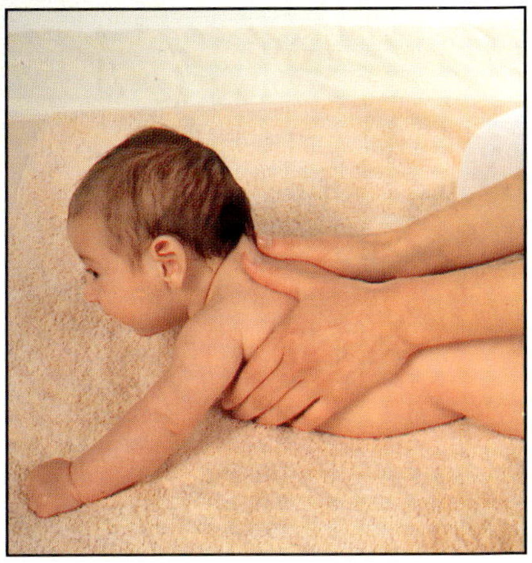

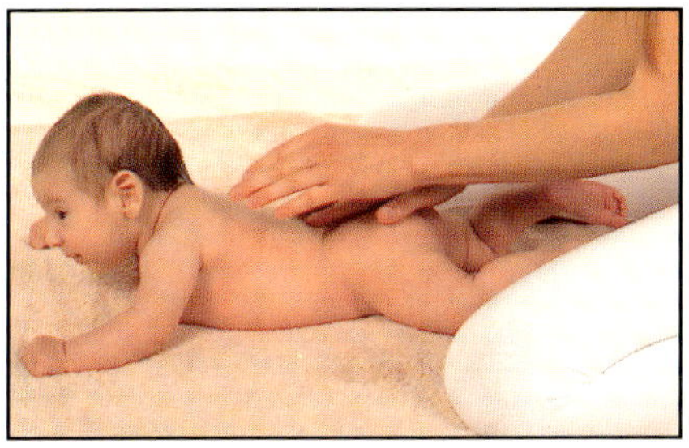

5 Zum Abschluß streicheln Sie mit federleichten Strichen der Fingerspitzen über den gesamten Rücken bis zum Po.

MASSAGE FÜR SENIOREN

Für ältere Menschen sind Schmerzen, steife Gelenke, Rheumatismus und andere Beschwerden an der Tagesordnung. Dabei gibt es viele Möglichkeiten, die Beschwerden, die der Alterungsprozeß mit sich bringt, auf ein Minimum zu beschränken. Natürlich sind eine richtige Ernährung und ein aktives Leben wesentliche Voraussetzungen, doch auch eine Massage kann helfen, die Schmerzen zu lindern und die Beweglichkeit zu erhalten. Da sie sowohl den Blutkreislauf anregt und auf sanfte Weise die Beweglichkeit erhält, unterstützt sie bis ins hohe Alter ein aktives Leben. Es ist nicht einmal notwendig, daß Sie sich dazu hinlegen – bei einer Nacken- und Schultermassage können Sie genausogut auf einem Stuhl sitzen. Und für eine Bein-, Fuß- oder Knöchelmassage legen Sie das Bein einfach auf einen Hocker.

Wissenschaftler haben festgestellt, daß sich mit dem Streicheln von Haustieren der Blutdruck senken und Depressionen auffangen lassen. Außerdem werden Heilungsprozesse beschleunigt, und die Gefahr eines Herzinfarktes sinkt. Ihre Lieblinge werden es Ihnen danken!

Viele ältere Leute leiden unter Wetterfühligkeit. Ein heißes Bad mit ätherischen Ölen wie Sandelholz- oder Lavendelöl kann beruhigend und entspannend wirken. Lassen Sie dem Bad eine sanfte Massage folgen. Massieren Sie Ihre Handgelenke, Knie, Knöchel und Hüften. Wenn Sie unter rheumatischer Arthritis leiden, massieren Sie oberhalb und unterhalb der geschwollenen Bereiche, und Sie werden feststellen, daß der Schmerz nachläßt und sich die umgebende Muskulatur entspannt. Vermeiden Sie jedoch die direkte Massage der geschwollenen oder entzündeten Bereiche. Der allgemeine Verschleiß der Gelenke, der sich mit dem Alter zunehmend einstellt, wird Arthrose genannt, und wirkt sich am stärksten auf Knie und Hüften aus. Da der Schmerz dabei häufig von der umgebenden Muskulatur und weniger vom betroffenen Gelenk selbst ausgeht, kann eine Massage den Schmerz lindern. Solange die entsprechenden Stellen weder entzündet noch geschwollen sind, können Sie auch das Gelenk massieren, wobei Sie sich vorsichtig von außen an die Stellen vorarbeiten sollten, die am heftigsten schmerzen.

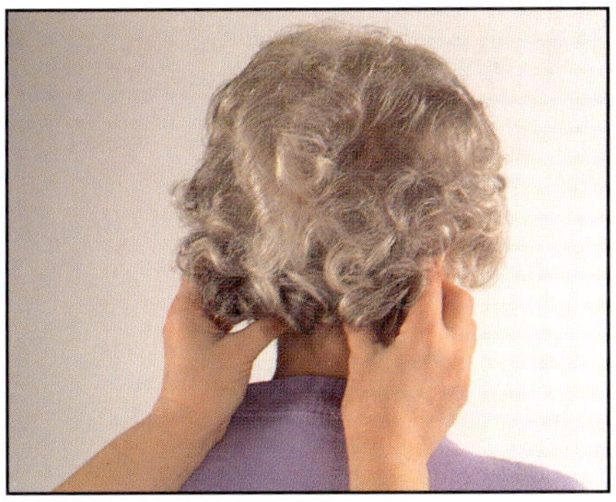

1 Legen Sie Ihre Hände sanft auf die Schädelbasis Ihres Partners. Entspannen Sie Ihre Finger, und legen Sie sie um den Hinterkopf. Jetzt gleiten Sie – langsam und ohne viel Druck – mit den Daumen etwa bis zur Mitte des Hinterkopfes aufwärts. Wiederholen Sie diese Technik dreimal, immer von der Schädelbasis aufwärts zur Mitte des Hinterkopfs: Auf diese Weise stimulieren Sie das Nervensystem.

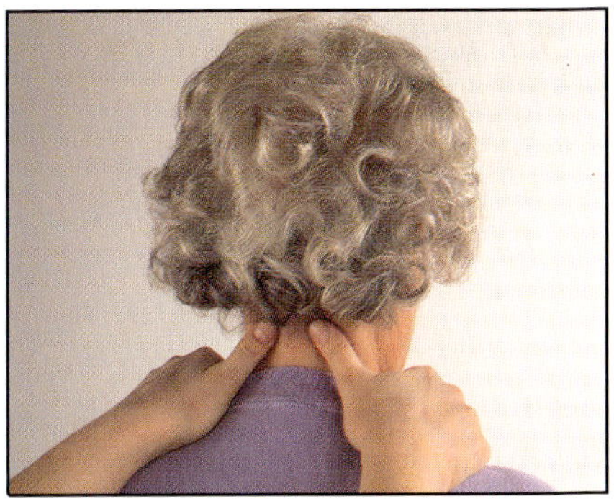

2 Legen Sie die Daumen auf den Nacken, und drücken Sie sanft zu. Führen Sie die Daumen von der Schädelbasis in einer Linie bis zu den Schultern herunter. Dadurch wird die Muskulatur gelockert und Verspannungen gelöst. Wiederholen Sie diese Massage dreimal.

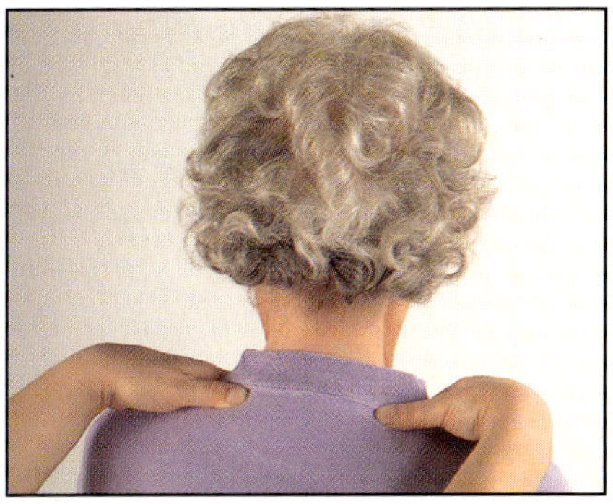

3 Legen Sie Ihre Hände zu beiden Seiten des Nackens auf die Schultern, und massieren Sie vorsichtig die Schultermuskulatur. Behandeln Sie die Muskeln rhythmisch mit Daumen und Fingern. Führen Sie diese Massage dreimal über die gesamte Breite der Schultern aus.

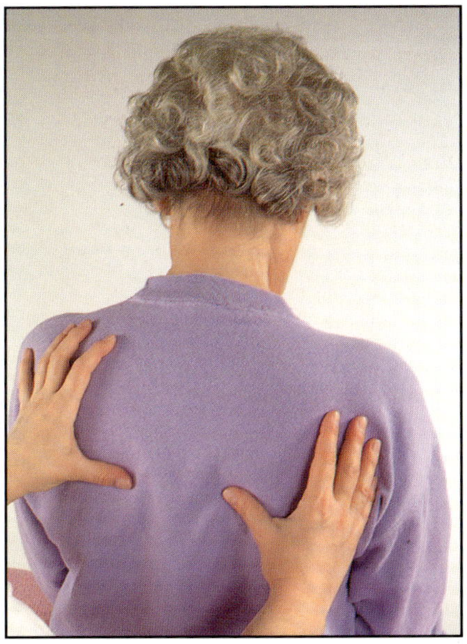

4 Setzen Sie Ihre Hände auf Höhe der Schulterblätter an, und massieren Sie mit Daumen und Fingern aufwärts bis zur Schulter, wobei Sie die Rückenmuskulatur leicht und rhythmisch drücken. Wiederholen Sie die Massage dreimal. Sie können Ihre Finger auch kreisförmig rotieren lassen.

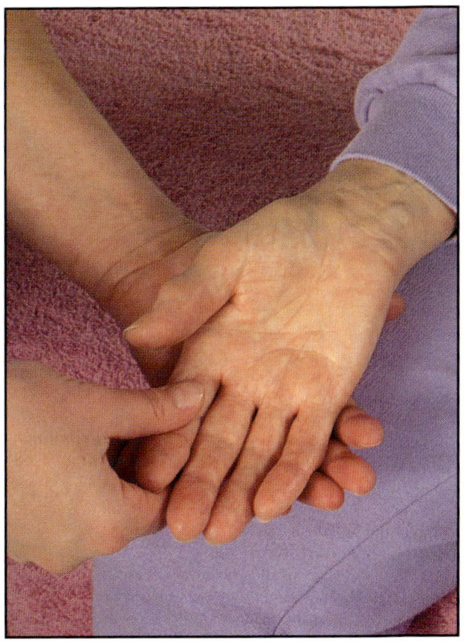

5 Wenn Sie die Massage oder Selbstmassage für Hände und Füße anwenden, vermeiden Sie es in jedem Fall, entzündete Stellen direkt zu behandeln. Massieren Sie nur oberhalb und unterhalb der Schwellungen.

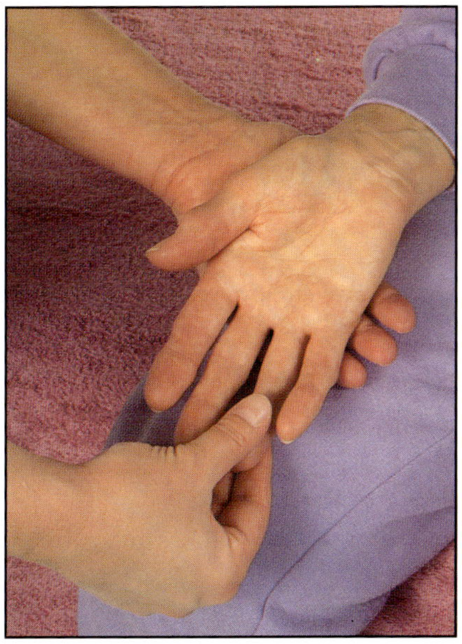

6 Wenn es keine Anzeichen einer Entzündung gibt, können Sie die gesamte Handfläche mit kreisförmigen Daumenbewegungen massieren. Anschließend arbeiten Sie sich bis zu den Fingerspitzen vor. Drücken Sie jedes einzelne Gelenk soweit wie möglich durch, ohne dabei Schmerzen zu verursachen. Danach entspannen Sie die Hand, indem Sie fest in Richtung Handgelenk streichen.

PARTNERMASSAGE

Eine Massage kann eine wunderbare und höchst sinnliche Erfahrung sein, sie kann den Körper entspannen und die Sinne stimulieren. Schaffen Sie zunächst die richtige Atmosphäre: dazu gehören angenehmes Licht, leichte Musik und ein aphrodisisches ätherisches Öl wie Patschuliöl, Rosenöl, Sandelholzöl oder Neroliöl. Da Sie sich bei einer Partnermassage mit den sensibelsten Zonen Ihres Partners beschäftigen, spielt die Intuition hierbei eine entscheidende Rolle. Es sind sicherlich nicht immer nur die erogenen Zonen, deren Berührung das größte Wohlbefinden auslösen, Nacken, Kopfhaut, Solarplexus, die Innenseite der Arme, Hände und Füße gehören ebenfalls dazu.

1 *Ihr Partner liegt auf dem Bauch. Legen Sie Ihre Hände sanft auf seine Schulterblätter, spreizen Sie die Finger, und streichen Sie mit den Händen über den gesamten Schulterbereich.*

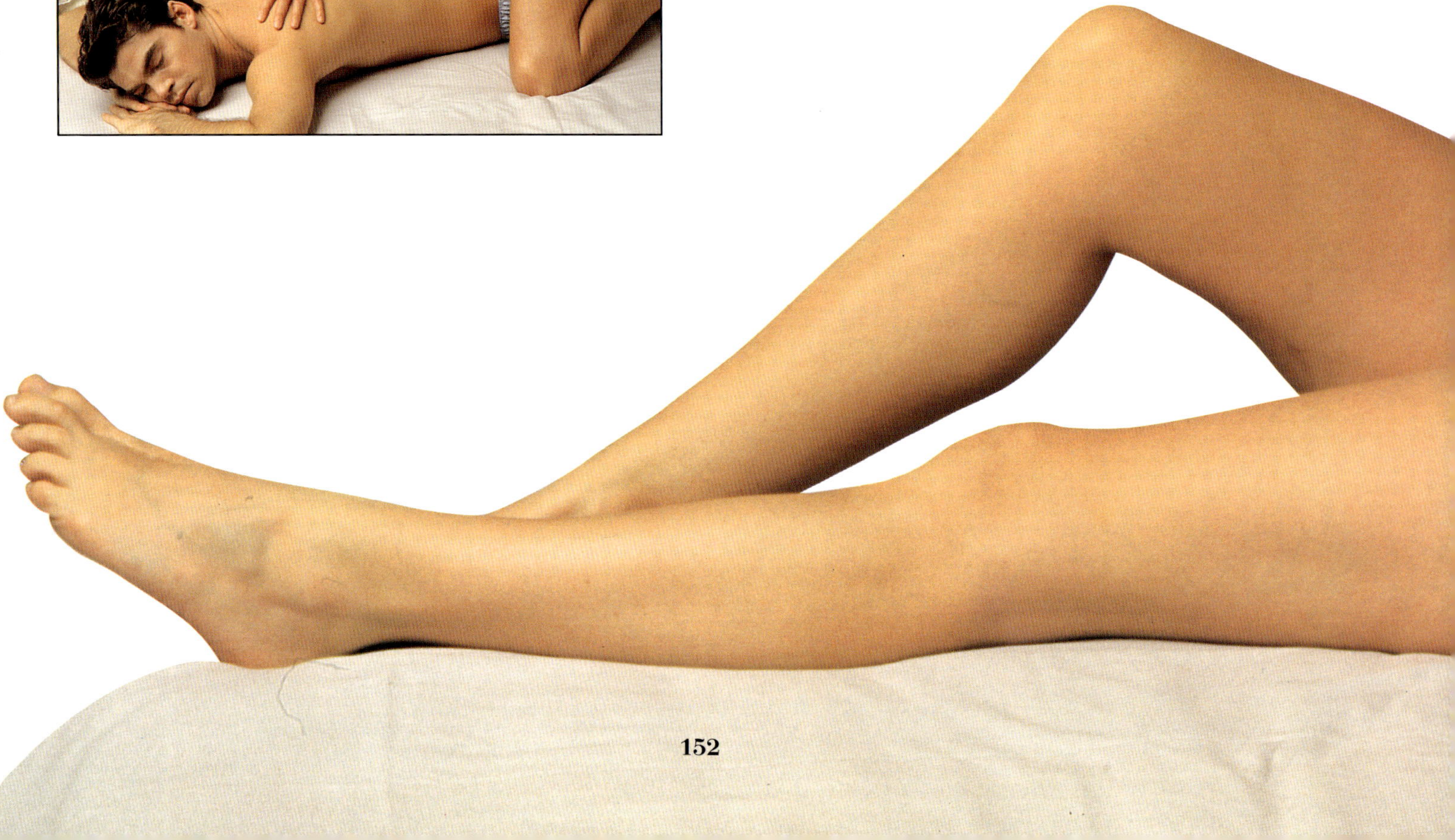

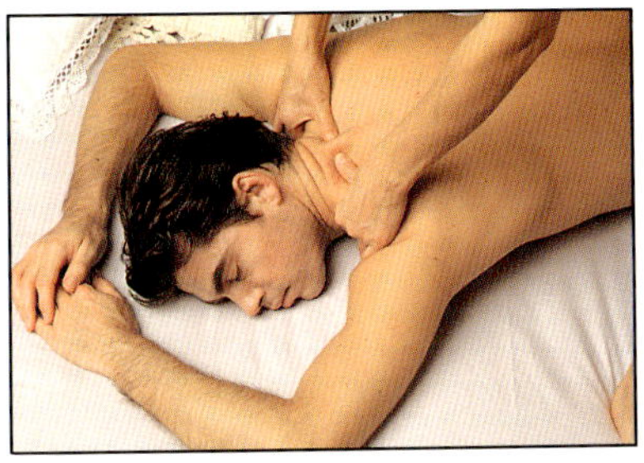

2 *Kneten Sie die Schultermuskulatur auf beiden Seiten. Wenn sich die Muskeln gelockert haben, können Sie fester zugreifen, um auch die tiefer gelegene Muskulatur zu erreichen.*

Unten: Der Rücken reagiert ausgesprochen sensibel auf die verschiedensten Berührungen. Setzen Sie sich mit Ihrem Partner Rücken an Rücken, und wiegen Sie sich leicht, so daß Sie Ihren Partner zu spüren beginnen. Legen Sie den Kopf auf die Schulter Ihres Partners, und nehmen Sie seine Wärme und Energie auf.

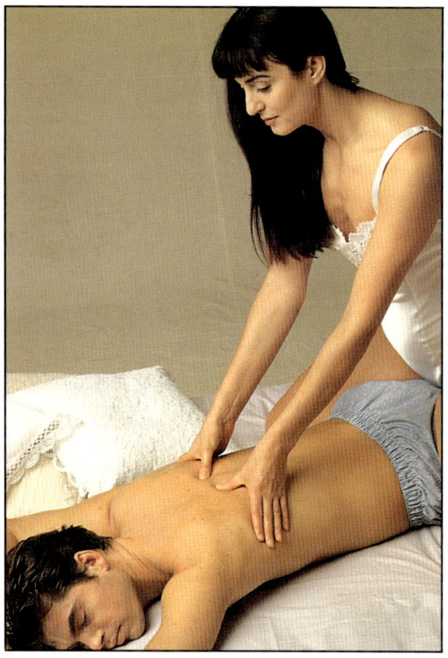

3 *Gleiten Sie mit beiden Daumen entlang der Wirbelsäule nach unten zum Kreuz. Von dort arbeiten Sie sich mit leicht verstärktem Druck wieder nach oben, wobei Sie die Daumen kreisen lassen, um die Anspannung der Muskeln zu lösen. Wiederholen Sie diese Bewegungsabfolge zwei- oder dreimal.*

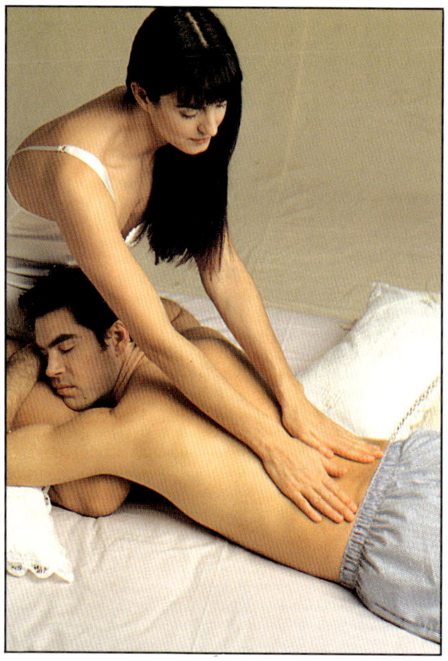

4 *Setzen Sie sich vor Ihren Partner, so daß er seinen Kopf auf Ihre Schenkel legen kann. Massieren Sie den Rücken Ihres Partners mit langen sanften Effleurage-Bewegungen vom Hals bis zum Gesäß und an der Seite wieder zurück. Wiederholen Sie die Massage dreimal.*

5 *Nun setzen Sie im unteren Bereich des Rückens an und streichen sanft auf beiden Seiten der Wirbelsäule von unten nach oben. Bemühen Sie sich, besonders zart und nur mit den Fingerspitzen zu streicheln. Wiederholen Sie diese Bewegung dreimal, wobei sie bei jedem Mal zärtlicher werden sollten, bis Ihr Partner die Berührung kaum mehr spürt.*

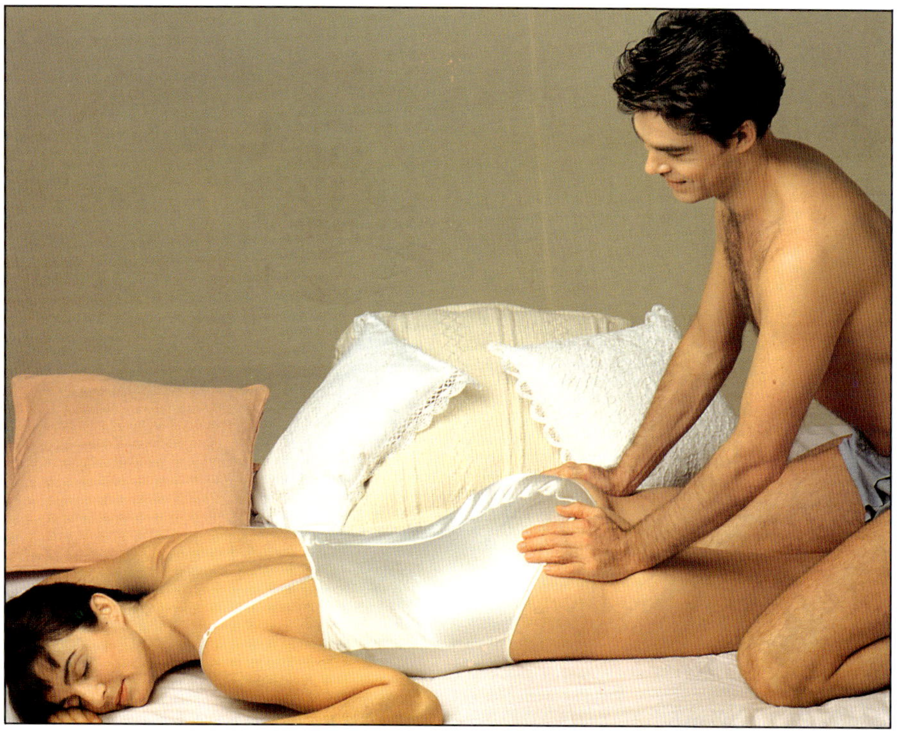

6 *Links: Massieren Sie den unteren Bereich des Rückens. Benutzen Sie dabei die Handflächen, insbesondere die Handballen. Massieren Sie auch das Gesäß.*

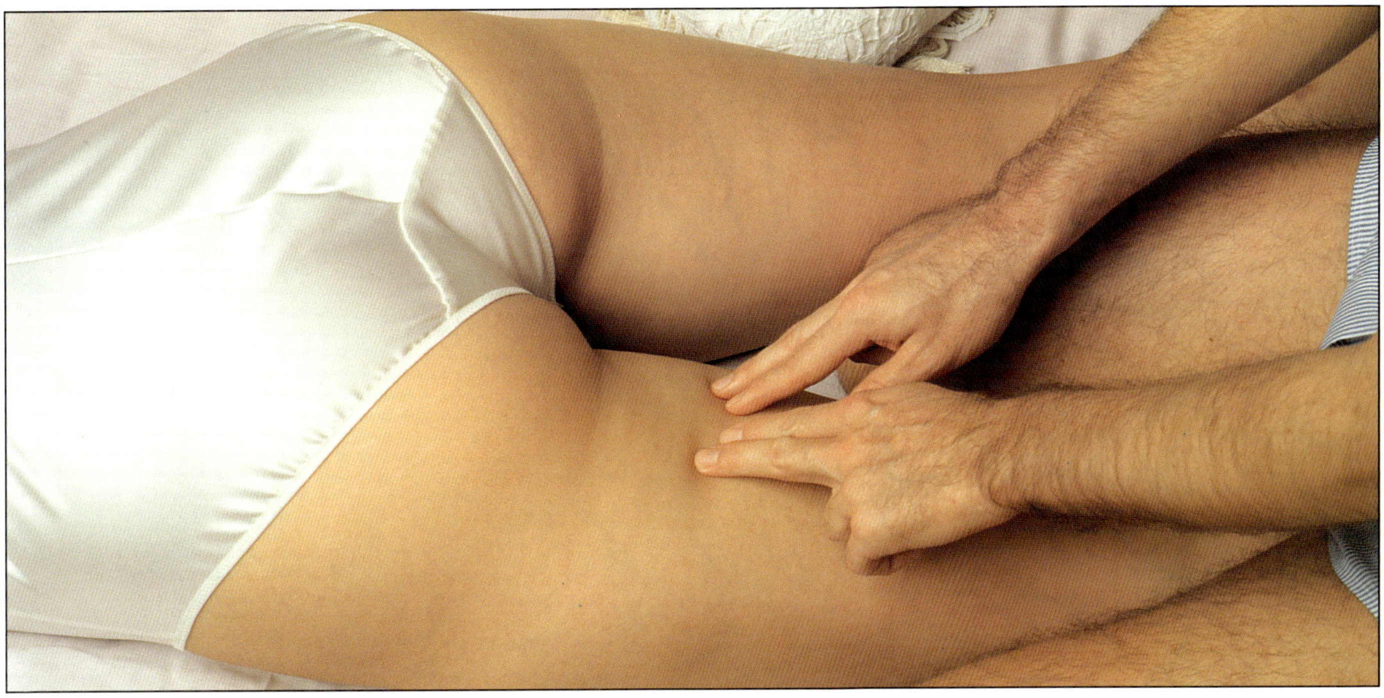

7 Legen Sie die Hände mit den ausgestreckten Zeige- und Mittelfingern auf den Oberschenkel. Lassen Sie die ausgestreckten Finger kreisen. Gehen Sie langsam vor, und variieren Sie beim Streichen die Stärke des Drucks.

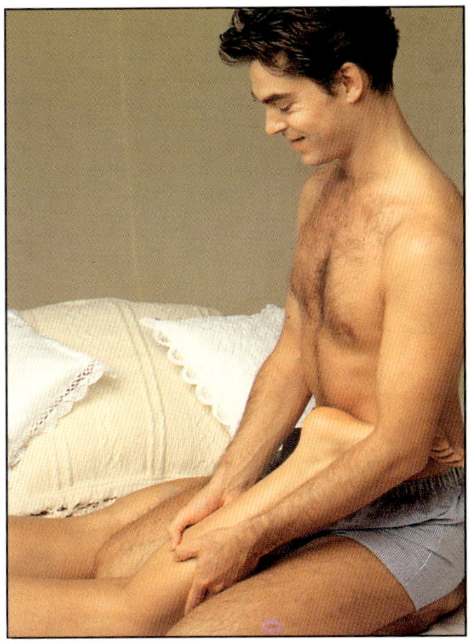

8 Legen Sie den Unterschenkel Ihres Partners auf Ihren Oberschenkel, und streichen Sie mit den Daumen in kreisförmigen Bewegungen mit unterschiedlichem Druck über die Wade.

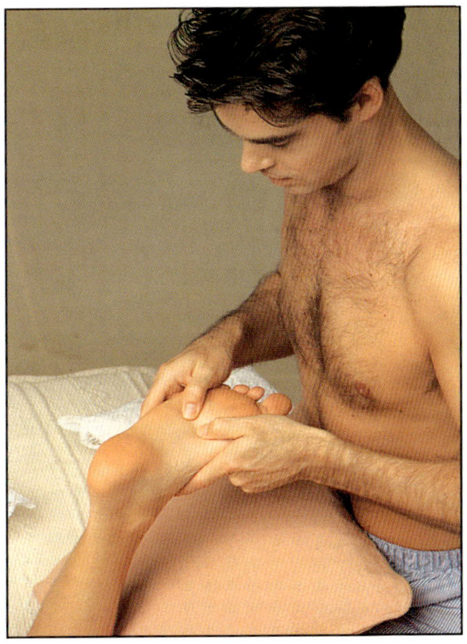

9 Heben Sie den Fuß Ihres Partners, und halten Sie ihn mit Ihrer Hand. Massieren Sie die Fußsohle fest mit dem Daumen. Arbeiten Sie sich bis zur großen Zehe vor.

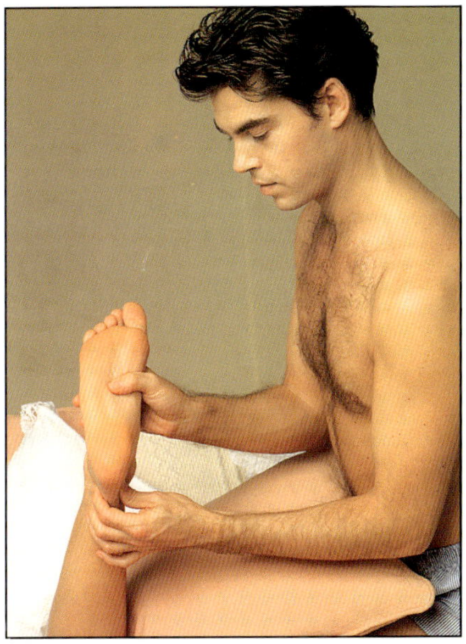

10 Halten Sie den Fuß Ihres Partners mit der Hand, wobei Sie mit dem Daumen fest auf das Zentrum der Fußsohle drücken. Dieser Druck erzeugt eine beruhigende Wirkung. Dann streichen Sie mit Daumen und Zeigefinger der anderen Hand in kreisförmigen Bewegungen über den Knöchel.

11 *Nun legen Sie sich mit dem Gesicht einander zugewandt auf den Bauch. Achten Sie darauf, daß Sie bequem liegen, und liebkosen Sie sanft die Hände Ihres Partners.*

12 *Dehnen Sie die Sehnen im Handgelenk Ihres Partners, indem Sie seine Hand vorsichtig vor und zurück biegen. Streicheln Sie seine Handflächen sanft mit Ihren Fingern.*

13 *Massieren Sie sich nun gegenseitig die Finger. Beginnen Sie mit dem Daumen oder dem kleinen Finger, und arbeiten Sie sich vom Fingeransatz bis zur Fingerspitze vor.*

14 *Stützen Sie den Ellbogen Ihres Partners mit der einen Hand ab, und streicheln Sie das Handgelenk im Bereich des Daumenansatzes mit der anderen. Diese Zone ist sehr sensibel. Führen Sie zärtliche kreisförmige Bewegungen über das ganze Handgelenk Ihres Partners aus. Wiederholen Sie diese Massage auch am anderen Handgelenk.*

15 *Streichen Sie federleicht mit den Fingerspitzen über die Innenseite des Arms. Diese Zone reagiert besonders empfindlich auf ganz zarte Berührungen. Sie erzielen damit eine gleichermaßen stimulierende wie entspannende Wirkung.*

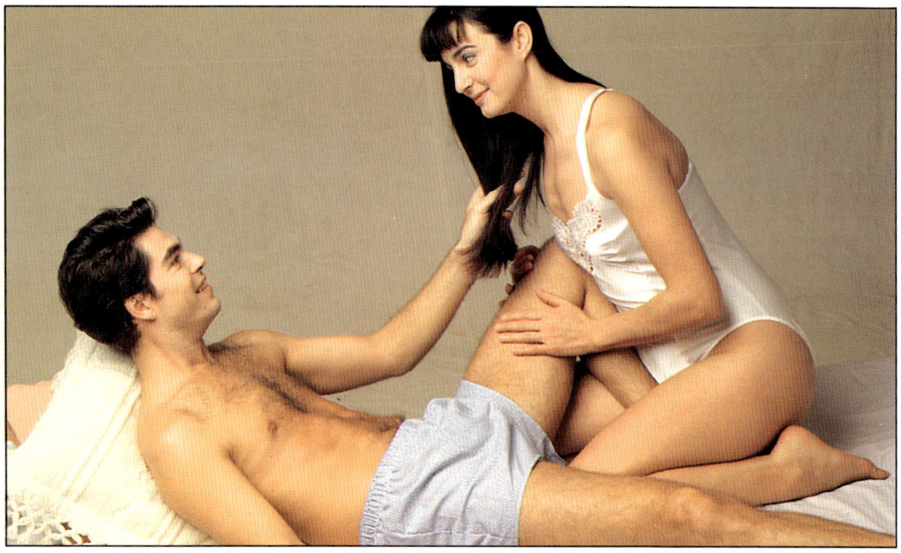

16 *Streicheln Sie die Innenseiten des Oberschenkels Ihres Partners mit sanften Effleurage-Bewegungen auf- und abwärts.*

17 *Streicheln Sie Ihren Partner mit federleichten Berührungen an Schulter und Hals. Fahren Sie sanft mit den Händen durch seine Haare.*

18 *Streicheln Sie besonders den Bereich um das Ohr herum. Nähern Sie sich dem Ohr mit kreisenden Bewegungen.*

SOFORTHILFE

Manchmal ist der Gedanke an eine sofortige Schulter- und Nackenmassage, die an Ort und Stelle (ohne lange Suche nach einem geeigneten Ort und ohne mühsames Umziehen) durchgeführt wird, eine sehr verlockende Vorstellung – zum Beispiel eine Schultermassage, die man im Büro ohne großen Aufwand vornehmen kann. Aber auch zu Hause ist nicht immer genügend Zeit für eine ausführliche Massagebehandlung, so daß man sich über jede »Sofortmaßnahme« freut, die Spannungen im Schulter- und Nackenbereich abbaut. Sie benötigen lediglich einen bequemen Stuhl zum Abstützen; auf das Massageöl können Sie im Zweifelsfall verzichten, und die Massage kann sogar durch leichte Kleidung hindurch ausgeführt werden.

1 Bitten Sie Ihren Partner, sich umgekehrt auf einen Stuhl zu setzen, den Sie mit einem zusammengefalteten Handtuch oder einem Kissen polstern können. Stellen Sie sich hinter Ihren Partner, und lehnen Sie sich mit Ihren Unterarmen auf seine Schultern, so daß Ihr Gewicht die Schulterpartien sanft herunterdrückt.

2 Nun sollte sich Ihr Partner gegen die Stuhllehne lehnen, damit Sie den oberen Rückenbereich – von der Rückenmitte über die Schulterblätter bis zu den Schultern und Oberarmen – mit sanften Effleurage-Bewegungen massieren können. Wiederholen Sie diese Bewegungen viermal.

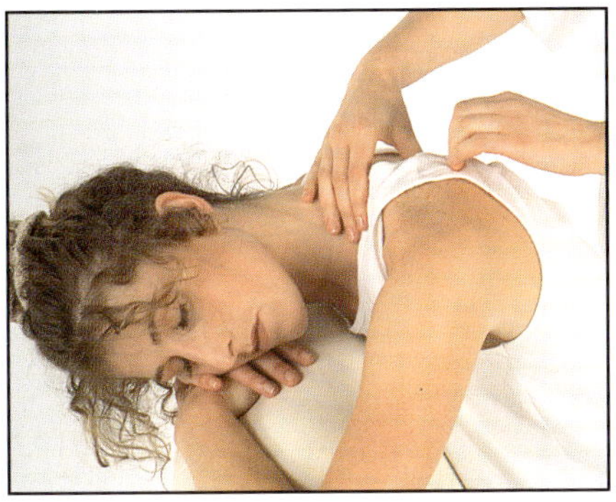

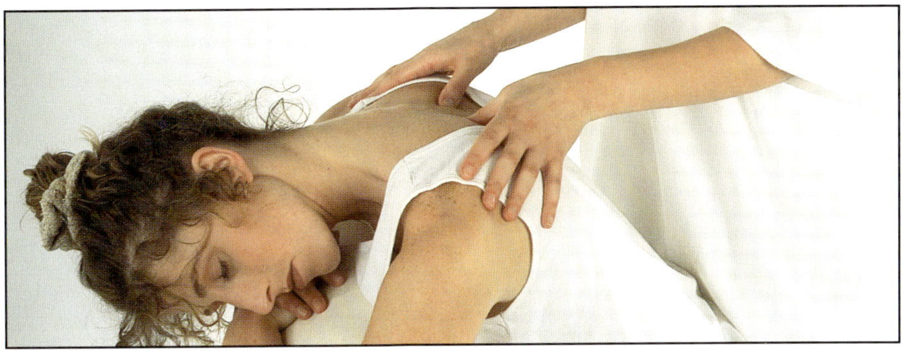

3 Dann kneten Sie mit beiden Händen und festen Petrissage-Griffen den Schulterbereich. Beginnen Sie am Nacken, und arbeiten Sie sich bis zu den Oberarmen vor.

4 Setzen Sie nun möglichst im unteren Rückenbereich an, und massieren Sie mit kleinen, kreisförmigen Bewegungen entlang der Wirbelsäule über den Nacken bis zum Schädelansatz, gleiten Sie zurück zum Ausgangspunkt, und wiederholen Sie die Bewegungsabfolge. Diesmal setzen Sie sie jedoch bis über die Schultern fort.

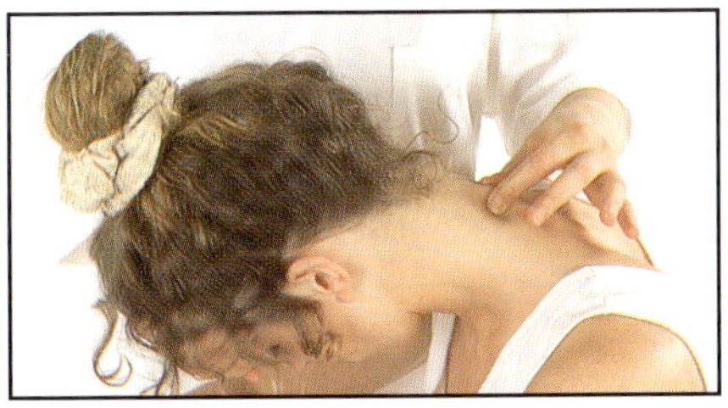

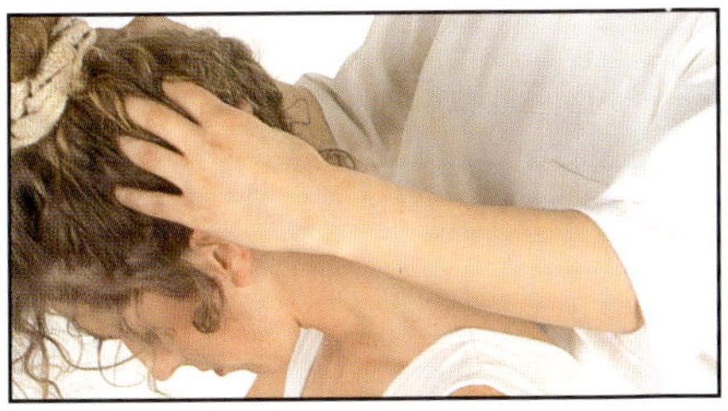

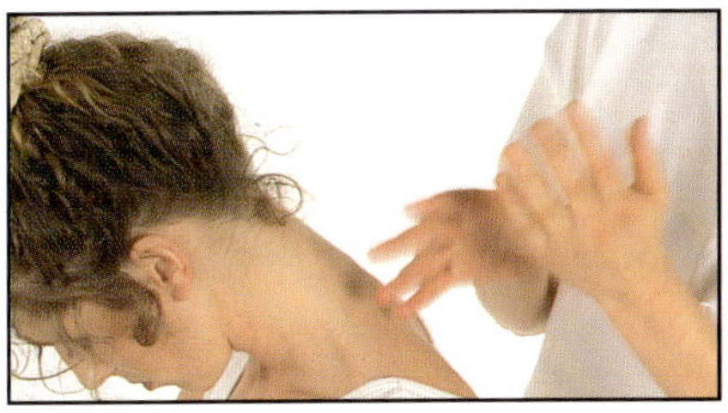

5 Stellen Sie sich seitlich neben den Stuhl, neigen Sie den Kopf Ihres Partners nach vorne, und halten Sie ihn mit einer Hand. Mit dem Daumen und Zeigefinger der anderen Hand massieren Sie nun mit kreisförmigen, festen Bewegungen den Nacken bis zum Schädelansatz.

6 Dann stellen Sie sich wieder hinter Ihren Partner und massieren die Kopfhaut mit beiden Händen und kleinen kreisförmigen, sanften Bewegungen vom Hinterkopf bis zur Stirn und den Schläfen. Versuchen Sie, die Kopfhaut vorsichtig zu bewegen. Verringern Sie den Druck an den Schläfen.

7 Mit Handkantenschlägen massieren Sie anschließend die muskulösen Bereiche der Schultern und des oberen Rückens. Es ist besonders wichtig, daß Ihre Handgelenke und Hände dabei entspannt und locker sind.

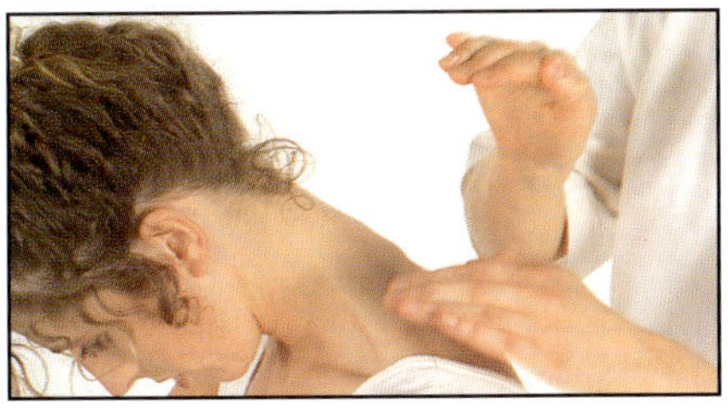

8 Dann setzen Sie die Massage mit schnellen Schlägen der hohlen Hände fort – zuerst auf der linken, danach auf der rechten Schulter.

9 Rechts: Beenden Sie die Massage mit sanften Streichbewegungen vom Nacken über den Rücken bis zum Kreuz, wobei die zweite Hand der ersten folgt. Wiederholen Sie diese Bewegungsabfolge fünfmal.

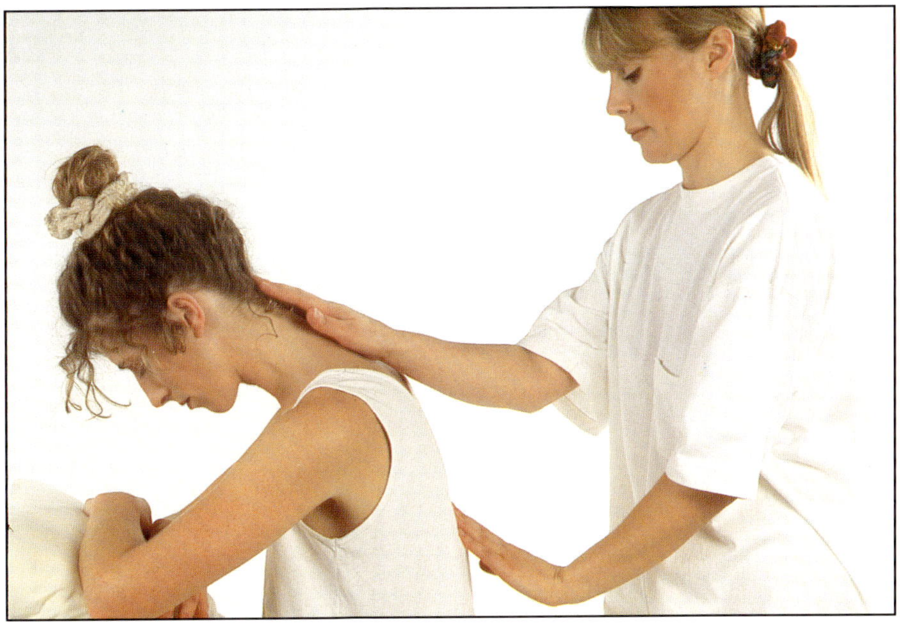

REFLEXZONENMASSAGE

Es gibt nur wenige Menschen, die eine Massage der Füße, die die sensibelsten Zonen des Körpers aufweisen, nicht genießen würden. Natürlich ist jede Art der Fußmassage wohltuend und entspannend, aber die Fußreflexzonenmassage bietet eine Methode, mit der man Probleme diagnostizieren und die Gesundheit des gesamten Körpers fördern kann. Die Fußreflexzonenmassage geht davon aus, daß der Körper in zehn vertikale Zonen unterteilt ist, die alle einem bestimmten Bereich der Füße entsprechen, so daß die Füße quasi eine »Landkarte« des Körpers darstellen. Ein hochempfindlicher Bereich an einem Fuß weist auf Beschwerden im entsprechenden Körperorgan hin, die sich durch direkten Druck auf die dazugehörige Reflexzone am Fuß lindern lassen. Mit Hilfe der Fußreflexzonenmassage können das natürliche Gleichgewicht und Wohlbefinden des Körpers wiederhergestellt werden.

DIE LANDKARTE DES KÖRPERS

Ein Fuß ist wie ein Spiegelbild des Körpers: Der große Zeh entspricht dem Kopf, die Innenseite der Fußsohle der Wirbelsäule und die Ferse dem Beckenbereich. Der rechte Fuß korrespondiert mit der rechten Körperhälfte, der linke Fuß mit der linken, die inneren Organe sind entsprechend ihrer Lage im Körper über die gesamte Fußfläche verteilt. Orientieren Sie sich an den der Taille und dem Zwerchfell zugeordneten Zonen.

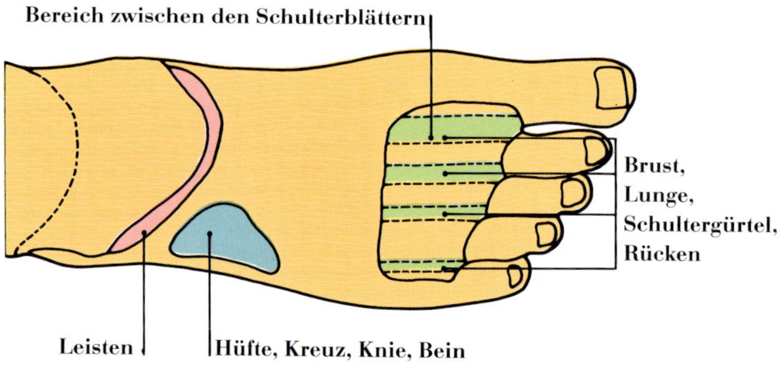

FUSSRÜCKEN

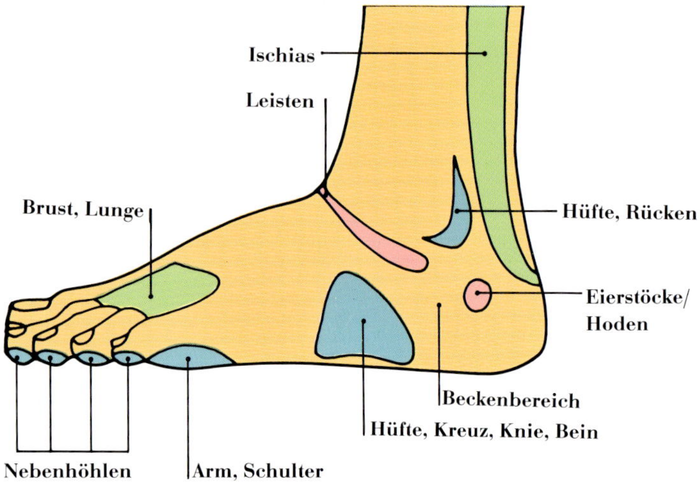

AUSSENSEITE

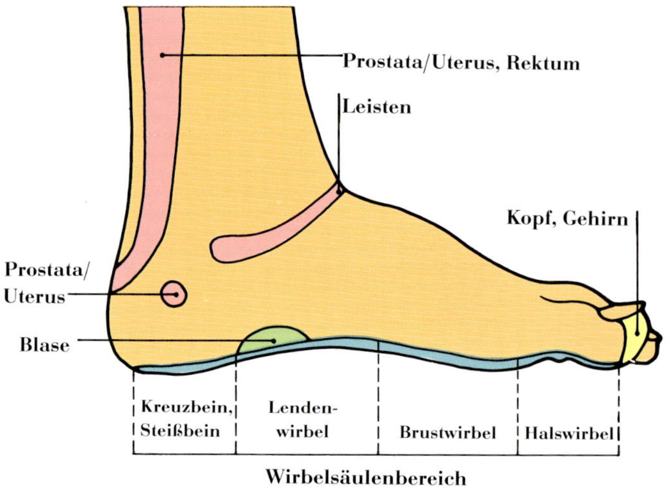

INNENSEITE

DIE THEORIE

Die Idee der Reflexzonenbehandlung ist nicht neu – schon vor Jahrtausenden entwickelten die Chinesen die Technik der Akupressur, die die Grundlage für unser heutiges Wissen über Reflexzonen, Druckpunkte und die Verbindungen zwischen den einzelnen Körperteilen bildet. Darüber hinaus wissen wir, daß man in China, Japan, Indien und Ägypten schon früh damit begann, die Füße zur Förderung der Gesundheit zu massieren. Vieles von diesem althergebrachten Wissen findet auch in der heutigen Reflexzonentherapie noch Anwendung.

Die heutige Theorie der Fußreflexzonenmassage beruht zum größten Teil auf den Arbeiten von Dr. William Fitzgerald und Eunice Ingham.
Dr. Fitzgerald entwickelte sein eigenes System von Akupressurpunkten, deren Reizung eine schmerzstillende Wirkung zur Folge hatte. Er stellte fest, daß der menschliche Körper in zehn imaginäre Zonen unterteilt werden kann, die vom Kopf bis zu den Zehenspitzen verlaufen. Weiter fand er heraus, daß sämtliche Ereignisse in einer bestimmten Körperzone auch andere Körperteile und Organe in dieser Zone beeinflußten. Diese Theorie wurde um 1930 von der jungen Physiotherapeutin Eunice Ingham weiterentwickelt, die eine spezielle Griff- und Daumentechnik für die Füße erfand und das Zonensystem detaillierter ausarbeitete. Seitdem hat sich die Fußreflexzonenmassage zu einer mittlerweile international anerkannten Heilmethode weiterentwickelt.

Die moderne Reflexzonentherapie bietet enorme therapeutische Möglichkeiten: Sie baut Streß ab, verbessert die Blutzirkulation, entschlackt den Körper von Abfall- und Giftstoffen und schenkt dem Körper neue Energien.

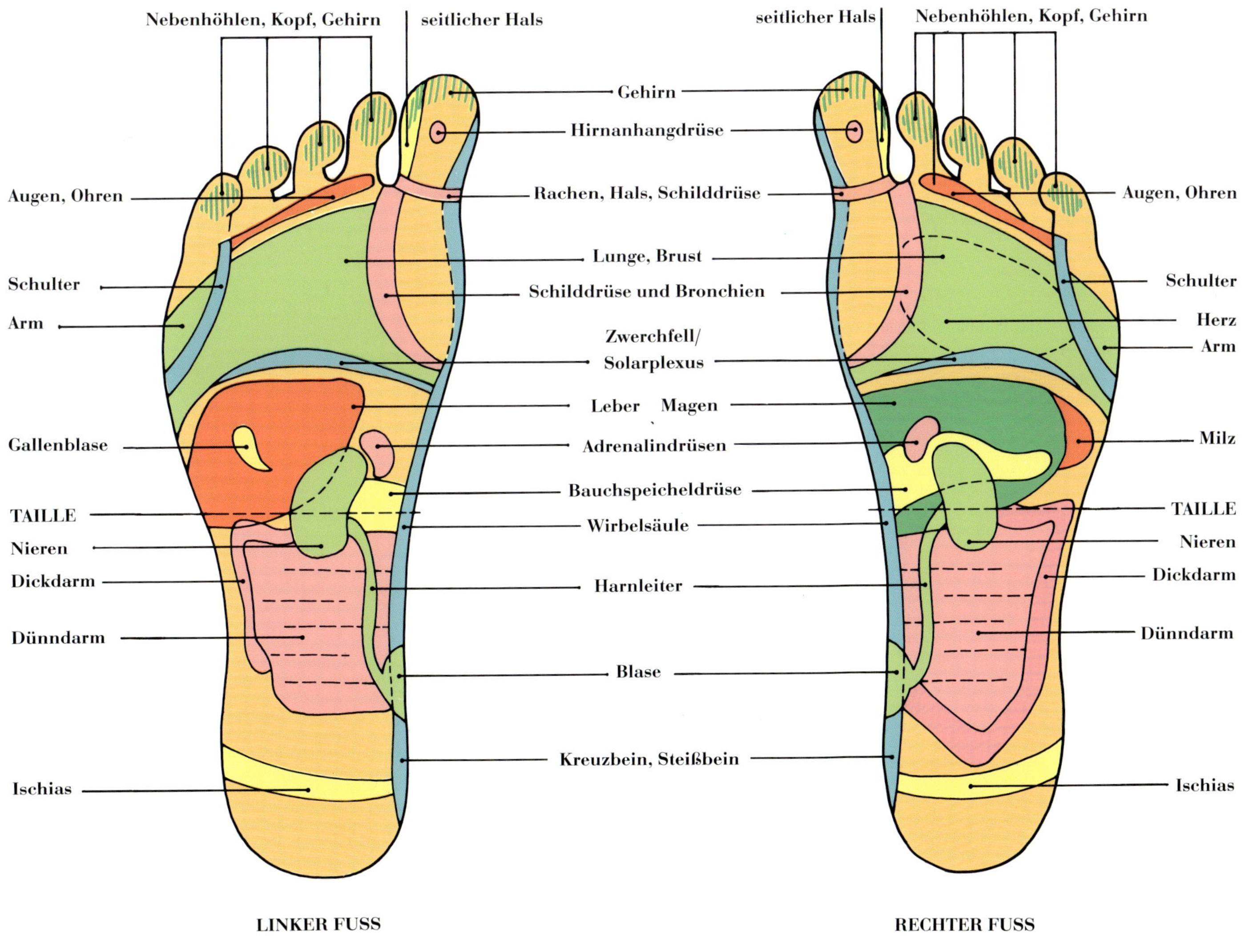

DIE WICHTIGSTEN GRUNDTECHNIKEN

DIE BEHANDLUNG

Eine ausführliche Diagnose erfordert sehr viel Erfahrung, aber einige Grundtechniken der Reflexzonenmassage lassen sich auch zu Hause bei Ihrem Partner anwenden. Natürlich können Sie auch Ihre eigenen Füße massieren. Dazu legen Sie Ihren Fuß über das jeweils andere Bein.
Die folgenden Punkte sollten Sie für eine entspannte Massagebehandlung beachten:

- Nehmen Sie den Fuß Ihres Partners in Ihren Schoß, oder stützen Sie ihn mit Kissen und Polstern ab.
- Ihr Partner kann in einem bequemen Stuhl Platz nehmen und die Füße auf einen kleinen Tisch oder eine Fußbank legen.
- Achten Sie darauf, daß der Rücken, der Nacken und die Knie ausreichend gestützt werden, damit Ihr Partner sich völlig entspannen kann.
- Die Massage wird ohne Öl ausgeführt; Sie können die Füße mit Talkumpuder einpudern oder direkt auf der Haut massieren.
- Ihre Fingernägel sollten kurz geschnitten und sorgfältig abgefeilt sein.

Die hier beschriebene Massagebehandlung dient als Einführung in die Reflexzonentherapie. Dabei ist es sehr wichtig, daß der Fuß korrekt gehalten wird, damit man alle Punkte problemlos erreichen und stimulieren kann. Da die Hände je nach behandeltem Fußbereich ihre Rollen tauschen und abwechselnd stützen oder arbeiten müssen, sollten Sie mit beiden Händen die entsprechenden Massagetechniken üben.

Neben der korrekten Haltung ist die Ausnutzung der Hebelwirkung entscheidend. Daher sollten Sie die Finger – im Gegensatz zum arbeitenden Daumen – beim Daumengang so einsetzen, daß der Fuß möglichst fest gehalten ist, und den Daumen beim Fingergang als Gegenpol zu den Fingern benutzen.

DER ERSTE KONTAKT

Unten: Der erste Kontakt mit den Füßen bestimmt den weiteren Verlauf der gesamten Sitzung. Halten Sie die Füße sanft in Ihren Händen, so daß sie sich entspannen können, und nehmen Sie sich Zeit, um Ihren Partner kennenzulernen und ein Vertrauensverhältnis aufzubauen.

FUSSKREISEN

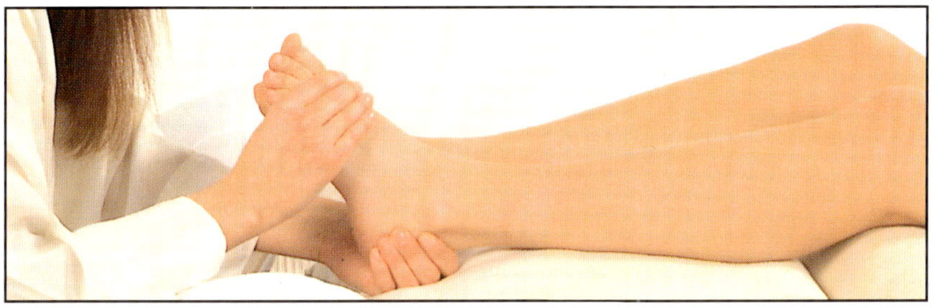

Beginnen Sie mit einigen Entspannungsübungen. Nehmen Sie die Ferse des rechten Fußes in die linke Hand. Dann umfassen Sie mit den Fingern der Arbeitshand den Bereich unterhalb der Zehen. Anschließend lassen Sie den Fuß erst im und dann gegen den Uhrzeigersinn kreisen.

LEICHTES STRETCHING

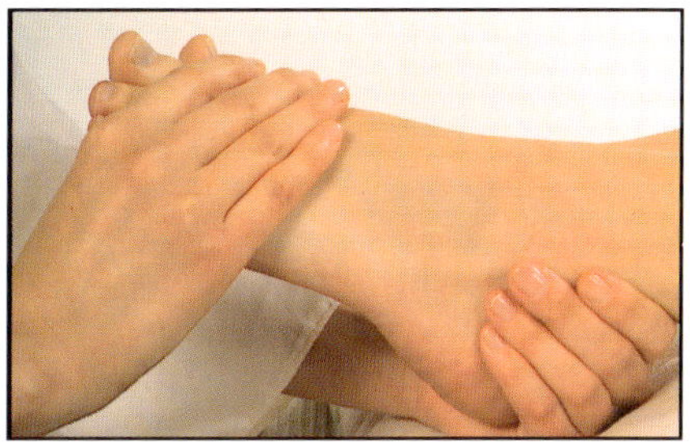

Nun wird der Fuß bei unveränderter Handhaltung langsam vor- und zurückgebeugt, um Spannungen in der Achillessehne abzubauen. Aber achten Sie darauf, das Fußgelenk dabei nicht zu überdehnen. Dann massieren Sie mit gleichmäßigem Druck den gesamten Knöchelbereich. Diese Zone korrespondiert mit den Fortpflanzungsorganen, den Beinen und dem Kreuz.

SOLARPLEXUS

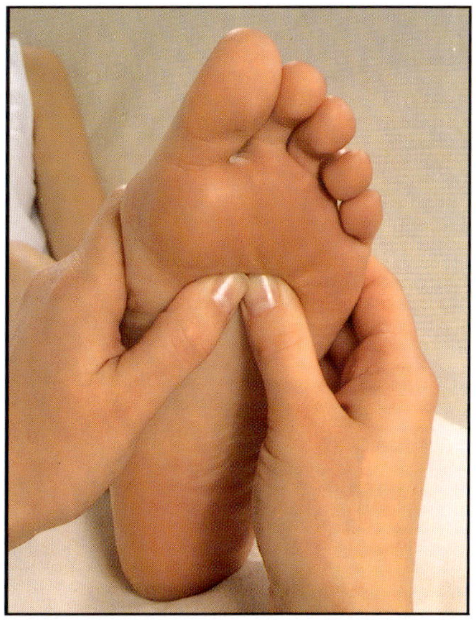

Legen Sie beide Daumen auf den Solarplexus-Punkt in der Mitte des Fußballens, wo Sie eine kleine Vertiefung feststellen können. Es handelt sich hierbei um eine gute Entspannungsübung, die sich besonders für nervöse oder sehr angespannte Menschen eignet. Sie können beide Füße gleichzeitig behandeln.

Daumen-Technik

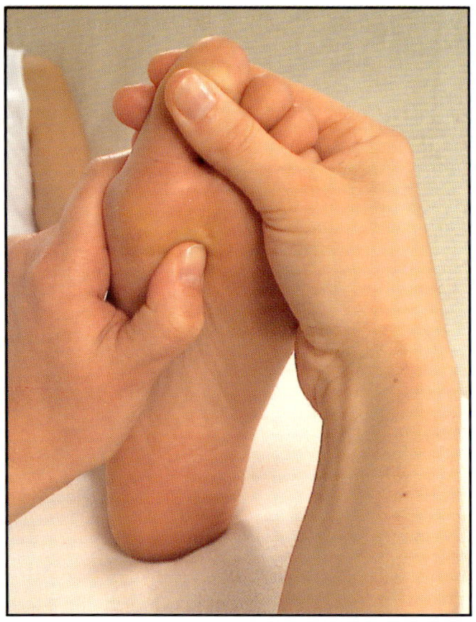

Legen Sie die Außenseite des Daumens auf einen Reflexpunkt, wobei der Daumen flach aufliegen sollte. Dann knicken Sie den Daumen im ersten Gelenk ab, um Druck auszuüben. Ziehen Sie ihn quer über den Reflexpunkt. Die anderen Finger dienen als Gegenpol, wobei das Handgelenk angewinkelt wird, um den Druck zu verstärken. Diese Behandlung stimuliert diejenigen Punkte, die zu klein sind, um mit dem Daumengang (siehe rechts) massiert zu werden. Dazu zählen zum Beispiel die Reflexpunkte für die Hirnanhangdrüse und den Solarplexus.

Daumengang

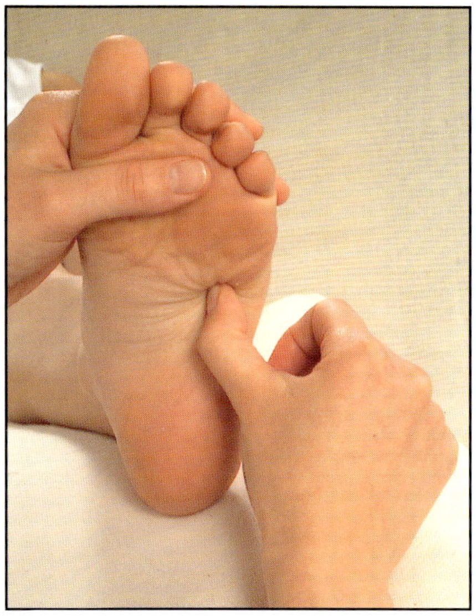

Mit dieser Technik werden größere Flächen bearbeitet. Der Daumengang beginnt genau wie die Daumen-Technik; allerdings wird nun die Außenseite des abgeknickten Daumens vorsichtig vorwärts geschoben.

Achten Sie dabei auf einen gleichmäßigen Druck, und vermeiden Sie ruckartige Bewegungen. Massieren Sie zunächst unter dem Fußballen entlang der Zwerchfellzone; dann stimulieren Sie die Wirbelsäulenzone, die entlang des Innenfußes von der Ferse bis zum großen Zeh verläuft.

Fingergang

1,2 *Mit Hilfe dieser Technik wird der Fußrücken behandelt. Das Prinzip ist dasselbe wie beim Daumengang: Die Finger werden im ersten Fingerglied abgeknickt und mit gleichmäßigem Druck vorwärtsgeschoben. Dabei hält die stützende Hand die Zehen und spreizt sie, während der Daumen der Arbeitshand auf den Fußballen drückt. Auf diese Weise »gehen« die Finger vom Ansatz des kleinen Zehs bis zum Fußgelenk. Wiederholen Sie diese Behandlung auch an den anderen Zehen, bis Sie an der Innenseite des Fußes angelangt sind.*

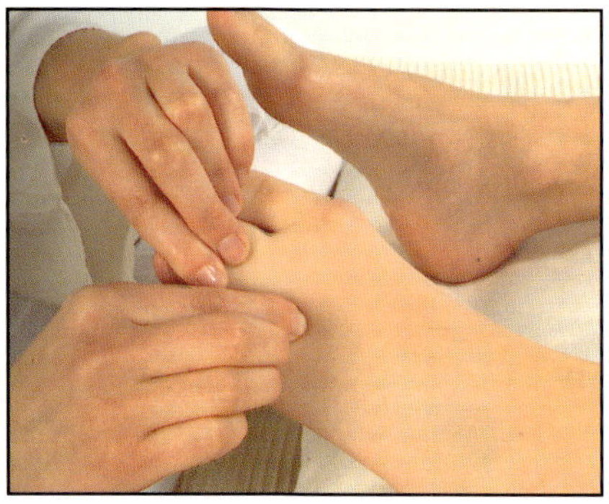

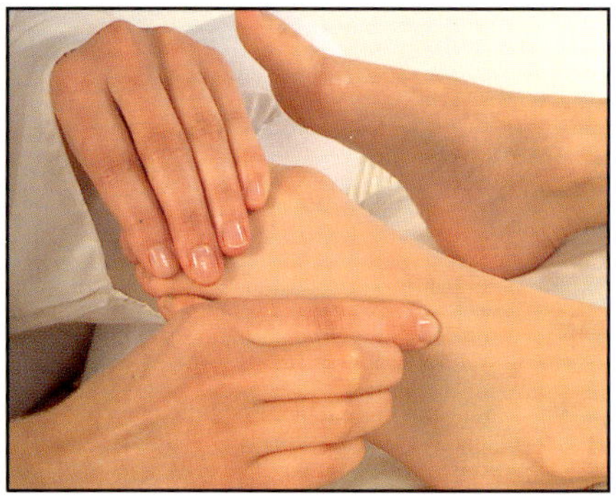

Diese Übung baut Spannungen im Brust- und Lungenbereich ab und fördert den Lymphfluß, da die zugehörigen Zonen zwischen dem großen Zeh und dem zweiten Zeh auf dem Fußrücken liegen.

STREICHEN DER FÜSSE

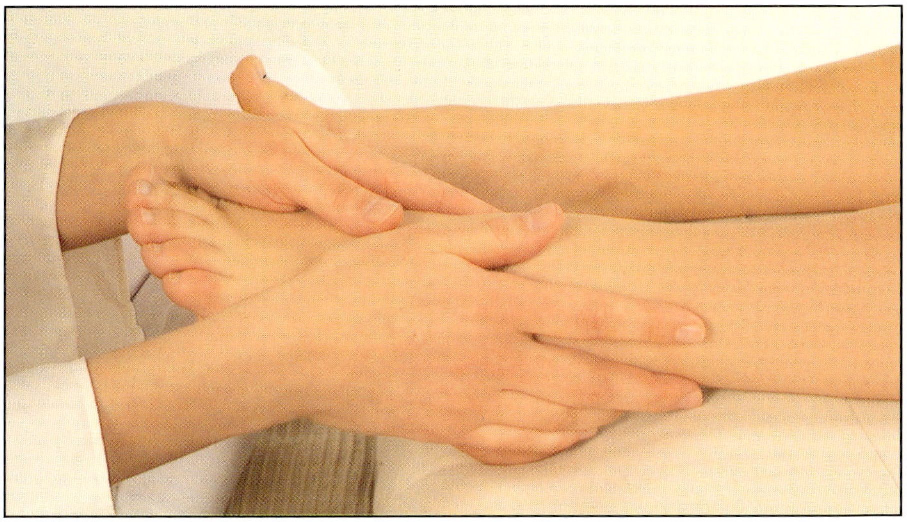

Links: Nun streichen Sie abwechselnd mit beiden Händen sanft vom Fußgelenk zu den Zehen, um die Reflexzonen beider Füße zu beruhigen und zu entspannen.

DESSERTGRIFFE

Rechts: Nehmen Sie den Fuß in beide Hände, und gleiten Sie mit den Händen sanft auf und ab. Diese sogenannten »Dessertgriffe« sind sehr angenehm und können auch während der Fußreflexzonenmassage eingesetzt werden, um den Partner an einer besonders empfindlichen Stelle zu beruhigen und zu entspannen. Sie sollten in jedem Fall eine Behandlung mit diesen Dessertgriffen beenden, um das Gleichgewicht des Fußes wiederherzustellen.

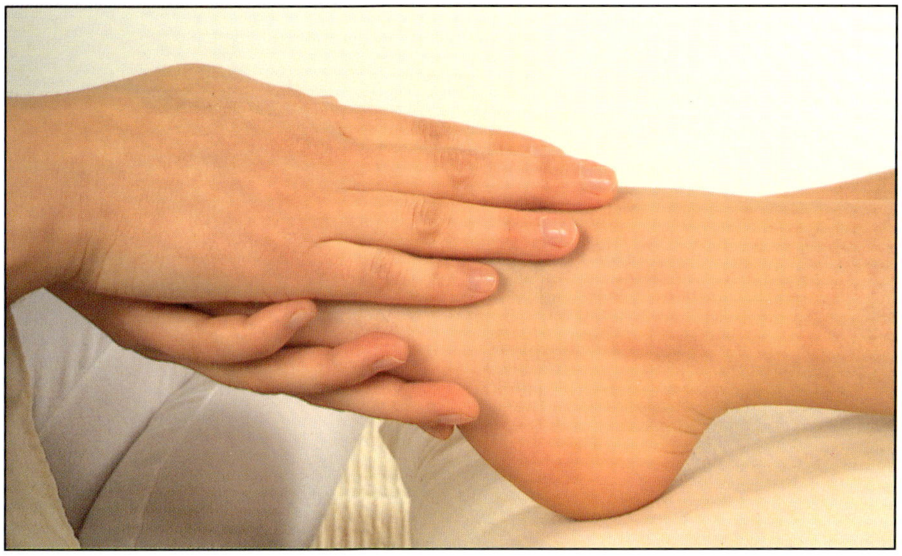

Tips für eine effektive Behandlung:

- Erkunden Sie den Fuß mit dem Nagelansatz an der Außenseite des Daumens; aber achten Sie darauf, den Nagel nicht zu tief in den Fuß zu graben.
- Ein regelmäßiger Augenkontakt mit dem Partner ist sehr wichtig. Auf diese Weise können Sie erkennen, wie Ihr Partner auf bestimmte Drucktechniken reagiert, und so besonders empfindliche oder schmerzhafte Zonen feststellen.
- Schenken Sie diesen besonders empfindlichen Zonen – die sich infolge von Verkalkung und Lymphablagerungen körnig anfühlen können – erhöhte Aufmerksamkeit, und behandeln Sie sie besonders gründlich, um die Blockaden zu lösen und den Energiefluß wieder anzuregen.
- Bearbeiten Sie jeden Bereich des Fußes mehrmals, um sicher zu gehen, daß keine Zone ausgelassen wurde.
- Beim ersten Behandlungsdurchgang sollten Sie die empfindlichen Zonen ausfindig machen, während die zweite Massage die Balance zwischen Körper und Fuß wiederherstellt.
- Verbinden Sie die einzelnen Behandlungstechniken und Zonen mit Hilfe von Dessertgriffen.
- Eine Hand sollte immer den Kontakt zum Fuß aufrechterhalten.
- Mit den Fingerknöcheln können große Bereiche des Fußes massiert werden.

NÜTZLICHE ADRESSEN

MASSAGE

ORGANISATIONEN

Therapeuten und Kurse

- VDB-Physiotherapieverband
  Schumannstr. 4–6
  53113 Bonn
  Tel. 02 28-21 05 06

- VPT Verband für Physikalische Therapie
  Hofweg 15
  22085 Hamburg
  Tel. 0 40-2 20 12 37.

- Schule für ganzheitliche Massage
  Breckenheimer Straße 26a
  65719 Hofheim
  Tel. 0 61 92-2 45 13

- Kasseler Institut für Gesundheit und Körpererfahrung e.V.
  Gießbergstraße 34
  34127 Kassel
  Tel. 05 61-89 35 87

- Forum für Yoga und Ganzheitliche Gesundheit
  Köttingen 48
  51789 Lindlar
  Tel. 0 22 06-8 14 18

- Biorelease
  Borselstraße 7
  22765 Hamburg
  Tel. 0 41 21-7 82 71

- Leben und Heilen
  OT Heckenbeck 2
  37581 Bad Gandersheim
  Tel. 0 55 63-60 38

- Naturheilpraxis
  Brüsseler Straße 73a
  50672 Köln
  Tel. 02 21-52 60 69

WEITERFÜHRENDE LITERATUR

Massage

George Downing, Partner-Massage. Fitnesse, Schönheit, Freude, München 1991

Fiona Harrold, Das große Massage-Handbuch, München 1993

Clare Maxwell-Hudson, Das große Handbuch der Massage, Augsburg 1992

Bernd Muschinsky, Massagelehre in Theorie und Praxis, Jena 1992[3]

K. Robbins/J. Robbins, Mini-Massage, München 1992

B. Rumpler/K. Schutt, Entspannung und Schmerzlinderung durch Massage, Niedernhausen 1993[7]

V. Schneider, Baby-Massage. Praktische Anleitung für Mütter und Väter, München 1985

Reflexzonenmassage

I. Dougans/S. Ellis, Gesundheit und Vitalität durch Fußreflexzonenmassage, Neuhausen 1992

Georg Holzwarth, Die Fußreise, Berlin 1990

Kevin u. Barbara Kunz, Durch die Füsse heilen, München 1990

F. Soder-Feichtenschlager/M. Weiglhofer, Fußreflexzonenmassage. Anleitung für Griff- und Massagetechniken, Berlin 1990

YOGA

NACH B.K.S. IYENGAR

Yoga stellt ein wirksames Gegenmittel gegen die Belastungen des modernen Lebensstils dar. Als praktische Philosophie strebt Yoga über die Vereinigung von Körper, Seele und Geist ein psychisches Gleichgewicht und Gesundheit an. Die hier vorgestellten, leicht nachvollziehbaren und speziell für den Anfänger gewählten Körperstellungen (Asanas) trainieren den Körper und halten ihn geschmeidig; sie kräftigen die Körperfunktionen, straffen die Muskeln, stimulieren den Kreislauf und verbessern das Allgemeinbefinden. Aber diese Übungen wirken sich nicht nur auf das körperliche Wohlbefinden positiv aus – wenn Sie die Asanas erst einmal beherrschen und verschiedene Entspannungstechniken und Atemübungen erlernen, werden Sie feststellen, daß Yoga auch den Geist und die Seele besänftigt, die Konzentrationsfähigkeit fördert und zum Abbau von inneren Spannungszuständen beiträgt. Denn Yoga ist eine ganzheitliche Methode, die die gesamte Persönlichkeit berücksichtigt und ein vollkommenes körperliches und emotionales Gleichgewicht anstrebt.

Die Autorinnen danken Yogacharya Sri B. K. S. Iyengar für seine Hilfe und Unterstützung bei der Arbeit an diesem Buch.

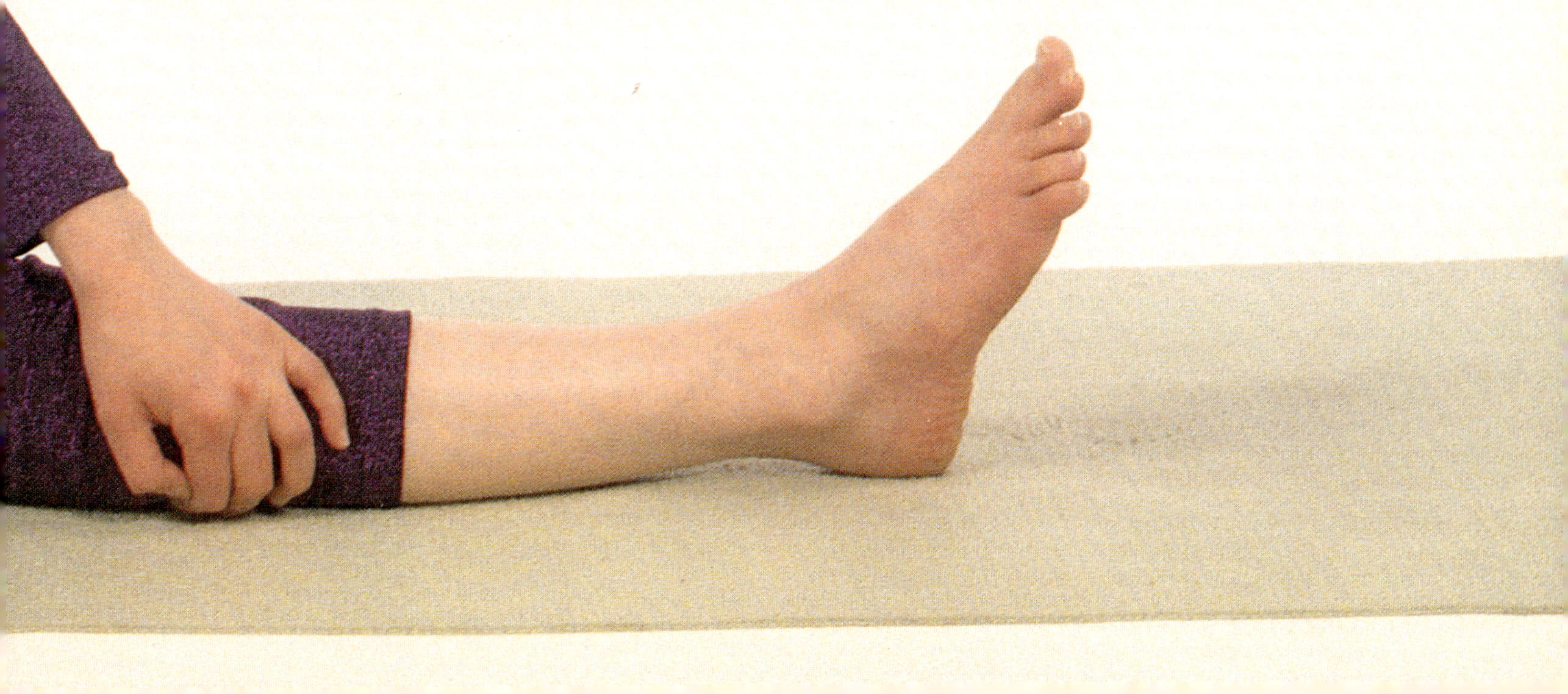

YOGA – EIN GESCHENK

Yoga ist ein wundervolles Geschenk Indiens an die Menschheit. Eine der wertvollsten Eigenschaften von Yoga besteht darin, daß es mit Hilfe eines Systems von Übungen – den sogenannten Asanas – den Körper rein und widerstandsfähig erhält und ein körperliches und geistiges Gleichgewicht aufbaut. Denn die Yoga-Lehre geht davon aus, daß zur raschen Entgiftung, zur Erhaltung eines geregelten Blutkreislaufs und zur Förderung aller inneren Körperfunktionen bestimmte Übungen unabdingbar sind.

Aber neben einer ausführlichen Beschäftigung mit dem Körper wendet sich Yoga auch der geistigen Ebene zu. Mit Hilfe unterschiedlicher Atemübungen und -techniken lernt man, Geist und Seele zu beruhigen, inneren Frieden zu erlangen und Probleme gelassen zu bewältigen.

Die Vereinigung dieser beiden Ebenen macht die Philosophie von Yoga aus. Yoga appelliert an die Menschen, eingefahrene Denkweisen und Verhaltensweisen zu überprüfen.

Deshalb spielt Yoga sowohl im Alltagsleben als auch in der geistesbetonten, idealistischen Ideenwelt eine wichtige Rolle.

YOGA – EIN KURZER ÜBERBLICK

Yoga wird in Indien seit mehr als zwei Jahrtausenden praktiziert. Erzählungen und Legenden zeugen von der Existenz der Yoga-Lehre, von ihren Anhängern und Gottheiten.

Die Literatur Indiens bietet unzählige Hinweise zum Thema Yoga, in der alle erdenklichen Gesichtspunkte dargestellt werden. Dazu gehören – in grob chronologischer Reihenfolge – die *Veden* (die Schriften des Wissens), die *Upanishaden* (die philosophischen Theorien) mit den dazugehörigen Kommentaren, die *Puranas* (die alten Kosmologien) sowie die beiden Epen, das *Ramayana* und das *Mahabharata.* Das *Mahabharata* enthält das Meisterstück des indischen Schrifttums, die *Bhagavadgita.* Gegen Ende der vedischen Periode bildet sich die aphoristische Literatur heraus, wobei die »Yoga-Aphorismen« von Patanjali für Yoga-Schüler von besonderem Interesse sind. Daneben zeugen ganze Sammlungen sowohl antiker (vorchristlicher) als auch neuerer Werke von der fortwährenden Bedeutung von Yoga und seiner Philosophie als wissenschaftlicher Disziplin.

Yoga gilt gleichzeitig als Philosophie, Wissenschaft und Kunst. Es unterteilt sich in acht klar definierte Bestandteile; in seiner reinsten Form bildet es ein vollständiges System, das zu allen Bedürfnissen des Menschen eine Antwort anbietet. Darüber hinaus ist Yoga allerdings schon immer Grundlage für andere Aktivitäten und Disziplinen gewesen. So finden viele Yoga-Übungen beispielsweise in der modernen Physiotherapie und sogar im Gymnastikunterricht Verwendung.

Zwar haben im Laufe der Jahrhunderte die verschiedenen Yoga-Schulen unterschiedliche Aspekte stärker betont, doch ist allen Richtungen eine ideologische Basis gemein, nämlich die Suche nach der Vervollkommnung des einzelnen Yogapraktizierenden und, in weiterem Sinne, der gesamten Menschheit.

Patanjali, der legendäre Begründer des Yoga. Der Überlieferung nach schenkte er den Menschen geistige Gelassenheit durch seine philosophische Lehre, Klarheit der Sprache durch seine Arbeit über die Grammatik, und körperliche Gesundheit durch seine Arbeit auf dem Gebiet der Medizin.

Wie aus dieser modernen Skulptur ersichtlich, wird ihm eine halb menschliche, halb schlangenähnliche Gestalt zugeschrieben.

Das Wort Yoga geht auf die sanskritische Wurzel »Yuj« zurück, was soviel wie »verbinden«, »Joch« bzw. »Gespann« bedeutet, und verweist auf die Zusammenfassung sämtlicher Aspekte des menschlichen Wesens von den tiefsten und innersten Ebenen bis hin zu den äußeren Bereichen zu einem Ganzen. Eine weitere, häufig gebrauchte Definition beschreibt Yoga als die Verbindung des Geistes der einzelnen Person mit dem universalen oder höchsten Geist – hierin besteht das höchste Ziel.

Als Philosophie ist Yoga insofern ungewöhnlich, als es die Einnahme bestimmter Körperhaltungen, die man als reine Gymnastikübungen betrachten könnte, und Atemtechniken als unerläßlich für das Erreichen einer würdigen und befriedigenden Lebensweise vorschreibt. Eine ganze Lehre beschäftigt sich nur mit diesen Körperhaltungen und Atemübungen. Das analoge westliche Konzept des »mens sana in corpore sano« ist seit jeher anerkannt und wird heutzutage immer stärker berücksichtigt.

Patanjali und die Yoga-Sutras

Die erste, halb der Geschichte, halb der Mythologie zuzuordnende Figur des Yoga stellt der Weise Patanjali dar, der in der vorchristlichen Zeit (um 220 v. Chr.) lebte. Der mündlichen Überlieferung zufolge war er der Verfasser verschiedener Werke auf den Gebieten der Medizin, der Sprachlehre und des Yoga. Patanjalis Gesamtwerk widmete sich also übergreifend den Themenbereichen Körper, Intellekt und Seele, und seine Abhandlungen über das Yoga – die sogenannten »Yoga-Sutras« oder »Yoga-Aphorismen« – gelten auch heute noch als maßgeblich.

In den Yoga-Sutras werden alle unterschiedlichen Yoga-Aspekte zusammengefaßt und systematisiert. Nach Patanjali besteht Yoga aus acht Stufen, die alle gleich wichtig sind und als Bestandteil eines Ganzen gesehen werden müssen. Im einzelnen handelt es sich dabei um:

1. Fünf universelle Gebote *(Yamas)*, die auf die Schaffung einer »besseren« Welt abzielen: Man soll nichts und niemandem Leid zufügen; man soll ehrlich sein, nicht stehlen, fromm und keusch leben und nicht habgierig sein.
2. Fünf persönliche Disziplinen *(Niyamas):* Reinlichkeit, Genügsamkeit, Selbstdisziplin, Selbsterforschung und das Studium der Schriften sowie Hingabe an die Gottheit.
3. Praktizieren der Yogahaltungen *(Asanas)*, hingebungsvolles und gewissenhaftes Ausüben der unterschiedlichen Haltungen.
4. Kontrolliertes Atmen *(Pranayama)*, umsichtige und reflektierte Ausübung der Atemtechniken.
5. Distanzierung von weltlichen Geschehnissen *(Pratyahara)*, die Entwicklung einer losgelösten Haltung von Körper und Geist.
6. Konzentration *(Dharana)*, die willentliche Bündelung des Geistes.
7. Meditation *(Dhyana)*, das Erreichen eines ruhigen und meditativen Zustands.
8. Trance oder ein Zustand der Glückseligkeit *(Samadhi)*, das Erreichen eines Zustandes der Versenkung in einen Gegenstand oder in das Göttliche.

Der Einfluss von B. K. S. Iyengar

Die Arbeiten von B. K. S. Iyengar weisen ihn als einen modernen Yoga-Pionier aus. Iyengar hat sämtliche traditionellen Aspekte des Yoga nach Patanjali erklärt und veranschaulicht. Er entdeckte eine Vielfalt von Körperhaltungen und Atemtechniken wieder, systematisierte sie und machte sie Yoga-Anhängern in der ganzen Welt zugänglich.

Besondere Bedeutung kommt seiner eingehenden Beschäftigung mit der therapeutischen Wirkung von Yoga zu. Iyengars Kompetenz ist weltweit anerkannt; seine Bücher »Licht auf Yoga« und »Licht auf Pranayama« wurden zu modernen Klassikern. Für seine Verdienste erhielt Iyengar von der indischen Regierung und verschiedenen Bildungs- und Erziehungsorganisationen diverse Titel und Auszeichnungen.

Alle in diesem Buch beschriebenen Haltungen und Atemtechniken basieren auf den Arbeiten von B. K. S. Iyengar.

Der Weg zum körperlichen Wohlbefinden

Yoga ist eine wunderbare Kunst, die sich auf eine sehr logisch aufgebaute Philosophie stützt, zu der man aber allein durch die Theorie keinen Zugang findet. Nur über die Praxis kann man die Wirkungen der unterschiedlichen Asanas und Pranayamas auf Körper, Seele und Geist erfahren.

Warum der Körper durch Yoga gelenkiger und leistungsfähiger wird, ist leicht zu verstehen. Aber warum sich Yoga positiv auf den Geist auswirkt, ist nicht unmittelbar ersichtlich. Es scheint zunächst aller Logik zu widersprechen, daß Yoga den Geist – d. h. die Willenskraft und die geistige Energie – beeinflußt.

Beim Lesen dieser Zeilen mag man denken: »Das ist sicherlich alles sehr interessant, aber nichts für mich.« Wenn Sie allerdings einige der Körperhaltungen in der hier beschriebenen Weise einnehmen, werden Sie wahrscheinlich eine angenehme Überraschung erleben. Sie werden vielleicht die Erfahrung machen, daß die Übungen nicht so einfach sind, wie sie zunächst aussehen, und daß auch Ihre Gelenke nicht so gut funktionieren, wie Sie sich das vorgestellt hatten – aber geben Sie nicht auf! Die Übungen werden Ihnen bald in vieler Hinsicht helfen; darüber hinaus erweitern Sie Ihr Bewußtsein und verbessern Ihre Konzentrationsfähigkeit.

Ziele des Kurses

Das Ziel dieses Kurses ist es, Ihnen eine umfassende Einführung in die Grundlagen der Theorie und der Praxis des Yoga anzubieten. Zunächst werden 41 Körperhaltungen, die Asanas, vorgestellt, die für Anfänger aller Altersstufen geeignet sind. Die wichtigsten Techniken werden in einzelnen Schritten erläutert und fotografisch dargestellt, so daß jeder diese Körperhaltungen problemlos einnehmen kann.

Darüber hinaus wird ein Zehn-Wochen-Kurs angeboten, der Ihnen beim Erlernen der einzelnen Übungen systematisch helfen soll. Es empfiehlt sich zwar, täglich zu üben, doch wenn Sie nicht dazu kommen, ist dies nicht weiter schlimm, der Kurs dauert dann einfach nur länger. Neben einigen allgemeinen Anmerkungen zu den Übungen werden auch unentbehrliche Hinweise zur Sicherheit gegeben, damit Sie bei den Übungen keine unnötigen Risiken eingehen.

Darüber hinaus sind in diesem Kapitel einige Körperhaltungen beschrieben, die bei bestimmten, häufig auftretenden Beschwerden Linderung schenken, zum Beispiel bei Kopfschmerzen, Gliedersteifheit und Schmerzen im Hals- und Schulterbereich, Rückenschmerzen und steifen Hüften. Daran schließt sich ein spezielles Übungsprogramm für die Menstruationstage an.

Im Kapitel »Der Weg zum inneren Frieden« finden Sie Anleitungen zu einigen einfachen Entspannungs- und Atemtechniken, die beruhigend auf den Geist wirken.

Übungen zu Hause

Auch zu Hause lassen sich die verschiedenen Übungen durchführen. Doch es gilt hier, die für die Übungen benötigte Zeit, die Familie und andere Verpflichtungen miteinander zu koordinieren.

Zeit

Es gibt keine festen Regeln, wann oder wie lange Sie die Körperhaltungen trainieren sollten. Natürlich lernen Sie um so schneller, je mehr sie üben.

Einige Menschen trainieren am liebsten morgens, andere eher abends. Man kann die täglichen Übungen auch auf mehrere kürzere Zeitintervalle verteilen, so daß sie sich mühelos in den Tagesverlauf einbauen lassen – selbst wenn Sie jeweils nur zehn Minuten Zeit haben.

Familie und andere Verpflichtungen

Die Übungen sollten Ihren persönlichen Lebensumständen angepaßt werden. Manchmal muß man die dafür aufzuwendende Zeit mit den familiären oder anderen Verpflichtungen in Einklang bringen; in solchen Situationen empfiehlt es sich, Übungszeit und -programm sorgfältig zu planen, um maximalen Nutzen aus den Übungen zu ziehen. Stehen Ihnen beispielsweise nur 10 bis 20 Minuten zur Verfügung, und sind Sie psychisch oder beruflich stark belastet, so bieten sich zunächst Sarvangasana mit Abstützen (Nr. 37 und 38), Setu Bandha Sarvangasana (Nr. 39) oder Viparita Karani (Nr. 40) an.

Niveau
Die Qualität der Durchführung der Körper- und Atemübungen hängt vom Niveau und der Erfahrung des einzelnen Yoga-Schülers ab. In jedem Falle sollten die Grundübungen regelmäßig ausgeführt und auf keinen Fall vernachlässigt werden. Eine Methode besteht darin, die Art der täglich auszuführenden Körperhaltungen zu variieren, zum Beispiel an einem Tag Übungen im Sitzen, am darauffolgenden Tag Übungen im Stehen. Umkehrhaltungen dürfen dabei an keinem Tag fehlen. Anfänger sollten sich zunächst auf die Stehübungen konzentrieren.

Individuelle Bedürfnisse
Überlegen Sie zunächst, welche Haltungen für Sie in welchen Situationen sinnvoll sind. So wirken beispielsweise Stehhaltungen kräftigend und Rumpfbeugen beruhigend.

Dies ist nur ein möglicher Übungsansatz; ein weiterer besteht darin, ein bestimmtes Übungsprogramm unabhängig von persönlichen Bedürfnissen auszuführen. Der erste Ansatz sensibilisiert, während der zweite die Willenskraft fördert. Beide Übungsansätze müssen erlernt werden.

Falls Sie unter einem der hier aufgeführten gesundheitlichen Probleme leiden, sollten Sie sich an das vorgeschriebene Übungsprogramm halten.

Aufbau der Übungen
Ihre Yoga-Übungen sollten strukturiert sein. Beginnen Sie mit einfachen Positionen oder mit solchen, in denen der Körper gestreckt wird. Danach können Sie mit einer oder mehreren Hauptgruppen von Stellungen fortfahren, die für den jeweiligen Tag vorgesehen sind. Abschließend sollten Entspannungsübungen ausgeführt werden.

Selbstdisziplin
Das Üben zu Hause erfordert und fördert Selbstdisziplin und ein eigenes, unabhängiges Verständnis der Körperhaltungen. Beginnen Sie damit, sich zunächst einige der Haltungen und Anleitungen ins Gedächtnis zurückzurufen, denn die Entwicklung korrekter Übungsgewohnheiten verhilft zu einer soliden Yoga-Grundlage.

Wiederholung von Übungen
Normalerweise werden einige der Positionen wiederholt, zum Beispiel Stehpositionen, Sitzhaltungen und Drehübungen – wenn dies nicht ermüdet. Umkehrhaltungen und Entspannungsübungen sollte man dagegen nicht wiederholen.

Verweildauer in den Haltungen
In jedem Übungsabschnitt werden Hinweise zur Dauer der einzelnen Haltungen gegeben. Bleiben Sie anfangs nicht zu lange in den Positionen, bis Sie sich an sie gewöhnt und Durchhaltevermögen erlangt haben. Beanspruchen Sie sich beim Durchhalten einer bestimmten Position nicht zu stark, und steigern Sie die Verweildauer schrittweise.

Atmen
Führen Sie Aufwärtsbewegungen mit einer Einatmung, Abwärtsbewegungen mit einer Ausatmung durch. Beginnen Sie die Bewegung mit dem Einsetzen der Ein- beziehungsweise Ausatmung, und beenden Sie die Bewegung möglichst mit dem Ende desselben Atemzuges. Während des Verweilens in der Position sollte der Atem nicht angehalten werden.

Menstruation
Frauen sollten während der Menstruation keine Umkehrhaltungen einnehmen, da diese den natürlichen Blutabfluß beeinträchtigen. Aber es gibt eine Reihe von Körperhaltungen, die in der Menstruationszeit von Vorteil sind (siehe »Asanas während der Menstruation«).

VORSICHT

Für Personen mit folgenden medizinischen Indikationen ist dieser Kurs nicht geeignet:

- **Krebs oder gutartige Tumoren**
- **Netzhautablösung**
- **Diabetes**
- **Epilepsie**
- **Herzleiden**
- **Bluthochdruck**
- **HIV**
- **Ménière-Krankheit**
- **Multiple Sklerose (MS)**
- **Myalgische Encephalomyelitis (rheumatische Hirn- und Rückenmarksentzündung, ME)**
- **Körperbehinderungen**
- **Schwangerschaft**
- **Postoperative Rekonvaleszenz**

In solchen Fällen sollten Sie einen erfahrenen Yogalehrer um Rat bitten.

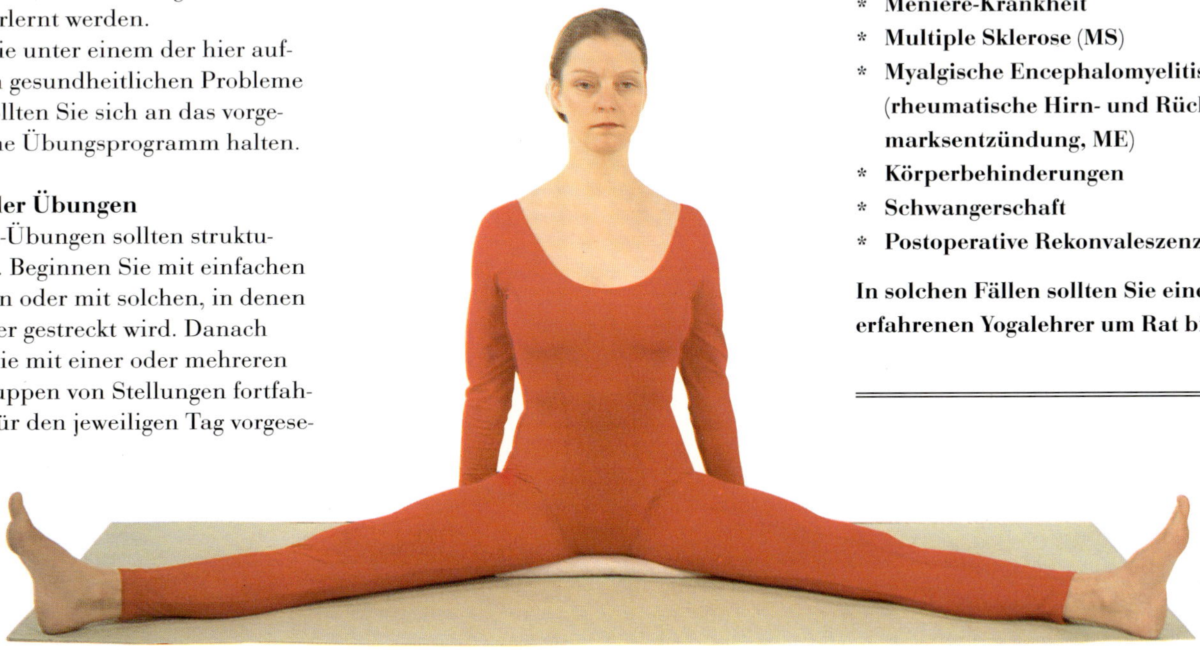

DIE ASANAS

Es gibt viele verschiedene Yoga-Haltungen. In indischen Schriften ist manchmal von bis zu 840 000 Positionen die Rede. In der Praxis wurden jedoch lediglich 20 bis 30 Haupttypen von Haltungen regelmäßig praktiziert. Heutzutage finden dank der Arbeit von B. K. S. Iyengar weltweit mehr als 200 Haltungen Anwendung. Das System der Yoga-Haltungen ist mittlerweile ein anerkanntes eigenständiges Fachgebiet, da der Präzision und der korrekten Ausführung der Bewegungen große Aufmerksamkeit gewidmet wird.

Sämtliche Haltungen (Asanas) sind in anatomischer und physiologischer Hinsicht gesundheitsfördernd. Sie zeigen den Weg zu den verschiedenen Bewegungen, zu denen der menschliche Körper in der Lage ist. Beim Iyengar-Prinzip sind sie nach Schwierigkeitsstufen eingeteilt, so daß sie sowohl von Anfängern als auch von Fortgeschrittenen praktiziert werden können.

Die folgenden Übungen sind nach Körperpositionen kategorisiert, also nach Steh-, Sitz- und Drehhaltungen, nach Bauchlage, Rückenlage, Umkehrhaltungen sowie Gleichgewichtshaltungen. Es wird unterschieden zwischen langsamen und schnellen Bewegungen sowie zwischen dynamischen und statischen Übungen. Da der gesamte Körper durch das Ausüben der Körperhaltungen gekräftigt und die Spannkraft der Muskeln verbessert wird, sind bedeutende therapeutische Effekte die Folge. Der Yoga-Schüler profitiert davon in Form einer verbesserten Gesundheit, eines größeren Durchhaltevermögens und einer erhöhten Beweglichkeit.

Psychologisch betrachtet bietet die Ausführung der einzelnen Übungen eine interessante Herausforderung. Darüber hinaus besitzen sie eine ausgleichende Wirkung: Lethargischen und deprimierten Menschen schenken sie neue Energien, hektischen und nervösen Menschen Ruhe und Ausgeglichenheit.

VORBEREITUNGEN

Für die Vorbereitung zu den Übungen gelten einige Faustregeln, die Sie befolgen sollten:

- **Lassen Sie nach größeren Mahlzeiten vier bis fünf Stunden, nach leichten Zwischenmahlzeiten zwei bis drei Stunden verstreichen.**
- **Entleeren Sie Blase und Darm, bevor Sie beginnen. Sarvangasana mit Abstützen (Nr. 38) und Ardha Halasana (Nr. 36) sind dabei eine Hilfe.**
- **Tragen Sie eine Kleidung, die Ihnen genügend Bewegungsfreiheit garantiert, und führen Sie die Übungen nur mit bloßen Füßen aus.**
- **Üben Sie auf rutschfesten Matten oder Böden. Achten Sie besonders im Winter darauf, daß der Boden nicht zu kalt ist.**
- **Falls Sie Decken verwenden, legen Sie diese akkurat zusammen, da Falten bei den Übungen stören.**
- **Harte Kontaktlinsen müssen herausgenommen werden.**
- **Wenn Sie Schwierigkeiten bei den Übungen haben, bitten Sie einen Yoga-Lehrer um Rat.**

STEHHALTUNGEN

1. TADASANA

BERGHALTUNG

Diese Haltung sollte als erste Übung erlernt werden, da sie die Ausgangsposition für alle Stehhaltungen ist, die mit ihr beginnen oder enden.

Obgleich Tadasana von Anfang an geübt wird, ist das Einnehmen dieser Haltung schwierig, denn es muß ein Gleichgewicht der Energien von Körper und Geist in einer statischen Position erreicht werden. Das ist aber erst dann möglich, wenn Haltungsfehler durch eine Reihe von anderen Asanas bereits korrigiert sind. Aus diesem Grund sollten Anfänger sich schrittweise mit den Haltungen vertraut machen.

Stellen Sie sich mit geschlossenen Füßen so hin, daß sich die großen Zehen, die Fersen und die Knöchel berühren. Achten Sie darauf, daß Ihre Knie durchgedrückt sind, und spannen Sie die Oberschenkelmuskulatur an. Strecken Sie die Beine, richten Sie die Wirbelsäule auf, und heben Sie die Vorderseite des Körpers. Dann nehmen Sie die Schultern leicht nach hinten, so daß die Schulterblätter zueinander streben, und lassen die Arme entspannt zu beiden Seiten des Körpers herabhängen. Entspannen Sie die Hände; halten Sie die Handflächen den Hüften zugewandt. Richten Sie den Nacken auf, und entspannen Sie Ihre Gesichtsmuskulatur. Blicken Sie geradeaus. Konzentrieren Sie sich auf das Ausbalancieren des Körpers: Verteilen Sie das Gewicht gleichmäßig auf beide Füße, richten Sie Ihre Aufmerksamkeit auf Ihre Fußsohlen, dehnen und strecken Sei sie gleichmäßig. Achten Sie darauf, die rechte und die linke Körperhälfte gleichmäßig aufzurichten. Öffnen Sie den Brustbereich.

Verharren Sie 30 bis 60 Sekunden in dieser Haltung, wenn Sie Tadasana allein ausüben, und kürzer, wenn Sie es als Teil anderer Übungen praktizieren.

ANMERKUNGEN ZU DEN HALTUNGEN

Lesen Sie die folgenden Hinweise zu den einzelnen Kategorien von Übungen, bevor Sie diese ausführen.

Stehhaltungen

- Springen Sie nicht in die Haltung, falls Sie unter Rücken- oder Kniebeschwerden leiden.
- Vermeiden Sie Überbeanspruchungen der Knie beim Strecken.
- Halten Sie den Atem nicht an.
- Vermeiden Sie Überlastungen von Hals- und Bauchbereich.

Sitzhaltungen

- Legen Sie zum Sitzen ein oder zwei gefaltete Decken unter sich, damit der untere Rückenbereich nicht zu stark strapaziert wird. Reduzieren Sie die Höhe, sobald Sie gelenkiger sind.
- Strecken und dehnen Sie die Beine vorsichtig und ohne Kraftanwendung.

Drehhaltungen

- Setzen Sie sich zur Erhöhung des Wirbelsäulenansatzes auf gefaltete Decken. So sind Sie imstande, den gesamten Rumpf zu drehen.
- Spannen Sie den Bauchbereich nicht an.

Umkehrhaltungen

- Vermeiden Sie diese Übungsgruppe während der Menstruation. Übungen für die Menstruationszeit werden unter »Asanas während der Menstruation« beschrieben.
- Sie sollten sich in diesen Haltungen wohlfühlen. Wenn Sie in irgendeinem Bereich des Kopfes Druck verspüren, kann es daran liegen, daß Ihre Decken nicht glatt genug gefaltet sind oder Sie sich falsch aufgerichtet haben.
- Falls Sie Beschwerden an Kopf und Hals verspüren oder gesundheitliche Probleme mit den Augen, den Ohren oder dem Gehirn haben, sollten Sie sich an einen erfahrenen Yoga-Lehrer wenden.

2. VRKSASANA

BAUMHALTUNG

1 *Stehen Sie aufrecht in Tadasana (Nr. 1). Strecken Sie das rechte Bein zur Seite aus, ohne dabei die Stellung des linken Beins zu verändern. Umfassen Sie das Fußgelenk, und ziehen Sie den Fuß so hoch wie möglich an die Innenseite des linken Oberschenkels heran. Bringen Sie dabei das rechte Knie soweit wie möglich nach hinten, so daß es mit der rechten Hüfte eine Linie bildet.*

2 *Atmen Sie ein, und heben Sie die Arme über den Kopf nach oben, wobei die Handflächen einander zugewandt sind. Drücken Sie die Ellbogen durch, und strecken Sie Arme und Rumpf. Nehmen Sie auf dem linken Fuß eine stabile Position ein, so daß Sie nicht aus der Balance geraten. Strecken Sie auch das Standbein.*

3 *Rechts: Legen Sie die Handflächen zusammen, ohne dabei in den Ellbogen nachzugeben.*

Bleiben Sie 20 bis 30 Sekunden in dieser Haltung. Atmen Sie aus, und gehen Sie anschließend wieder in die Ausgangsposition. Wiederholen Sie die Übung mit dem anderen Bein.

3. UTTHITA TRIKONASANA

GESTRECKTE DREIECKSHALTUNG

Trikonasana ist eine der wichtigsten Stehhaltungen. Erlernen Sie die einzelnen Punkte Schritt für Schritt, und integrieren Sie sie als Ausgangsposition in Ihr Übungsprogramm.

- *Wenn Sie unter Rückenbeschwerden oder Knieverletzungen leiden, sollten Sie keinesfalls in die Stehhaltungen springen.*

1 *Stehen Sie aufrecht in Tadasana (Nr. 1). Atmen Sie tief ein, und nehmen Sie mit einem Sprung die Füße 105 bis 120 cm auseinander; gleichzeitig heben Sie die Arme bis auf Schulterhöhe, wobei die Handflächen nach unten zeigen. Richten Sie die Füße gleichmäßig aus; sie sollten nach vorn weisen.*

2 *Drehen Sie den linken Fuß um etwa 15 Grad nach innen und den rechten Fuß um 90 Grad nach außen. Richten Sie die rechte Ferse so aus, daß sie dem Spann des linken Fußes genau gegenübersteht. Gleichzeitig mit dem Eindrehen des linken Fußes drehen Sie das linke Bein nach außen. Beim Ausstellen des rechten Fußes drehen Sie das gesamte Bein in dieselbe Richtung (das heißt nach rechts).*

3 *Unten: Atmen Sie aus und beugen Sie den Rumpf seitlich nach unten zur rechten Seite; umfassen Sie den rechten Fußknöchel mit der rechten Hand. Dann strecken Sie den linken Arm nach oben aus, wobei er mit dem rechten Arm eine gerade Linie bilden sollte und die Handfläche nach vorn weist. Drehen Sie das Gesicht nach oben, und schauen Sie aufwärts. Halten Sie die Knie durchgedrückt und die Oberschenkelmuskulatur angespannt. Den Atem dabei nicht anhalten.*

Verharren Sie 20 bis 30 Sekunden in dieser Haltung. Dann atmen Sie ein und begeben sich in Stellung 2. Richten Sie Ihre Füße wieder nach vorne aus. Halten Sie die Arme einen Moment lang so, daß Sie keine Ermüdung verspüren (zum Beispiel durch Aufstützen in den Hüften). Wiederholen Sie die Übung zur anderen Seite. Dann richten Sie sich auf, atmen aus, und bringen mit einem Sprung die Füße wieder zusammen. Die Arme lassen Sie nach unten sinken.

4. UTTHITA PARSVAKONASANA

GESTRECKTER SEITLICHER WINKEL

1 *Stehen Sie aufrecht in Tadasana (Nr. 1). Atmen Sie tief ein, und bringen Sie gleichzeitig mit einem Sprung die Füße 120 bis 135 cm auseinander; dabei heben Sie die Arme auf Schulterhöhe.*

2 *Rechts: Drehen Sie den rechten Fuß um 15 Grad nach innen und den linken Fuß um 90 Grad nach außen, wobei die linke Ferse dem Spann des rechten Fußes gegenübersteht. Beim Eindrehen des rechten Fußes sollte sich das ganze Bein mitdrehen. Halten Sie die Beine gerade, und richten Sie den Körper auf.*

● *Wenn Sie unter Ischiasschmerzen leiden, drehen Sie den linken Fuß weiter, bis er um 120 bis 160 Grad gedreht ist.*

3 *Halten Sie das rechte Bein gerade, und winkeln Sie das linke Knie um 90 Grad an; dabei sollte das Schienbein senkrecht stehen und der Oberschenkel parallel zum Boden verlaufen. Nun atmen Sie aus und beugen den Rumpf seitlich nach unten links herab. Berühren Sie mit der linken Handfläche neben der Außenseite des linken Fußes den Boden.*

Dann drehen Sie den rechten Arm und strecken ihn über den Kopf; die Handfläche zeigt nach unten. Drehen Sie den Kopf, und schauen Sie nach oben. Nun wenden Sie den gesamten Rumpf nach oben; dabei sollten das rechte Bein und beide Arme gestreckt bleiben. Dehnen und strecken Sie die rechte Körperhälfte in Richtung Fingerspitzen. Verharren Sie für 20 bis 30 Sekunden in dieser Haltung. Dann atmen Sie ein und richten sich wieder auf. Drehen Sie die Füße zur Mitte zurück, und stützen Sie die Arme in den Hüften. Wiederholen Sie die Übung nun zur anderen Seite. Dann richten Sie sich wieder auf in Position 2, atmen aus und springen zurück in Tadasana.

5. VIRABHADRASANA I

KRIEGERHALTUNG

1 Stehen Sie aufrecht in Tadasana (Nr. 1). Atmen Sie tief ein, und bringen Sie mit einem Sprung die Füße 120 bis 135 cm auseinander; gleichzeitig heben Sie die Arme bis auf Schulterhöhe.

2 Dann führen Sie die Hände nach oben; strecken Sie dabei die Arme über dem Kopf parallel zueinander in die Höhe. Die Ellbogen sollten dabei durchgedrückt, die Handflächen einander zugewandt sein. Strecken Sie den Rumpf Ihres Körpers, als wollten Sie sich mit Hilfe der Hände nach oben ziehen. Wenn für Sie das Ausstrecken der Arme über den Kopf zu anstrengend ist, legen Sie die Hände auf die Hüften.

3 Drehen Sie das rechte Bein und den rechten Fuß um 45 Grad nach innen, den linken Fuß um 90 Grad nach außen und gleichzeitig die Hüften und den Rumpf nach links. Drehen Sie den Oberkörper, indem Sie die rechte Hüfte nach vorn schieben und die linke etwas zurücknehmen.

4 Atmen Sie aus, und winkeln Sie das linke Bein um 90 Grad an. Recken Sie den gesamten Körper nach oben. Nehmen Sie die Schulterblätter so weit wie möglich nach hinten, und öffnen Sie den Brustbereich. Nun nehmen Sie den Kopf nach hinten und schauen aufwärts, ohne dabei Nacken oder Hals zu überlasten. Halten Sie das hintere Bein gestreckt.

Verweilen Sie 20 bis 30 Sekunden in dieser Haltung. Atmen Sie dann ein, und richten Sie sich wieder auf. Drehen Sie den Oberkörper zurück zur Mitte, entspannen Sie die Arme, und richten Sie die Füße wieder nach vorne aus. Wiederholen Sie die Übung zur anderen Seite. Anschließend richten Sie sich auf, atmen aus und springen in Tadasana zurück.

6. VIRABHADRASANA II

KRIEGERHALTUNG II

1 Stehen Sie aufrecht in Tadasana (Nr. 1).

2 Atmen Sie ein, und bringen Sie mit einem Sprung die Füße 120 bis 135 cm auseinander; gleichzeitig heben Sie die Arme auf Schulterhöhe.

3 Drehen Sie den linken Fuß um 15 Grad nach innen und den rechten Fuß um 90 Grad nach außen, wobei die rechte Ferse dem Spann des linken Fußes gegenüberstehen sollte. Beim Eindrehen des linken Fußes drehen Sie das linke Bein nach außen weg; beim Ausstellen des rechten Fußes drehen Sie auch das rechte Bein. Halten Sie beide Knie durchgedrückt, und richten Sie den Rumpf aus den Hüften heraus auf.

- *Sollten Sie Ischiasbeschwerden haben, drehen Sie den rechten Fuß um 120 bis 160 Grad.*

4 Winkeln Sie das rechte Bein beim Ausatmen um 90 Grad an. Halten Sie dabei das linke Bein gestreckt. Strecken Sie den Oberkörper nach oben und die Arme horizontal zur Seite aus; die Handflächen weisen nach unten. Nun drehen Sie den Kopf nach rechts und ziehen den linken Arm leicht nach links, damit der Rumpf sich nicht nach rechts neigt. Dann richten Sie Ihren Oberkörper auf und atmen normal.

Verweilen Sie 20 bis 30 Sekunden in dieser Haltung. Atmen Sie dann ein, und richten Sie sich wieder auf. Richten Sie die Füße wieder gerade aus.

Wiederholen Sie die Übung zur anderen Seite. Richten Sie sich anschließend auf, atmen Sie aus, und springen Sie in Tadasana zurück.

7. PARSVOTTANASANA

EXTREME SEITENBEUGE

VOLLENDETE HALTUNG

1 Stehen Sie aufrecht in Tadasana (Nr. 1). Nehmen Sie mit den Händen hinter dem Rücken eine Namaste-Haltung ein (siehe gegenüberliegende Seite).

2 Atmen Sie tief ein, und bringen Sie mit gleichzeitigem Sprung die Füße 105 bis 120 cm auseinander. Richten Sie die Zehen auf einer Linie aus.

3 Drehen Sie das linke Bein und den linken Fuß um 45 Grad nach innen und den rechten Fuß um 90 Grad nach außen. Dann drehen Sie Hüften und Rumpf nach rechts, richten den Oberkörper auf und nehmen den Kopf nach hinten zurück. Der Hals sollte dabei nicht übermäßig gestreckt werden.

4 Rechts: Beugen Sie sich beim Ausatmen über das rechte Bein nach unten. Dabei sollten beide Beine gestreckt bleiben; die Hüften dürfen sich nicht drehen. Beugen Sie sich so weit wie möglich nach unten, und lassen Sie dann den Kopf locker hängen.

Bleiben Sie 20 bis 30 Sekunden in dieser Haltung. Richten Sie sich anschließend wieder auf, drehen Sie sich nach vorn, ohne dabei die Haltung der Hände zu lösen. Richten Sie die Füße wieder nach vorne aus, und wiederholen Sie die Übung zur anderen Seite.

Dann richten Sie sich auf und springen beim Ausatmen in Tadasana zurück. Lösen Sie erst zum Schluß die Handhaltung.

VARIANTE (EINFACH)

Bei Schritt 1 (Tadasana) nicht die Handflächen hinter dem Rücken zusammenbringen, sondern die Ellbogen über Kreuz mit den Händen umfassen.

VARIANTE (MIT GESTRECKTEN ARMEN)

Strecken Sie die Arme über den Kopf nach oben, und legen Sie anschließend Rumpf und Arme nach unten über das Bein. Dabei werden die Hände zu beiden Seiten des nach vorn gestellten Fußes flach auf den Boden gelegt. In dieser Position sind Balance und Dehnung des Körpers einfacher einzuhalten.

NAMASTE

HÄNDE IN GEBETSHALTUNG

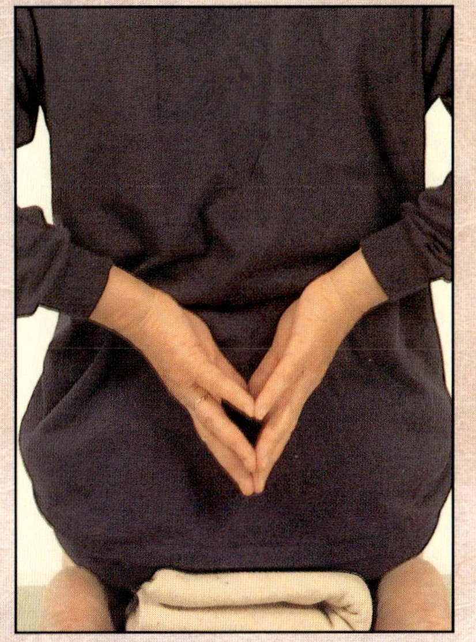

1 *Führen Sie die Handflächen hinter dem Rücken zusammen; dabei zeigen die Finger nach unten.*

2 *Drehen Sie die Hände zur Wirbelsäule.*

3 *Heben Sie die Hände zwischen die Schulterblätter. Nehmen Sie die Schultern und Ellbogen nach hinten zurück, und drücken Sie die Handflächen zusammen.*

8. PRASARITA PADOTTANASANA

RUMPFBEUGE MIT GEGRÄTSCHTEN BEINEN

1 *Stehen Sie aufrecht in Tadasana (Nr. 1); die Hände liegen dabei auf den Hüften.*

2 *Atmen Sie tief ein, bringen Sie mit einem Sprung die Füße 135 bis 150 cm auseinander, und richten Sie sie aus. Die Füße sollten dabei entweder nach vorn zeigen oder leicht nach innen gedreht sein, so daß sie nicht verrutschen. Halten Sie die Beine durchgedrückt.*

3 *Unten: Beugen Sie sich nach unten, und legen Sie die Handflächen etwa schulterbreit voneinander entfernt auf den Boden. Halten Sie Arme und Beine gestreckt, gehen Sie leicht ins Hohlkreuz, und nehmen Sie die vordere Körperpartie weit nach vorn; blicken Sie dabei nach oben.*

Drehen Sie die Ellbogen nach hinten, beugen Sie den Rumpf, und legen Sie den Kopf auf den Boden. Wenn möglich, sollten die Hände dabei noch weiter nach hinten gesetzt werden, bis sie eine Linie mit den Füßen bilden. Entspannen Sie sich, und atmen Sie gleichmäßig weiter.

Bleiben Sie 20 bis 30 Sekunden in dieser Haltung; dann atmen Sie ein, heben den Kopf und gehen ins Hohlkreuz. Anschließend legen Sie die Hände auf die Hüften und richten sich wieder auf. Zum Schluß bringen Sie die Füße mit einem Sprung wieder zusammen.

9. UTTANASANA

RUMPFBEUGE

Stehen Sie aufrecht in Tadasana (Nr. 1); die Füße stehen dabei aber ungefähr 30 cm auseinander. Umfassen Sie die Ellbogen über Kreuz mit den Händen, und nehmen Sie die Arme nach oben über den Kopf. Nehmen Sie die Hüfte etwas nach hinten zurück, und strecken Sie die Beine kräftig in die Länge.

Atmen Sie aus, und beugen Sie sich nach unten. Die Brust sollte dabei möglichst nah an die Beine herangebracht werden. Wenn Sie können, sollten Sie sich solange dehnen, bis der Kopf sich unterhalb der Knie befindet. Ziehen Sie die Ellbogen nach unten, um den Rumpf nach unten zu ziehen. Dabei sollten die Knie durchgedrückt und die Beinmuskeln angespannt sein. Den Kopf locker hängen lassen und gleichmäßig atmen.

Verweilen Sie 20 bis 30 Sekunden in dieser Haltung. Dann atmen Sie ein, richten sich wieder auf und bringen die Beine zusammen.

ANMERKUNG

Falls Sie sich schwindlig fühlen oder Rückenprobleme haben, legen Sie Ihre Hände beim Ausführen von Uttanasana auf einer geeigneten Unterlage auf (siehe unten).

VARIANTE (MIT ABSTÜTZEN)

Stellen Sie sich mit 120 bis 150 cm Abstand vor ein Fensterbrett, einen halbhohen Schrank oder ein Sims. Nehmen Sie die Füße ungefähr 30 cm auseinander, beugen Sie sich nach vorn, und legen Sie dabei die Hände auf der Kante ab. Nun suchen Sie den passenden Abstand, indem Sie sich Ihrer Stütze entweder etwas mehr nähern oder sich weiter von ihr entfernen, bis die Beine senkrecht stehen und Rumpf und Arme gestreckt sind.

Strecken Sie die Beine, drücken Sie die Knie durch, und spannen Sie die Oberschenkelmuskulatur an. Arme und Rumpf sind nach vorn gebeugt. Drücken Sie den Rücken ein wenig durch.

Bleiben Sie 20 bis 30 Sekunden in dieser Haltung.

10. Padangusthasana

Finger-an-Fuss-Haltung

1 Stellen Sie die Füße etwa 30 cm voneinander entfernt auf. Beugen Sie sich dann nach unten, und formen Sie mit Daumen, Zeige- und Mittelfingern einen Ring um die großen Zehen. Halten Sie die Beine gerade und gestreckt. Dann strecken Sie die Arme, dehnen den Rumpf nach vorn und gehen ins Hohlkreuz. Richten Sie den Blick nach oben.

2 Rechts: Atmen Sie aus, stellen Sie die Ellbogen nach außen, ziehen Sie den Rumpf nach unten und den Kopf dicht an die Schienbeine.

Bleiben Sie für 20 bis 30 Sekunden in dieser Position. Anschließend einatmen und aufrichten und die Füße wieder zusammenstellen.

11. Garudasana

Adler

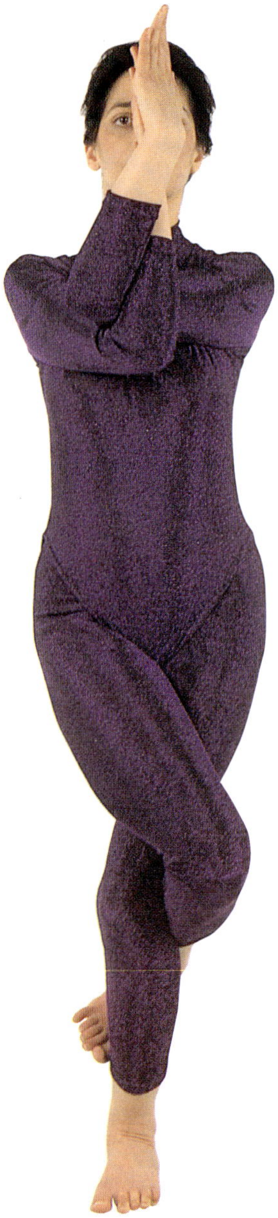

Stehen Sie aufrecht in Tadasana (Nr. 1). Winkeln Sie das rechte Bein etwas an, und legen Sie den Oberschenkel über das linke Bein. Legen Sie den rechten Fuß hinter die Wade des linken Beins.

Winkeln Sie die Ellbogen auf Schulterhöhe an; die Daumen sollten dabei zum Gesicht weisen. Den linken Ellbogen nun über den rechten kreuzen, dann das rechte Handgelenk und den Handteller hinter das linke Handgelenk führen.

Verweilen Sie so 20 bis 30 Sekunden, und wiederholen Sie sie mit dem jeweils anderen Bein und Arm.

12. UTKATASANA

WÜTENDE HALTUNG

Stehen Sie aufrecht in Tadasana (Nr. 1). Atmen Sie ein, und strecken Sie die Arme über dem Kopf; die Handflächen weisen zueinander. Drücken Sie die Ellbogen durch, und strecken Sie Handflächen und Finger. Ziehen Sie den Rumpf in Richtung der Hände kräftig nach oben. Beugen Sie die Knie als würden Sie sitzen. Drücken Sie die Fersen auf den Boden. Legen Sie die Handflächen zusammen, wenn Sie die Ellbogen gerade halten können.

Verharren Sie 20 bis 30 Sekunden in dieser Haltung, und richten Sie sich dann wieder auf.

13. UTTHITA HASTA PADANGUSTHASANA

HEBEN DES BEINS

VORWÄRTS

Stehen Sie in Tadasana (Nr. 1) in 60 bis 90 cm Entfernung vor einer Kante zum Abstützen. Heben Sie das rechte Bein, und legen Sie die Ferse (nicht die Achillessehne) auf die Kante. Knie und großer Zeh weisen dabei zur Decke. Strecken Sie das linke Bein; der linke Fuß zeigt dabei nach vorn. Dann drücken Sie beide Knie durch und dehnen das rechte Bein. Der Rumpf ist aufgerichtet, die Hände liegen entweder auf den Hüften, oder werden gegebenenfalls nach oben gestreckt.

Verbleiben Sie 20 bis 30 Sekunden in dieser Haltung. Anschließend führen Sie die Übung mit dem anderen Bein durch.

SEITWÄRTS

Stehen Sie in Tadasana (Nr. 1) in 60 bis 90 cm Entfernung seitlich von einer Kante zum Abstützen. Heben Sie das rechte Bein seitwärts nach außen, und legen Sie die Ferse auf die Kante, in einer Linie mit der nach außen gewandten Hüfte. Das linke Bein ist gestreckt, der linke Fuß weist nach vorn. Dann drücken Sie die Knie durch und spannen die Oberschenkelmuskulatur an. Hände auf die Hüften legen oder die Arme über den Kopf strecken.

Verbleiben Sie 20 bis 30 Sekunden in dieser Haltung, nehmen Sie dann den Fuß wieder herunter, und wiederholen Sie die Übung mit dem anderen Bein.

SITZHALTUNGEN

14. SUKHASANA

EINFACHE HALTUNG

1 Setzen Sie sich im einfachen Schneidersitz auf ein oder zwei gefaltete Decken. Legen Sie die Schienbeine – nicht nur die Fußgelenke – über Kreuz. Legen Sie die Hände neben die Hüften, stützen Sie sich mit den Fingerspitzen am Boden ab, und strecken Sie den Oberkörper. Öffnen Sie den Brustbereich, nehmen Sie die Schultern nach hinten.

2 Halten Sie den Oberkörper aufrecht, und legen Sie die Hände auf die Knie.

Verweilen Sie 30 bis 60 Sekunden in dieser Haltung, dann wechseln Sie den Schneidersitz und wiederholen die Übung.

15. VIRASANA

HELDENHALTUNG

Bei dieser Haltung sollten sich die Knie in einer entspannten Stellung befinden. Falls sie unter einer Knieverletzung leiden, legen Sie ein Stück Stoff zusammen und plazieren es in den Kniekehlen, um den Abstand zu vergrößern. Sie können sich auch auf ein Kissen setzen und so einen größeren Winkel erzeugen.

Knien Sie nieder; die Füße sollten dabei seitlich neben den Hüften liegen. Setzen Sie sich gegebenenfalls auf ein Polster aus gefalteten Decken.

Richten Sie den Oberkörper auf, und nehmen Sie die Schultern nach hinten. Drehen Sie die Innenseiten der Oberschenkel nach außen. Ziehen Sie die Schienbeine dicht an die Oberschenkel heran. Die Hände ruhen auf den Beinen.

Verbleiben Sie ein bis zwei Minuten in dieser Stellung, dann strecken Sie beide Beine aus.

16. VIRASANA

HELDENHALTUNG, NACH VORNE GEBEUGT

Setzen Sie sich auf die Fersen. Sollte Ihr Gesäß nicht bequem auf den Fersen aufliegen, legen Sie eine gefaltete Decke oder ein Kissen auf die Fersen. Öffnen Sie die Knie leicht, und beugen Sie sich nach unten. Strecken Sie Brust und Arme nach vorn. Bleiben Sie dabei mit den Körperflanken in Kontakt mit den Innenseiten der Oberschenkel; öffnen Sie also die Knie nicht zu weit.

17. PARVATASANA

BERGHALTUNG

Diese Körperhaltung kann in verschiedenen Sitzpositionen, beispielsweise Sukhasana (Nr. 14) oder Virasana (Nr. 15), eingenommen werden.

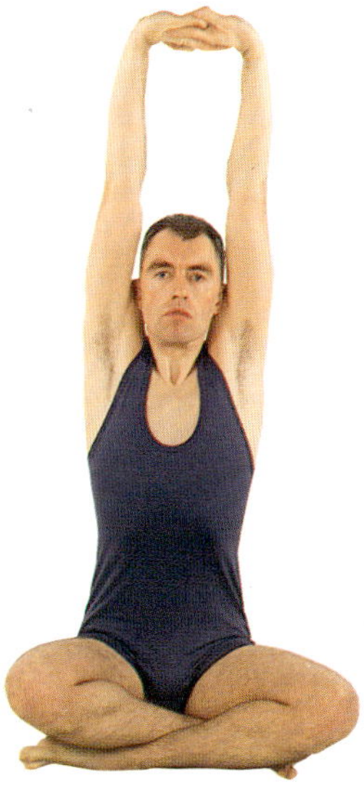

Verschränken Sie die Finger ineinander, drehen Sie dann die Handflächen von sich weg, und strecken Sie die Arme zunächst nach vorn, dann über den Kopf nach oben. Der Rücken sollte dabei gerade bleiben. Drücken Sie die Ellbogen so weit wie möglich durch.

Verweilen Sie 20 bis 30 Sekunden in dieser Haltung, und senken Sie anschließend die Arme nach unten. Wechseln Sie die Verschränkung Ihrer Finger, und wiederholen Sie die Übung.

18. Dandasana

Stockhaltung

Setzen Sie sich auf eine oder zwei gefaltete Decken, und strecken Sie die Beine vor sich aus. Drücken Sie die Knie durch, und stellen Sie die Zehen aufrecht.

Berühren Sie mit den Handflächen oder Fingerspitzen neben den Hüften den Boden. Drücken Sie den Oberkörper durch, wobei Sie besonders auf den unteren Teil des Rückens achten sollten.

Strecken Sie die Wirbelsäule. Öffnen Sie die Brust, indem Sie die Schultern nach hinten ziehen. Halten Sie den Kopf aufrecht. Entspannen Sie sich, und schauen Sie geradeaus.

Verharren Sie etwa 20 bis 30 Sekunden in dieser Haltung, und nehmen Sie anschließend wieder die Ausgangshaltung ein.

19. Siddhasana

Haltung der Vollkommenheit

1 *Sitzen Sie in Dandasana (Nr. 18). Ziehen Sie den rechten Fuß zum Schambein. Drehen Sie das Fußgelenk, so daß die Fußsohle nach oben zeigt.*

2 *Ziehen Sie nun das linke Bein in gleicher Weise Richtung Schambein, und legen Sie die Ferse auf den rechten Fuß mit der Sohle nach oben. Dann klemmen Sie die Zehen des linken Fußes zwischen Ober- und Unterschenkel des rechten Beins und die Zehen des rechten Fußes zwischen Ober- und Unterschenkel des linken Beins. Zentrieren Sie die Füße vor dem Schambein, und ziehen Sie die Oberschenkel nach außen. Halten Sie den Oberkörper gerade, insbesondere den unteren Rückenbereich. Legen Sie die Hände auf die Knie, und schieben Sie sie leicht nach außen, ohne die Fußstellung zu lösen.*

Verharren Sie 30 bis 60 Sekunden in aufrechter Haltung, und wechseln Sie dann die Beine.

20. Gomukhasana (nur Arme)

Kuhmaul-Haltung

Links: Sitzen Sie auf den Fersen oder in Virasana (Nr. 15) oder Sukhasana (Nr. 14). Führen Sie den linken Arm hinter den Rücken, und strecken Sie Hand und Unterarm aufwärts entlang der Wirbelsäule mit der Handfläche nach außen.

Strecken Sie den rechten Arm nach oben, und drehen Sie ihn so, daß die Handfläche zum Rücken hin zeigt; beugen Sie danach den Ellbogen, und greifen Sie die linke Hand. Verschränken Sie die Hände so weit wie möglich ineinander. Ziehen Sie die rechte Schulter nach hinten; der rechte Ellbogen zeigt dabei zur Decke. Die Brust bleibt herausgestreckt.

Verweilen Sie etwa 30 bis 60 Sekunden in dieser Haltung, und wiederholen Sie anschließend die Übung zur anderen Seite.

Variante (stehend)

Diese Armbewegungen können auch stehend ausgeführt werden.

21. JANUSIRSASANA

KOPF-ZUM-KNIE-HALTUNG

● *Bei Beschwerden im unteren Rückenbereich sollte die vollendete Haltung nicht eingenommen werden.*

KONKAV

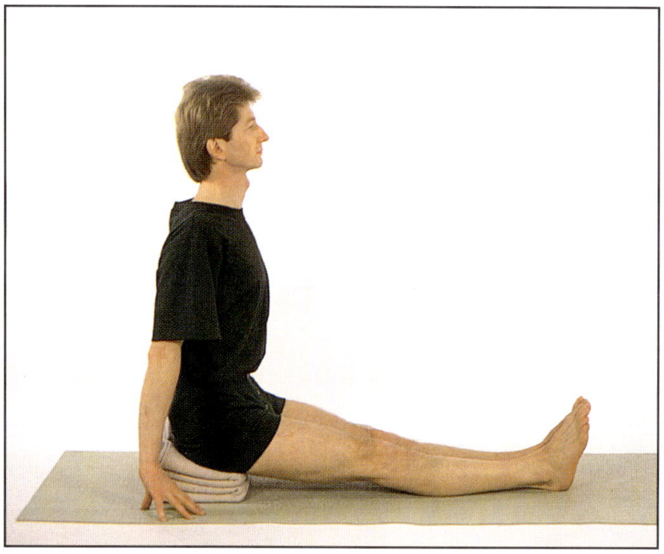

1 *Sitzen Sie in Dandasana (Nr. 18) auf einer oder zwei zusammengefalteten Decken. Falls Ihr unterer Rückenbereich noch zu unbeweglich ist, müssen Sie noch höher sitzen.*

2 *Ziehen Sie das rechte Knie zur Seite, und plazieren Sie die Ferse in der rechten Leiste. Beugen Sie sich nach vorne, und greifen Sie den linken Fuß. Nehmen Sie gegebenenfalls ein Band zur Hilfe. Strecken Sie das linke Bein, und drücken Sie das Knie durch. Ziehen Sie den Oberkörper nach hinten. Strecken Sie den Oberkörper so weit wie möglich, und schauen Sie nach oben.*

Verharren Sie 20 bis 30 Sekunden in dieser Haltung, und wiederholen Sie die Übung mit dem anderen Bein.

VOLLENDETE HALTUNG

Führen Sie Schritt 1 und 2 durch, beugen Sie sich dann während des Ausatmens nach vorne über das linke Bein. Greifen Sie weit nach vorne, und legen Sie den Kopf auf das Schienbein.

Verweilen Sie etwa 20 bis 30 Sekunden in dieser Haltung, und wiederholen Sie die Übung mit dem anderen Bein.

VARIANTE (KOPF AUF NACKENROLLE)

Führen Sie die Schritte 1 und 2 aus. Legen Sie den Kopf auf eine zusammengefaltete Decke oder eine Nackenrolle.

Verharren Sie 1 bis 2 Minuten in dieser Haltung, wechseln Sie anschließend die Seite.

● *Falls Sie noch zu unbeweglich sind, können Sie den Kopf auch auf einen Hocker legen. Bei Schmerzen im Knie sollten Sie es zusätzlich abstützen und diese Übung nur kurz durchführen.*

22. TRIANG MUKHAIKAPADA PASCIMOTTANASANA

VORWÄRTSBEUGE MIT ANGEWINKELTEM BEIN

KONKAV

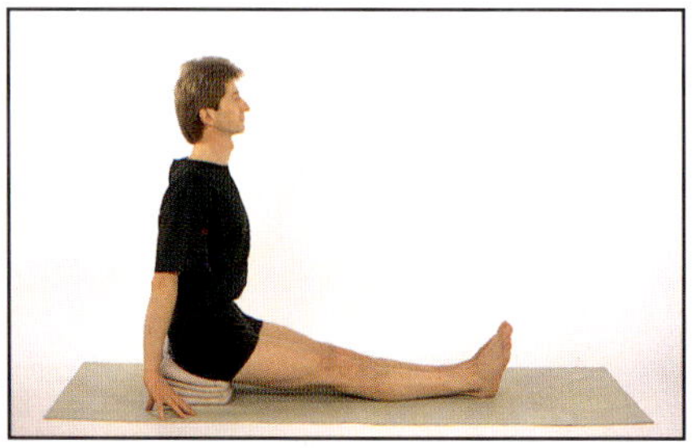

1 Sitzen Sie in Dandasana (Nr. 18) auf einer oder zwei gefalteten Decken.

- *Falls Sie zuviel Spannung im gebeugten Knie verspüren, sollten Sie sich höher setzen!*

2 Links: Winkeln Sie das rechte Bein nach hinten an, und legen Sie den Fuß neben die rechte Hüfte. Beugen Sie den Oberkörper nach vorne, und greifen Sie den linken Fuß. Nehmen Sie gegebenenfalls ein Band zur Hilfe. Halten Sie den Oberkörper gerade, und schauen Sie nach oben. Das linke Bein bleibt gestreckt.

Verharren Sie 20 bis 30 Sekunden in dieser Haltung, und wiederholen Sie die Übung mit dem anderen Bein.

VOLLENDETE HALTUNG

Führen Sie die Schritte 1 und 2 aus. Beugen Sie sich vorwärts über das linke Bein, und atmen Sie dabei aus. Strecken Sie den Oberkörper, und greifen Sie weit nach vorne. Führen Sie den Kopf nach unten.

Verharren Sie 20 bis 30 Sekunden in dieser Haltung, und wiederholen Sie die Übung mit dem anderen Bein.

VARIANTE (KOPF AUF NACKENROLLE)

Führen Sie die Schritte 1 und 2 aus. Legen Sie den Kopf auf eine Decke oder Nackenrolle.

Verweilen Sie 1 bis 2 Minuten in dieser Haltung, bevor Sie die Übung mit dem anderen Bein wiederholen.

- *Sollte der Rücken noch sehr unbeweglich sein, legen Sie den Kopf auf einen Hocker.*

23. Maricyasana I (nur Drehung)

Einfache Drehung mit Armgriff hinter dem Rücken

1 Sitzen Sie in Dandasana (Nr. 18) auf einer oder zwei gefalteten Decken. Winkeln Sie das linke Knie an, und stellen Sie den Fuß vor das Schambein. Die Innenseite des Fußes liegt an der Innenseite des rechten Oberschenkels. Lassen Sie das rechte Bein ausgestreckt. Drehen Sie sich nach rechts, und führen Sie den linken Arm zum linken Knie. Stützen Sie die rechte Hand neben der rechten Hüfte auf.

2 Stützen Sie sich auf die Fingerspitzen der rechten Hand, und drücken Sie mit dem linken Arm gegen das linke Knie, um den Rumpf mehr zu drehen. Drehen Sie den linken Arm nach innen, so daß die Handfläche nach oben zeigt.

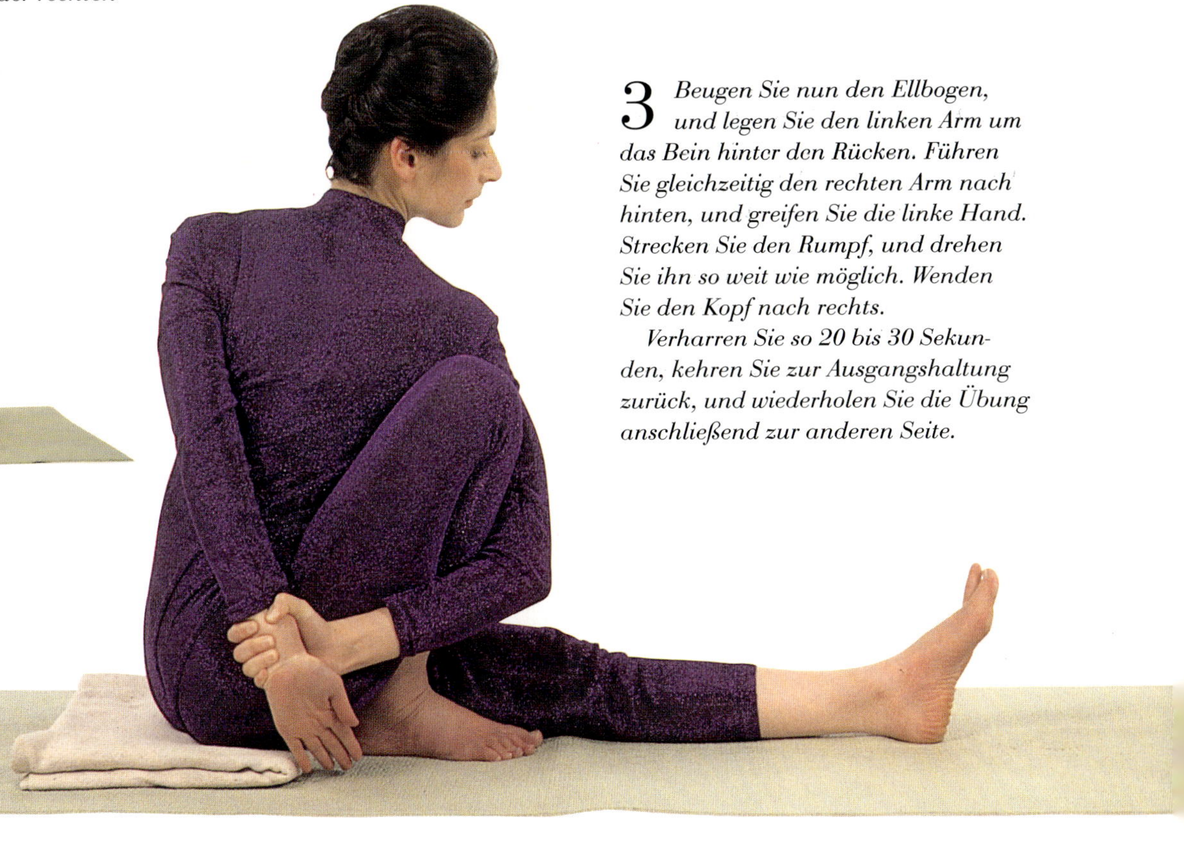

3 Beugen Sie nun den Ellbogen, und legen Sie den linken Arm um das Bein hinter den Rücken. Führen Sie gleichzeitig den rechten Arm nach hinten, und greifen Sie die linke Hand. Strecken Sie den Rumpf, und drehen Sie ihn so weit wie möglich. Wenden Sie den Kopf nach rechts.

Verharren Sie so 20 bis 30 Sekunden, kehren Sie zur Ausgangshaltung zurück, und wiederholen Sie die Übung anschließend zur anderen Seite.

24. PASCIMOTTANASANA

VOLLE VORWÄRTSDEHNUNG

KONKAV

Sitzen Sie in Dandasana (Nr. 18) auf einer oder zwei gefalteten Decken. Beugen Sie sich nach vorne, und greifen Sie die Füße. Nehmen Sie gegebenenfalls ein Band zur Hilfe. Strecken Sie den Oberkörper nach oben. Machen Sie ein leichtes Hohlkreuz, heben Sie die Brust, und schauen Sie nach oben. Halten Sie die Knie durchgedrückt.

Verharren Sie so 20 bis 30 Sekunden, und kehren Sie danach zur Ausgangshaltung zurück.

VOLLENDETE HALTUNG

Folgen Sie dem oben beschriebenen Bewegungsablauf. Beugen Sie sich dann über die Beine nach vorne, und verschränken Sie die Hände hinter den Füßen. Strecken Sie den Oberkörper und die Wirbelsäule, um so weit wie möglich nach vorne zu gelangen. Behalten Sie eine gleichmäßige Streckung beider Beine und der Körperseiten bei. Führen Sie den Kopf nach unten.

Verharren Sie 20 bis 30 Sekunden in dieser Haltung, und richten Sie sich dann auf.

VARIANTE (KOPF AUF NACKENROLLE)

Führen Sie die Übung wie oben beschrieben aus, und legen Sie dabei den Kopf auf eine Nackenrolle oder Decke. Verweilen Sie für 2 bis 3 Minuten in dieser Haltung, und richten Sie sich dann auf.

25. MALASANA (VORÜBUNG)

GIRLANDEN-HALTUNG

Gehen Sie in die Hocke, und lehnen Sie sich mit dem unteren Teil des Rückens gegen eine Wand. Drücken Sie die Fersen möglichst auf den Boden. Spreizen Sie die Knie, aber behalten Sie die Füße zusammen. Legen Sie den Oberkörper zwischen Oberschenkel und Knie. Strecken Sie die Arme nach vorne; die Hände liegen dabei auf dem Boden.

Diese Haltung sollte 30 bis 60 Sekunden beibehalten werden, bevor Sie aufstehen.

KÖRPERHALTUNGEN IN RÜCKEN- UND BAUCHLAGE

26. NACKENROLLENKREUZ

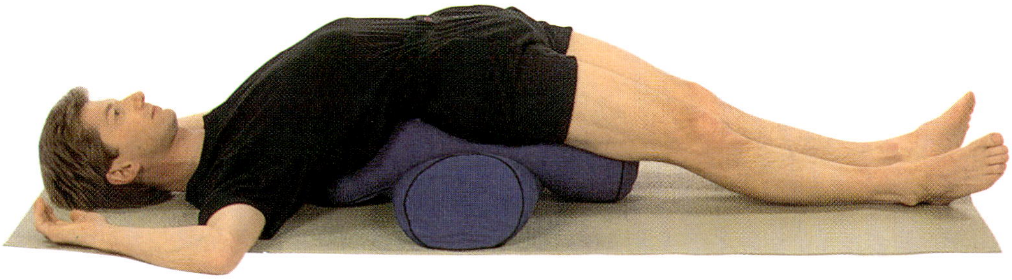

1 *Legen Sie zwei Nackenrollen zu einem Kreuz auf dem Boden übereinander, und setzen Sie sich auf die längsseits gerichtete Rolle.*

2 *Legen Sie sich zurück, und strecken Sie die Beine nach vorne aus. Plazieren Sie den unteren Teil des Rückens auf den höchsten Punkt des Rollenkreuzes; die Schultern berühren dabei den Boden. Sie können die Oberschenkel mit einem Gurt zusammenbinden, um die so herbeigeführte Dehnung dieser Haltung angenehmer zu gestalten. Legen Sie die Arme entspannt neben den Kopf. Sollten Sie im unteren Bereich des Rückens Druck verspüren, schieben Sie die Hände von der Taille aus unter das Gesäß.*

Verweilen Sie 3 bis 5 Minuten in dieser Haltung. Dann rutschen Sie ein wenig nach oben, beugen die Knie und drehen sich zur Seite, um aufzustehen.

27. MATSYASANA (EINFACHE HALTUNG)

FISCHHALTUNG

Sitzen Sie in Sukhasana (Nr. 14). Lehnen Sie sich zurück, und legen Sie sich auf den Boden. Während Sie sich hinlegen, strecken Sie den unteren Rückenbereich. Nehmen Sie die Arme über den Kopf, und drücken Sie die Ellbogen durch. Strecken Sie den gesamten Rumpf, insbesondere den Bauchbereich.

Verweilen Sie 1 bis 2 Minuten in dieser Haltung, richten Sie sich auf, legen Sie die Beine andersherum übereinander, und wiederholen Sie die Übung.

28. SUPTA BADDHAKONASANA

BADDHAKONASANA-LIEGEHALTUNG

Setzen Sie sich gegenüber einer Wand, die Fußsohlen zusammen, die Knie gespreizt. Richten Sie die Zehen nach außen und drücken Sie sie gegen die Wand (diese Haltung heißt Baddhakonasana). Legen Sie die Nackenrolle längs hinter den Rücken, halten Sie sie fest, und legen Sie sich darauf; die Schultern berühren den Boden. Dann rücken Sie ein wenig näher zur Wand und führen die Arme über den Kopf. Atmen Sie gleichmäßig durch. Verharren Sie 2 bis 5 Minuten in dieser Haltung. Drehen Sie sich zur Seite, um aufzustehen.

● *Sollte diese Haltung für Ihre Beine unangenehm sein, legen Sie zusätzlich eine Decke unter die Oberschenkel.*

29. SUPTA VIRASANA

RUHEPOSE DES HELDEN

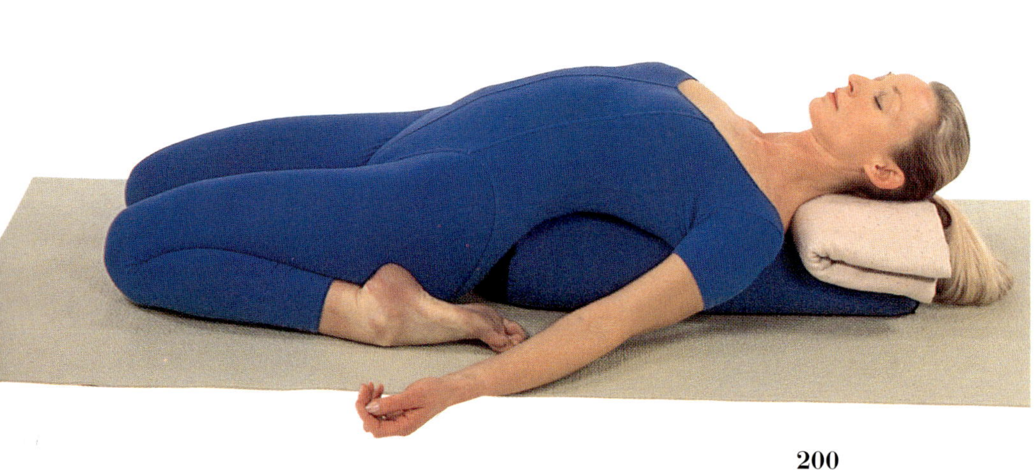

Sitzen Sie in Virasana (Nr. 15). Legen Sie eine Nackenrolle (oder gefaltete Decken) hinter Ihren Rücken, und legen Sie sich darauf. Wenn nötig, legen Sie eine zusätzliche Decke unter den Kopf. Entspannen Sie sich. Verharren Sie 3 bis 5 Minuten in dieser Haltung, und stehen Sie dann auf.

● *Falls Sie eine Unterlage für das Gesäß benötigen, brauchen Sie eine höhere Stütze unter dem Rücken.*

30. URDHVA PRASARITA PADASANA

BEINE IM WINKEL VON 90 GRAD GESTRECKT

1 *Setzen Sie sich an eine Wand, und bringen Sie das Gesäß so weit wie möglich an diese heran. Führen Sie die Beine nacheinander nach oben. Legen Sie sich hin, und lehnen Sie die Beine in einem Winkel von 90 Grad an die Wand. Legen Sie die Arme neben den Kopf, und entspannen Sie sich.*

2 *Drücken Sie die Hüften nach unten, und strecken Sie die Beine. Dann strecken Sie auch die Arme.*

Verharren Sie 20 bis 30 Sekunden (oder länger) in dieser Haltung. Beugen Sie die Knie, und drehen Sie sich zur Seite, um sich wieder aufzurichten.

31. ADHO MUKHA SVANASANA

HUNDEHALTUNG

1 Stehen Sie in Tadasana (Nr. 1). Stellen Sie die Füße hüftbreit auseinander. Beugen Sie sich hinab, und legen Sie die Handflächen schulterbreit vor den Füßen auf den Boden. Spreizen Sie die Finger.

2 Unten: Stellen Sie die Füße etwa 90 bis 120 cm zurück, und spannen Sie die Beine an. Schieben Sie die Hüften nach oben, drücken Sie die Knie durch; die Fersen sollten den Boden berühren. Drücken Sie die Ellbogen durch, heben Sie die Schultern, und strecken Sie den Rumpf aufwärts. Halten Sie Arme und Beine gestreckt. Entspannen Sie die Nackenmuskulatur.

Verharren Sie so 20 bis 30 Sekunden. Beugen Sie dann die Knie, und senken Sie den Körper.

VARIANTE (MIT KOPFSTÜTZE)

1 *Rechts: Legen Sie eine gefaltete Decke oder eine Nackenrolle in kleinem Abstand vor die Wand. Legen Sie die Handflächen auf den Boden vor der Wand, und knien Sie sich hin. Berühren Sie die Wand mit Daumen und Zeigefingern, die so weit wie möglich gespreizt sein sollten.*

2 *Unten: Heben Sie die Hüften, und strecken Sie die Beine. Legen Sie den Kopf auf die Decke. Dann strecken Sie Arme und Rumpf kräftig nach oben. Entspannen Sie dabei den Nacken.*

Verharren Sie 30 bis 60 Sekunden in dieser Haltung, bevor Sie die Übung beenden, indem Sie wieder in die Ausgangsposition gehen.

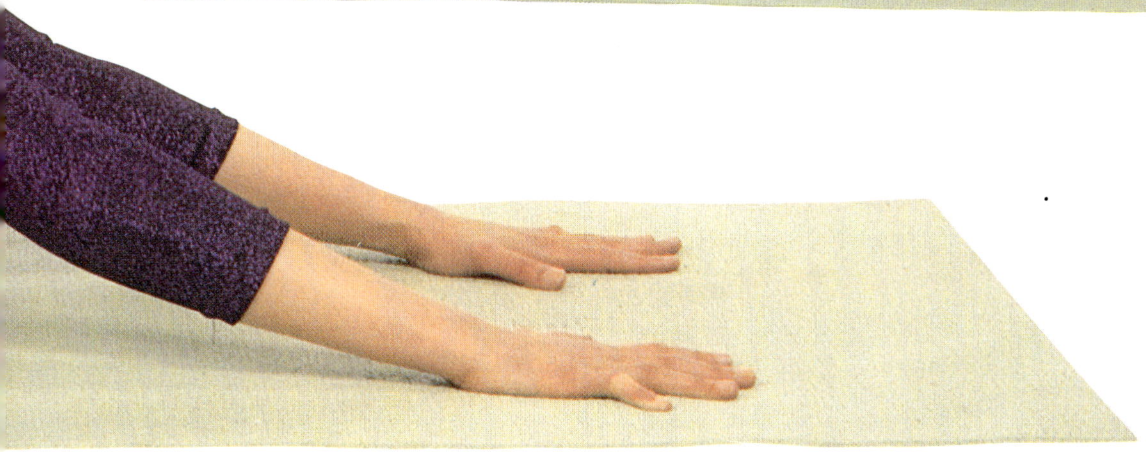

DREHHALTUNGEN

32. MARICYASANA (STEHEND)

DREHUNG, STEHEND

Stellen Sie einen Hocker oder einen kleinen Tisch an eine Wand. Stehen Sie in Tadasana (Nr. 1), mit der rechten Körperseite zur Wand. Stellen Sie den rechten Fuß auf den Hocker, und drücken Sie den Fuß nach unten. Berühren Sie mit dem rechten Oberschenkel die Wand. Dann strecken Sie den Rumpf und drehen sich zur Wand, während Sie sich mit den Händen an der Wand abstützen. Halten Sie das linke Bein und den Rumpf gerade; der linke Fuß zeigt nach vorne. Drehen Sie sich, so weit Sie können.

Verharren Sie 20 bis 30 Sekunden in dieser Haltung. Dann wiederholen Sie die Übung zur anderen Seite.

33. BHARADVAJASANA

EINFACHE DREHUNG

VORÜBUNG

Sitzen Sie in Dandasana (Nr. 18) auf einer oder zwei gefalteten Decken. Legen Sie den rechten Unterschenkel unter den linken Oberschenkel. Legen Sie anschließend den linken Fuß auf die rechte Fußsohle, die linke Fußsohle zeigt nach oben. Richten Sie den Oberkörper auf. Drehen Sie sich nach rechts. Legen Sie die linke Hand auf die Außenseite des rechten Knies und die rechte Hand neben der rechten Hüfte auf den Boden. Unterstützen Sie mit den Armen die Drehung des Rumpfes.

Verharren Sie 20 bis 30 Sekunden in dieser Haltung, bevor Sie sich wieder nach vorne drehen und die Übung zur anderen Seite wiederholen.

VOLLENDETE HALTUNG

Folgen Sie der links beschriebenen Vorübung. Legen Sie den rechten Arm hinter Ihren Rücken, und umfassen Sie den linken Arm unmittelbar über dem Ellbogen. Strecken Sie den linken Arm, und schieben Sie die Hand nah am Knie unter den rechten Oberschenkel. Halten Sie den Arm durchgestreckt. Drehen Sie den Rumpf so weit Sie können, wobei Arme und Hände als Hebel benutzt werden. Richten Sie Kopf und Blick zuerst zur einen Seite und dann zur anderen.

Verharren Sie 20 bis 30 Sekunden in dieser Haltung, und wiederholen Sie die Übung anschließend zur anderen Seite.

VARIANTE (AUF EINEM STUHL)

Setzen Sie sich auf einen Stuhl; Knie und Füße bleiben zusammen. Sitzen Sie aufrecht, drehen Sie sich nach rechts, und umfassen Sie die Rückenlehne des Stuhls. Halten Sie den Rumpf gerade und aufrecht, und drehen Sie sich, so weit Sie können. Dann drehen Sie Kopf und Hals nach rechts.

Verharren Sie 20 bis 30 Sekunden in dieser Haltung, und wiederholen Sie anschließend die Übung zur anderen Seite.

UMKEHRHALTUNGEN

34. SARVANGASANA

SCHULTERSTAND

1 Legen Sie vier bis fünf sorgsam gefaltete Decken übereinander. Die Höhe sollte 5–7,5 cm betragen, die Deckenbreite für die Schultern ausreichen und die Länge den Oberarmen genügend Platz bieten.

Legen Sie sich auf den Rücken, die Schultern liegen mittig auf den Decken, der Kopf ruht auf dem Boden.

Achten Sie darauf, daß Ihr Körper eine gerade Linie bildet.

2 Winkeln Sie die Knie an, und bringen Sie die Füße nahe ans Gesäß. Dann heben Sie den unteren Teil des Rückens an und strecken ihn.

3 Die angewinkelten Knie befinden sich jetzt über dem Bauch. Schwingen Sie nun Rumpf und Beine aufwärts. Stützen Sie den Rücken sofort mit den Händen ab, und öffnen Sie dabei die Brust.

4 Strecken Sie die Beine nach oben. Führen Sie die Hände den Rücken entlang zu den Schulterblättern, um den Körper maximal anzuheben und zu stützen. Das Kinn liegt auf der Brust. Strecken Sie den ganzen Körper, und achten Sie darauf, daß die Haltung stabil bleibt.

Verharren Sie 2 bis 5 Minuten in dieser Haltung. Dann winkeln Sie die Beine wieder an und rollen sich nach unten ab, um zur Ausgangshaltung zurückzukehren.

35. Halasana

Pflug

ANMERKUNG

● Umkehrhaltungen sollten nicht während der Menstruation praktiziert werden.
● Sollten Sie in Kopf, Augen, Ohren oder Hals während einer der Umkehrhaltungen ein Druckgefühl verspüren, brechen Sie die Übung ab und ruhen sich aus. Lassen Sie sich gegebenenfalls von einem Yoga-Lehrer beraten.

Führen Sie die Beine aus der Sarvangasana-Haltung (Nr. 34) heraus über den Kopf, und stellen Sie die Füße auf den Boden; die Hände bleiben am Rücken. Halten Sie den gestreckten Rumpf dabei gerade. Drücken Sie die Knie durch, und strecken Sie die Beine.

Verharren Sie 2 bis 5 Minuten in dieser Haltung.

● *Nach der Halasana-Haltung können Sie sich in der Pascimottanasana-Haltung (Nr. 24) nach vorne gebeugt entspannen.*

36. Ardha Halasana

Halber Pflug

Stellen Sie einen Stuhl oder Hocker über Ihren Kopf, und nehmen Sie die Sarvangasana-Haltung (Nr. 34) ein. Legen Sie aus dieser Haltung heraus die Beine auf den Stuhl.

Legen Sie die Arme neben den Kopf, und entspannen Sie sich.

Verharren Sie 3 bis 5 Minuten in dieser Haltung, und rollen Sie sich über den Rücken mit angewinkelten Knien wieder ab, während Sie den Stuhl mit den Händen von sich wegschieben.

● *Falls Sie einen langen Oberkörper besitzen, sollten Sie eine Decke oder eine Nackenrolle auf den Stuhl legen, um die richtige Höhe zu erreichen.*
● *Falls Ihr Rücken noch zu steif ist, stellen Sie den Stuhl weiter fort und stützen nur die Schienbeine auf.*

37. SARVANGASANA (MIT STUHL)

SCHULTERSTAND

Benutzen Sie nur einen stabilen Stuhl mit Lehne. Führen Sie jeden Schritt langsam und sorgfältig aus, um Ihr Gleichgewicht nicht zu verlieren.

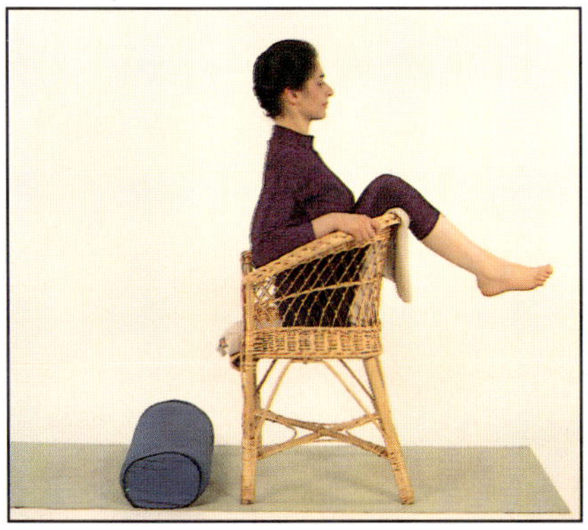

1 *Legen Sie eine Nackenrolle quer vor den Stuhl auf den Boden. Setzen Sie sich umgekehrt auf den Stuhl, die Beine über der Lehne. Halten Sie sich an den Seiten des Stuhls fest.*

2 *Schieben Sie das Gesäß näher an die Rückenlehne des Stuhls heran, halten Sie sich an den Armlehnen fest. Dann lehnen Sie sich zurück.*

3 *Lehnen Sie sich so weit zurück, daß die Taille über der Stuhlkante und der Kopf auf dem Boden liegt.*

4 *Unten: Die Schultern ruhen auf der Nackenrolle. Strecken Sie die Beine über die Stuhllehne. Je nach Beschaffenheit des Stuhls halten Sie sich an den Stuhlbeinen fest oder verschränken die Arme über dem Kopf und drücken die Brust heraus.*

Verharren Sie 5 bis 8 Minuten in dieser Haltung, und schließen Sie die Übung wie unter 5 bis 7 beschrieben ab.

5 *Beugen Sie die Knie, und plazieren Sie die Füße auf der Stuhllehne. Halten Sie sich an den vorderen Stuhlbeinen fest.*

6 *Gleiten Sie rückwärts vom Stuhl hinab, bis der untere Teil des Rückens auf der Nackenrolle zu liegen kommt. Verharren Sie so eine Zeitlang.*

7 *Drehen Sie sich zunächst zur Seite, kreuzen Sie dann die Beine vor dem Stuhl, und legen Sie den Kopf auf die Sitzfläche.*

Achten Sie darauf, daß Nackenrolle oder Decken die für Sie geeignete Höhe aufweisen.

38. SARVANGASANA (GEGEN DIE WAND)

SCHULTERSTAND AN DER WAND

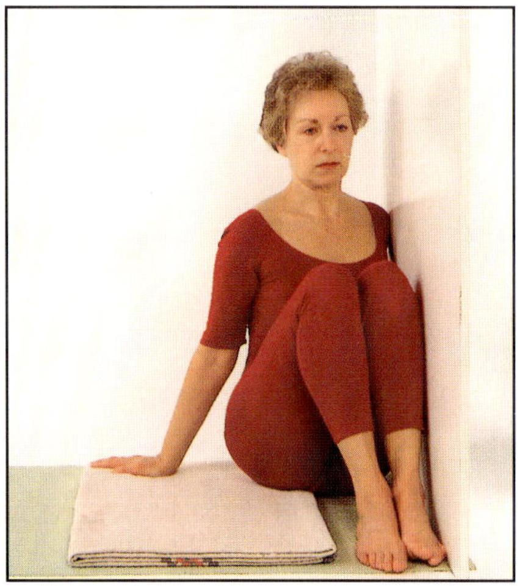

1 Legen Sie eine oder zwei gefaltete Decken vor eine Wand. Setzen Sie sich seitlich auf die Decken, so nah wie möglich an die Wand.

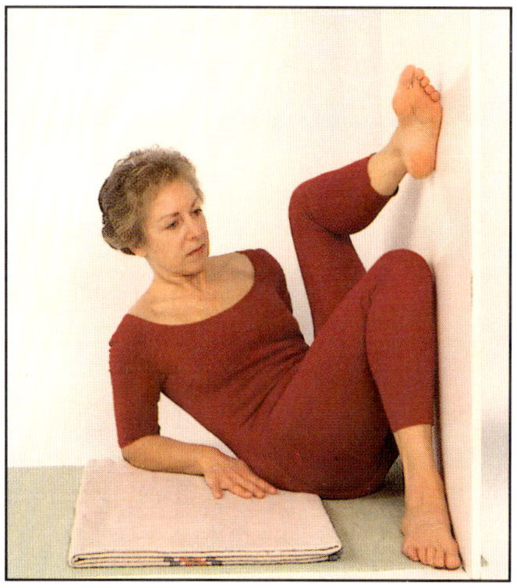

2 Lehnen Sie sich auf die Ellbogen zurück, schwingen Sie den Rumpf herum, und legen Sie ein Bein senkrecht gegen die Wand.

3 Führen Sie nun auch das andere Bein an die Wand, und legen Sie sich zurück. Drücken Sie das Gesäß gegen die Wand, die Schultern liegen auf den Decken, der Kopf ruht auf dem Boden.

4 Winkeln Sie die Knie an, drücken Sie mit den Füßen gegen die Wand, und stemmen Sie Hüften und Brust nach oben.

5 Unten: Stützen Sie den Rücken mit den Händen, ziehen Sie die Ellbogen zum Körper. Dann drücken Sie die Knie durch, lassen Sie dabei aber die Füße an der Wand. Heben Sie Brustkorb, Bauch und Hüften, und atmen Sie gleichmäßig. Verharren Sie 3 bis 5 Minuten in dieser Haltung. Beugen Sie dann die Knie, um die Übung zu beenden.

39. SETU BANDHA SARVANGASANA (GESTÜTZT)

BOGEN RÜCKWÄRTS

Diese Übung kann auch während der Menstruation ausgeführt werden. Binden Sie einen Gurt um die Oberschenkel, damit die Beine ohne Anstrengung zusammenbleiben und Sie besser entspannen können.

AUF EINER NACKENROLLE

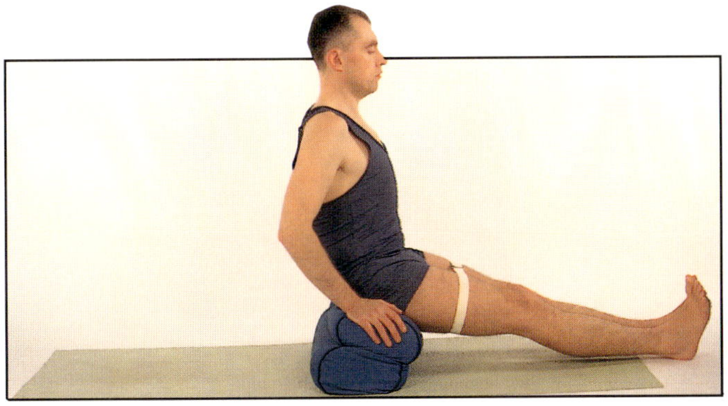

1 *Legen Sie zwei Nackenrollen übereinander auf den Boden, und setzen Sie sich darauf.*

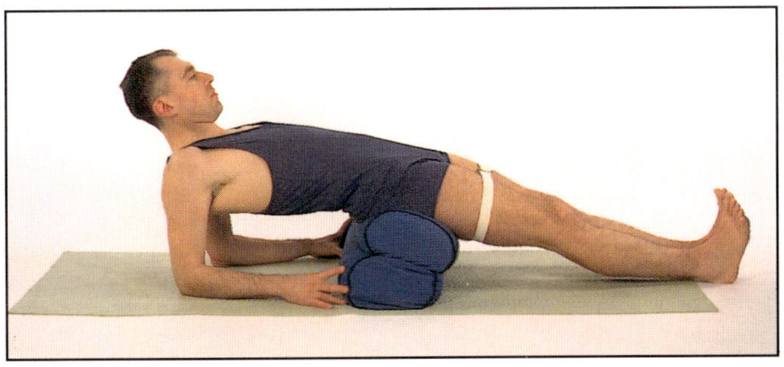

2 *Rutschen Sie leicht zurück, so daß die Nackenrollen beim Zurücklegen knapp unter dem unteren Bereich des Rückens liegen.*

3 *Stützen Sie sich mit den Armen ab, wenn Sie sich zurücklegen. Schultern und Kopf liegen auf dem Boden. Dann legen Sie die Arme neben den Kopf und entspannen sich. Verharren Sie 5 bis 8 Minuten in dieser Haltung.*

- *Sollten Sie im unteren Rückenbereich einen unangenehmen Druck empfinden, legen Sie die Füße hoch.*
- *Beenden Sie diese Körperhaltung, indem Sie die Knie anwinkeln und sich zur Seite drehen. Dann setzen Sie sich mit überkreuzten Beinen vor die Nackenrollen. Beugen Sie sich nach vorne, und legen Sie Ihren Kopf auf die Rollen.*

AUF EINER BANK

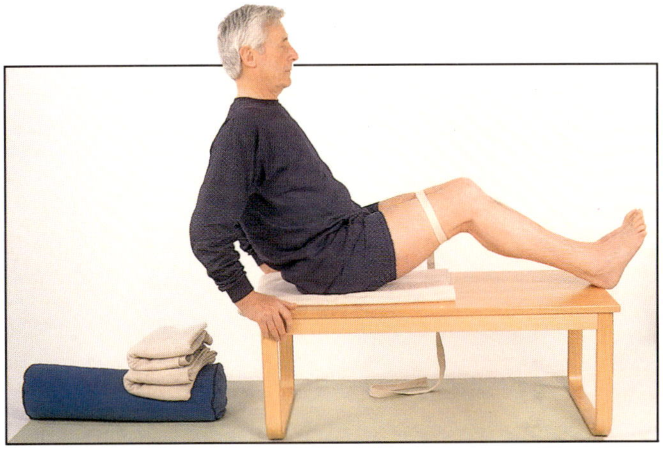

1 *Legen Sie eine oder zwei Decken auf eine stabile Bank und eine Nackenrolle in Längsrichtung auf den Boden vor die Bank. Setzen Sie sich auf die Bank, und ziehen Sie die Füße an.*

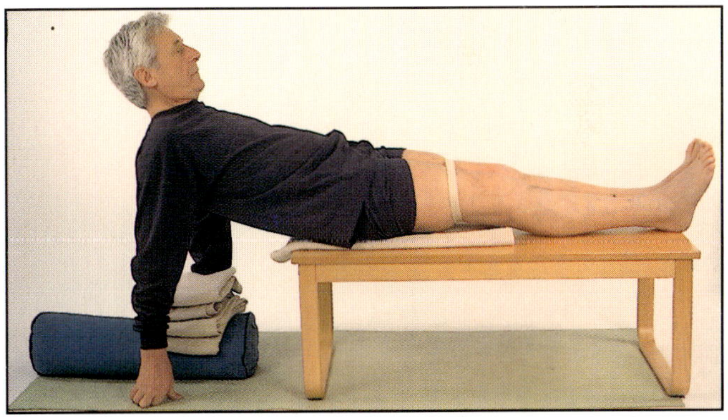

2 *Legen Sie die Hände auf den Boden. Lehnen Sie sich zurück, und beugen Sie sich nach hinten über die Bank. Drücken Sie die Beine durch.*

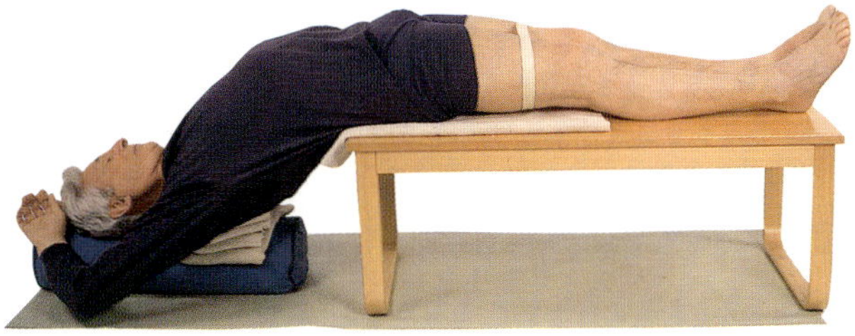

3 *Legen Sie Schultern und Kopf auf die Nackenrolle und die Arme neben den Kopf. Verharren Sie 5 bis 8 Minuten in dieser Haltung.*

40. VIPARITA KARANI

UMGEKEHRTE RUHEHALTUNG

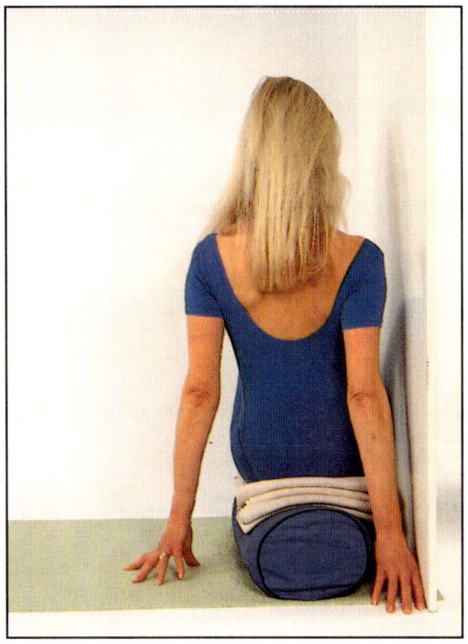

1 Stellen Sie ein dickes Buch oder einen anderen geeigneten Gegenstand senkrecht gegen die Wand, und legen Sie eine Nackenrolle davor. Je nach Körpergröße legen Sie eine oder mehrere gefaltete Decken darauf. Setzen Sie sich seitlich auf die Nackenrolle, wobei die rechte Hüfte die Wand berührt.

2 Stützen Sie sich mit den Händen ab, schwingen Sie den Körper herum, und stellen Sie das rechte Bein aufrecht an die Wand; die rechte Gesäßhälfte sollte dabei die Wand berühren.

3 Drehen Sie den Körper weiter herum, wobei Sie auch das linke Bein hochnehmen. Lehnen Sie sich gleichzeitig zurück, bis Schultern und Kopf den Boden berühren. Der untere Bereich des Rückens liegt auf dem Polster. Lehnen Sie Beine und Gesäß entspannt gegen die Wand. Legen Sie die Arme neben den Kopf, und entspannen Sie sich.

Verharren Sie 5 bis 8 Minuten in dieser Haltung. Dann beugen Sie die Knie, gleiten zurück, drehen sich zur Seite und stehen auf.

ENTSPANNUNG

41. SAVASANA

TOTENHALTUNG

Legen Sie sich gerade auf den Boden, die Füße zusammen. Achten Sie darauf, den Körper in eine gerade Linie zu bringen, da jede falsche Ausrichtung eine vollkommene Entspannung beeinträchtigt. Strecken Sie Arme und Beine, und entspannen Sie sich anschließend. Legen Sie die Arme ein wenig vom Körper entfernt auf den Boden, wobei die Handflächen nach oben zeigen. Lassen Sie Beine und Füße locker zur Seite fallen.

Legen Sie eine Decke in angenehmer Höhe unter Kopf und Nacken. Schließen Sie die Augen, und lassen Sie die Gedanken schweifen. Achten Sie darauf, daß das Gewicht des Körpers gleichmäßig auf dem Boden verteilt ist, und spüren Sie, wie die Gedanken zur Ruhe kommen. Atmen Sie ruhig und gleichmäßig durch.

Bleiben Sie 5 bis 10 Minuten liegen. Dann stehen Sie auf, wozu Sie zunächst die Augen öffnen, die Knie anwinkeln und sich danach zur Seite drehen.

VARIANTE (MIT NACKENROLLE)

Legen Sie eine Nackenrolle oder zwei sorgsam gefaltete Decken längs auf den Boden. Setzen Sie sich vor das Polster, und drücken Sie es gegen Ihren Rücken. Lehnen Sie sich zurück, und legen Sie sich auf das Polster, die Wirbelsäule zentriert. Dann legen Sie eine gefaltete Decke unter den Kopf und drücken die Schultern herunter. Strecken Sie Arme und Beine, und entspannen Sie sich anschließend. Lösen Sie auch die Anspannung in den Händen und Fingern. Die Handflächen sollten nach oben zeigen. Strecken Sie Fußsohlen und Zehen, und lassen Sie sie danach zur Seite fallen. Schließen Sie die Augen, und entspannen Sie sich. Atmen Sie ruhig, und genießen Sie das Gefühl, wie sich die durch das Polster gestützte Brust öffnet.

Bleiben Sie 5 bis 10 Minuten so liegen. Dann öffnen Sie langsam die Augen, winkeln die Knie an, drehen sich zur Seite und stehen ruhig auf.

Wenn die Savasana-Haltung auf einem Polster ausgeführt wird, können sich Körper und Geist besonders gut entspannen, da sich die Brust öffnet und der Atem mühelos fließt. Diese Haltung kräftigt die Lungen und eignet sich deshalb gut als Vorbereitung auf die Atemübungen.

Der Weg zum inneren Frieden

Pranayama bedeutet kontrollierte Atmung – von der subtilsten bis zur komplexesten Stufe. Patanjali zufolge sollte man die Atemübungen erst dann praktizieren, wenn die Körperhaltungen bereits beherrscht werden. Nach der orthodoxen Tradition darf dies sogar nur unter Anleitung eines Meisters geschehen. Zweck der Körperhaltungen und Atemübungen ist es, einen ausgeglichenen und gesunden Körper und Geist zu entwickeln. Die Philosophie des Yoga betont, daß dieser Zustand erreicht sein muß, bevor eine philosophische und spirituelle Unterweisung stattfinden kann.

Denn das eine ist ohne das andere nicht möglich, und nur ein festes Fundament sichert eine erfolgreiche Weiterentwicklung.

Entspannung des Körpers

Legen Sie sich auf ein Polster in Savasana-Haltung (Nr. 41, Variante). Nehmen Sie sich einige Minuten Zeit, um Füße und Beine, Arme und Hände, Bauch und Gesicht zu entspannen, und bringen Sie Ihre Gedanken zur Ruhe.

Halten Sie die Augen geschlossen, und lassen Sie die Augäpfel in die Augenhöhlen sinken. Entspannen Sie die Schläfen, die Stirn und die Haut zwischen den Augenbrauen. Entspannen Sie die Wangen, indem Sie die Anspannungen in der Muskulatur um die Augen lösen. Lassen Sie den Unterkiefer entspannt ein wenig sinken. Entspannen Sie auch den Bereich um die Ohren. Spüren Sie die Verbindung zwischen Ohren und Kiefer, und entspannen Sie diese. Lassen Sie die Zunge im unteren Gaumenbereich ruhen, und erlauben Sie ihr, in die Kehle zu sinken. Beißen Sie die Zähne nicht zusammen, sondern halten Sie den Mund leicht geöffnet.

Entspannen Sie Hals und Kehle. Falls Ihnen das nicht gelingt, drücken Sie die Schultern herunter und schieben die Schulterblätter in Richtung der hinteren Rippen. Führen Sie gleichzeitig das Kinn leicht an die Kehle. Beruhigen Sie die Stimmbänder.

Sollten Sie sich noch im Anfangsstadium Ihrer Yoga-Praxis befinden, beenden Sie hier die Entspannungsphase. Liegen Sie zunächst flach auf dem Rücken, winkeln Sie dann die Beine an, und drehen Sie sich zur Seite, bevor Sie aufstehen.

Wahrnehmung des Atems

Verbringen Sie etwa 5 Minuten damit, wie oben beschrieben, auf einem Polster zu entspannen.

Wenn der Körper entspannt ist, konzentrieren Sie sich auf Ihre Atmung. Richten Sie den Blick nach innen in den Brustkorb hinein. Beachten Sie Ihren Atem, und lassen Sie ihn im normalen Atemrhythmus fließen. Vergewissern Sie sich, daß Sie gleichmäßig durch die Nase atmen. Stellen Sie fest, wie schnell Sie atmen und ob Ein- und Ausatmung die gleiche Länge haben. Atmen Sie sanft und ruhig.

Auf diese Weise atmen Sie einige Minuten ruhig weiter. Während Sie sich auf Ihre Atmung konzentrieren, vergessen Sie nicht, in jedem Augenblick den Ruhezustand des Körpers aufrechtzuerhalten.

Entspannung will gelernt sein. Sie werden feststellen, daß sich verschiedene Teile des Körpers wieder verspannen, während Sie sich auf die Atmung konzentrieren. Denn diese Spannungen in bestimmten Körperbereichen treten bei fast jedem Menschen auf: Während des Einatmens neigen die meisten Menschen dazu,

den Kopf leicht nach hinten zu legen und das Kinn anzuheben; bringen Sie Kopf und Kinn jedesmal wieder in ihre ursprüngliche Position zurück. In gleicher Weise kehren unbewußt Spannungen in Hände und Füße und in den Bauch zurück. Bauen Sie auch diese Spannungen während des Ausatmens ab, sobald Sie sie bemerken.

Andere Spannungen treten individuell verschieden auf und variieren je nach angewöhnter Körperhaltung eines Menschen. Die asymmetrische Ausbildung von Muskeln und Gelenken beeinträchtigen das freie Fließen der Energie und die Entspannung des Körpers, ebenso wie geistige und emotionale Belastungen. Daher müssen zuerst die Yoga-Haltungen beherrscht werden, denn Sie wirken den Sorgen und Spannungen des Alltags entgegen.

Entspannung und Pranayama führen noch einen Schritt weiter: sie trainieren den Geist, nach innen zu schauen. Sie erzeugen einen Zustand der Ruhe und bauen dadurch innere Kraftreserven auf.

In den ersten Wochen können Sie Ihre Entspannungsübungen an diesem Punkt beenden. Wenn Sie mehr Erfahrungen gesammelt haben, dürfen Sie die Entspannung weiter vertiefen (siehe folgende Seite).

VORÜBUNGEN ZUM PRANAYAMA ZEHN-WOCHEN-KURS

Die Sonntage dieses zehnwöchigen Yoga-Kurses sind den Entspannungshaltungen vorbehalten, die sich durch Pranayama-Vorübungen folgendermaßen ergänzen lassen:

1. und 2. Woche:	**Entspannung des Körpers**
3. und 4. Woche:	**Wahrnehmung des Atems**
5. Woche:	**Wiederholung der Wochen 1 bis 4**
6. und 7. Woche:	**Vertiefung der Entspannung Zusätzlich: Normales Einatmen, verlängertes Ein- und Ausatmen, normales Einatmen**
8. und 9. Woche:	**Vertiefung der Entspannung Zusätzlich: Verlängertes Ein- und Ausatmen**
10. Woche:	**Wiederholung einiger Techniken der Wochen 6 bis 9**

Unten: Legen Sie sich zur Entspannung auf ein Polster in Savasana (Nr. 41, Variante), und öffnen Sie die Brust. Dabei sollten Sie bequem und angenehm liegen, damit Ihr Körper durch nichts abgelenkt wird.

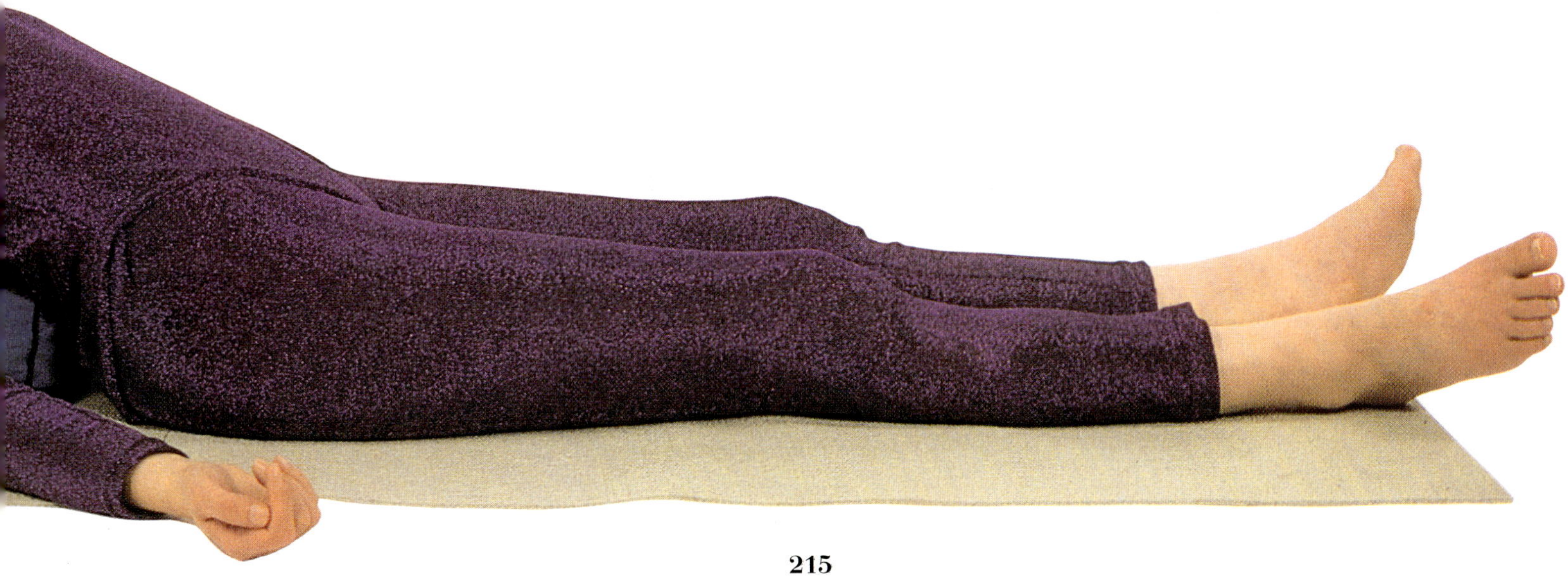

VERTIEFUNG DER ENTSPANNUNG

Nachdem Sie einige Minuten lang auf Ihre normale Atmung geachtet haben, wenden Sie sich der folgenden Technik zu, um Ihren Atem zu verlängern:

Normales Einatmen und verlängertes Ausatmen
Atmen Sie zunächst aus, und entspannen Sie den Bauch. Atmen Sie normal ein. Atmen Sie langsam und ruhig aus. Forcieren Sie nichts. Atmen Sie nochmals normal ein und dann langsam und ruhig aus.

Fahren Sie in dieser Weise etwa 5 Minuten fort. Liegen Sie dann ruhig, und atmen Sie normal weiter. Genießen Sie es, einfach dazuliegen und zu entspannen, und gönnen Sie sich einige Minuten Zeit, bevor Sie fortfahren.

Verlängertes Einatmen und normales Ausatmen
Atmen Sie vollständig aus und dann langsam und ruhig ein. Atmen Sie nicht abrupt oder tief ein, sondern verlängern Sie den Atem allmählich. Atmen Sie normal aus. Dann atmen Sie langsam und ruhig ein. Achten Sie darauf, weder Augen noch Geist anzuspannen. Atmen Sie wieder normal aus.

Fahren Sie in diese Weise etwa 5 Minuten fort. Bleiben Sie ruhig liegen, und atmen Sie anschließend normal weiter.

Lassen Sie einige Minuten verstreichen, bevor Sie fortfahren. Diese Atemübungen sind für den Anfang ausreichend.

Verlängertes Ein- und Ausatmen
Atmen Sie vollständig aus. Dann atmen Sie langsam und ruhig ein, wobei Sie die Atmung (wie oben beschrieben) verlängern. Übereilen Sie nichts. Atmen Sie langsam und sanft wieder aus. Entspannen Sie sich vollständig. Atmen Sie dann wieder ruhig und sanft, ohne Spannung, ein und aus.

Fahren Sie so etwa 5 Minuten fort. Atmen Sie dann wieder normal weiter.

BEENDEN DER ENTSPANNUNG

Winkeln Sie die Beine an, drehen Sie sich zur Seite, entfernen Sie das Polster unter sich, und legen Sie sich flach in Savasana; die Decke bleibt unter dem Kopf. Bleiben Sie auf dem Boden liegen, wobei Sie die Gedanken ruhen lassen. Lösen Sie sich völlig, und entspannen Sie den Geist. Lenken Sie Ihre Aufmerksamkeit hinab in die Brust.

Dann öffnen Sie langsam die Augen, ziehen die Knie an und drehen sich auf die rechte Seite. Bleiben Sie so einen kurzen Moment liegen, und drehen Sie sich dann auf die linke Seite. Sie können entweder von der Seite oder aus der Hocke aufstehen.

SCHLUSSFOLGERUNG

Wenn Körper, Geist und Nervensystem durch die Asana-Praxis gestärkt sind, können die Anfangsstufen des Pranayama ohne Risiko praktiziert werden. Dennoch empfiehlt es sich, gerade im Anfangsstadium einen erfahrenen Lehrer zu Rate zu ziehen und sich von ihm leiten zu lassen.

Bevor man die Entspannungstechniken nicht vollkommen beherrscht, kann Pranayama – die Lenkung der Atmung – nicht erlernt werden. Aus diesem Grunde gehören die Atemtechniken auch nicht zu den Übungen für den Anfänger. Eine alte Yoga-Überlieferung besagt, daß das Erlernen der Atemlenkung der Zähmung eines Tigers gleicht, und Patanjali – der »Vater« des Yoga – fordert deshalb, daß zuerst die Asanas beherrscht werden müssen.

Die in diesem Buch gegebenen Erläuterungen sollen als Leitfaden für die ersten Schritte der Yoga-Praxis dienen. Das Ziel von Yoga sind Meditation und spirituelles Bewußtsein. Aber ohne entsprechende Vorbereitung können diese komplexen Erfahrungen nicht gemacht werden. Der Weg ist lang, aber der Gewinn ist bei jedem Schritt so groß, daß seit Jahrhunderten unzählige Menschen die Mühen auf sich genommen haben und diesen Weg gegangen sind.

Unten: Savasana (Nr. 41) ohne Polster in der Endphase der Entspannungsübung. Achten Sie darauf, daß Ihr Körper eine gerade Linie bildet. Liegen Sie ruhig und entspannt.

Hilfsmittel und Zubehör

Die Iyengar-Methode sieht die Einbeziehung von Hilfsmitteln vor, wenn der Körper nicht in der Lage ist, eine bestimmte Haltung auszuführen oder aus eigener Kraft ein gewünschtes Ergebnis zu erzielen.

Die meisten der benötigten Gegenstände sind in jedem Haushalt zu finden. Falls die richtige »Ausrüstung« nicht zur Verfügung steht, kann man sie in den meisten Fällen durch andere Hilfsmittel ersetzen.

Die Unterstützung des Körpers bei den Asanas ermöglicht eine sanfte Dehnung der Muskeln und trägt außerdem zur Verbesserung der Durchblutung und zur Erhöhung der Lungenkapazität bei.

In diesem Buch verwendete Hilfsmittel:

- **Stuhl mit Lehne** für die Sarvangasana-Haltung mit Stuhl (Nr. 37).
- **Stirnband** für tiefe Rumpfbeugen.
- **Gurt oder Band** für Sarvangasana (Nr. 34) zum Zusammenhalten der Ellbogen sowie für Rumpfbeugen, um den Fuß besser greifen zu können.
- **Bank** für Setu Bandha Sarvangasana (Nr. 39), um den Rücken krümmen zu können und die Brust zu öffnen.
- **Decken** für Sarvangasana (Nr. 34) und Halasana (Nr. 35), um eine Überdehnung des Halses zu vermeiden; außerdem für Sitzhaltungen, um das Gesäß anzuheben, und bei Savasana (Nr. 41) zur Stützung des Kopfes.
- **Blöcke oder Klötze** für stehende Haltungen, wenn man mit den Händen nicht bis zum Boden kommt.
- **Nackenrollen** für Rückenlagen, um den Rücken zu unterstützen und die Brust anzuheben.
- **Stuhl** für Drehungen, um die maximale Drehung der Wirbelsäule zu ermöglichen.
- **Türrahmen** für Supta Padangusthasana, um das angehobene Bein zu stützen.
- **Schrank** oder Kommode für stehende Haltungen und Drehungen, um einen sicheren Halt zu bieten und dem Körper eine Drehung zu ermöglichen.
- **Rutschfeste Matte**, um in stehenden Haltungen nicht zu rutschen.
- **Hocker** für Ardha Halasana (Nr. 36), um die Oberschenkel bequem auflegen zu können; außerdem für Drehungen im Stand und zur Stütze der gehobenen Beine.
- **Wand** für stehende Haltungen und Drehungen zur Stütze und Orientierung.

ZEHN-WOCHEN-KURS

Der Kurs setzt sich aus 41 Körperhaltungen (Asanas) und ihren Varianten zusammen. Dabei stehen dynamische und entspannende Haltungen an verschiedenen Tagen auf dem Programm, damit der Körper ein Gleichgewicht zwischen Anstrengung und Erholung erfährt. Mit der Zunahme von Kraft, Ausdauer und Beweglichkeit erhöht sich auch die Anzahl der Übungen.

Dieser Kurs soll lediglich einen Leitfaden darstellen, um den Ablauf Ihrer Übungen zu strukturieren. Grundlegende Instruktionen für die Körperhaltungen werden im Kapitel über die Asanas geliefert. Wenn Sie die Möglichkeit haben, sollten Sie zusätzlich einen Yoga-Kurs unter Leitung eines Lehrers besuchen.

Der Kurs ist auf eine tägliche Übungszeit von etwa 30 bis 60 Minuten angelegt. Er kann individuellen Bedürfnissen und Umständen entsprechend reduziert oder ausgeweitet werden.

Die Nummern der Körperhaltungen entsprechen der Reihenfolge im Asana-Kapitel; Sternchen zeigen an, daß diese Haltung zum ersten Mal eingeführt wird.

1. WOCHE

MONTAG

*1 – Tadasana
*2 – Vrksasana
*3 – Trikonasana
*4 – Parsvakonasana
*6 – Virabhadrasana II
*9 – Uttanasana (mit Abstützen)
*16 – Virasana (nach vorne gebeugt)
*14 – Sukhasana
*41 – Savasana

DIENSTAG UND DONNERSTAG

9 – Uttanasana (mit Abstützen)
*31 – Adho Mukhasana Svanasana (mit Kopfstütze)
14 – Sukhasana
*17 – Parvatasana (in Sukhasana)
*20 – Gomukhasana (nur Arme)
*39 – Setu Bandha Sarvangasana (mit Nackenrolle)
*40 – Viparita Karani
41 – Savasana

MITTWOCH UND FREITAG

1 – Tadasana
2 – Vrksansana
3 – Trikonasana
4 – Parsvakonasana
6 – Virabhadrasana II
9 – Uttanasana (mit Abstützen)
16 – Virasana (nach vorne gebeugt)
14 – Sukhasana
*34 – Sarvangasana
41 – Savasana

SAMSTAG

1 – Tadasana
2 – Vrksansana
3 – Trikonasana
4 – Parsvakonasana
6 – Virabhadrasana II
9 – Uttanasana (mit Abstützen)
16 – Virasana (nach vorne gebeugt)
*15 – Virasana
14 – Sukhasana
17 – Parvatasana (in Sukhasana)
20 – Gomukhasana
34 – Sarvangasana
*36 – Ardha Halasana
41 – Savasana

SONNTAG

*26 – Nackenrollenkreuz
*27 – Matsyasana (einfach)
31 – Adho Mukha Svanasana (mit Kopfstütze)
*9 – Uttanasana
39 – Setu Bandha Sarvangasana (mit Nackenrolle)
40 – Viparita Karani
*41 – Savasana (mit Nackenrolle)

1 - Tadasana

2 - Vrksasana

3 - Trikonasana

4 - Parsvakonasana

6 – Virabhadrasana II

9 – Uttanasana

9 – Uttanasana (mit Abstützen)

14 – Sukhasana

15 – Virasana

16 – Virasana (nach vorne gebeugt)

17 – Parvatasana (in Sukhasana)

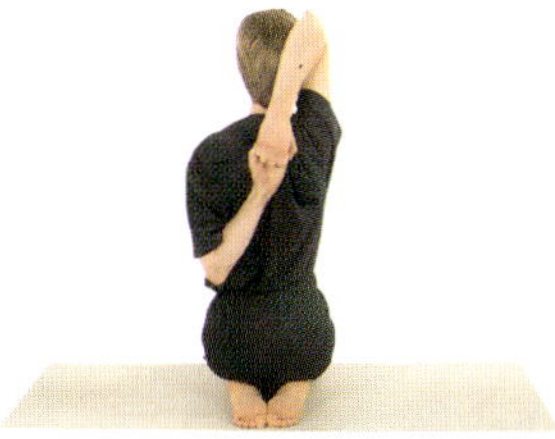

20 – Gomukhasana

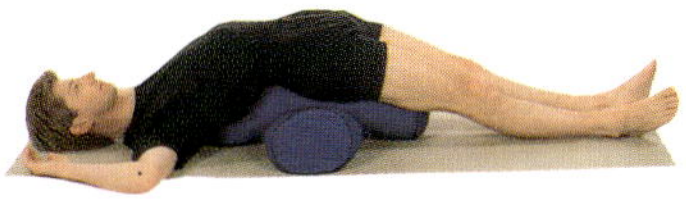

26 – Nackenrollenkreuz

27 – Matsyasana (einfach)

31 – Adho Mukha Svanasana (mit Kopfstütze)

34 – Sarvangasana

36 – Ardha Halasana

39 – Setu Bandha Sarvangasana (mit Nackenrolle)

40 – Viparita Karani

41 – Savasana

41 – Savasana (mit Nackenrolle)

Anmerkung zu den Übungen

Stehende Haltungen

- Verlagern Sie das Gewicht gleichmäßig auf die Innen- und Außenseite des Fußes sowie auf Fersen und Zehen.
- Strecken Sie die Zehen.
- Drücken Sie die Knie durch, und spannen Sie die Muskeln der Oberschenkel an.
- Halten Sie das hintere Bein gestreckt und ruhig, während Sie das vordere Bein beugen.
- Drehen Sie bei Drehhaltungen die Hüften so weit wie möglich.
- Öffnen Sie die Hände, und strecken Sie die Finger.
- Drehen Sie Ihren Kopf ohne Anstrengungen.
- Bleiben Sie im Gesicht entspannt.

2. WOCHE

MONTAG, MITTWOCH UND FREITAG

1 – *Tadasana*
3 – *Trikonasana*
4 – *Parsvakonasana*
6 – *Virabhadrasana II*
*7 – *Parsvottanasana (einfach)*
9 – *Uttanasana*
*31 – *Adho Mukha Svanasana*
16 – *Virasana (nach vorne gebeugt)*
34 – *Sarvangasana*
*35 – *Halasana*
41 – *Savasana*

DIENSTAG UND DONNERSTAG

*33 – *Bharadvajasana (mit Stuhl)*
14 – *Sukhasana*
17 – *Parvatasana (in Sukhasana)*
*15 – *Virasana*
*17 – *Parvatasana (in Virasana)*
20 – *Gomukhasana (nur Arme)*
31 – *Adho Mukha Svanasana*
34 – *Sarvangasana*
35 – *Halasana*
41 – *Savasana*

SAMSTAG

31 – *Adho Mukha Svanasana*
9 – *Uttanasana (mit Abstützen)*
1 – *Tadasana*
2 – *Vrksasana*
3 – *Trikonasana*
4 – *Parsvakonasana*
6 – *Virabhadrasana II*
*7 – *Parsvottanasana (vollendete Haltung)*
16 – *Virasana (nach vorne gebeugt)*
34 – *Sarvangasana*
35 – *Halasana*
41 – *Savasana*

SONNTAG

26 – *Nackenrollenkreuz*
27 – *Matsyasana (einfach)*
31 – *Adho Mukha Svanasana (mit Kopfstütze)*
9 – *Uttanasana*
39 – *Setu Bandha Sarvangasana (mit Nackenrolle)*
40 – *Viparita Karani*
41 – *Savasana (mit Nackenrolle)*

1 - Tadasana

2 - Vrksasana

3 - Trikonasana

4 - Parsvakonasana

6 - Virabhadrasana II

7 - Parsvottanasana (einfach)

7 - Parsvottanasana (vollendete Haltung)

9 - Uttanasana

9 – Uttanasana (mit Abstützen)

14 – Sukhasana

15 – Virasana

16 – Virasana (nach vorne gebeugt)

17 – Parvatasana (in Virasana)

20 – Gomukhasana (nur Arme)

26 – Nackenrollenkreuz

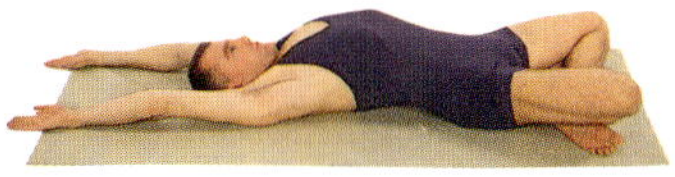

27 – Matsyasana (einfach)

31 – Adho Mukha Svanasana

31 – Adho Mukha Svanasana (mit Kopfstütze)

33 – Bharadvajasana (mit Stuhl)

34 – Sarvangasana

35 – Halasana

39 – Setu Bandha Sarvangasana (mit Nackenrolle)

40 – Viparita Karani

41 – Savasana

41 – Savasana (mit Nackenrolle)

3. WOCHE

MONTAG, MITTWOCH UND FREITAG

31 – *Adho Mukha Svanasana*
9 – *Uttanasana (mit Abstützen)*
1 – *Tadasana*
3 – *Trikonasana*
4 – *Parsvakonasana*
6 – *Virabhadrasana II*
*5 – *Virabhadrasana I*
9 – *Uttanasana*
7 – *Parsvottanasana (vollendete Haltung)*
33 – *Bharadvajasana (mit Stuhl)*
14 – *Sukhasana*
17 – *Parvatasana (in Sukhasana)*
34 – *Sarvangasana*
35 – *Halasana*
41 – *Savasana*

DIENSTAG UND DONNERSTAG

9 – *Uttanasana*
31 – *Adho Mukha Svanasana*
*18 – *Dandasana*
*22 – *Triang Mukhaikapada Pascimottanasana (konkav)*
*24 – *Pascimottanasana (konkav)*
36 – *Ardha Halasana*
*39 – *Setu Bandha Sarvangasana (mit Nackenrolle)*
*30 – *Urdhva Prasarita Padasana*
41 – *Savasana*

SAMSTAG

33 – *Bharadhvajasana (mit Stuhl)*
*32 – *Maricyasana (stehend)*
1 – *Tadasana*
3 – *Trikonasana*
4 – *Parsvakonasana*
6 – *Virabhadrasana II*
5 – *Virabhadrasana I*
9 – *Uttanasana*
7 – *Parsvottanasana (vollendete Haltung)*
*11 – *Garudasana*
15 – *Virasana*
17 – *Parvatasana (in Virasana)*
16 – *Virasana (nach vorne gebeugt)*
34 – *Sarvangasana*
35 – *Halasana*
41 – *Savasana*

SONNTAG

26 – *Nackenrollenkreuz*
27 – *Matsyasana (einfach)*
*28 – *Supta Baddhakonasana*
31 – *Adho Mukha Svanasana*
9 – *Uttanasana (mit Abstützen)*
*38 – *Sarvangasana (gegen die Wand)*
36 – *Ardha Halasana*
39 – *Setu Bandha Sarvangasana (mit Nackenrolle)*
40 – *Viparita Karani*
41 – *Savasana (mit Nackenrolle)*

1 – Tadasana

3 – Trikonasana

4 – Parsvakonasana

5 – Virabhadrasana I

6 – Virabhadrasana II

7 – Parsvottanasana (vollendete Haltung)

9 – Uttanasana

9 – Uttanasana (mit Abstützen)

11 – Garudasana

14 – Sukhasana

15 – Virasana

16 – Virasana (nach vorne gebeugt)

17 – Parvatasana (in Sukhasana)

17 – Parvatasana (in Virasana)

18 – Dandasana

22 – Triang Mukhaikapada Pascimottanasana (konkav)

24 – Pascimottanasana (konkav)

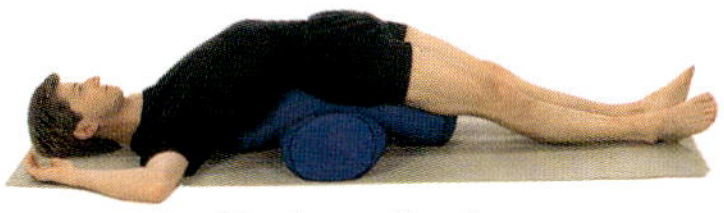

26 – Nackenrollenkreuz

27 – Matsyasana

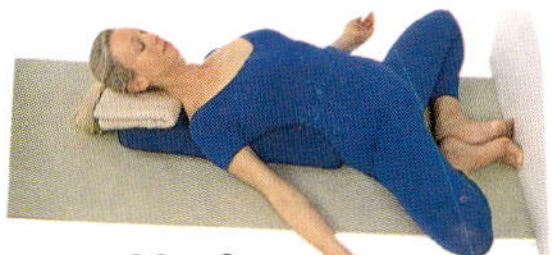

28 – Supta Baddhakonasana

30 – Urdhva Prasarita Padasana

31 – Adho Mukha Svanasana

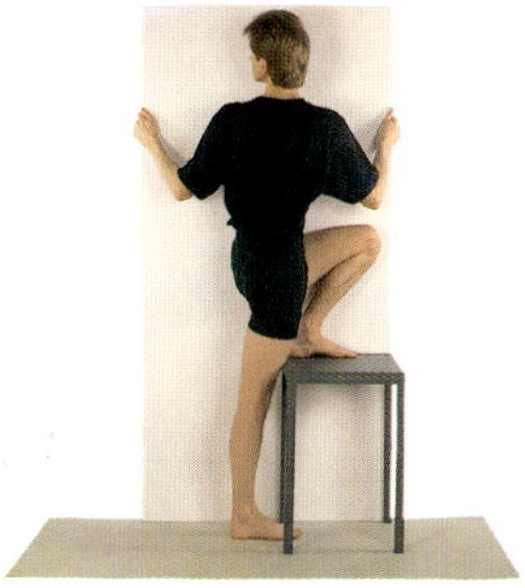

32 – Maricyasana (stehend)

33 – Bharadvajasana (mit Stuhl)

34 – Sarvangasana

35 – Halasana

36 – Ardha Halasana

38 – Sarvangasana (gegen die Wand)

39 – Setu Bandha Sarvangasana (mit Nackenrolle)

40 – Viparita Karani

41 – Savasana

41 – Savasana (mit Nackenrolle)

4. WOCHE

MONTAG, MITTWOCH UND FREITAG

15 – *Virasana*
*13 – *Utthita Hasta Padangusthasana (vorwärts und seitwärts)*
1 – *Tadasana*
3 – *Trikonasana*
4 – *Parsvakonasana*
6 – *Virabhadrasana II*
5 – *Virabhadrasana I*
9 – *Uttanasana*
7 – *Parsvottanasana (vollendete Haltung)*
16 – *Virasana (nach vorne gebeugt)*
14 – *Sukhasana*
27 – *Matsyasana*
34 – *Sarvangasana*
35 – *Halasana*
41 – *Savasana*

DIENSTAG UND DONNERSTAG

32 – *Maricyasana (stehend)*
33 – *Bharadvajasana (mit Stuhl)*
31 – *Adho Mukha Svanasana*
18 – *Dandasana*
*21 – *Janusirsasana (konkav)*
22 – *Triang Mukhaikapada Pascimottanasana (konkav)*
*23 – *Maricyasana I (nur Drehung)*
24 – *Pascimottanasana (konkav)*
*25 – *Malasana (Vorübung)*
34 – *Sarvangasana*
35 – *Halasana*
41 – *Savasana*

SAMSTAG

1 – *Tadasana*
2 – *Vrksasana*
3 – *Trikonasana*
4 – *Parsvakonasana*
6 – *Virabhadrasana II*
5 – *Virabhadrasana I*
9 – *Uttanasana*
7 – *Parsvottanasana (vollendete Haltung)*
11 – *Garudasana*
20 – *Gomukhasana (nur Arme)*
31 – *Adho Mukha Svanasana*
34 – *Sarvangasana*
36 – *Ardha Halasana*
41 – *Savasana*

SONNTAG

26 – *Nackenrollenkreuz*
27 – *Matsyasana (einfach)*
28 – *Supta Baddhakonasana*
31 – *Adho Mukha Svanasana*
9 – *Uttanasana (mit Abstützen)*
38 – *Sarvangasana (gegen die Wand)*
36 – *Ardha Halasana*
39 – *Setu Bandha Sarvangasana (mit Nackenrolle)*
40 – *Viparita Karani*
41 – *Savasana (mit Nackenrolle)*

1 – Tadasana

2 – Vrksasana

3 – Trikonasana

4 – Parsvakonasana

5 – Virabhadrasana I

6 – Virabhadrasana II

7 – Parsvottanasana (vollendete Haltung)

9 – Uttanasana

9 – Uttanasana (mit Abstützen)

11 – Garudasana

Stehende Haltungen
- Strecken Sie die Beine.
- Öffnen Sie in nach vorne gerichteten Haltungen das Becken.
- Spannen Sie Vorderseite, Seiten und Rückseite des Körpers an.

Sitzende Haltungen
- Stellen Sie die Stütze auf die richtige Höhe ein, um nicht mit dem unteren Teil des Rückens zu weit abzusinken.
- In Haltungen mit angewinkelten Beinen entspannen Sie den Unterleib, ohne im Rücken einzuknicken.
- Bei durchgedrückten Beinen sollten Oberschenkel und Kniekehle den Boden berühren.

13 – Utthita Hasta Padangusthasana (vorwärts)

13 – Utthita Hasta Padangusthasana (seitwärts)

14 – Sukhasana

15 – Virasana

16 – Virasana (nach vorne gebeugt)

18 – Dandasana

20 – Gomukhasana (nur Arme)

21 – Janusirsasana (konkav)

22 – Triang Mukhaikapada Pascimottanasana (konkav)

23 – Maricyasana I (nur Drehung)

24 – Pascimottanasana (konkav)

25 – Malasana (Vorübung)

26 – Nackenrollenkreuz

27 – Matsyasana

28 – Supta Baddhakonasana

31 – Adho Mukha Svanasana

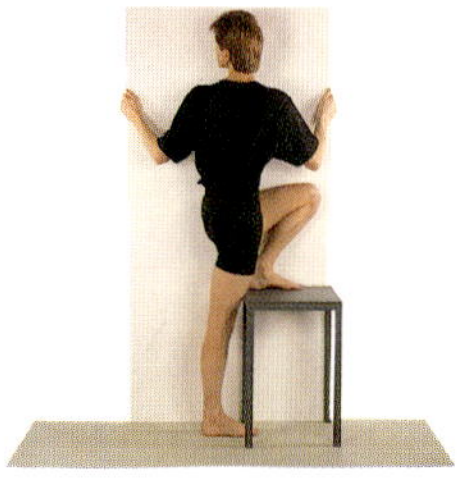

32 – Maricyasana (stehend)

33 – Bharadvajasana (mit Stuhl)

34 – Sarvangasana

35 – Halasana

36 – Ardha Halasana

38 – Sarvangasana (gegen die Wand)

39 – Setu Bandha Sarvangasana (mit Nackenrolle)

40 – Viparita Karani

41 – Savasana

41 – Savasana (mit Nackenrolle)

5. WOCHE

Führen Sie verschiedene dynamische und entspannende Übungen aus dem Programm der voherigen vier Wochen durch.

6. WOCHE

MONTAG, MITTWOCH UND FREITAG

1 – *Tadasana*
3 – *Trikonasana*
4 – *Parsvakonasana*
5 – *Virabhadrasana I*
9 – *Uttanasana*
6 – *Virabhadrasana II*
7 – *Parsvottanasana (vollendete Haltung)*
*8 – *Prasarita Padottanasana*
16 – *Virasana (nach vorne gebeugt*
34 – *Sarvangasana*
35 – *Halasana*
24 – *Pascimottanasana*
30 – *Urdhva Prasarita Padasana*
41 – *Savasana*

DIENSTAG UND DONNERSTAG

9 – *Uttanasana*
31 – *Adho Mukha Svanasana*
*21 – *Janusirsasana (mit Kopfstütze)*
*22 – *Triang Mukhaikapada Pascimottanasana (mit Kopfstütze)*
*24 – *Pascimottanasana (mit Kopfstütze)*
23 – *Maricyasana I (nur Drehung)*
34 – *Sarvangasana*
36 – *Ardha Halasana*
*39 – *Setu Bandha Sarvangasana (auf Bank)*
41 – *Savasana*

SAMSTAG

13 – *Utthita Hasta Padangusthasana (vorwärts und seitwärts)*
1 – *Tadasana*
3 – *Trikonasana*
4 – *Parsvakonasana*
5 – *Virabhadrasana I*
9 – *Uttanasana*
6 – *Virabhadrasana II*
7 – *Parsvottanasana (mit gestreckten Armen)*
8 – *Prasarita Padottanasana*
*12 – *Utkatasana*
25 – *Malasana (Vorübung)*
16 – *Virasana (nach vorne gebeugt)*
36 – *Ardha Halasana*
34 – *Sarvangasana*
41 – *Savasana*

SONNTAG

31 – *Adho Mukha Svanasana (mit Kopfstütze)*
16 – *Virasana (nach vorne gebeugt)*
9 – *Uttanasana*
30 – *Urdhva Prasarita Padasana*
27 – *Matsyasana (einfach)*
28 – *Supta Baddhakonasana*
*37 – *Sarvangasana (mit Stuhl)*
36 – *Ardha Halasana*
41 – *Savasana (mit Nackenrolle)*
  (1) Entspannung
  (2) Wahrnehmung der Atmung

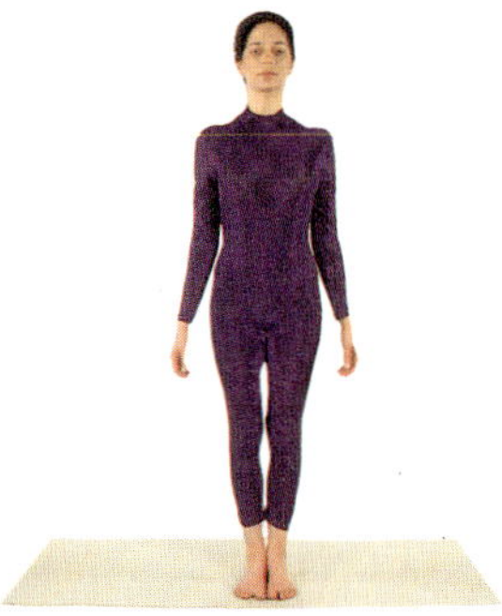

1 – Tadasana

3 – Trikonasana

4 – Parsvakonasana

5 – Virabhadrasana I

6 – Virabhadrasana II

7 – Parsvottanasana (vollendete Haltung)

7 – Parsvottanasana (mit gestreckten Armen)

8 – Prasarita Padottanasana

9 – Uttanasana

9 – Uttanasana (mit Abstützen)

12 – Utkatasana

13 – Utthita Hasta Padangusthasana (vorwärts)

13 – Utthita Hasta Padangusthasana (seitwärts)

16 – Virasana (nach vorne gebeugt)

16 – Virasana (nach vorne gebeugt)

21 – Janusirsasana (mit Kopfstütze)

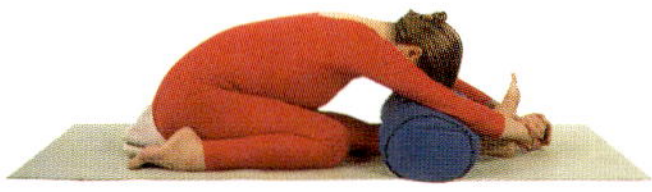

22 – Triang Mukhaikapada Pascimottanasana (mit Kopfstütze)

23 – Maricyasana I (nur Drehung)

24 – Pascimottanasana (vollendete Haltung)

24 – Pascimottanasana (mit Kopfstütze)

25 – Malasana (Vorübung)

27 – Matsyasana (einfach)

28 – Supta Baddhakonasana

30 – Urdhva Prasarita Padasana

31 – Adho Mukha Svanasana

31 – Adho Mukha Svanasana (mit Kopfstütze)

34 – Sarvangasana

35 – Halasana

36 – Ardha Halasana

37 – Sarvangasana (mit Stuhl)

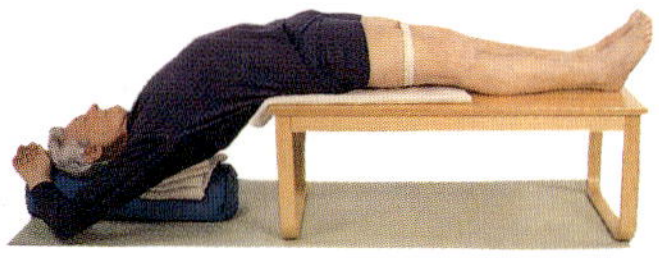

39 – Setu Bandha Sarvangasana (auf Bank)

41 – Savasana

41 – Savasana (mit Nackenrolle)

7. WOCHE

MONTAG, MITTWOCH UND FREITAG

15 – *Virasana*
31 – *Adho Mukha Svànasana*
1 – *Tadasana*
3 – *Trikonasana*
4 – *Parsvakonasana*
5 – *Virabhadrasana I*
9 – *Uttanasana*
7 – *Parsvottanasana*
8 – *Prasarita Padottanasana*
16 – *Virasana (nach vorne gebeugt)*
*29 – *Supta Virasana*
28 – *Supta Baddhakonasana*
34 – *Sarvangasana*
35 – *Halasana*
24 – *Pascimottanasana*
41 – *Savasana*

DIENSTAG UND DONNERSTAG

32 – *Maricyasana (stehend)*
33 – *Bharadvajasana (mit Stuhl)*
9 – *Uttanasana (mit Abstützen)*
31 – *Adho Mukha Svanasana*
14 – *Sukhasana*
17 – *Parvatasana (in Sukhasana)*
15 – *Virasana*
17 – *Parvatasana (in Virasana)*
18 – *Dandasana*
*19 – *Siddhasana*
20 – *Gomukhasana (nur Arme)*
* – *Namaste (in Virasana)*
34 – *Sarvangasana*
35 – *Halasana*
41 – *Savasana*

SAMSTAG

14 – *Sukhasana*
15 – *Virasana*
17 – *Parvatasana (in Virasana)*
31 – *Adho Mukha Svanasana*
18 – *Dandasana*
21 – *Janusirsasana (konkav)*
22 – *Triang Mukhaikapada Pascimottanasana (konkav)*
24 – *Pascimottanasana (konkav)*
23 – *Maricyasana I (nur Drehung)*
33 – *Bharadvajasana (Vorübung)*
25 – *Malasana (Vorübung)*
34 – *Sarvangasana*
35 – *Halasana*
41 – *Savasana*

SONNTAG

31 – *Adho Mukha Svanasana (mit Kopfstütze)*
16 – *Virasana (nach vorne gebeugt)*
9 – *Uttanasana*
30 – *Urdhva Prasarita Padasana*
27 – *Matsyasana (einfach)*
28 – *Supta Baddhakonasana*
37 – *Sarvangasana (mit Stuhl)*
36 – *Ardha Halasana*
41 – *Savasana (mit Nackenrolle)*
(1) Entspannung
(2) Wahrnehmung der Atmung

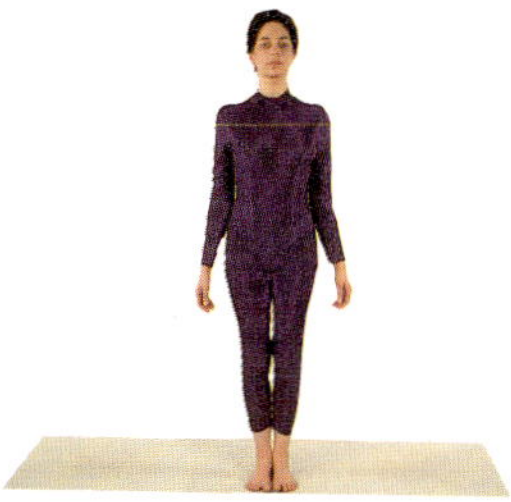
1 – Tadasana

3 – Trikonasana

4 – Parsvakonasana

5 – Virabhadrasana I

6 – Virabhadrasana II

7 – Parsvottanasana

8 – Prasarita Padottanasana

9 – Uttanasana

9 – Uttanasana (mit Abstützen)

14 – Sukhasana

Sitzende Haltungen
● Strecken Sie in nach vorne gebeugten Haltungen den gesamten Rumpf.
● Schauen Sie nach oben, ohne im Nacken zu verkrampfen.
● Strecken Sie die Oberarme von den Schultern, die Unterarme von den Ellbogen und die Hände von den Handgelenken aus.
● Greifen Sie soweit wie möglich nach vorne.

Drehungen
● Achten Sie darauf, daß die Beine bei der Drehung ruhig bleiben.
● Drehen Sie den Kopf, ohne den Nacken zu verspannen.

15 – Virasana

16 – Virasana (nach vorne gebeugt)

17 – Parvatasana (in Sukhasana)

17 – Parvatasana (in Virasana)

18 – Dandasana

19 – Siddhasana

20 – Gomukhasana (nur Arme)

21 – Janusirsasana (konkav)

22 – Triang Mukhaikapada Pascimottanasana (konkav)

23 – Maricyasana I (nur Drehung)

24 – Pascimottanasana (konkav)

25 – Malasana (Vorübung)

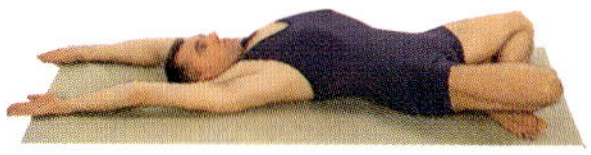

27 – Matsyasana (einfach)

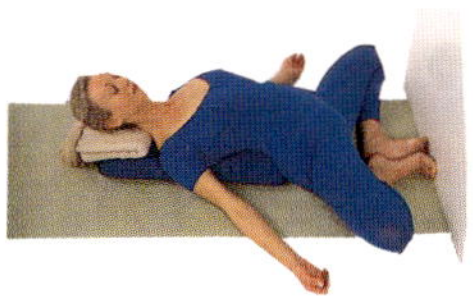

28 – Supta Baddhakonasana

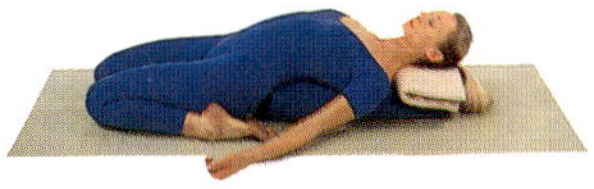

29 – Supta Virasana

30 – Urdhva Prasarita Padasana

31 – Adho Mukha Svanasana

31 – Adho Mukha Svanasana (mit Kopfstütze)

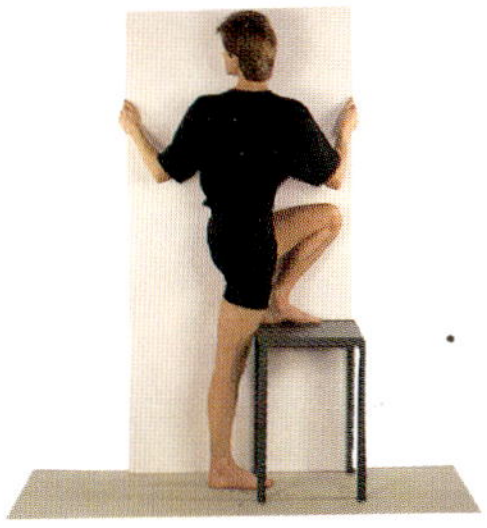

32 – Maricyasana (stehend)

33 – Bharadvajasana (Vorübung)

33 – Bharadvajasana (mit Stuhl)

34 – Sarvangasana

35 – Halasana

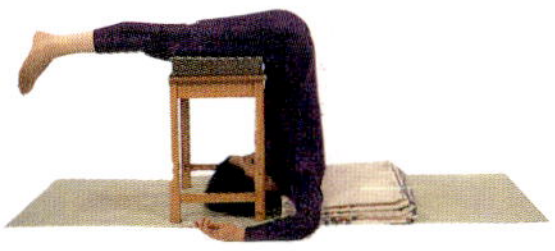

36 – Ardha Halasana

37 – Sarvangasana (mit Stuhl)

41 – Savasana

41 – Savasana (mit Nackenrolle)

8. WOCHE

MONTAG, MITTWOCH UND FREITAG

1 – *Tadasana*
2 – *Vrksasana*
3 – *Trikonasana*
4 – *Parsvakonasana*
5 – *Virabhadrasana I*
9 – *Uttanasana*
6 – *Virabhadrasana II*
7 – *Parsvottanasana (vollendete Haltung)*
9 – *Uttanasana*
*10 – *Padangusthasana*
12 – *Utkatasana*
11 – *Garudasana*
16 – *Virasana (nach vorne gebeugt)*
36 – *Ardha Halasana*
41 – *Savasana*

DIENSTAG UND DONNERSTAG

9 – *Uttanasana (mit Abstützen)*
31 – *Adho Mukha Svanasana*
16 – *Virasana (nach vorne gebeugt)*
18 – *Dandasana*
*21 – *Janusirsasana (vollendete Haltung)*
*22 – *Triang Mukhaikapada Pascimottanasana (vollendete Haltung)*
*24 – *Pascimottanasana (vollendete Haltung)*
33 – *Bharadvajasana (Vorübung)*
36 – *Ardha Halasana*
39 – *Setu Bandha Sarvangasana (auf Bank)*
40 – *Viparita Karani*
41 – *Savasana*

SAMSTAG

33 – *Bharadvajasana (mit Stuhl)*
32 – *Maricyasana (stehend)*
1 – *Tadasana*
3 – *Trikonasana*
4 – *Parsvakonasana*
5 – *Virabhadrasana I*
9 – *Uttanasana*
6 – *Virabhadrasana II*
7 – *Parsvottanasana (Arme gestreckt)*
8 – *Prasarita Padottanasana*
25 – *Malasana (Vorübung)*
31 – *Adho Mukha Svanasana*
16 – *Virasana (nach vorne gebeugt)*
34 – *Sarvangasana*
35 – *Halasana*
41 – *Savasana*

SONNTAG

26 – *Nackenrollenkreuz*
27 – *Matsyasana*
28 – *Supta Baddhakonasana*
29 – *Supta Virasana*
16 – *Virasana (nach vorne gebeugt)*
9 – *Uttanasana*
31 – *Adho Mukha Svanasana*
37 – *Sarvangasana (mit Stuhl)*
36 – *Ardha Halasana*
39 – *Setu Bandha Sarvangasana (auf Bank)*
41 – *Savasana (mit Nackenrolle)*
(1) Entspannung
(2) Wahrnehmung der Atmung
(3) Verlängerung der Atmung

1 – Tadasana

2 – Vrksasana

3 – Trikonasana

4 – Parsvakonasana

5 – Virabhadrasana I

6 – Virabhadrasana II

7 – Parsvottanasana

7 – Parsvottanasana (Arme gestreckt)

8 – Prasarita Padottanasana

9 – Uttanasana

Haltungen in Rücken- und Bauchlage

- Strecken Sie den Oberkörper, und bleiben Sie entspannt; genießen Sie das Öffnen der Brust, und atmen Sie gleichmäßig.
- Suchen Sie in gestützten Haltungen die beste Position.
- Legen Sie Kopf und Nacken in eine bequeme Position.

9 – Uttanasana (mit Abstützen)

10 – Padangusthasana

11 – Garudasana

12 – Utkatasana

16 – Virasana (nach vorne gebeugt)

18 – Dandasana

21 – Janusirsasana (vollendete Haltung)

22 – Triang Mukhaikapada Pascimottanasana (vollendete Haltung)

24 – Pascimottanasana (vollendete Haltung)

25 – Malasana (Vorübung)

26 – Nackenrollenkreuz

27 – Matsyasana

28 – Supta Baddhakonasana

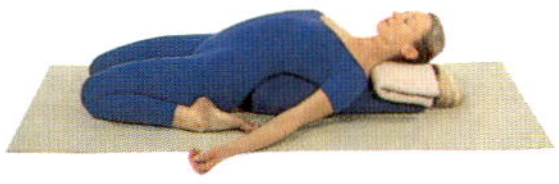
29 – Supta Virasana

31 – Adho Mukha Svanasana

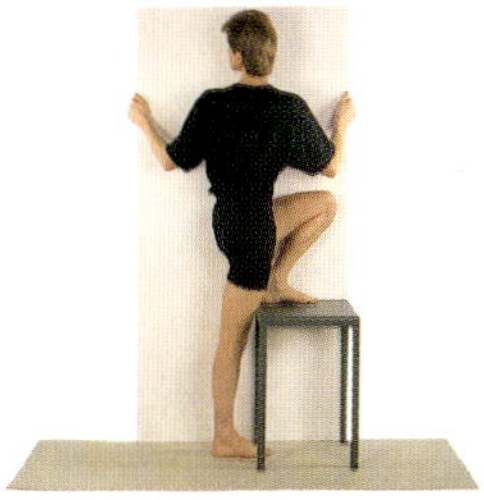
32 – Maricyasana (stehend)

33 –Bharadvajasana

33 – Bharadvajasana (mit Stuhl)

34 – Sarvangasana

35 – Halasana

36 – Ardha Halasana

37 – Sarvangasana (mit Stuhl)

39 – Setu Bandha Sarvangasana (auf Bank)

40 – Viparita Karani

41 – Savasana

41 – Savasana (mit Nackenrolle)

Umkehrhaltungen

● Experimentieren Sie bei gestützten Haltungen mit der Höhe der Stütze.

● Halten Sie die Brust geöffnet und angehoben, und bleiben Sie dabei entspannt.

● Bringen Sie Arme und Schultern in eine ausgeglichene Haltung, und nehmen Sie eine bequeme Position ein.

9. WOCHE

MONTAG, MITTWOCH UND FREITAG

13 – *Utthita Hasta Padangusthasana (vorwärts und seitwärts)*
1 – *Tadasana*
3 – *Trikonasana*
4 – *Parsvakonasana*
5 – *Virabhadrasana I*
9 – *Uttanasana*
6 – *Virabhadrasana II*
7 – *Parsvottanasana*
8 – *Prasarita Padottanasana*
10 – *Padangusthasana*
31 – *Adho Mukha Svanasana*
16 – *Virasana (nach vorne gebeugt)*
34 – *Sarvangasana*
21 – *Janusirsasana*
24 – *Pascimottanasana*
41 – *Savasana*

DIENSTAG UND DONNERSTAG

15 – *Virasana*
17 – *Parvatasana (in Virasana)*
14 – *Sukhasana*
17 – *Parvatasana (in Sukhasana)*
20 – *Gomukhasana (nur Arme)*
33 – *Bharadvajasana (mit Stuhl)*
32 – *Maricyasana (stehend)*
18 – *Dandasana*
23 – *Maricyasana I (nur Drehung)*
*33 – *Bharadvajasana (vollendete Haltung)*
25 – *Malasana*
34 – *Sarvangasana*
35 – *Halasana*
24 – *Pascimottanasana*
41 – *Savasana*

SAMSTAG

1 – *Tadasana*
2 – *Vrksasana*
11 – *Garudasana*
12 – *Utkatasana*
15 – *Virasana*
19 – *Siddhasana*
18 – *Dandasana*
21 – *Janusirsasana*
22 – *Triang Mukhaikapata Pascimottanasana*
24 – *Pascimottanasana*
31 – *Adho Mukha Svanasana*
34 – *Sarvangasana*
35 – *Halasana*
41 – *Savasana*

SONNTAG

26 – *Nackenrollenkreuz*
27 – *Matsyasana*
28 – *Supta Baddhakonasana*
29 – *Supta Virasana*
16 – *Virasana (nach vorne gebeugt)*
9 – *Uttanasana*
31 – *Adho Mukha Svanasana*
37 – *Sarvangasana (mit Stuhl)*
36 – *Ardha Halasana*
39 – *Setu Bandha Sarvangasana (auf Bank)*
41 – *Savasana (mit Nackenrolle)*
  (1) *Entspannung*
  (2) *Wahrnehmung der Atmung*
  (3) *Verlängerung der Atmung*

1 – Tadasana

2 – Vrksasana

3 – Trikonasana

4 – Parsvakonasana

5 – Virabhadrasana I

6 – Virabhadrasana II

7 – Parsvottanasana

8 – Prasarita Padottanasana

9 – Uttanasana

10 – Padangusthasana

11 – Garudasana

12 – Utkatasana

13 – Utthita Hasta Padangusthasana (vorwärts)

13 – Utthita Hasta Padangusthasana (seitwärts)

14 – Sukhasana

15 – Virasana

16 – Virasana (nach vorne gebeugt)

17 – Parvatasana (in Sukhasana)

17 – Parvatasana (in Virasana)

18 – Dandasana

19 – Siddhasana

20 – Gomukhasana (nur Arme)

21 – Janusirsasana

22 – Triang Mukhaikapata Pascimottanasana

23 – Maricyasana I (nur Drehung)

24 – Pascimottanasana

25 – Malasana (Vorübung)

26 – Nackenrollenkreuz

27 – Matsyasana

28 – Supta Baddhakonasana

29 – Supta Virasana

31 – Adho Mukha Svanasana

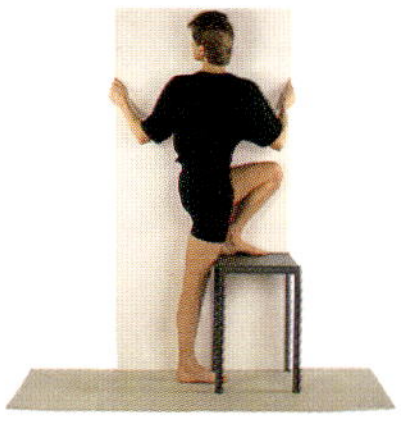

32 – Maricyasana (stehend)

33 – Bharadvajasana (vollendete Haltung)

33 – Bharadvajasana (mit Stuhl)

34 – Sarvangasana

35 – Halasana

36 – Ardha Halasana

37 – Sarvangasana (mit Stuhl)

39 – Setu Bandha Sarvangasana (auf Bank)

41 – Savasana

41 – Savasana (mit Nackenrolle)

10. WOCHE

Stellen Sie Übungen aus den Programmen der sechsten bis neunten Woche zusammen.

ASANAS WÄHREND DER MENSTRUATION

Die monatliche Regel der Frau ist zwar ein normaler und natürlicher Vorgang, aber sie bringt physiologische und Stoffwechsel-Veränderungen mit sich. Die Yoga-Praxis berücksichtigt die veränderte körperliche Verfassung in dieser Zeit. Daher besteht das folgende Programm aus einer Kombination von ruhenden, entspannenden und schmerzlindernden Haltungen.

In dieser Zeit sollten anstrengende Haltungen wie Stand- oder Umkehrhaltungen sowie intensive Dehnungen vermieden werden. Yoga hilft im allgemeinen bei Beschwerden, die während der Regel auftreten können, z. B. bei Krämpfen, Unregelmäßigkeiten, unzureichender oder übermäßig starker Blutung, Rückenschmerzen und prämenstruellen Spannungen.

SUPTA VIRASANA

RUHEPOSE DES HELDEN (IN RÜCKENLAGE)

Führen Sie Supta Virasana (Nr. 29) aus. Verweilen Sie 5 Minuten in dieser Haltung.

SUPTA BADDHAKONASANA

SCHUSTERHALTUNG IN RÜCKENLAGE

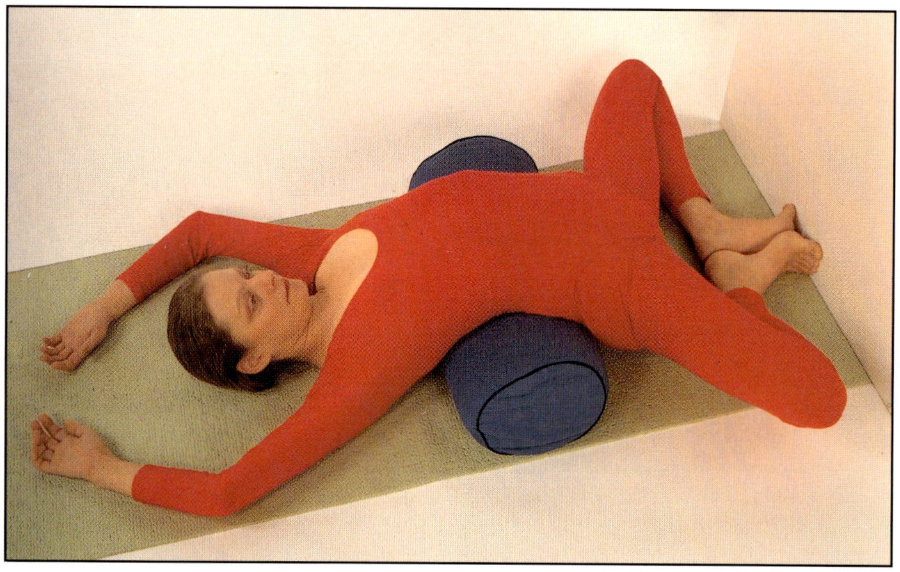

Führen Sie Supta Baddhakonasana (Nr. 28) mit gekreuzten Nackenrollen unter der Taille aus. Verweilen Sie 5 bis 8 Minuten in dieser Haltung.

BADDHAKONASANA

SCHUSTERHALTUNG

Sitzen Sie gegen eine Wand gelehnt in Dandasana (Nr. 18) auf einer oder zwei gefalteten Decken. Spreizen Sie die Knie nach außen, und legen Sie die Füße so aneinander, daß die Fußsohlen sich berühren und eine Linie bilden. Dann ziehen Sie die Fersen so nah wie möglich an das Schambein heran. Halten Sie mit den Händen die Zehen fest. Sollten Sie so hoch sitzen, daß Sie die Zehen nicht mehr erreichen, umfassen Sie die Fußgelenke. Strecken Sie die Oberschenkel, und drücken Sie die Knie nach unten. Strecken Sie den Oberkörper, und öffnen Sie die Brust. Halten Sie den Kopf aufrecht.

Verharren Sie 3 bis 5 Minuten in dieser Haltung, und kehren Sie anschließend in die Ausgangsstellung zurück.

UPAVISTAKONASANA

SITZ MIT WEIT GESPREIZTEN BEINEN

Sitzen Sie in Dandasana (Nr. 18) auf einer oder zwei gefalteten Decken, mit dem Rücken an eine Wand gelehnt. Spreizen Sie die Beine soweit wie möglich. Die Füße stehen aufrecht. Nun drücken Sie die Knie durch und ziehen die Muskeln der Oberschenkel zu den Leisten hin. Strecken Sie Oberkörper und Wirbelsäule, und öffnen Sie die Brust. Atmen Sie gleichmäßig.

Verharren Sie 2 bis 3 Minuten in dieser Haltung, und kehren Sie anschließend in die Ausgangsstellung zurück.

JANUSIRSASANA

KOPF-ZUM-KNIE-HALTUNG

Führen Sie die Janusirsasana-Variante (Nr. 21) mit Kopfstütze aus. Verharren Sie 1 bis 2 Minuten in dieser Haltung, und wiederholen Sie die Übung zur anderen Seite.

TRIANG MUKHAIKAPADA PASCIMOTTANASANA

VORWÄRTSBEUGE MIT ANGEWINKELTEM BEIN

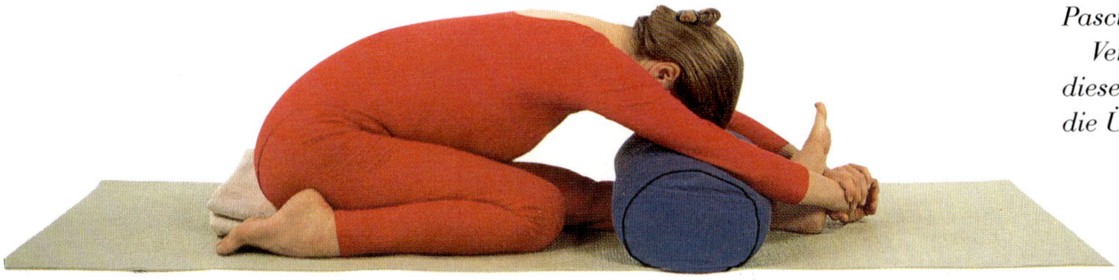

Führen Sie Triang Mukhaikapada Pascimottanasana (Nr. 22) aus.

Verharren Sie 1 bis 2 Minuten in dieser Haltung, und wiederholen Sie die Übung zur anderen Seite.

- *Sollten Sie während der Menstruation Krämpfe verspüren, beugen Sie sich mit gewölbtem Rücken nach vorne.*
- *Sollte der Körper zu steif sein, legen Sie den Kopf auf einen Hocker.*
- *Sollten Sie ein Ziehen in den Knien verspüren, benutzen Sie eine Stütze, und verringern Sie die Dauer der Übung.*

ARDHA BADDHA PADMA PASCIMOTTANASANA

HALBER LOTUSSITZ MIT VORWÄRTSBEUGE

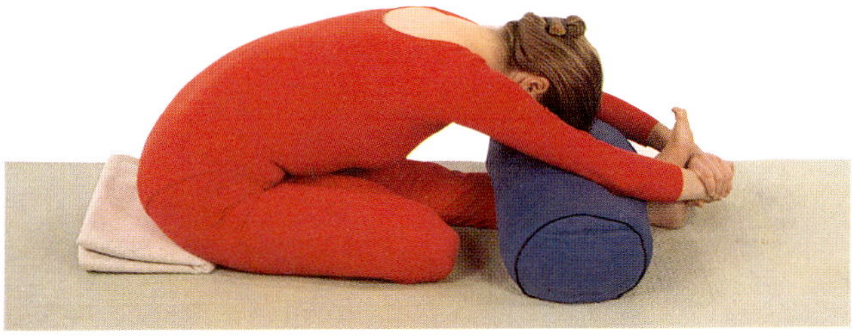

1 *Sitzen Sie in Dandasana (Nr. 18). Ziehen Sie das rechte Bein in Richtung Schambein, und legen Sie den Fuß auf den linken Oberschenkel. Legen Sie eine Nackenrolle auf das linke Schienbein.*

2 *Beugen Sie sich nach vorne, umfassen Sie den linken Fuß, und legen Sie den Kopf auf das Polster. Verharren Sie 30 bis 40 Sekunden in dieser Haltung, und wiederholen Sie die Übung zur anderen Seite.*

● *Sollte das Knie überdehnt sein, stützen Sie es mit Hilfe einer Unterlage ab. Spannen Sie das Knie nicht an.*

MARICYASANA I

EINFACHE DEHNUNG MIT VORWÄRTSBEUGE

Führen Sie Maricyasana I (Nr. 23) aus. Führen Sie den Rumpf nach vorne, und beugen Sie sich über das ausgestreckte Bein. Legen Sie den Kopf auf das Polster. Halten Sie den Unterleib locker. Verharren Sie so 30 bis 40 Sekunden, und wiederholen Sie die Übung zur anderen Seite.

PASCIMOTTANASANA

VOLLSTÄNDIGE VORWÄRTSBEUGE MIT KOPFSTÜTZE

Führen Sie 2 bis 3 Minuten Pascimottanasana (Nr. 24) aus, und legen Sie dabei den Kopf auf eine Nackenrolle.

SETU BANDHA SARVANGASANA

BOGEN RÜCKWÄRTS MIT STÜTZE

1 Oben: Führen Sie Setu Bandha Sarvangasana (Nr. 39) aus. Liegen Sie auf einer Bank oder einem Polster als Stütze. Verharren Sie 5 bis 8 Minuten in dieser Haltung.

2 Links: Winkeln Sie beim Aufrichten die Knie an, und halten Sie die Stütze mit den Händen fest. Gleiten Sie zurück, drehen Sie sich zur Seite, und richten Sie sich auf.

3 Beugen Sie sich im Sitzen nach vorne, und legen Sie den Kopf auf die Stütze. Sollten Sie ein Ziehen im unteren Rückenbereich verspüren, nehmen Sie das Gesäß weiter zurück, oder setzen Sie sich auf eine Nackenrolle, bevor Sie sich nach vorne beugen.

SAVASANA

TOTENHALTUNG

Nehmen Sie Savasana (Nr. 41) für 5 bis 10 Minuten ein; dann drehen Sie sich zur Seite und richten sich wieder auf.

ASANAS BEI KOPFSCHMERZEN

Die folgenden Haltungen tragen dazu bei, durch Streß und Überanstrengung verursachte Kopfschmerzen zu lindern.

Die für die Vorwärtsbeugen um den Kopf gewickelte Bandage kann von Anfang an benutzt werden. Sie verringern den Druck, der durch die Kopfschmerzen verursacht wird. Allerdings sollte man die Bandage nicht zu fest anlegen.

Wenn Sie durch regelmäßige Yoga-Übungen den Körper kräftigen, werden Sie feststellen, daß Sie generell weniger unter Kopfschmerzen zu leiden haben und sie leichter lindern können, wenn sie dennoch auftreten.

NACKENROLLENKREUZ

Legen Sie sich auf zwei gekreuzte Nackenrollen (Nr. 17).

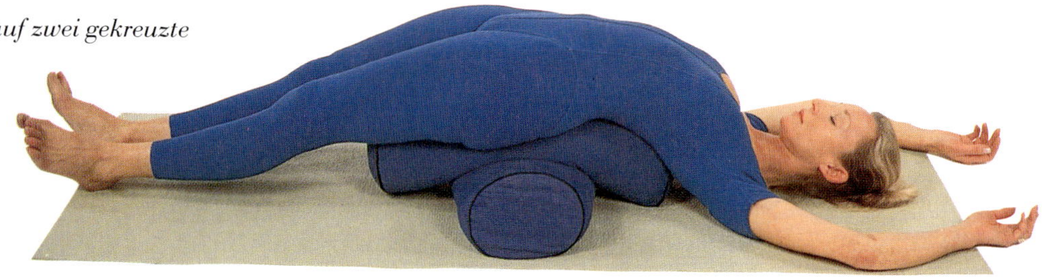

SUPTA VIRASANA

RUHEPOSE DES HELDEN

Führen Sie Supta Virasana (Nr. 29) aus.

SUPTA BADDHAKONASANA

SCHULTERHALTUNG IN RÜCKENLAGE

Führen Sie Supta Baddhakonasana (Nr. 28) aus.

VERWENDUNG EINER BANDAGE

Eine fest um den Kopf gewickelte Bandage wirkt lindernd bei Kopfschmerzen und kühlt Augen, Schläfen und Kopf.

Wickeln Sie eine Bandage mehrmals straff um die Stirn, aber ziehen Sie sie nicht zu fest an.

Sie können damit auch Ihre schmerzenden Augen bedecken: Binden Sie die Bandage zwei- oder dreimal locker um die Augen, bevor Sie mit Ihren Yoga-Übungen beginnen.

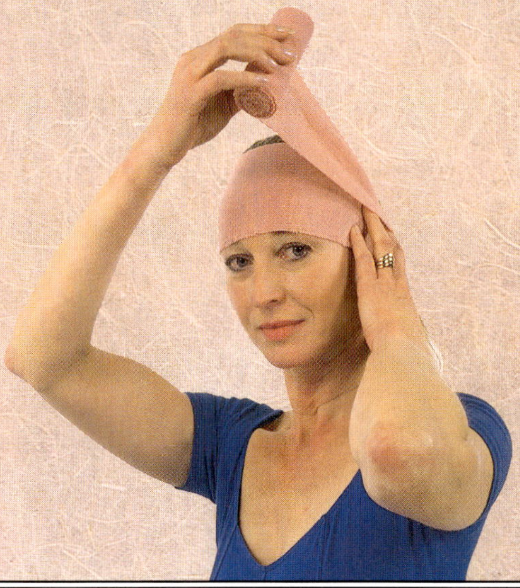

UTTANASANA

RUMPFBEUGE (MIT KOPFSTÜTZE)

Führen Sie Uttanasana (Nr. 9) folgendermaßen aus: Legen Sie eine gefaltete Decke auf einen Hocker. Stellen Sie die Füße mit einem Abstand von 30 bis 45 cm voneinander vor den Hocker. Dann beugen Sie sich hinab und legen den Kopf auf den Hocker. Verschränken Sie die Arme vor dem Kopf, und entspannen Sie sich.

Verharren Sie 1 bis 2 Minuten in dieser Haltung, und richten Sie sich dann wieder auf.

ADHO MUKHA SVANASANA

HUNDEHALTUNG (MIT KOPFSTÜTZE)

Führen Sie die Variante von Adho Mukha Svanasana (Nr. 31) mit Kopfstütze aus.

JANUSIRSASANA

KOPF-ZUM-KNIE-HALTUNG (MIT KOPFSTÜTZE)

Führen Sie die Variante von Janusirsasana (Nr. 21) mit bandagiertem, auf einer Nackenrolle ruhenden Kopf aus. Falls es Ihnen schwer fällt, den Fuß zu umfassen, benutzen Sie ein Band.

Verharren Sie 2 bis 5 Minuten in dieser Haltung, und wiederholen Sie anschließend die Übung zur anderen Seite.

PASCIMOTTANASANA

VOLLSTÄNDIGE VORWÄRTSBEUGE (MIT KOPFSTÜTZE)

Führen Sie Pascimottanasana (Nr. 24) mit bandagiertem Kopf aus. Legen Sie eine Nackenrolle längs auf die Beine, und legen Sie den Kopf darauf. Fassen Sie die Füße mit beiden Händen oder mit einem Band. Entspannen Sie sich. Verharren Sie so 3 bis 5 Minuten.

ARDHA HALASANA

HALBER PFLUG

Führen Sie Ardha Halasana (Nr. 36) aus, und bleiben Sie 5 bis 8 Minuten in dieser Haltung. Dann nehmen Sie die Beine ein wenig zurück, und schieben den Hocker von sich und gleiten vorsichtig auf den Boden zurück.

SETU BANDHA SARVANGASANA

BOGEN RÜCKWÄRTS MIT STÜTZE

Führen Sie Setu Bandha Sarvangasana (Nr. 39) mit zwei Nackenrollen oder einem Stapel Decken unter dem unteren Rückenbereich aus. Unterstützen Sie gegebenenfalls auch die Beine, und entspannen Sie sich.

Verharren Sie so 5 bis 8 Minuten, und richten Sie sich dann wieder auf.

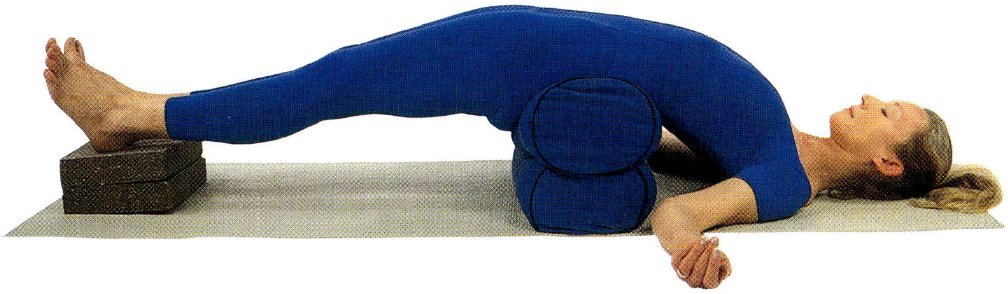

VIPARITA KARANI

UMGEKEHRTE RUHEHALTUNG

Führen Sie Viparita Karani (Nr. 40) aus. Verweilen Sie so für 5 bis 8 Minuten. Dann beugen Sie die Knie, gleiten zurück, drehen sich zur Seite und stehen auf.

SAVASANA

TOTENHALTUNG

Führen Sie die Variante der Savasana-Haltung (Nr. 4) mit einer Nackenrolle aus. Verweilen Sie 5 bis 10 Minuten in dieser Lage.

ASANAS BEI VERSPANNTEN SCHULTERN UND STEIFEM NACKEN

Die folgenden Übungen sind dazu gedacht, Schmerzen im Nacken- und Schulterbereich zu lindern. Derartige Probleme treten sehr häufig auf und können recht unangenehm sein.

Diese Übungen dienen der Entlastung und Dehnung der betroffenen Stellen und sollen die Beweglichkeit verbessern. Bei regelmäßiger Wiederholung werden mit der Zeit Nacken und Schultern kräftiger und geschmeidiger und nehmen eine anatomisch korrekte Haltung ein.

All diese Übungen können auch von Anfängern ausgeführt werden.

TRIKONASANA

DREIECKSHALTUNG

Führen Sie Trikonasana (Nr. 3) mit dem Rücken zu einem halbhohen Schränkchen aus. Legen Sie eine Hand auf einen Holzblock, und greifen Sie mit der anderen Hand an die Kante hinter sich, um den Rumpf 20 bis 30 Sekunden zu dehnen.

PARSVAKONASANA

SEITLICHER WINKEL

Nehmen Sie die Parsvakonasana-Haltung (Nr. 4) vor einem halbhohen Schränkchen ein. Legen Sie die rechte Hand auf einen Holzblock, und greifen Sie mit der linken Hand an die Kante hinter sich. Dann drehen Sie den Rumpf. Bleiben Sie 20 bis 30 Sekunden in dieser Haltung.

ARDHA CANDRASANA

HALBMONDHALTUNG

1 *Stehen Sie in 7,5 bis 15 cm Abstand mit dem Rücken zu einer Wand. Stellen Sie die Füße 1–1,20 m weit auseinander. Legen Sie einen Holzblock etwa 30 cm vom rechten Fuß entfernt an die Wand.*

2 *Drehen Sie den linken Fuß 15 Grad nach innen und den rechten Fuß 90 Grad nach außen.*

3 *Nun beugen Sie das rechte Knie, lehnen sich seitlich nach rechts und legen die Hand auf den Holzblock. Dann drehen Sie den linken Fuß leicht nach innen, in Richtung des rechten Fußes.*

4 *Verlagern Sie das Gewicht auf den rechten Fuß und die rechte Hand, und strecken Sie dabei das rechte und das linke, gehobene Bein. Legen Sie die linke Hand auf die linke Hüfte, und drehen Sie den Rumpf nach vorne. Halten Sie den Rücken an der Wand, und verharren Sie 20 bis 30 Sekunden in dieser Haltung.*

Beugen Sie zum Abschluß das rechte Bein, und führen Sie dabei das linke Bein zum Boden. Wiederholen Sie die Übung zur anderen Seite.

VIRASANA, NACH VORNE GEBEUGT

HELDENHALTUNG

Führen Sie die Übung wie unter Nr. 16 beschrieben aus. Legen Sie dabei eine Nackenrolle oder gefaltete Decken auf die Fersen.

UTTANASANA MIT EINEM STAB

RUMPFBEUGE

1 *Stellen Sie Ihre Füße hüftbreit auseinander. Halten Sie einen Stab oder Stock horizontal hinter dem Rücken.*

2 *Nun beugen Sie sich nach vorne und bringen den Stab soweit wie möglich über den Kopf nach vorne. Drücken Sie die Ellbogen und die Knie 10 bis 20 Sekunden durch.*

URDHVA MUKHA SVANASANA

HUNDEHALTUNG MIT NACH OBEN GERICHTETEM KOPF (AUF EINEM STUHL)

Stellen Sie einen stabilen Hocker oder Stuhl an eine Wand, und umgreifen Sie die Kanten fest mit den Händen. Winkeln Sie die Beine an, und legen Sie die Oberschenkel an die Vorderkante der Sitzfläche. Nun strecken Sie die Beine nach hinten, halten die Arme fest durchgedrückt, nehmen die Schultern zurück und strecken den Rumpf. Drücken Sie den Rücken durch, und schauen Sie dabei nach oben. Atmen Sie gleichmäßig weiter, und bleiben Sie 15 bis 20 Sekunden in dieser Haltung.

ADHO MUKHA SVANASANA

HUNDEHALTUNG MIT NACH UNTEN GERICHTETEM KOPF

Führen Sie Adho Mukha Svanasana (Nr. 31) aus. Strecken Sie die Arme weit aus, und heben Sie Schultern und Rumpf an. Verharren Sie 20 bis 30 Sekunden in dieser Haltung.

PARVATASANA IN VIRASANA

BERGHALTUNG

Führen Sie Parvatasana (Nr. 17) in Virasana (Nr. 15) sitzend aus. Bleiben Sie für 20 bis 30 Sekunden in dieser Haltung, und verschränken Sie dann die Hände andersherum.

GOMUKHASANA

KUHKOPFHALTUNG (NUR ARME)

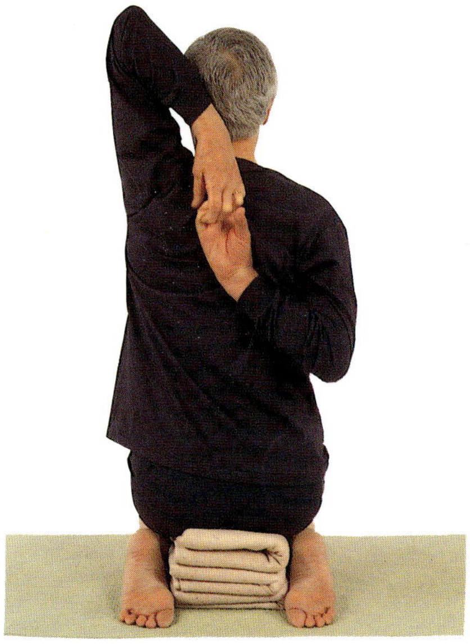

Nehmen Sie die Virasana-Haltung (Nr. 15) mit den Händen auf dem Rücken (Gomukhasana, Nr. 20) ein. Verharren Sie so 20 bis 30 Sekunden.

NAMASTE (IN VIRASANA)

GEBETSHALTUNG

Nehmen Sie die Virasana-Haltung ein (Nr. 15), und legen Sie die Handflächen auf dem Rücken zu Namaste (Nr. 7) zusammen. Bleiben Sie 30 bis 60 Sekunden in dieser Haltung, und kehren Sie dann zur Ausgangsstellung zurück.

BHARADVAJASANA

EINFACHE DREHUNG

1 *Sitzen Sie in Bharadvajasana (Nr. 33) auf einer oder zwei gefalteten Decken an einem halbhohen Schränkchen oder einem Sims; der Oberkörper bildet dabei eine gerade Linie.*

2 *Drehen Sie den Oberkörper, und umgreifen Sie mit beiden Händen die obere und seitliche Kante, so daß die Drehung von Schultern und Brust optimal unterstützt wird. Verharren Sie 20 bis 30 Sekunden in dieser Haltung.*

MARICYASANA III

DREHUNG MIT RECHTEM ARM GEGEN LINKES BEIN (UND UMGEKEHRT)

1 *Sitzen Sie in Dandasana (Nr. 18) mit der linken Seite zu einem halbhohen Schränkchen oder einem Sims. Winkeln Sie das linke Bein an, und führen Sie dabei den Fuß soweit wie möglich an den Oberschenkel heran. Umfassen Sie das Knie fest, und strecken Sie den Rumpf.*

2 *Drehen Sie den Oberkörper zur Wand. Dann führen Sie den rechten Ellbogen zur Außenseite des linken Knies. Drücken Sie den rechten Oberarm fest gegen das Knie. Drehen Sie sich mit Hilfe der Hände so weit wie möglich. Verharren Sie 20 bis 30 Sekunden in dieser Haltung, und wiederholen Sie die Übung zur anderen Seite.*

SETU BANDHA SARVANGASANA

BOGEN RÜCKWÄRTS

Führen Sie die Variante von Setu Bandha Sarvangasana (Nr. 39) auf einer Bank aus.

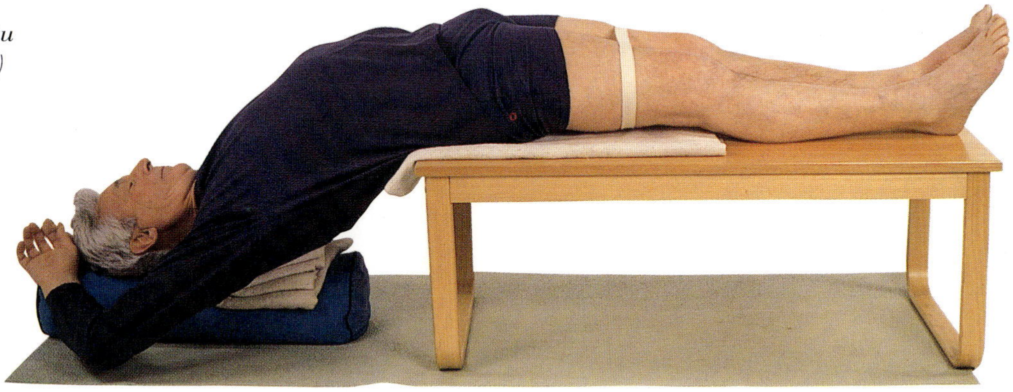

SAVASANA

TOTENHALTUNG

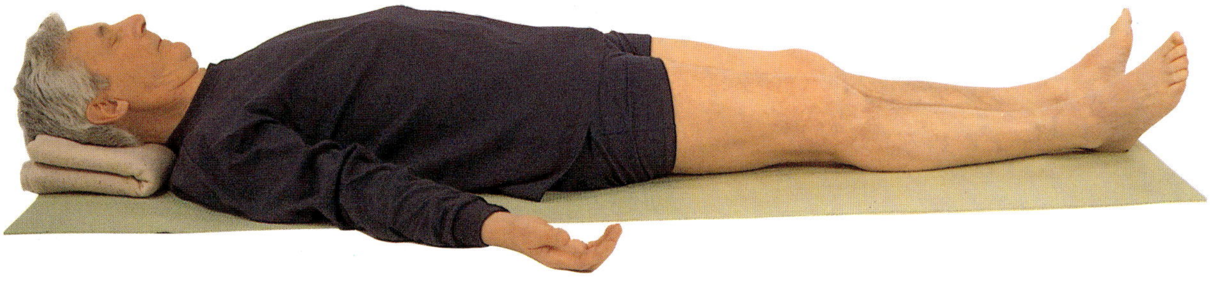

Begeben Sie sich in Savasana (Nr. 41). Bleiben Sie 5 bis 10 Minuten liegen, drehen Sie sich zur Seite, und richten Sie sich dann auf.

ASANAS BEI RÜCKENSCHMERZEN

Die Haltungen des nachfolgenden Programms zielen darauf ab, einfache Rückenschmerzen sowohl im oberen als auch im unteren Rückenbereich zu lindern. Sie eignen sich jedoch nicht bei Beschwerden, die von Bandscheibenschäden oder anderen ernsthaften Befunden herrühren. In solchen Fällen sollte man einen erfahrenen Yogalehrer zu Rate ziehen.

Alle Übungen sind für Anfänger geeignet. Bei regelmäßiger Wiederholung sollten Rückenschmerzen zurückgehen oder sogar vollständig verschwinden. Der Rücken sollte kräftiger und weniger schmerzanfällig werden.

Vermeiden Sie abrupte Bewegungen bei der Ausführung dieser Haltungen, und bewegen Sie nicht die schmerzenden Körperpartien, sondern die darunter- oder darüberliegenden Bereiche. Gerade am Anfang sollten die schmerzenden Stellen ruhig gehalten und nicht durch Bewegung beansprucht werden.

HALBE UTTANASANA

HALBE RUMPFBEUGE

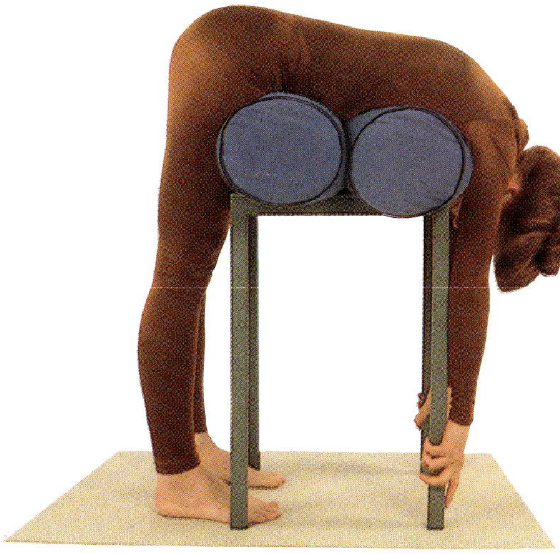

Stellen Sie sich vor einen Hocker oder einen kleineren Tisch, und legen Sie gefaltete Decken oder Nackenrollen darauf, um die entsprechende Hüfthöhe zu erreichen. Dann nehmen Sie die Füße hüftbreit auseinander, stellen sich auf die Zehenspitzen und beugen sich über den Hocker, wobei die Leistengegend fest auf den Decken oder Nackenrollen aufliegt. Nun strecken Sie Bauch und Brust. Die Fersen berühren dabei den Boden. Lassen Sie die Arme herabhängen, oder halten Sie sich an den Stuhlbeinen fest; die Beine bleiben gestreckt. Wirbelsäule und Rücken entspannen sich dabei.

Verharren Sie 30 bis 60 Sekunden in dieser Haltung, und richten Sie sich vorsichtig wieder auf.

BHARADVAJASANA MIT STUHL

DREHUNG AUF STUHL

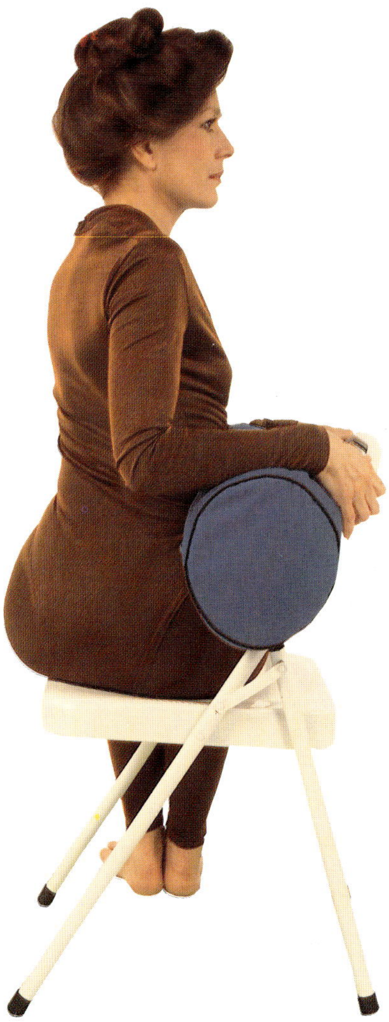

Setzen Sie sich seitlich auf einen Stuhl, und strecken Sie den Oberkörper. Atmen Sie ein- oder zweimal tief durch. Dann drehen Sie sich zur Stuhllehne und plazieren eine Nackenrolle oder gefaltete Decken zwischen Bauch und Stuhllehne. Umfassen Sie die Lehne, und drehen Sie sich so weit wie möglich. Aber halten Sie dabei nicht den Atem an.

Verharren Sie 20 bis 30 Sekunden in dieser Haltung, und wiederholen Sie die Übung zur anderen Seite.

RUMPFBEUGE

Setzen Sie sich auf den Stuhl, und spreizen Sie die Beine. Legen Sie eine Nackenrolle oder gefaltete Decken über Ihre Oberschenkel, und klemmen Sie sie in der Leistengegend ein, indem Sie sich mit Bauch und Oberkörper darüber beugen. Dann führen Sie die Arme zwischen den vorderen Stuhlbeinen hindurch, halten sich an den hinteren Stuhlbeinen fest und lassen den Kopf locker hängen.

Bleiben Sie 20 bis 30 Sekunden in dieser Stellung.

MARICYASANA (STEHEND)

DREHUNG IM STEHEN

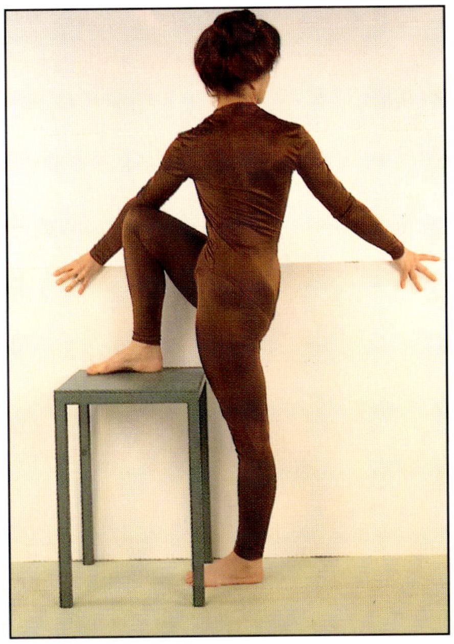

Führen Sie Maricyasana (stehend, Nr. 32) aus. Verweilen Sie so 20 bis 30 Sekunden, und wiederholen Sie dann die Übung zur anderen Seite.

PARSVA PAVANA MUKTASANA

WINDHALTUNG

Setzen Sie sich auf die linke Seite einer niedrigen Bank oder eines stabilen kleinen Tischchens. Legen Sie eine Nackenrolle oder gefaltete Decken der Länge nach rechts neben sich. Drehen Sie sich zum Polster hin, beugen Sie sich hinab, und legen Sie sich mit der gesamten Frontseite des Oberkörpers auf die Unterlage. Halten Sie sich an der Bank oder dem Polster fest, und drehen Sie den Kopf nach rechts. Die Beine sollten dabei so weit wie möglich nach vorne zeigen. Strecken Sie den Brustkorb, und entspannen Sie den Rücken.

Verharren Sie 30 bis 60 Sekunden in dieser Haltung, und wiederholen Sie die Übung zur anderen Seite.

UTTHITA TRIKONASANA

GESTRECKTE DREIECKSHALTUNG

Führen Sie Trikonasana (Nr. 3) mit dem Rücken zu einer Wand aus.

Verharren Sie 20 bis 30 Sekunden in dieser Haltung, und wiederholen Sie die Übung zur anderen Seite.

ARDHA CANDRASANA

HALBMONDHALTUNG

Führen Sie Ardha Candrasana vor einer Wand aus. Halten Sie sich mit der nach oben zeigenden Hand an einer Kante der Wand fest, legen Sie die untere Hand auf einen Holzblock und die Ferse des angehobenen Beines an die Wand. Dann drehen Sie den Rumpf nach oben.

Verharren Sie 20 bis 30 Sekunden in dieser Haltung, und wiederholen Sie die Übung zur anderen Seite.

PARSVOTTANASANA

SEITLICHE STRECKUNG

Führen Sie Parsvottanasana (Nr. 7) wie folgt aus: Stehen Sie in Tadasana (Nr. 1) mit der rechten Körperseite etwa 90 cm von einem Schränkchen entfernt. Stellen Sie die Füße 90 bis 120 cm weit auseinander. Drehen Sie den linken Fuß 45 bis 60 Grad nach innen und den rechten Fuß 90 Grad nach außen. Dann drehen Sie den Rumpf zum Schränkchen hin und führen die linke Hüfte nach vorne, so daß sie eine Linie mit der rechten Hüfte bildet. Beugen Sie sich hinab, und legen Sie beide Hände auf das Schränkchen. Nun strecken Sie die Arme aus..

Bleiben Sie 20 bis 30 Sekunden in dieser Haltung, und wiederholen Sie die Übung dann zur anderen Seite.

UTTANASANA

STRECKUNG NACH VORNE (MIT ABSTÜTZEN)

Führen Sie Uttanasana (Variante mit Abstützen, Nr. 9) aus. Bleiben Sie 20 bis 30 Sekunden in dieser Haltung.

ADHO MUKHA SVANASANA

HUNDEHALTUNG, KOPF NACH UNTEN

Führen Sie Adho Mukha Svanasana (Nr. 31) wie folgt aus: Legen Sie zwei Klötze im Abstand von etwa 45 cm, bzw. in Schulterbreite gegen eine Wand. Dann knien Sie sich hin und legen die Hände auf die Klötze. Heben Sie das Gesäß, und strecken Sie Arme und Beine. Wenn nötig, stellen Sie die Füße weiter zurück. Arme, Beine und Rumpf bleiben gestreckt.

Verharren Sie 20 bis 30 Sekunden in dieser Haltung.

VIRASANA, NACH VORNE GEBEUGT

HELDENHALTUNG

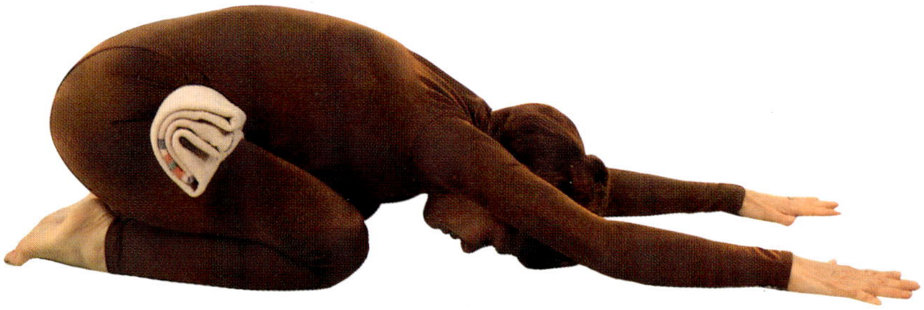

Führen Sie Virasana nach vorne gebeugt (Nr. 16) wie folgt aus: Legen Sie eine zusammengerollte oder gefaltete Decke auf die Oberschenkel, und klemmen Sie sie in der Leistengegend ein, indem Sie sich mit dem Bauch darüberbeugen.

Verharren Sie 30 bis 60 Sekunden in dieser Haltung.

SUKHASANA (MIT SEITLICHER BEUGUNG)

EINFACHE HALTUNG

Setzen Sie sich mit gekreuzten Beinen in Sukhasana (Nr. 14). Dann drehen Sie sich nach rechts und beugen sich über das rechte Bein hinunter. Bleiben Sie 30 bis 60 Sekunden in dieser Haltung. Wechseln Sie dann die Seite.

ARDHA HALASANA

HALBER PFLUG

Nehmen Sie die Ardha Halasana-Haltung (Nr. 36) ein, und bitten Sie nach Möglichkeit jemanden, ein Gewicht, d. h. eine Nackenrolle oder einen Stapel Decken auf den unteren Teil Ihrer Waden zu legen.

Verharren Sie 5 bis 8 Minuten in dieser Haltung, nehmen Sie das Gewicht fort, und gleiten Sie zurück auf den Boden.

SUPTA PADANGUSTHASANA

RUHEHALTUNG MIT FINGERN ZUM FUSS

1 Legen Sie sich ausgestreckt auf den Boden, dabei kann der Kopf auf einer Decke ruhen. Nun winkeln Sie das rechte Bein über dem Bauch an und umfassen den Fuß mit einem Band.

2 Halten Sie das Band mit beiden Händen fest, und strecken Sie das rechte Bein nach oben. Drücken Sie auch den linken Oberschenkel am Boden durch.

Verharren Sie 20 bis 30 Sekunden in dieser Haltung. Beugen Sie dann das rechte Bein, um es wieder auf den Boden zu stellen. Wiederholen Sie die Übung mit dem anderen Bein.

VARIANTE

Legen Sie sich ausgestreckt auf den Boden, und folgen Sie den Anweisungen unter 1 und 2.

Heben und strecken Sie das rechte Bein, drehen Sie es nach außen, und führen Sie es rechts zum Boden. Dabei sollten beide Beine durchgedrückt sein.

Bleiben Sie 20 bis 30 Sekunden in dieser Haltung. Wiederholen Sie die Übung mit dem anderen Bein.

SAVASANA

TOTENHALTUNG

Führen Sie Savasana (Nr. 40) folgendermaßen aus: Winkeln Sie die Beine an, und legen Sie die Unterschenkel auf einen Hocker oder Stuhl. Entspannen Sie sich.

Bleiben Sie 5 bis 10 Minuten in dieser Haltung. Dann nehmen Sie die Beine herunter, drehen sich zur Seite und stehen langsam auf.

ASANAS BEI STEIFEN HÜFTEN

Die nachfolgenden Übungen sollen die Beweglichkeit und Kraft steigern und dazu beitragen, die Hüften und den unteren Rückenbereich gelenkiger zu machen. Oft genug sind Hüften und Gelenke von Über- oder Unterbeanspruchung oder von Arthritis betroffen. Es ist wichtig, daß diese Gelenke beweglich bleiben, da sonst einfache Bewegungen wie Sitzen, Stehen und Gehen im Alter immer schwerer fallen. Yoga-Übungen sind ein überaus geeignetes Mittel, diesen Beschwerden vorzubeugen.

BHARADVAJASANA MIT STUHL

DREHUNG AUF STUHL

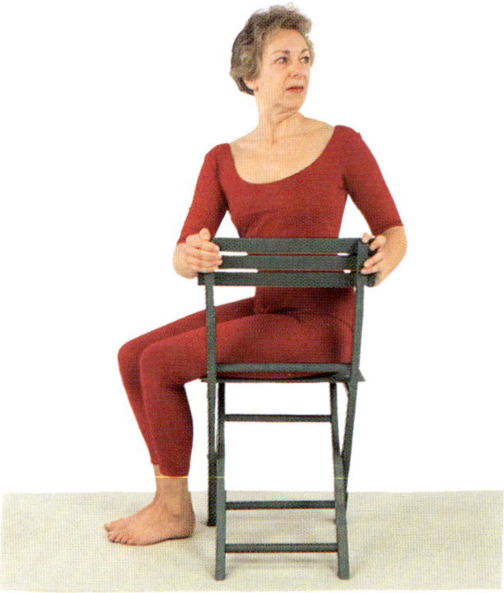

Führen Sie 20 bis 30 Sekunden die Variante von Bharadvajasana (Nr. 33) auf einem Stuhl aus.

MARICYASANA (STEHEND)

Führen Sie Maricyasana (Nr. 32) stehend aus.

UTTHITA TRIKONASANA

DREIECKSHALTUNG

Führen Sie Trikonasana (Nr. 3) mit dem Gesicht zu einer Wand aus. Stellen Sie einen Holzklotz rechts neben den rechten Fuß, und legen Sie Ihre Hand darauf. Dann drehen Sie den Rumpf mit Hilfe der Hände zur Wand und drücken die rechte Hüfte nach vorne. Verharren Sie 20 bis 30 Sekunden in dieser Haltung, und wiederholen Sie die Übung zur anderen Seite.

UTTHITA PARSVAKONASANA

SEITLICHER WINKEL

Führen Sie Parsvakonasana (Nr. 4) mit dem Gesicht zu einer Wand aus. Stellen Sie einen Holzklotz neben den rechten Fuß, und legen Sie die rechte Hand darauf. Pressen Sie die Hand an die Wand. Heben Sie die rechte Hüfte, und drücken Sie sie gegen die Wand. Drehen Sie den Rumpf mit Hilfe der Hände zur Wand. Verharren Sie 20 bis 30 Sekunden in dieser Haltung, und wiederholen Sie die Übung zur anderen Seite.

VIRABHADRASANA I

KRIEGERHALTUNG I

Führen Sie Virabhadrasana I (Nr. 5) wie folgt aus: Stellen Sie sich seitlich in einen Türrahmen, und schauen Sie nach oben. Halten Sie sich am Rahmen fest, und schieben Sie das rechte Bein entlang der angrenzenden Wand nach vorne, wobei die Innenseite des Oberschenkels den Türpfosten berührt. Beugen Sie das Knie im rechten Winkel, treten Sie mit dem linken Bein zurück, und drücken Sie es durch; heben Sie dabei nötigenfalls die Ferse an. Drehen Sie die linke Hüfte und das Schambein zum Türpfosten, und strecken Sie den Oberkörper. Führen Sie die Hände so weit wie möglich nach oben, um eine maximale Dehnung zu erreichen. Verharren Sie 20 bis 30 Sekunden in dieser Haltung, und wiederholen Sie die Übung zur anderen Seite.

VIRABHADRASANA II

KRIEGERHALTUNG II

Führen Sie Virabhadrasana II (Nr. 6) mit dem Gesicht zu einer Wand aus. Drücken Sie die rechte Hüfte gegen die Wand und das rechte Knie von ihr weg. Bleiben Sie 20 bis 30 Sekunden in dieser Haltung.

PARIVRTTA TRIKONASANA

UMGEKEHRTE DREIECKSHALTUNG

1 *Stehen Sie in Tadasana (Nr. 1), und stellen Sie einen Stuhl 90 cm rechts neben sich. Stemmen Sie die Hände in die Hüften, und stellen Sie die Beine ca. 120 cm auseinander.*

2 *Drehen Sie den linken Fuß 45 bis 60 Grad nach innen und den rechten Fuß 90 Grad nach außen. Dann drehen Sie Hüften und Rumpf nach rechts.*

3 *Drehen Sie den Rumpf noch weiter, und beugen Sie ihn zum Stuhl hinunter, so daß die linke Seite des Körpers zum Boden zeigt und die rechte Seite zur Decke. Legen Sie den linken Unterarm auf die Sitzfläche des Stuhls, und greifen Sie die Stuhlkante. Lassen Sie die rechte Hand auf der Hüfte, strecken Sie den Rumpf, und drehen Sie Hüften und Rumpf so weit wie möglich. Verharren Sie 20 bis 30 Sekunden in dieser Haltung.*

UTTHITA HASTA PADANGUSTHASANA

HEBEN DES GESTRECKTEN BEINS

Alle drei Varianten sollten ausgeführt werden.

VORWÄRTS

Stellen Sie einen Hocker an eine Wand. Führen Sie Utthita Hasta Padangusthasana (Nr. 13) vorwärts aus, und verwenden Sie ein Band, um den angehobenen Fuß festzuhalten. Strecken Sie dabei den Oberkörper. Verharren Sie 30 bis 60 Sekunden in dieser Haltung, und wiederholen Sie die Übung zur anderen Seite.

SEITWÄRTS

Stellen Sie einen Hocker an eine Wand. Führen Sie Utthita Hasta Padangusthasana (Nr. 13) seitwärts aus, und verwenden Sie ein Band, um den angehobenen Fuß festzuhalten. Strecken Sie dabei den Oberkörper. Verharren Sie 30 bis 60 Sekunden in dieser Haltung, und wiederholen Sie die Übung zur anderen Seite.

MIT DREHUNG

Stellen Sie sich in Tadasana (Nr. 1) mit dem Gesicht zur Wand. Heben Sie den rechten Fuß auf einen Hocker. Drücken Sie beide Beine durch. Halten Sie das Band mit der linken Hand, stemmen Sie die rechte Hand in die rechte Hüfte, und drehen Sie den Rumpf nach rechts. Verharren Sie 20 bis 30 Sekunden in dieser Haltung, und wiederholen Sie die Übung zur anderen Seite.

SARVANGASANA (AN DER WAND)

SCHULTERSTAND AN DER WAND

Führen Sie Sarvangasana an einer Wand aus (Nr. 38). Verharren Sie 3 bis 5 Minuten in dieser Haltung, winkeln Sie dann die Beine an, und gleiten Sie hinunter.

BHARADVAJASANA

EINFACHE DREHUNG

Führen Sie Bharadvajasana (Nr. 33) aus, wobei Sie sich mit den Händen an einer Wand abstützen, um die Drehung zu erleichtern. Verharren Sie 20 bis 30 Sekunden in dieser Haltung, und wiederholen Sie die Übung zur anderen Seite.

SUPTA PADANGUSTHASANA

RUHEHALTUNG MIT FINGERN ZUM FUSS

Alle drei Varianten sollten ausgeführt werden.

BEIN NACH OBEN

Legen Sie sich neben eine Säule oder einen Türpfosten. Winkeln Sie das linke Bein an, und strecken Sie es im Winkel von 90 Grad zum Boden entlang des Pfostens nach oben. Stützen Sie das ganze Bein vom Gesäß bis zur Ferse. Strecken Sie das rechte Bein auf dem Boden aus. Verharren Sie 30 bis 60 Sekunden in dieser Haltung, und wiederholen Sie die Übung dann zur anderen Seite

BEIN ZUR SEITE

Legen Sie sich auf den Boden mit den Füßen gegen eine Wand. Winkeln Sie das linke Bein über dem Bauch an, und legen Sie ein Band um den Fuß. Heben und strecken Sie das Bein, drehen Sie es nach außen, und führen Sie es auf der linken Seite nach unten. Legen Sie den linken Fuß auf einen Holzklotz oder einen Bücherstapel. Verharren Sie 30 bis 60 Sekunden in dieser Haltung, und wiederholen Sie die Übung dann zur anderen Seite.

BEIN GEKREUZT

Legen Sie sich auf den Boden mit den Füßen gegen eine Wand. Winkeln Sie das rechte Bein an, legen Sie ein Band um den Fuß, und halten Sie ihn damit fest. Dann strecken Sie das Bein. Halten Sie das Band mit der linken Hand, und führen Sie das Bein zur linken Seite nach unten. Das linke Bein sollte sich dabei nicht nach innen drehen. Verharren Sie 30 bis 60 Sekunden in dieser Haltung, und wiederholen Sie die Übung dann zur anderen Seite.

SAVASANA

TOTENHALTUNG

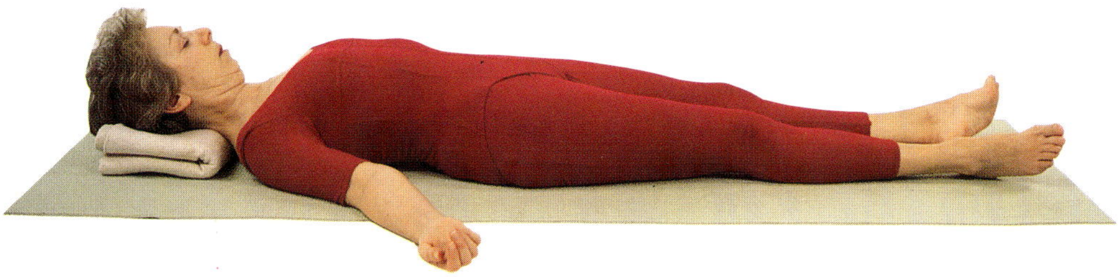

Liegen Sie 5 bis 10 Minuten in Savasana (Nr. 41), drehen Sie sich dann zur Seite, und stehen Sie auf.

NAMEN DER HALTUNGEN

Die Namen der Yoga-Haltungen stammen aus dem Sanskrit, der klassischen Sprache Indiens. Das deutsche Äquivalent wird im Kapitel über die Asanas entweder in Form einer wörtlichen Übersetzung oder Umschreibung angegeben.

Alle Namen sind in der international üblichen Schreibweise wiedergegeben, allerdings unter Auslassung der charakteristischen diakritischen Zeichen. Im folgenden werden jedoch die Namen der Haltungen und andere, in diesem Buch erwähnte Sanskrit-Ausdrücke mitsamt den diakritischen Zeichen aufgelistet, um dem Leser das Erlernen der korrekten Aussprache zu ermöglichen.

Folgendes sollte beachtet werden:
Betonung: Die Betonung liegt im allgemeinen auf der ersten Silbe. Das erste ā in āsana wird immer betont.

Vokale: Lange Vokale werden durch einen Strich über dem Buchstaben angezeigt.

Konsonanten:
c wird wie tsch ausgesprochen
ś und ṣ werden wie sch ausgesprochen.
h sollte nach jedem Konsonanten (kh, gh, ph, bh, ch) deutlich ausgesprochen werden, um es von unaspirierten Konsonanten zu unterscheiden.
ṭ, ḍ und ṇ werden retroflex (mit nach hinten gebogener Zunge) ausgesprochen.
ṛ wird vokalisch wie eine Kombination aus r und i ausgesprochen.
ṅ geht k und g voraus.
ñ geht c und j voraus.
Eine umfassendere Beschreibung der Aussprache finden Sie in *Licht auf Yoga* (siehe weiterführende Literatur).

Adho mukha
Ardha
Āsana
Baddha
Baddhakoṇāsana
Bhagavad Gīta
Bharadvājāsana
Candrāsana
Daṇḍāsana
Dhāraṇā
Dhyāna
Garuḍāsana
Gomukhāsana
Halāsana
Hasta
Jānuśirṣāsana
Karaṇi
Mahābhārata
Mālāsana
Maricyāsana
Matsyāsana
Mukha
Mukhaikapāda
Muktāsana
Niyama
Pādānguṣṭhāsana
Padma
Pādottānāsana
Patañjali
Parivṛtta
Pārśvakoṇāsana
Pārśvottānāsana
Parvatāsana
Parśva
Paścimottāsāna
Pavana
Prāṇāyāma
Prasārita
Pratyāhāra
Purāṇa
Rāmāyana
Samādhi
Sarvāṅgāsana
Śavāsana
Setu bandha
Sukhāsana
Supta
Sūtra
Śvānāsana
Tāḍāsana
Triaṅg
Trikoṇāsana
Upaniṣad
Upaviṣṭakoṇāsana
Ūrdhva
Utkaṭāsana
Uttānāsana
Utthita
Viparīta
Vīrabhadrāsana
Virāsana
Vṛkṣāsana
Yama

NÜTZLICHE ADRESSEN

- Yoga-Zentrum Stuttgart
  Robert-Leicht-Straße 135a
  70569 Stuttgart
  Tel. 07 11-67 83 24

- B D Y e.V.
  Riemenschneiderstraße 4
  97250 Erlabrunn

- Yoga- und Meditationsschule
  Hamburg
  Eilenau 59
  22089 Hamburg
  Tel. 0 40-2 50 98 09

- JIVANA
  Bleicherwiesen 6
  31224 Peine
  Tel. 0 51 71-4 11 22

- Forum für Yoga und Ganzheitliche
  Gesundheit
  Köttingen 48
  51789 Lindlar
  Tel. 0 22 06-8 14 18

- Albert-Schweitzer-Haus e. V.
  Beethovenallee 16
  53173 Bonn
  Tel. 02 28-36 47 37

- Yogaschule Antje Bischoff
  Knooper Weg 57
  24107 Kiel
  Tel. 04 31-9 65 68

WEITERFÜHRENDE LITERATUR

Lysebeth, André van, Yoga, München 1981

Narayanananda, Swami, Das Geheimnis von Prana. Pranayama und Yoga-Asanas, Blansingen 1985

Petersen, Erling, Das Yoga-Übungsbuch, München 1993

Thomsen, Ulla, Yoga für Ihre Gesundheit, Köln 1988

Iyengar, B. K. S., Licht auf Pranayama, München 1984

Iyengar, B. K. S., Licht auf Yoga, München 1983

REGISTER